BEITRÄGE ZUR HISTORISCHEN THEOLOGIE
HERAUSGEGEBEN VON GERHARD EBELING

49

Die Anfänge der theologischen Wissenschaftstheorie im 13. Jahrhundert

von

ULRICH KÖPF

1974

J. C. B. MOHR (PAUL SIEBECK) TÜBINGEN

Gedruckt mit Unterstützung der Deutschen Forschungsgemeinschaft

Satz uud Druck: Gulde-Druck Tübingen
Einband: Heinrich Koch, Großbuchbinderei, Tübingen

ISBN 3 16 136072 9

MEINEN ELTERN
IN DANKBARKEIT

VORWORT

Die vorliegende Arbeit wurde Pfingsten 1972 bei der Theologischen Fakultät der Universität Zürich als Dissertation eingereicht. Ich danke der Fakultät dafür, daß sie mein Promotionsgesuch freundlichst annahm, obwohl ich nie in Zürich studiert habe.

Mein besonders herzlicher Dank gilt zwei Tübinger Lehrern: Herr Professor Dr. Gerhard Ebeling hat mein Interesse an den behandelten Problemen durch seine Vorlesung über Fundamentaltheologie geweckt, er hat mich auf das Thema hingewiesen, die Arbeit auch nach seinem Weggang nach Zürich mit Rat und Ermunterung gefördert, das Hauptgutachten für die Promotion angefertigt und die Dissertation unter die Beiträge zur historischen Theologie aufgenommen. Herr Dozent Dr. Rolf Schäfer, jetzt Oberkirchenrat in Oldenburg, hat mir während der in mancher Hinsicht schwierigen Jahre meiner Arbeit an der Dissertation in Lehrveranstaltungen und Gesprächen viel gegeben. Seine freundlichen Ermahnungen haben den Abschluß des Manuskripts sehr beschleunigt.

Der Studienstiftung des Deutschen Volkes danke ich für ein Doktorandenstipendium, der Deutschen Forschungsgemeinschaft für einen Druckkostenzuschuß, der das Erscheinen des Buches ermöglicht.

Nicht zuletzt aber danke ich Herrn Dr. Hans Georg Siebeck dafür, daß er das Buch in seinem Verlag betreut.

Puchheim bei München, Pfingsten 1974   Ulrich Köpf

INHALT

1. EINLEITUNG

2. VORAUSSETZUNGEN DER THEOLOGISCHEN WISSENSCHAFTSTHEORIE

3. DER GESCHICHTLICHE ORT DER THEOLOGISCHEN WISSENSCHAFTSTHEORIE IM 13. JH.

4. DER GEGENSTAND DER THEOLOGIE

5. DIE EINHEIT DER THEOLOGIE

6. DIE WISSENSCHAFTLICHKEIT DER THEOLOGIE

7. DER VOLLZUG THEOLOGISCHER ARBEIT

8. DAS VERHÄLTNIS DER THEOLOGIE ZU DEN ANDEREN WISSENSCHAFTEN UND DIE NOTWENDIGKEIT EINER SELBSTÄNDIGEN THEOLOGIE

9. DAS SUBJEKT DER THEOLOGIE

10. RÜCKBLICK AUF DIE HERAUSARBEITUNG DES THEOLOGIEBEGRIFFS

11. SCHLUSSBETRACHTUNG

ANHANG: QUAESTIONENVERZEICHNIS DER THEOLOGISCHEN WISSENSCHAFTSLEHREN

VORBEMERKUNGEN

1. Zu den Anmerkungen:

Die Anmerkungen sind kapitelweise durchgezählt. Verweise auf Anmerkungen ohne Kapitelangabe beziehen sich immer auf das gerade vorliegende Kapitel.

2. Zu den Quellenzitaten:

Bei den Quellenzitaten wurde in Orthographie und Interpunktion möglichst weitgehende Einheitlichkeit angestrebt (freilich nicht immer erreicht). Auslassungen sind i. a. nur innerhalb der Zitate angezeigt.

Der Kürze halber lasse ich bei Stellenangaben aus den theol. Einleitungslehren den Hinweis auf den weiteren Zusammenhang fort. Da diese Texte am Anfang der systematischen Werke stehen, können sie ohne Mühe gefunden werden. Wenn ich mehrere Einleitungslehren desselben Autors heranziehe, so nenne ich das betreffende Werk.

Beispiele: Alexander c. 4 a. 2 ad 1 = Alexander von Hales, [Summa theologiae l. 1 tr. introductorius q. 1] c. 4 a. 2 ad 1; Albert S. th. q. 1 = Albertus Magnus, Summa theologiae [l. 1 tr. 1] q. 1; Thomas S. th. a. 8 = Thomas von Aquin, Summa theologiae [1ᵃ pars q. 1] a. 8.

Bei allen Zitaten aus Texten außerhalb der theol. Einleitungslehren führe ich die Stellen vollständig an.

Bei Handschriftenzitaten nenne ich den Fundort in den durch Sigla bezeichneten Handschriften. Um einen zusätzlichen Apparat zu vermeiden, füge ich alle textkritischen Anmerkungen (wie auch erläuternde Zusätze) in eckigen Klammern [ ] in den Text ein. Wenn kein Lemma angegeben ist, so bezieht sich die Lesart immer auf das vorangehende Wort.

3. Zur Sekundärliteratur:

Ich führe immer Verfasser, Titel (meist gekürzt) und Erscheinungsjahr an, so daß jedes Werk leicht im Literaturverzeichnis ermittelt werden kann. Arbeiten, die mir nicht zugänglich waren, setze ich in eckige Klammern.

4. Zum Anhang:

Wo nähere Hinweise fehlen, sind die Formulierungen der Fragen aus dem Text selbst gezogen und stammen vom Verfasser. Dagegen sind die Zusammenstellungen in den Rubriken oft von späteren Abschreibern verfaßt. Ich greife auf sie zurück, wenn der Text keine bzw. nur teilweise ausformulierte Fragen enthält.

ABKÜRZUNGEN

1. Quellenangaben

a.	articulus
arg.	argumentum
c.	caput
co.	(sed) contra
col.	columna
crp.	corpus (respondeo, solutio u. ä.)
d.	distinctio
f.	folium
l.	liber
m.	membrum
n.	numerus
p.	pars
q.	quaestio
t.	tomus
tr.	tractatus

2. Handschriften

B	Brügge, Bibl. Publ. 208
F¹	Florenz, Bibl. Naz. Conv. soppr. F 4.729
F²	Florenz, Bibl. Naz. Conv. soppr. G 4.854
N	Neapel, Bibl. Naz. VII b 2
O¹	Oxford, Balliol Coll. 57
O²	Oxford, Balliol Coll. 62
PM	Paris, Bibl. Mazarine 795
PN	Paris, Bibl. Nat. lat. 3085A
To	Todi, Bibl. Com. 42
Tr	Troyes, Bibl. Mun. 824
V¹	Vaticanus lat. 782, f.184—186
V²	Vaticanus lat. 4263
VB	Vaticanus Barbarinus lat. 729
VO	Vaticanus Ottobonianus lat. 294
VP	Vaticanus Palatinus lat. 331

3. In den textkritischen Einfügungen

i.m.	in margine
l.	lege
s.l.	supra lineam

1. EINLEITUNG

1.1 Der Gegenstand der Arbeit

Eine christliche Theologie, die sich selbst als Wissenschaft versteht, ist heute heftigen Anfechtungen ausgesetzt. Von innen — aus den Religionsgemeinschaften, die sie tragen, und aus den Reihen der Theologen selbst — wie von außen — aus anderen Wissenschaften — erhebt sich Widerspruch gegen ihr Selbstverständnis.

Diese Lage ist jedoch nicht neu, und die Theologie steht ihr keineswegs wehrlos gegenüber. Sie hat im Laufe ihrer Entwicklung in vielfältigen Kämpfen gegen beide Seiten, in Zusammenarbeit und Auseinandersetzung mit anderen Wissenschaften, eine lange Tradition wissenschaftstheoretischer Reflexion entwickelt, an die auch jede gegenwärtige Erörterung anknüpft. Trotz tiefgreifender Veränderungen der Problemlage bestimmt der geschichtliche Hintergrund noch weitgehend die Diskussion. Keine Besinnung auf die Grundlagen der Theologie kann sich diesen — teils hemmenden, teils förderlichen — Bedingungen einfach entziehen. Eine Bewältigung der anstehenden Probleme ist nur nach kritischer Aufarbeitung ihrer geschichtlichen Voraussetzungen möglich.

Es genügt allerdings auch für die evangelische Theologie nicht, wenn sie mit solcher Aufarbeitung erst bei der Reformation, bei der altprotestantischen Orthodoxie oder gar erst bei Schleiermacher einsetzt. Die wissenschaftstheoretische Erörterung über die Theologie muß zu ihren Anfängen zurückverfolgt und von hier bis zur Gegenwart erschlossen werden.

Die vorliegende Arbeit möchte einen Beitrag zu einer umfassenden Geschichte der Fundamentaltheologie leisten, indem sie in gewissen engen, noch näher zu bestimmenden Grenzen die Anfänge der theologischen Wissenschaftstheorie betrachtet. Sie möchte also die historische Darstellung eines Ausschnittes aus der theologischen Wissenschaftsgeschichte geben, und sie wird dabei, obwohl sie ihre Entstehung systematischem Interesse verdankt, streng bemüht sein, alle vorschnelle Aktualisierung zu vermeiden. Folgerungen für das gegenwärtige Denken erforderten die Berücksichtigung aller wichtigen Stadien der späteren Diskussion, d. h. wenigstens einen Überblick über die gesamte Entwicklung der Probleme bis zur Gegenwart.

Eine gewisse Schwierigkeit liegt für die historische Darstellung in der Fachsprache, deren sie sich bedienen muß. Wir reden von Phänomenen der Vergangenheit mit den gegenwärtig gebräuchlichen Begriffen, die uns meist aus eben jener Vergangenheit zugewachsen sind, aber im Laufe ihrer Entwicklung wie alle geschichtlichen Gebilde mancherlei Wandlungen durchgemacht haben. Daher müssen wir besonders auf Übereinstimmung und Unterschiede in der jetzigen und einstigen Bedeutung von Begriffen achten.

Zunächst soll der Gegenstand der Arbeit ganz kurz beschrieben werden. Wenn wir unter Theologie in einer weiten Wortbedeutung „diszipliniert denkende Rechenschaft über die Sache des christlichen Glaubens im Ganzen"[1] verstehen, so gibt es solche Theologie spätestens seit Paulus. Noch in der Alten Kirche bildet sich eine wissenschaftlich, d. h. schulmäßig verfahrende, mit anderen Disziplinen vergleichbare Theologie aus, die in der christlichen Gemeinschaft neben den übrigen Weisen christlicher Existenz (Glaube, Handeln, Kult, Verkündigung, Kirchenleitung usw.) eine selbständige Stellung innehat. Aber während sich die theologische Wissenschaft schon früh mächtig entfaltet, werden sich die Theologen der Eigenart ihrer Arbeit nur langsam bewußt. Sie analysieren sehr eingehend einzelne Momente ihrer Tätigkeit; doch die Theologie als ein Ganzes, als umfassendes, methodisch vorgehendes, in sich gegliedertes Geschäft, tritt erst spät, erst in der 2. Hälfte des 12. Jh., in den Blick. In dieser Zeit, da die Eigenart der Theologie erstmals erahnt wird, erhält sie auch einen festen Namen, der in unserem Wort Theologie fortlebt. Aber noch müssen Jahrzehnte vergehen, bis im 2. Viertel des 13. Jh. die ersten umfassenden Reflexionen auf das Phänomen der theologischen Wissenschaft als ein organisiertes Ganzes entstehen, die wir als die Anfänge einer theologischen Wissenschaftstheorie bezeichnen können. Jetzt wird nach Wesen und Aufgabe, nach Gegenstand und Methode der Theologie gefragt. Roland von Cremona, der erste Inhaber eines theologischen Lehrstuhls aus dem Dominikanerorden in Paris, scheint als erster die zu seiner Zeit umlaufenden Erörterungen in die große theologische Literatur eingeführt und an den Anfang seiner Summa gestellt zu haben. Innerhalb von zwei Jahrzehnten erobern sie sich einen festen Platz in der Quaestionenliteratur und v. a. in den großen systematischen Werken. Von der Mitte des 13. Jh. an ist die einleitende Erörterung über die Theologie fester Bestandteil der Sentenzenkommentare und Summen.

Die umfassende kritische Reflexion des Theologen auf sein eigenes als Wissenschaft verstandenes Geschäft nenne ich theologische Wissenschaftstheorie. Sie ist zu unterscheiden einmal von der weiter ausgreifenden Fundamentaltheologie, die nicht nur auf die Grundlagen der theologischen

---

[1] *G. Ebeling*, Art. Theologie, 1962, 754.

Wissenschaft, sondern allgemein auf die der christlichen Religion reflektiert und dabei auch stark auf materiale Fragen eingeht; zum andern von der auf begrenztere Gebiete gerichteten und doch in mancher Hinsicht den Rahmen theologischer Wissenschaftstheorie überschreitenden theologischen Erkenntnislehre und Prinzipienlehre.

Insofern die theologische Wissenschaftstheorie in ihrer im Mittelalter wichtigsten Gestalt, als Einleitung von Summen und Sentenzenkommentaren, ins Auge gefaßt wird, bezeichne ich sie auch als theologische Einleitungslehre.

1.2 PROBLEME UND STAND DER FORSCHUNG

1.21 Martin Grabmann und die Probleme der Forschung

Wer sich über die Anfänge der theologischen Wissenschaftstheorie unterrichten möchte, stößt immer wieder auf den Namen Martin Grabmanns (1875—1949), eines der großen Erforscher mittelalterlicher Scholastik[2]. Natürlich wurden auch schon vor ihm grundlegende Fragen behandelt, v. a. unter der Themenstellung „Philosophie und Theologie"[3]. Aber erst Grabmann nahm eine allseitige Untersuchung der wissenschaftlichen Grundsatzfragen in der Scholastik in Angriff. In seiner monumentalen „Geschichte der scholastischen Methode" (1909 und 1911), die noch heute Ausgangspunkt jeder Untersuchung über dieses Gebiet sein muß, weist er bereits auf die wichtigsten Probleme hin[4]. Sie betreffen

1. das Vorgehen der Theologie:

a) die Methode im engeren Sinne, d. h. das Verfahren im Unterrichtsbetrieb und in der literarischen Gestaltung;

b) die Systematisierung des Stoffes, d. h. Aufbau- und Gliederungsprinzipien, die bereits in die materiale Dogmatik hineinreichen;

2. die Reflexion der Theologie auf ihr Vorgehen. Solche Reflexion weitet sich im 13. Jh. zur umfassenden Besinnung auf die eigene Arbeit des Theologen als ein Ganzes, die ich als theologische Wissenschaftstheorie bezeichne. Auch auf dieses Phänomen lenkt schon Grabmann den Blick[5].

Freilich konnte Grabmann das damals gesteckte Ziel nicht erreichen. In der „Geschichte der scholastischen Methode" gibt er unter Heranziehung reichen handschriftlichen Materials einen Überblick über die Entwicklung

---

[2] Kurzer autobiographischer Abriß: *M. Grabmann*, Geistesleben 3 (1956) 1—9. Vgl. auch die Würdigung durch *L. Ott*, Martin Grabmann ..., 1949.

[3] Auf Angabe der älteren Literatur verzichte ich im allgemeinen. Man findet die Literatur bis 1927 am besten bei *B. Geyer*, Uebersweg Grundriß 2, [13]1958 (= [11]1927), bes. zu § 15, IV c (S. 675); VIII b (S. 679 f.) und zu den einzelnen Autoren.

[4] Vgl. v. a. Schol. Methode 1 (1909) 37—48. [5] A. a. O. 1, 47 f.

1*

wissenschaftlicher Verfahren und der Reflexionen darauf von der Patristik bis zum Ende des 12. Jh. Doch im 13. Jh. wächst mit dem Entstehen neuer Wissenschaftsorganisationen und neuer Methoden auch die Zahl der Problemstellungen und der Reflexionen auf die eigene Arbeit gewaltig an. Bevor die theologischen Probleme erklärt werden konnten, mußte die Entwicklung der Philosophie, die im 13. Jh. v. a. im Gefolge der zweiten Aristotelesrezeption mächtigen Aufschwung nimmt, und ihr allgemeiner Einfluß auf die Theologie genauer untersucht werden. Grabmann widmete einen großen Teil seiner Kraft der Erforschung des Aristotelismus im 13. Jh. Auch bei der Erschließung neuer Quellen zur Theologiegeschichte dieser Zeit hat Grabmann wertvollste Pionierarbeit geleistet. Daß er trotz aller Ablenkungen durch neue Aufgaben das alte Ziel nicht aus den Augen verlor, zeigt neben einer langen Reihe kleinerer Abhandlungen zum Ganzen wie zu Teilfragen der theologischen Wissenschaftstheorie[6] sein letztes großes Werk über „Die theol. Erkenntnis- und Einleitungslehre des hl. Thomas von Aquin auf Grund seiner Schrift ‚In Boethium de Trinitate'. Im Zusammenhang der Scholastik des 13. und beginnenden 14. Jahrhunderts dargestellt" (1948), das er als Ersatz für den fehlenden 3. Band seiner „Geschichte der scholastischen Methode" betrachtete[7].

Ich habe Grabmann so ausführlich gewürdigt, weil er als erster einen umfassenden Plan zur historischen Untersuchung der scholastischen Methodologie und Wissenschaftstheorie entworfen hat und weil sich an seinem Werk die Probleme und Aufgaben einer solchen historischen Untersuchung besonders klar ablesen lassen. Ich fasse diese Forschungsaufgaben kurz zusammen:

1. Ermittlung und textkritische Edition der Quellen (wobei nicht nur die theologischen Einleitungslehren der großen systematischen Werke, sondern auch Äußerungen in Gelegenheitsschriften und v. a. auch in Einzelquaestionen erfaßt werden müßten);

2. biographische und literarhistorische Einordnung der Quellen;

3. Nachweis der aufgenommenen Traditionen und der Verflechtungen mit der zeitgenössischen Diskussion;

4. Analyse der theologischen Wissenschaftstheorie.

1.22 Der gegenwärtige Forschungsstand

Die größeren Quellen — Bibelkommentare, Sentenzenkommentare und Summen — sind durch F. Stegmüllers Repertorien und ergänzende Literatur[8], die quaestiones de quolibet durch P. Glorieux[9] weitgehend er-

---

[6] Vgl. in der Bibliographie, Geistesleben 3 (1956) 10—35, die NN. 2, 38, 87, 148, 156, 172, 197, 202, 218, 235, 249 f., 281, 295, 333, 387.

[7] Vgl. XI.

[8] *F. Stegmüller*, Repertorium biblicum medii aevi, 1950—61; *ders.*, Reper-

schlossen. Dagegen sind die übrigen Erzeugnisse des akademischen Unterrichts sowie die Gelegenheitsschriften nur zum Teil bekannt[10].

Auch von den bekannten Quellen ist nur ein Teil gedruckt, davon wiederum nur weniges in kritisch gesicherten Ausgaben, die auch zuverlässige Erhebungen über den Sprachgebrauch erlauben.

Biographische, literarhistorische und ideengeschichtliche Arbeit wurde in sehr unterschiedlichem Umfang geleistet. Über Theologen, denen von ihrem Orden oder gar von der ganzen Kirche eine autoritative Stellung zugewiesen wurde, wie v. a. Thomas von Aquin, in zweiter Linie auch Bonaventura, Alexander von Hales, Albertus Magnus, liegt eine kaum überschaubare Sekundärliteratur vor, während andere, oft sehr originelle Autoren von der Forschung ganz stiefmütterlich behandelt wurden[11].

In Wechselwirkung mit dem einseitigen Interesse ist auch ein einseitiges Bild von der geschichtlichen Entwicklung entstanden. Bis zur Gegenwart haben sich fast ausschließlich katholische Forscher mit den wissenschaftstheoretischen Ansichten der hochscholastischen Theologie beschäftigt. Die katholischen Theologen haben an diesen Anschauungen ein sehr starkes systematisches Interesse, da sie in ihnen z. T. unmittelbare Quellen und verbindliche Modelle für ihr eigenes Denken sehen. Daher sind dem Kirchenlehrer Thomas von Aquin unverhältnismäßig viele Arbeiten nicht nur von Angehörigen seines Ordens gewidmet und wird auch in umfassenderen Darstellungen seine Lösung in den Mittelpunkt gestellt. Die Entwicklung der theologischen Wissenschaftstheorie scheint in ihm ihr Ziel und ihren Höhepunkt zu finden, an dem alle vorangehende und nachfolgende Entwicklung gemessen wird. Unter dem Eindruck der katholischen Literatur pflegen auch evangelische Theologen — meist in weiterer Vereinfachung des Sachverhalts — Thomas als den eigentlichen Begründer der Auffassung der Theologie als Wissenschaft zu bezeichnen. Ein leichtes Gegengewicht gegen diese Einseitigkeit bilden Arbeiten aus dem Franziskanerorden, der die Rolle seiner ältesten Ordenstheologen ins rechte Licht zu rücken versucht und dazu schon seit Jahrzehnten durch mustergültige kritische Ausgaben beiträgt.

Niemand wird die hohe Bedeutung des Thomas von Aquin und die in einem kurzen Leben vollbrachte gewaltige Leistung seines Werks verkennen, doch wir müssen seine Bedeutung für die Diskussion über jeden einzelnen Lehrpunkt sorgfältig prüfen.

---

torium commentariorum in sententias Petri Lombardi, 1947; dazu *V. Doucet*, Commentaires sur les Sentences, 1954.

[9] *P. Glorieux*, La littérature quodlibétique de 1260 à 1320, 1925—35.

[10] Grundlegend, aber sehr ergänzungsbedürftig: *P. Glorieux*, Répertoire des maîtres en théologie de Paris au XIIIe siècle, 1933—34.

[11] Wichtigste Literatur: u. 3. 2.

Das systematische Interesse katholischer Theologen wirkt auch in die Fragestellungen und den Aufbau der Sekundärliteratur hinein. Die Untersuchung der Texte ist oft von vornherein in eine Alternative eingespannt (etwa in diese, ob Theologie als „Glaubensverständnis" oder „Glaubenswissenschaft" aufgefaßt sei). Solche vorausgesetzten Lösungsmöglichkeiten beengen den Blick und lassen nur einen Ausschnitt aus der reichen Gedankenwelt der Autoren sehen.

Aus der Fülle der Sekundärliteratur greife ich vorweg nur einige wichtige Werke heraus:

1. Gesamtdarstellungen der theologischen Wissenschaftstheorie im 13. Jh.: Einen breiteren Überblick über unser Thema geben drei selbständige Bücher, die aber vorwiegend am Wissenschaftscharakter der Theologie interessiert sind: E. Krebs (1912), M. Grabmann (1948) und M.-D. Chenu (1957)[12]. Kurze, aber gehaltvolle Skizzen haben M. R. Gagnebet (1938)[13] und C. Dumont (1961—62)[14] geliefert.

---

[12] *E. Krebs*, Theologie und Wissenschaft nach der Lehre der Hochscholastik, 1912. — Enthält zwei Teile:

1. eine gedrängte Übersicht (77 SS.) über Quellen, Traditionen und Grundprobleme theologischer Wissenschaftstheorie bis zur 1. Hälfte des 14. Jh.;

2. den erstmaligen (unvollständigen) Abdruck von Hervaeus Natalis O. P. (gest. 1323) Defensio doctrinae D. Thomae. Den einzelnen Abschnitten sind in Anmerkungen und „Scholien" Auszüge aus anderen theol. Einleitungslehren, z. T. in geschichtlichen Längsschnitten, beigefügt.

Das Buch kann auch heute noch einen ersten Einblick in die Anschauungen des 13. und 14. Jh. geben. Aber es berücksichtigt nur einen Teil der verhandelten Fragen; zudem sind seit seiner Entstehung viele Theologen dieser Zeit wieder entdeckt worden.

M. Grabmann, Die theol. Erkenntnis- und Einleitungslehre des hl. Thomas von Aquin, 1948. — Behandelt in zwei Teilen

1. die wissenschaftstheoretischen Ausführungen des Thomas von Aquin in den beiden ersten quaestiones seines Kommentars zu Boethius de trinitate in Gestalt einer Paraphrase mit historischen Erläuterungen (v. a. unter Heranziehung zeitgenössischer und späterer Thomisten);

2. die gesamte Entwicklung der theol. Wissenschaftstheorie vom 13. bis zum Beginn des 14. Jh.

Grabmanns Werk bietet die bisher vollständigste Darstellung theol. Einleitungslehren im 13. Jh. Es breitet viel v. a. literarhistorisches Material aus und berichtet über bisher ungedruckte Texte. Allerdings berücksichtigt es fast nur die Fragen nach Wissenschaftscharakter und Methode der Theologie und behandelt die einzelnen Autoren mit ganz unterschiedlicher Ausführlichkeit.

M.-D. Chenu, La théologie comme science au XIIIe siècle, [3]1957. — Die Untersuchung erschien in einer ersten Fassung in AHDL 2 (1927) 31—71 und wollte nachweisen, daß Thomas als erster unter Heranziehung des aristotelischen Wissenschaftsbegriffs den Wissenschaftscharakter der Theologie dargelegt habe. Chenu erfuhr Widerspruch von verschiedenen Seiten (vgl. sein Vorwort), teils unter Hinweis auf frühere Erörterungen über die Wissenschaftlichkeit, teils unter Kritik seiner Thomas-Interpretation. In den folgenden Auflagen würdigt er dann auch die Vorläufer und Zeitgenossen des Thomas. Er gewinnt

2. Verschiedene Arbeiten mit vorwiegend systematischem Interesse geben auch Referate über die bedeutendsten Theologen des 13. Jh.[15]. Auch Monographien über spätere Autoren, die nicht mehr in den Rahmen der vorliegenden Arbeit gehören, bieten oft Überblicke über die vorangehende Entwicklung[16]. Allerdings sind in diesen Werken meist nur die bekanntesten Autoren berücksichtigt, wodurch sich das geschichtliche Bild vergröbert.

3. Wichtiger als die zuletzt genannten Gruppen sind Arbeiten, die einzelnen Autoren[17], gelegentlich auch einzelnen Autorengruppen und Themen[18] gewidmet sind. Sie enthalten oft auch wertvolle Editionen handschriftlicher Texte. Ich hebe daraus nur die Untersuchungen J. Beumers hervor, die sich mit vielen, auch weniger bekannten Theologen des von uns betrachteten Zeitraums befassen[19].

4. Endlich erwähne ich noch Werke, die einzelne Problemkomplexe, die sich mit denen der theologischen Wissenschaftstheorie berühren oder überschneiden, in geschichtlichen Längsschnitten darstellen, wie etwa A. Langs Bücher über „Die Entfaltung des apologetischen Problems in der Scholastik des Mittelalters" (1962) und „Die theologische Prinzipienlehre der mittelalterlichen Scholastik" (1964).

1.3 Zielsetzung und Anlage der vorliegenden Arbeit

In der reichen Literatur zu unserem Gegenstand fehlt bisher eine Darstellung der Anfänge theologischer Wissenschaftstheorie als eines Ganzen,

---

dadurch ein differenzierteres Bild der Entwicklung, aber er sieht deren Höhepunkt weiterhin in Thomas. Auf kleinstem Raum gibt Chenu eine überlegene Skizze der Situation, aus der heraus sich die theol. Wissenschaftstheorie entfaltet, und eine ungewöhnlich kritische und tiefgehende Analyse der frühesten Einleitungslehren. Allerdings beschränkt sich auch er weitgehend auf die Frage nach dem Wissenschaftscharakter der Theologie.

[13] La nature de la théologie spéculative, 1938. Achtet v. a. auf die Frage, ob Theologie spekulativ oder praktisch ist, und will zu Thomas als Höhepunkt hinführen.

[14] La réflexion sur la méthode théologique, 1961—62. Weist auf den aristotelischen Wissenschaftsbegriff und die Prologliteratur als die beiden Triebkräfte für die Entwicklung einer theol. Wissenschaftstheorie hin.

[15] So z. B. *J. Beumer*, Theologie als Glaubensverständnis, 1953; *T. Tshibangu*, Théologie positive et théologie spéculative, 1965.

[16] So bietet z. B. *J. Finkenzeller* in seiner Darstellung des Johannes Duns Scotus (1961) manchen Hinweis auf die Problementwicklung von Aristoteles bis zur Spätscholastik.

[17] Die wichtigsten führe ich u. 3.32 an.

[18] Z. B. *B. Pergamo*, De Quaestionibus ineditis..., 1936; oder *L. Amorós*, La teología como ciencia práctica en la escuela franciscana..., 1934.

[19] *Beumers* im Literaturverzeichnis angeführte Aufsätze, die durch Arbeiten über spätere Autoren vermehrt werden könnten, würden einen stattlichen Band füllen.

die alle Problemstellungen der damaligen Diskussion berücksichtigt und alle bekannten Quellen eines bestimmten Zeitraums heranzieht. Eine abschließende Darstellung von solcher Weite kann nach dem heutigen Stand unserer Kenntnisse auch noch nicht geschrieben werden. Die vorliegende Arbeit möchte wenigstens versuchen, in gewissen Grenzen die Grundlinien eines solchen Unternehmens anzudeuten und damit einerseits weitere historische Untersuchungen anzuregen, andererseits dem systematisch interessierten Theologen wie dem allgemeinen Wissenschaftstheoretiker einen Überblick über einen Abschnitt vergangenen Denkens zu geben, der in ihrer Arbeit noch heute gegenwärtig ist.

Wenn die Arbeit in einem vertretbaren Umfang bleiben soll, muß ich mich in mehrfacher Hinsicht beschränken:

1. im Thema:

Da es speziell um die theologische Wissenschaftstheorie geht, müssen v. a. zwei angrenzende Komplexe unberücksichtigt bleiben, soweit sie nicht in der theologischen Einleitungslehre erörtert werden:

a) die Erkenntnisproblematik (besonders die in der Psychologie behandelten allgemeinen Erkenntnisfragen, die Ausführungen der Gotteslehre über die Gotteserkenntnis, ferner über die Art, wie Gott, die Engel usw. erkennen);

b) die Glaubensproblematik, die im 12. Jh. immer stärker aus den Einleitungen der systematischen Werke in die Tugendlehre verlegt wird.

Ich muß auch darauf verzichten, die in der theologischen Einleitungslehre vorgetragenen Ansichten durch Äußerungen in anderen Teilen der systematischen Werke oder gar in anderen Quellen zu ergänzen. Es geht hier nicht darum, wie sich unsere Autoren insgesamt und überall zu einzelnen Fragen geäußert haben, sondern wie weit sie diese in eine geschlossene Erörterung über die Theologie als Wissenschaft einbeziehen. Sie haben die Komplexe der Erkenntnis- und Glaubensproblematik offenbar bewußt aus ihrer Einleitungslehre ausgeklammert, in der sie ursprünglich ihren Platz gehabt hatten.

2. im Quellenmaterial:

Da es um die Wissenschaftstheorie geht, die die Theologie als ein Ganzes ins Auge faßt, stehen theologische Einleitungslehren und geschlossene Quaestionenreihen im Mittelpunkt. Auf andere Quellen kann ich nur gelegentlich verweisen.

3. im Zeitraum:

Da ich die Anfänge der Diskussion darstelle, ist nur das Ende des Zeitraums problematisch. Einen Endpunkt der Anfänge dieser Diskussion kann man nicht leicht festlegen. Ich meine aber, daß Aegidius Romanus und Heinrich von Gent bereits die anfänglichen Bahnen verlassen, und werde daher mit ihren um die Mitte der siebziger Jahre des 13. Jh. geschriebenen Werken schließen.

4. in der Art der Darbietung:

Um die Arbeit in Grenzen zu halten, kann ich in den einleitenden Kapiteln, in denen ich viel Bekanntes zusammenstelle, um den geschichtlichen Hintergrund anzudeuten und zu Fragen nach den geschichtlichen Zusammenhängen anzuregen, nur einige Grundzüge skizzieren. Hier muß ich mit Nachweisen besonders sparsam umgehen.

Ich ziehe Handschriften[20] und gedruckte Texte heran, deren Zuweisung und literargeschichtliche wie zeitliche Einordnung durchaus nicht immer sicher ist. Da mir aber v. a. an den theologiegeschichtlichen Problemen gelegen ist, kann ich nur die wichtigsten biographischen und literaturgeschichtlichen Daten anhand der Sekundärliteratur vortragen. Da ich mehr als zwei Dutzend Texte berücksichtige, ist mir sicher manches entgangen. Ich muß daher von vornherein um Nachsicht gegenüber solchen Mängeln bitten.

Endlich weise ich darauf hin, daß ich bei der Analyse der Texte fast ganz auf Auseinandersetzung mit der Sekundärliteratur verzichten muß. Bei Behandlung der bekannten und leicht zugänglichen Autoren gebe ich weniger Literatur an als bei der weniger bekannter und nur handschriftlich überlieferter. Die Arbeit versucht, alle Aktualisierung möglichst zu vermeiden. Ihr systematisches Interesse kommt jedoch darin zum Ausdruck, daß sie nicht die einzelnen theologischen Einleitungslehren jeweils als ganze in zeitlicher Reihenfolge analysiert (wobei auch häufige Wiederholungen unvermeidlich wären), sondern die in den thematischen Fragen angeschnittenen Probleme in ihrer Entwicklung verfolgt.

---

[20] Die handschriftlichen Quellen sind mir ausschließlich in (leider nicht immer einwandfrei lesbaren) Mikrofilmen und Photokopien zugänglich. Auch wenn von einem Werk mehrere Handschriften vorhanden sind, kann ich mich meist nur auf eine oder zwei stützen, über deren Wert (im Vergleich zu den übrigen) ich mir kein Urteil erlauben kann. — Den Grundstock meines Materials bilden Mikrofilme aus dem Grabmann-Institut in München, zu denen ich aus verschiedenen Bibliotheken Ergänzungen erhielt.

An dieser Stelle möchte ich allen danken, die mir bei der Beschaffung des handschriftlichen Materials behilflich waren: v. a. Herrn Akad. Dir. Dozent Dr. R. Heinzmann vom Grabmann-Institut München, sodann den Leitern und Mitarbeitern folgender Institute: Bibliothèque Municipale de Douai, Biblioteca Nazionale Centrale Firenze, Biblioteca Nazionale Napoli, Balliol College Oxford, Bibliothèque Mazarine Paris, Bibliothèque Nationale Paris, Institut de Recherche et d'Histoire des Textes (CNRS) Paris, Biblioteca Apostolica Vaticana.

2. VORAUSSETZUNGEN DER THEOLOGISCHEN WISSENSCHAFTSTHEORIE

2.1 EINLEITUNG

Die Überlegungen über Wesen, Gegenstand, Ziel und Erkenntnisweg der Theologie sind im 2. Viertel des 13. Jh. nicht plötzlich und ohne Vorbereitung entstanden. Sie entfalten sich zu einer Zeit, da die Theologie bereits auf eine mehr als tausendjährige Geschichte zurückblicken kann. Sie besitzt einerseits an sich selbst einen hochentwickelten Gegenstand, andererseits eine Fülle einzelner Gedanken über ihr Geschäft. Diese Elemente sind dem Theologen schon im 12. Jh. großenteils gegenwärtig, doch ihr innerer Zusammenhang in der Theologie als einer Wissenschaft wird nicht gesehen. Als aber die Theologie als ein Ganzes in den Blick tritt, liegen sogleich die Denk- und Sprachmittel bereit, mit denen das Phänomen vielseitig analysiert werden kann. Manches Problem erscheint dadurch von vornherein gelöst; die Reflexion kann sich meist doch nur auf den Bahnen bewegen, die von der Tradition vorgezeichnet sind. Allerdings sehen und formulieren die Theologen im Verlauf der Diskussion auch neue Probleme und Lösungsversuche. Allein schon die Erfassung der Theologie als Wissenschaft, als in sich gegliedertes Ganzes, ist eine Leistung von großer synthetischer Kraft.

Um diese Leistung recht ermessen, um ihre Erzeugnisse, die theologischen Einleitungslehren, verstehen zu können, ist es zweckmäßig, ihre Voraussetzungen vorweg und gesondert ins Auge zu fassen, und zwar
1. die Namen, mit denen sie sich bezeichnet;
2. den Zustand, in dem sie sich befindet, als sie ihrer Eigenart inne wird;
3. die einzelnen Elemente, die ihr aus der Tradition für ihr Selbstverständnis zur Verfügung stehen.

Ich kann freilich keine auch nur annähernd vollständige Aufzählung, noch viel weniger eine Darstellung der Voraussetzungen theologischer Wissenschaftstheorie geben. Das meiste davon ist in gründlichen Einzeluntersuchungen bereits ausführlich behandelt worden, vieles ist allgemein bekannt. Es kommt mir allein darauf an, durch Zusammenstellung der wichtigsten Momente den geschichtlichen Hintergrund der wissenschaftstheoretischen Erörterungen anzudeuten.

2.2 Der Name der Theologie

2.21 Vorbemerkungen

Als im Laufe des 12. Jh. das Phänomen der Theologie als Ganzes in den Blick der Theologen tritt, erhält es sogleich den Namen, mit dem es bis heute bezeichnet wird. Die Kontinuität, in der das Wort seitdem gebraucht wird, droht die darin enthaltene Problematik zu verschleiern. Mit dem Wort theologia wird ein anderthalb Jahrtausende alter, inhaltlich gefüllter Begriff auf eine zwar ebenfalls sehr alte, aber erst jetzt voll erfaßte Sache angewandt. Dadurch ändert sich die Bedeutung dieses Begriffs, ohne daß die alten Inhalte aus dem Bewußtsein derer, die ihn gebrauchen, verschwinden. Mit der Bezeichnung theologia sind deshalb sachliche Probleme verknüpft, mit denen die theologische Wissenschaftstheorie des 13. Jh. schwer zu ringen haben wird.

Auf die frühe Geschichte des vielleicht von Platon geschaffenen Wortes und seines Wortfeldes brauche ich hier nicht einzugehen; sie ist bereits gründlich erforscht[1].

2.22 Die Quellen des Begriffs theologia im 12. Jh.

Das 12. Jh. kennt den Begriff aus drei Quellen. Dadurch sind seine Bedeutungen und sein Gebrauch in bestimmten sachlichen Zusammenhängen weitgehend festgelegt[2].

1. Aus *Augustin*:

Zum Ausdruck seiner eigenen Gedanken gebraucht Augustin das Wort nicht. Er wird aber dadurch sehr wirksam, daß er der Nachwelt nach dem Vorgang Tertullians[3] in seinem vielgelesenen Werk De civitate dei einige dem römischen Universalgelehrten Varro (116—27 v. Chr.) entnommene Formulierungen vermittelt:

a) die grundlegende Definition von theologia als Denken und Reden

---

[1] Beste Übersicht mit reichen Literaturangaben: *G. Ebeling*, Art. Theologie I. Begriffsgeschichtlich, 1962; vgl. auch *Y. M.-J. Congar*, Art. Théologie, 1946, 341—46. Der griechische Sprachgebrauch ist viel genauer erforscht als der lateinische. Zum ersteren vgl. v. a. *F. Kattenbusch*, Die Entstehung einer christlichen Theologie, 1930; für den Sprachgebrauch der Alten Kirche *G. W. H. Lampe*, Lexicon..., 1961, 626—28; zum lateinischen beste Zusammenfassung: *B. Geyer*, Facultas theologica, 1964; dazu noch *J. de Ghellinck*, Le mouvement..., ²1948, 91—93; *J. Leclercq*, Études sur le vocabulaire monastique..., 1961, 70—79.

[2] Dasselbe gilt von den Ableitungen. Sehr häufig ist das Adjektiv theologicus (scientia theologica u. ä.), selten das Verb theologizare (meist im Partizip).

[3] Ad nationes 2,1

über Gott: quo verbo graeco significari intelligimus de divinitate rationem sive sermonem[4];

b) ein Schema, in dem Varro die Weisen, von Gott zu reden, in drei Gruppen einteilt (tria genera theologiae):

mythicon = fabulosum	(die Weise der Dichter)
physicon = naturale	(die Weise der Wissenschaft)
civile	(die Weise der Politik)[5];

c) endlich die auf Platon zurückgehende, von Aristoteles geprägte Beschreibung der griechischen Dichter-Theologen: per idem temporibus intervallum exstiterunt poetae, qui etiam theologi dicerentur, quoniam de diis carmina faciebant[6].

2. Aus *Pseudo-Dionysius Areopagita*[7]:

Äußerst wirksam ist der Sprachgebrauch des Ps.-Dionys, dessen Werke bis zum 12. Jh. in drei lateinischen Übersetzungen vorliegen und immer wieder kommentiert werden[8]. Wie Augustin die wichtigsten Formeln vorchristlicher Redeweise überliefert, so faßt Ps.-Dionys zusammen, was im christlichen Sprachgebrauch des Ostens lebendig ist. Die ganze Wortgruppe findet sich in seinen Werken auffallend häufig[9], und zwar im wesentlichen in zwei Hauptbedeutungen:

a) θεολογία bezeichnet einmal die hl. Schrift, die inspirierten Bücher im ganzen, wie auch einzelne ihrer Aussagen, Vorschriften usw. Ihre Verfasser heißen θεολόγοι.

b) θεολογία ist ferner die Lehre und das Reden von Gott. In dieser Bedeutung geht der Begriff in einige einflußreiche Verbindungen und Schemata ein:

α) θεολογία wird abgesetzt gegen φυσιολογία (die Lehre von den Geschöpfen) und οἰκονομία (die Lehre von der Heilsvermittlung).

β) θεολογία wird nach ihren verschiedenen Verfahrensweisen stark differenziert; so etwa in der Unterscheidung von

ἀπόρρητος, μυστική, συμβολική, τελεστική,
ἐμφανής, γνωριμωτέρα, φιλόσοφος, ἀποδεικτική.

3. Aus *Boethius*:

Boethius wird wie Augustin für das Mittelalter nicht als eigenständiger

---

[4] De civ. dei 8,1.   [5] De civ. dei 6,5,1.

[6] De civ. dei 18,14. — Eine weitere Quelle dafür sind die Etymologien *Isidors*, der aber unter theologi Dichter (8,7,9) wie Naturphilosophen (8,6,18) faßt.

[7] Über ihn R. *Roques*, L'univers dionysien, Paris 1954, und bes. Note sur la notion de „Theologia" . . ., 1949.

[8] Vgl. M. *Grabmann*, Die mittelalterlichen lateinischen Übersetzungen . . ., Geistesleben 1 (1926) 449—68. — Die fünf ältesten Übersetzungen jetzt in Dionysiaca, 1937 ff.

[9] So begegnet allein θεολογία etwa hundertmal (vgl. die Indices in Dionysiaca).

Bearbeiter des Begriffs, sondern als Vermittler eines Schemas aus der bis ins 12. Jh. unbekannten aristotelischen Metaphysik bedeutend. In seinem im 12. Jh. viel kommentierten kleinen Werk De trinitate, c. 2, gibt Boethius paraphrasierend die knappe Bemerkung des Aristoteles[10] wieder, wonach die theoretische Wissenschaft drei Teile hat:

Nam cum tres sint speculativae partes:

naturalis, in motu, inabstracta ἀνυπεξαίρετος ...

mathematica, sine motu, inabstracta ...

theologia, sine motu, abstracta atque separabilis[11].

Dieses Schema hat größten Einfluß im Mittelalter. Es findet Eingang in die meisten der zahlreichen Wissenschaftseinteilungen und Wissenschaftslehren und bestimmt so die Stellung der theologia im Gesamtgebäude des Wissens.

2.23 Der Sprachgebrauch des 12. Jh. und seine Problematik

Der Begriff theologia hat im 12. Jh. also im wesentlichen drei Bedeutungen: er bezeichnet

1. (heidnisches wie christliches) Denken und Reden über Gott;
2. Metaphysik als eine Wissenschaft;
3. die hl. Schrift.

Tatsächlich überschneiden sich diese Bedeutungen in dem Gehalt, den wir in einem weiten und noch unbestimmten Sinne Gotteslehre nennen können. Er umfaßt sowohl die christliche, aus der hl. Schrift erwachsende Anschauung und Rede von Gott, als auch die philosophische Gotteslehre und die heidnische Mythologie. Die varronische Definition wird immer wieder vorgetragen und gelegentlich sogar zu einer umfänglicheren etymologischen Erklärung ausgestaltet[12].

Die Art des in theologia enthaltenen logos wird meist recht allgemein als sermo oder ratio umschrieben. Gelegentlich begegnen wir aber auch genaueren Bestimmungen, besonders im Mönchtum und bei Autoren, die

---

[10] Vgl. Met. K 7, 1064 b 1–3: δῆλον τοίνυν, ὅτι τρία γένη τῶν θεωρητικῶν ἐπιστημῶν ἔστι, φυσική, μαθηματική, θεολογική; ganz ähnlich E 1, 1026 a 18 f.

[11] Text in *Thomas von Aquins* Expositio super 1. Boethii de trin., ed. Decker, ²1965, 157.

[12] Vgl. etwa *Clarenbaldus von Arras*, Komm. zu Boeth. De trin. (ed. W. Jansen, Der Kommentar..., 1926, 29*): theologia de divinitate ratiocinatio sive sermo interpretatur; *Thierry von Chartres* (?), Komm. „Librum hunc" (ed. Jansen a. a. O. 8*): et nominatur theologia; theos namque deus, logos ratio dicitur. Besonders ausführlich *Simon von Tournai* (Ende des 12. Jh.) zu Beginn seiner Institutiones in sacram paginam (nach R. Heinzmann, Die „Institutiones...", 1967, 25):

De interpretatione huius nominis theologia.

Sicut in orthographia legitur, „d" littera media est inter „th" aspiratum et „t" lene, et „o" ponitur pro „u"; unde ubi Graeci dicunt theos, nos dicimus

der Mystik nahestehen. Hier wird theologia auch als theoria, speculatio, contemplatio (dei) gefaßt[13]. In diesen Bezeichnungen lebt offenbar eine (allerdings nur diese eine!) Komponente des spätantik-frühchristlichen kultisch-hymnisch-homologischen Sprachgebrauchs[14] fort, die den innerlichen, erlebnishaften Grund allen Redens von Gott ausdrückt.

Die inhaltliche Eingrenzung der theologia auf die Lehre von Gott wird besonders deutlich, wenn ihr unter einem gemeinsamen Oberbegriff ein weiteres Teilgebiet der Theologie gegenübergestellt wird[15].

Im Sprachgebrauch des 12. Jh. liegen die verschiedenen Bedeutungen noch ganz unreflektiert nebeneinander. Die darin gegebene Problematik wird zusammen mit dem Begriff theologia an das 13. Jh. weitergereicht und bestimmt mit die Diskussion in den Anfängen der theologischen Wissenschaftstheorie. Es handelt sich dabei um folgende *Probleme*:

1. Der Begriff theologia kann immer auch die hl. Schrift mit umfassen oder gar allein meinen[16]. Das Verhältnis von Theologie und hl. Schrift wird nicht reflektiert. Dies ist wohl die schwerste Hypothek für die Anfänge theologischer Wissenschaftstheorie.

2. Das Verständnis von theologia als Gotteslehre entspricht wohl dem ursprünglichen Wortsinn. In der Anwendung auf das Phänomen der Theologie liegen zwei Wahrheitsmomente:

a) inhaltlich: hier handelt es sich primär um Gott, auf den alle anderen Inhalte bezogen sind;

b) methodisch: hier ist ein diszipliniertes, rational bestimmtes Reden von Gott gefordert. Im Verständnis des 12. Jh. ist das kultisch-hymnisch-homologische Element weitgehend (mit der oben gemachten Einschränkung) ausgeschieden.

---

deus. Logos interpretatur sermo; unde theologia quasi deologia, id est sermo de deo vel de divinis.

[13] Vgl. dazu *J. Leclercq*, Études sur le vocabulaire monastique..., 1961, bes. 70—79.

[14] Vgl. *F. Kattenbusch*, Die Entstehung einer christlichen Theologie, 1930, 200—05.

[15] So teilen die anonymen *Sententiae Parisienses* (ca. 1139—41), ein Werk aus der Schule Abaelards, die fides catholica in zwei Bereiche ein: in Erkenntnis der Gottheit (= theologia) und ihres Wirkens. Diximus illa, quae pertinent ad theologiam. Nunc dicendum est de his, quae pertinent ad beneficia, quia fides catholica in duobus consistit, in cognitione divinae essentiae et beneficiis (ed. Landgraf 29).

[16] Die Übersetzungen und Kommentare zu *Ps.-Dionys* übernehmen einfach dessen Sprachgebrauch. So z. B. *Johannes Scotus Eriugena* in seinem Kommentar zur Cael. Hier.: Declarant, inquit, apertissime theologi, prophetae videlicet in visionibus suis... (PL 122, 186 B). Die Belege für die Gleichungen theologia = hl. Schrift und theologi = biblische Autoren ließen sich beliebig vermehren.

Aber diese Bestimmungen sind

a) zu eng, wenn sie zu einer Ausscheidung der Schöpfungs- und Erlö-
sungslehre aus der theologia führen[17];

b) zu weit, denn solches Reden von Gott muß etwa gegenüber Verkündigung und lehramtlicher Äußerung abgegrenzt werden.

3. Theologia bezeichnet zugleich christliche und philosophisch-metaphy-
sische Gotteslehre. Da die christliche Theologie gerade in ihrer Gotteslehre
schon früh wesentliche Elemente aus der griechischen Metaphysik übernommen hat, wird die Gleichheit der Bezeichnung durch sachliche Ver-
wandtschaft gestützt. Solange aber die Theologie mit Metaphysik verwechselt wird, kann ihre Eigenart nicht erfaßt werden.

2.24 Der Bedeutungswandel von theologia im 12. Jh.

In der 2. Hälfte des 12. Jh. wandelt sich die Bedeutung von theologia zu
dem einheitlichen Sinn von „Theologie", d. h. von „theologischer Wissenschaft als Ganzem". Freilich lassen sich weder das erste Vorkommen des
Wortes im neuen Sinn noch der Vorgang des Bedeutungswandels im einzelnen nachweisen; nicht nur, weil die Quellen aus dieser Zeit noch nicht
ausreichend erschlossen sind und weil Indices dazu weitgehend fehlen,
sondern viel mehr aus sachlichen Gründen. Die neue Bedeutung hängt so
eng mit den alten zusammen, daß im 12. Jh. der Wandel gar nicht zum
Bewußtsein kommt. Die klare Herausarbeitung des neuen Theologiebegriffs vollzieht sich erst in der theologischen Wissenschaftslehre des
13. Jh.

Der Bedeutungswandel setzt vielleicht gleichzeitig innerhalb mehrerer
großer Richtungen ein: in den Schulen und Einflußbereichen Abaelards
(1079—1142), Gilbert Porretas (1076—1154) und Hugos von St. Victor
(1096—1141).

Seit der sorgfältigen Untersuchung J. Rivières[18] wird oft angenommen[19], *Abaelard* habe theologia erstmals in dem neuen Sinne eingeführt.
Allerdings gebraucht er das Wort innerhalb seiner eigenen Gedankengänge nicht. Er verwendet dagegen für seine eigene Lehrtätigkeit wie für
den Gegenstand literarischer Werke eine ganze Reihe von Wechselbegrif-

---

[17] Diese Enge wird wohl auch empfunden. Daher kann gelegentlich in die
Gotteslehre die Betrachtung der Geschöpfe mit einbezogen werden. Vgl. z. B.
Hugo von St. Victor, Didasc. 2,3 (PL 176, 752 Df.): Dicta autem ‚theologia‘
quasi sermo habitus de divinis ... Theologia igitur est, quando aut ineffabilem
naturam dei aut speciales creaturas ex aliqua parte profundissima qualitate
disserimus.   [18] „Theologia", 1936.
[19] So etwa *Y. M.-J. Congar*, Art. Théologie, 1946, 345; *B. Geyer*, Facultas
theologica, 1964, 141; mit Vorbehalt *G. Ebeling*, Art. Theologie, 1962, 758.

fen, aus denen man schließen muß, daß er (freilich in genialer Weise) um die Erfassung des Phänomens wie um seine Benennung ringt, ohne doch zu sicheren Ergebnissen zu kommen[20]. Das Wort theologia gebraucht Abaelard nur als Titel seines mehrfach umgearbeiteten Werkes, dessen Endfassung die 1121 verurteilte Theologia „Scholarium"[21] ist. Der Name ist durch die zahlreichen zeitgenössischen Erwähnungen[22] durchaus gesichert. Wesentlich ungewisser ist dagegen, ob Abaelard mit diesem Titel auch schon die Vorstellung einer Theologie im neuen Sinne verbindet oder ob er darunter einfach die Gotteslehre versteht[23].

Nicht viel eindeutiger als Abaelards Sprachgebrauch ist der des *Gilbert Porreta*. Die Schwierigkeit besteht hier nicht in der Abgrenzung gegen die christliche Gotteslehre, sondern gegen die Metaphysik. Gilbert selbst bevorzugt das Adjektiv theologicus[24]. In seinem Kommentar zu Boethius De trinitate stellt er die theologica immer wieder den naturalia gegenüber[25].

---

[20] Im Prolog der *Theologia „Scholarium"*, in dem *Abaelard* kurz über die Entstehung des Werks Rechenschaft ablegt, fehlt theologia noch. Der Autor will eine sacrae eruditionis summa, gleichsam eine divinae scripturae introductio, abfassen. Nach seinen Werken über die philosophica studia, nach den saecularium litterarum scripta, erhoffen seine Schüler von ihm noch bessere divinae paginae intelligentia, sacrae fidei rationes (PL 178, 979 A). Diese kleine Sammlung von Wechsel- und Grenzbegriffen zeigt, wie Abaelard hier das Phänomen theologischer Arbeit einzukreisen sucht. Sie zeigt zugleich, daß dafür noch keine feste Formel gefunden ist. Bezeichnend ist auch, wie Abaelard in der *Historia calamitatum* von seiner eigenen Tätigkeit redet. Er kehrte nach Frankreich zurück, um hier Theologie zu studieren — ut de divinitate addiscerem (ed. Monfrin 67 Z. 159). Seine eigene Lehrtätigkeit bezeichnet er als sacra lectio und philosophica [sc. lectio] (70 Z. 247 f.), als divina scriptura und saecularis [sc. scriptura] (82 Z. 676 f.), als magisterium divinae lectionis (82 Z. 685) (vgl. auch 70 Z. 258, 82 Z. 668 f.).

[21] PL 178, 979—1114; früher fälschlich Introductio in theologiam genannt.

[22] Z. B. Selbstzitate des Verfassers (Quorum [d. h. von Aussagen über die Trinität] pleraque et nos etiam in Theologiae nostrae opusculo contulimus: In Ep. ad Rom. 1, Opp. ed. Cousin 2, 172; De his autem in primo Theologiae nostrae prout potuimus satis diligenter disseruimus: a. a. O. 173); die Anführung *Heloises* (Ep. 2, PL 178, 181 C); die Kritik der Gegner (Belege nennt Rivière a. a. O. 52 A. 1; z. B. *Wilhelm von St. Thierry*, Disp. adv. P. A., c. 3, PL 189, 255 C: haec est nova novi theologi theologia de patre et filio ...).

[23] Aus den im Prolog gebrauchten Begriffen (o. A. 20) kann man keine Schlüsse ziehen. Aber in der Historia calamitatum redet *Abaelard* selbst von diesem Werk als von einer Abhandlung über die Trinität: Accidit autem mihi, ut ... quendam theologiae tractatum De Unitate et Trinitate divina scolaribus nostris componerem (ed. Monfrin 82 f. Z. 690—94); ... illud opusculum, quod de trinitate composueram (83 Z. 719 f.). — Ich wende mich damit gegen B. *Geyers* Argumentation Facultas theologica, 1964, 141.

[24] Teils in Verbindung mit einem Substantiv, teils absolut: theologica als (seltener) fem. sg. oder (meist) ntr. pl.

[25] Z. B.: ... quales fuerunt Ariani et Sabelliani et multi alii, qui naturalium proprias rationes theologicis communicaverunt ... (ed. Haring 35); huius no-

Aber im Rahmen des Kommentars läßt sich oft nicht sicher entscheiden, ob das Begriffspaar den Gegensatz Metaphysik — Naturphilosophie oder den Theologie — weltliche Wissenschaft bezeichnen soll[26]. Immerhin scheint in Gilberts Schule die Idee einer theologischen Wissenschaft erfaßt worden zu sein. Die Sententiae divinitatis (1141—48) stellen eine theologica scientia anderen Wissenschaften gegenüber[27], und der von Gilbert beeinflußte Alanus de Insulis (gest. 1203) verwendet theologia schon eindeutig im neuen Sinne[28].

Auch im Einflußbereich *Hugos von St. Victor* scheint sich ein Bedeutungswandel anzubahnen. Hugo selbst prägt u. a. eine im 13. Jh. mehrfach aufgenommene[29] Unterscheidung von theologia mundana und theologia divina, in der theologia den Rahmen bloßer Gotteslehre im traditionellen Sinne sprengt. Allerdings ordnet Hugo im folgenden die theologia in die aristotelische Wissenschaftseinteilung ein und läßt sie dadurch wieder mit der Metaphysik zusammenfließen[30].

Die von Hugo mit beeinflußte Ysagoge in theologiam (ca. 1140 bis 1148)[31] erweitert in ihrem Prolog den Umfang der theologia eindeutig über den der Gotteslehre hinaus, sie faßt die theologia auch als eine Wissenschaft auf. Aber in den folgenden Darlegungen ordnet sie sie wie Hugo in das aristotelische Schema ein und zeigt dadurch, daß sie die Eigenständigkeit der Theologie noch nicht erfaßt hat[32].

---

minis... a naturalibus ad theologica facta transumptio (81); sicut in naturalibus, ita et in theologicis (83).

[26] Die Gegenüberstellung von theologica (fem. sg.) [In 7 der 25 Hss. steht dafür theologia, m. E. sekundär] und humana philosophia zu Beginn des Werks (33) scheint allerdings die zuletzt genannte Deutung zu stützen.

[27] Neben divina pagina in unbestimmtem Sinn (ed. Geyer, Rec. A, 5*) findet sich die Theologie als Wissenschaft (theologica vel etiam alia scientia 6*) genannt. Aber die 7* angeführte theologia scheint sich wieder auf Gotteslehre zu beschränken.

[28] Das schließt freilich nicht aus, daß das Wort gelegentlich auch noch im alten Sinn begegnet. So wird z. B. die theologia in Abgrenzung gegen theosophia und theophania als humana scientia, qua deus ab homine intelligitur, bezeichnet (ed. d'Alverny 227). [29] Darüber u. S. 231 f. A. 34.

[30] Comm. in Hier. Cael., PL 175, 926 D f.: Haec est distantia theologiae huius mundi ab illa, quae divina nominatur theologia... Sed mundana... theologia opera conditionis assumpsit... Theologia vero divina opera restaurationis elegit secundum humanitatem Iesu et sacramenta eius, quae ab initio sunt, naturalibus quoque pro modo subiunctis... Anschließend wird die theologia dann aber ganz im Schema der aristotelischen Wissenschaftseinteilung definiert (928 A).

[31] Die neuesten Arbeiten von *D. E. Luscombe*, The Authorship..., 1968; The School of Peter Abelard, 1969, 236—44, zeigen, daß die Ysagoge zwar auch von Abaelard, noch stärker aber von der Hugo nahestehenden Summa Sententiarum beeinflußt ist.

[32] Die theologia betrachtet Gott, die Engel, den Menschen mit Schöpfung, Fall und Erlösung (ed. Landgraf 63 f.; Zitat u. A. 34); dieselbe theologia, die

Es ist in unserem Zusammenhang nicht nötig, weitere Belege für das am Sprachgebrauch ablesbare unsichere Tasten des 12. Jh. nach einer vollen Erfassung des Phänomens Theologie vorzutragen. Wichtiger als die Suche nach dem frühesten Vorkommen des neuen Begriffs ist eine Zusammenstellung der wesentlichen Züge des Begriffswandels. Dieser vollzieht sich in zweifacher Richtung:

1. durch Erweiterung seines Umfangs[33]:

Unter dem Namen theologia (bzw. ähnlichen Bildungen) werden jetzt neben der Gotteslehre auch noch andere Themen erfaßt. Dies kann geschehen:

a) indem die weiteren Inhalte ausdrücklich neben der Gotteslehre genannt werden[34];

b) indem die theologia wieder unterteilt wird, und zwar nicht — wie in den oben angeführten ps.-dionysischen Einteilungen — nach methodischen, sondern nach inhaltlichen Gesichtspunkten[35].

---

die menschliche Seele, Engel und Gott zum Gegenstand hat, wird aber im folgenden als eine der drei theoretischen Wissenschaften bestimmt (71).

[33] Der Bedeutungswandel ist kein logisches Verfahren. Von ihm gilt daher nicht die Regel, daß Inhalt und Umfang eines Begriffes sich in umgekehrtem Verhältnis zueinander befinden und verändern.

[34] So z. B. in *Hugos* Beschreibung: Neben dem creator stehen die opera restaurationis... secundum humanitatem Iesu et sacramenta eius, dazu in gewissem Umfang naturalia (Comm. in Hier. Cael., PL 175, 926 D — 927 A); in der *Ysagoge:* Omnis invisibilium substantiarum notio, quam theologiam nuncupat Graecus, pro triformi subiectae materiae diversitate in tres scissa est partes. Divinam namque naturam, angelicam et humanam, disciplinae huius rimatur speculatio (ed. Landgraf 63). Sit igitur theologicae doctrinae elementum in natura humana, provectus in angelica, consummatio autem in divina. Atque in homine quidem creationem primam, deinde lapsum, novissime restaurationem percurrere oportet (64).

[35] So trägt *Alanus de Insulis* drei Einteilungen vor:

a) Summa „Quoniam homines" (ed. Glorieux 121) und Expositio Prosae de Angelis (ed. d'Alverny 195):

$\left[\begin{array}{l}\text{apothetica (supercaelestis):} \\ \text{hypothetica (subcaelestis):}\end{array}\right.$ betrachtet Trinität
betrachtet spirituales creaturae

b) De virtutibus (ed. Lottin, Psychologie et morale 6, 1960, 45):

$\left[\begin{array}{l}\text{rationalis:} \\ \text{moralis:}\end{array}\right.$ Dogmatik
Ethik

c) Expositio super symbol. apost. et Nicaen. (ed. d'Alverny 83); eine Einteilung, die auch die Apologetik mit einbezieht:

facultas theologica $\left[\begin{array}{l}\text{scientia articulorum} \\ \text{scientia haeresum}\end{array}\right.$

Petrus Cantor teilt in seiner Summa Abel die theologia in (nach M. Grabmann, Schol. Methode 2, 483 A. 3):

Hinter diesen Beschreibungen und Einteilungen der Inhalte steht die Einsicht, daß die theologia ein großer, den ganzen Bereich religiöser Phänomene (invisibilia, caelestia usw.) umfassender Organismus ist, der sich mit der herkömmlichen Vorstellung von Gotteslehre nicht mehr deckt.

2. durch Erweiterung seiner Merkmale[33]:

theologia ist nun nicht mehr ein beliebiges, sondern ein wissenschaftliches Denken und Reden über Gott.

Das neue Merkmal kann angezeigt werden

a) durch den Begriff theologischer Wissenschaft[36];

b) durch Vergleichung mit und Zuordnung zu anderen Wissenschaften oder durch Einordnung in den Unterrichtsbetrieb[37].

2.25 Die Aufnahme des neuen Begriffs

Ein Rückblick auf den Sprachgebrauch des 12. Jh. ergibt:

a) Ob der neue Begriff bereits vorliegt, läßt sich oft nur sehr schwer beurteilen. Seine wesentlichen sachlichen Merkmale sind 1. die Ausdehnung über die Gotteslehre hinaus auf den ganzen Bereich der materialen Dogmatik, 2. das Bewußtsein, daß es sich um eine selbständige Wissenschaft handelt, die mit anderen Wissenschaften in Zusammenhang steht und sich zugleich gegen sie abgrenzen muß.

b) Der neue Begriff begegnet bis zum Ende des 12. Jh. noch sehr selten. Er scheint sich nicht an einer Stelle, sondern in der Diskussion verschiedener Schulen entwickelt zu haben.

```
  ┌─ superior s. caelestis    = divinorum notitia      ┌ articuli fidei
  │                                                     └ haereses
  │
  └─ inferior s. subcaelestis = morum informatio        ┌ virtutes
                                                         └ vitia
```

[36] Z. B. *Sententiae divinitatis*: theologica vel etiam alia scientia (ed. Geyer, Rec. A, 5*); theologica disciplina (*Richard von St. Victor*, De trin. 6,2; ed. Ribaillier 229); theologica facultas (dazu B. Geyer, Facultas theologica, 1964); u. ä.

[37] So fordert die *Ysagoge in theologiam* für die Theologie dieselbe Methode, wie sie in den artes (= scientiae) gebräuchlich ist (ed. Landgraf 64). — *Alanus de Insulis* vergleicht die Theologie immer wieder mit den übrigen Wissenschaften. Vgl. etwa den Anfang seiner Regulae de sacra theologia, in denen er die axiomatische Methode in die Theologie einführen will: Omnis scientia suis nititur regulis velut propriis fundamentis. ... Supercaelestis vero scientia, id est theologia, suis non fraudatur... (PL 210, 621 Af.). — Bezeichnend ist auch die im Einflußbereich des *Gilbert Porreta* vielfach gebrauchte Formulierung eines in der 2. Hälfte des 12. und zu Beginn des 13. Jh. stark empfundenen Problems: translatio (transumptio u. ä.) nominum (terminorum, vocabulorum) a naturalibus (naturali facultate) ad theologica (theologiam).

B. Geyer hat mit Recht darauf hingewiesen, daß sich der neue Sprachgebrauch besonders rasch im Unterrichtswesen einbürgert[38]. Zu Beginn des
13. Jh. hat sich der Begriff theologia allgemein durchgesetzt. Das heißt
nicht, daß er nun ausschließlich gebraucht wird; durch das ganze 13. Jh.
hindurch stehen ihm ältere und jüngere Synonyme zur Seite. Aber er ist
mit Sicherheit als die charakteristische Bezeichnung für die theologische
Wissenschaft bekannt und anerkannt. Daß die alten Bedeutungen mehr
oder weniger unreflektiert in ihm mitschwingen, wird uns bei der Untersuchung der theologischen Wissenschaftstheorie noch beschäftigen. Widerstand gegenüber dem Bedeutungswandel hat es m. W. nicht gegeben. Der
neue Begriff dringt in alle literarischen genera der Theologie ein. Ich nenne daraus nur einige Beispiele:

1. Dokumente des Unterrichts, besonders aus den zu Beginn des 13. Jh.
entstehenden Universitäten[39];

2. allgemein kirchliche Literatur, und zwar nicht nur solche moderner
Theologen, sondern auch konservativer Kreise[40];

3. die systematischen Werke.

---

[38] Facultas theologica, 1964. Ob allerdings die Verwendung von theologia
durch die Vieldeutigkeit des Ausdrucks facultas theologica verursacht ist (143),
scheint mir zweifelhaft. Theologia als Selbstbezeichnung der Theologie muß
im Schulbetrieb gegen Ende des 12. Jh. ganz geläufig gewesen sein. Ein anonymer Pariser Student schreibt Ende des Jh. in einem Bericht über eine christolo-
gische Diskussion: Est et adhuc alia quaestio, quae emergit ex diversis opini-
onibus magistrorum; quae et in theologia habet locum et in dialectica. (G. Morin, Lettre inédite ..., 1934, 415.)

[39] Von den auch von *Geyer* a. a. O. zitierten Belegen nenne ich z. B. einen
Brief *Innozenz III.* (1207): ... apud civitatem Parisiensem, ad quam pro sacrae
paginae disciplina (Parallelbegriff!) celebris recursus habetur theologorum ...
... ut Parisius magistrorum theologiae numerus octonarium non transcendat
(Chartularium 1,65); 1213: licentia de theologia (a. a. O. 1,75); 1215 bestimmen
die Statuten *Roberts von Courçon*: der Theologe ... quinque annis audiat
theologiam, antequam privatas lectiones legat publice (a. a. O. 1,79); 1218: in
theologia docere, doctores theologiae (a. a. O. 1,85); usw.

[40] So wird in den von *M. Davy*, Les sermons universitaires ..., 1931, her-
ausgegebenen Pariser Universitätspredigten von 1230–31, die aus konservativer Haltung heraus mit der zeitgenössischen Theologie scharf ins Gericht gehen, theologia im neuen Sinne ganz selbstverständlich gebraucht. Z. B. sagt
Odo von Castrum Radulphi: Reprehensible est, quod facultas theologiae,
quae est et vocatur civitas solis veritatis et intelligentiae, nititur loqui lingua
philosophorum, id est illi, qui in facultate theologiae student et docent, conan-
tur ei praebere auctoritatem e dictis philosophorum ... (85 A.3); *Johannes von
St. Aegidius* tadelt die, qui ab Aristotele non possunt in theologia separari
(292); ein anonymer Dominikaner meint: Qui enim metaphysicam didicit, semper vult in sacra scriptura [= Theologie] metaphysice procedere. Similiter qui
geometriam didicit, semper loquitur de punctis et lineis in theologia (B. Hauréau, Notices et extraits ..., 6,251; danach ist Davy a. a. O. 341 zu korrigie-
ren); usw.

Theologia ist im neuen Sinne vielleicht schon in den frühen Glossen zu den Sentenzen des Petrus Lombardus zu finden[41]. Den Autoren der ersten theologischen Einleitungslehren in den dreißiger und zu Beginn der vierziger Jahre des 13. Jh. ist das Wort ganz vertraut[42].

Der Gebrauch des Wortes ist so verbreitet, daß diese Hinweise genügen. Beachtung verdienen auch die Autoren, die das Wort meiden und dafür Synonyme und Umschreibungen verwenden. Bevor ich auf die Meidung von theologia eingehe, gebe ich einige Hinweise auf die Synonyme.

2.26 Synonyme für theologia

Wir sind schon früher darauf gestoßen, daß in Zusammenhängen, in denen wir das Wort theologia erwarteten, andere Begriffe und Begriffsverbindungen stehen. Ob wir diese als ältere Bezeichnungen für die Theologie ansehen dürfen, die dann später von theologia verdrängt werden, scheint mir fraglich, da ja der Gedanke einer Theologie in umfassendem Sinne erst im 12. Jh. Gestalt gewinnt. Wir stoßen hier auf die gleiche Schwierigkeit wie bei theologia: der Übergang von der ursprünglichen zur neuen Wortbedeutung läßt sich nicht mehr fassen.

Ich muß darauf verzichten, auf die schwierigen Interpretationsprobleme im Zusammenhang mit den gebrauchten Begriffen einzugehen, und kann hier nur eine kleine Übersicht über die mannigfaltigen Formulierungen geben, die ein mehr oder weniger Umfassendes (das wir nicht immer mit der Theologie gleichsetzen dürfen) beschreiben wollen[43]:

doctrina fidei (Robert von Melun), fidei sacrae rationes (Abaelard), doctrina sacrae (divinae) scripturae, sacrae scripturae (disciplinae) tractatus (Robert von Melun), exercitium sacrae scripturae (Petrus Cantor), lectio divinae scripturae (Abaelard), doctrina Christi (christiana) (Simon von

---

[41] So in denen des *Ps.-Petrus von Poitiers* (ed. O. Lottin, A propos des ‚Glossae...', 1960, 121), während es in ihrer Vorlage, den Glossen des *Petrus Manducator* (ed. R.-M. Martin, Notes..., 1931, 62) noch fehlt; in der *Summa des cod. Vat. lat. 10754* (ed. Landgraf, Recherches..., 1931, 353); im Prolog der *4. Glosse des cod. Neapel B. Naz. VII C 14* (ed. Landgraf a. a. O. 356). — Daneben finden sich aber noch häufiger die Synonyme sacra scriptura und sacra pagina.

[42] Bereits unsere ältesten Texte, die beiden Quaestiones aus dem *cod. Douai 434*, gebrauchen es ganz selbstverständlich. Die q. f. 15 redet von finis theologiae (bzw. doctrinae theologicae), perfectio theologiae, cognitio in theologia u. ä.; die q. f. 101^{r}a vom subiectum theologiae usw. Auch *Roland von Cremona* verwendet theologia ganz geläufig, sowohl in der theol. Einleitungslehre als auch im 3. Buch seiner Summa (ed. Cortesi, z. B. 289, 461, 877, 908—10, 1221, 1227, 1231 u. ö.).

[43] Ich wähle die Belege aus einem umfangreichen Material aus, verzichte aber aus Raumgründen auf Nachweise und Erläuterungen.

Tournai), sacrae eruditionis summa (Abaelard), summa divinae paginae (Ps.-Petrus von Poitiers), sacrum eloquium (Robert von Melun), scientia (super-) caelestis, philosophia caelestis (Alanus de Insulis, Petrus Cantor) usw.

Das Umfassende und der Wissenschaftscharakter der Theologie scheinen in diesen Formulierungen durch die Methodenbezeichnungen summa bzw. rationes, doctrina, scientia, philosophia[44], auch exercitium und lectio ausgedrückt.

Im 13. Jh. verschwinden die meisten dieser Formulierungen wieder, die offenbar tastende Versuche darstellen, das neu Erahnte auf möglichst prägnante, umfassende Begriffe zu bringen. Jetzt, da das Bezeichnete selbst klar in den Blick tritt, machen sie einem knapperen, gleichförmigen, technischen Sprachgebrauch Platz[45], der natürlich durch die Forderungen des Schulbetriebs begünstigt wird. In den theologischen Einleitungslehren können wir neben theologia folgende Wortgruppen unterscheiden:

1. Verbindungen mit theologia oder mit dem Adjektiv, die offenbar den Wissenschaftscharakter der Theologie unterstreichen sollen[46];

2. sacra (divina) scientia[47],

sacra (selten divina) doctrina[48];

---

[44] Philosophia hat hier die alte, weite Bedeutung von Wissenschaft (vgl. u. S. 39).

[45] *Alexander von Hales* hat noch ein auffallend buntes Vokabular (vgl. A. 46). *Robert Kilwardby* verwendet den singulären Ausdruck disciplina christiana (ed. Stegm. 46,2). Wie ein Nachklang der barocken Formulierungen des 12. Jh. wirken die vom *Anonymus cod. Vat. lat. 2186* gebrauchten. Der Anonymus meidet theologia völlig und redet u. a. von scientia religionis catholicae (ed. Bignami-Odier 140,1), scientia catholica (145,9), traditio catholica (143,6; 145,4), traditio scientiae catholicae (143,4 f.), neben traditio philosophica (140,2; 143,3. 5 f.; 145,7). Der häufige Gebrauch von traditio und catholicus ist in der theol. Wissenschaftstheorie der Zeit ohne Parallele.

[46] Besonders bei *Alexander von Hales*. Er bevorzugt doctrina theologiae und hat daneben doctrina theologica, cognitio theologiae, theologica disciplina, theologica scientia.

[47] Der *Anonymus cod. Vat. lat. 782, f. 123 f.*, bevorzugt divina scientia.

[48] Sacra doctrina begegnet schon bei *Alexander* c. 1 ad 2 gegen Ende; c. 2 q.; ad obi.; dann auch bei verschiedenen anderen Autoren, ohne besonders häufig zu sein. Berühmt geworden ist der Ausdruck durch seine Verwendung in *Thomas' von Aquin* Summa theologiae (Vgl. dazu *Y. M.-J. Congar*, „Traditio" und „Sacra doctrina" bei Thomas von Aquin, 1960; ferner die Bemerkungen *É. Ménards*, La tradition, 1964, 42 f.). Es ist auffällig, wie stark die Überlieferung des Begriffs in den von der Leonina berücksichtigten Hss. schwankt (doctrina wechselt v. a. mit scriptura, daneben auch mit scientia. Auch die Herausgeber dieser höchst unzuverlässigen Ausgabe schwanken sehr in der Textgestaltung und entscheiden sich mehrmals gegen das übereinstimmende Zeugnis der Hss. Der anonyme Verfasser der ca. 1270—80 zusammengestellten Q. de theologia im *cod. Todi 39* schreibt q. 1 a. 1 crp. aus Thomas, S. th. a. 2 crp. wörtlich ab, verändert dabei aber sacra doctrina in sacra scriptura

sehr häufig auch nur haec (ista) scientia (doctrina);

3. sacra (seltener divina) scriptura,

oft auch bloß haec (ista) scriptura,

daneben seltener sacra (divina) pagina[49].

Unter diesen Gruppen verdient die letzte besondere Beachtung. Während die übrigen weitgehend unmißverständlich sind (nur divina scientia kann auch für die Metaphysik stehen[50]), sind sacra (divina) scriptura (pagina) zweideutig: sie bezeichnen ursprünglich und auch noch im 13. Jh. die hl. Schrift. Ihre Verwendung in der theologischen Wissenschaftstheorie bringt große Probleme mit sich.

Wir betrachten vorweg den Begriff *sacra (divina) pagina*, der für unser Thema nur von geringer Bedeutung ist. Bis ins 12. Jh. bedeutet er nur die hl. Schrift[51]. Erst seit dem Ende dieses Jahrhunderts dringt er in Wendungen wie: sacrae paginae studere, sacrae paginae disciplina, doctores sacrae paginae u. ä. in die offiziellen Dokumente über den theologischen Unterricht ein[52] und findet sich noch in den Bologneser Statuten von 1364[53]. Abgesehen von diesem technischen Sprachgebrauch in amtlicher Sprache wird er m. W. nur selten auf die theologische Wissenschaft angewandt. Innerhalb der theologischen Wissenschaftstheorie begegnet er sogar erst spät — im Sentenzenkommentar des Aegidius von Rom Mitte der siebziger Jahre[54].

Viel häufiger als sacra pagina begegnet der Parallelbegriff *sacra scrip-*

(ed. Tavard 212, 27 f.) — ein kleines Zeichen dafür, daß dieser Ausdruck nicht überall Gefallen findet.

[49] Über (sacra) pagina vgl. die ausführliche Untersuchung von *J. de Ghellinck*, „Pagina" et „Sacra Pagina", 1947.

[50] Vgl. z. B. u. S. 228 A. 13; 229 A. 19; 231 A. 33 f.

[51] *J. de Ghellinck* a. a. O. 41—44 setzt die Ausweitung des Begriffs auf die Theologie im ganzen m. E. viel zu früh an. Die etwa zwischen 1127 und 1136 entstandenen *Sententiae Varsavienses* (ed. Stegmüller, Sententiae Varsavienses, 1942; dazu u. A. 147) handeln allein von der hl. Schrift (divina pagina = divina scriptura). Es weist auch nichts darauf hin, daß der Verfasser der aus Anselms von Laon Schule stammenden *Sententiae divinae paginae* die Theologie im Auge hat. Der Titel stellt das Werk als eine Sammlung von Sentenzen aus der hl. Schrift vor (wozu ja auch die Väter gezählt werden können; vgl. u. A. 98). Wenn im Zusammenhang mit divina pagina im 12. Jh. die Theologie gemeint ist, so wird der Begriff immer näher bestimmt: als divinae paginae intelligentia (*Abaelard*) u. ä.

[52] Diese Übertragung ist leicht verständlich, da der theologische Unterricht ursprünglich in der Kommentierung der hl. Schrift besteht. Der Übergang wird noch greifbar in einer Wendung wie: ... ab eo divinarum audisse paginam scripturarum (1198: Chartularium 1,14). Einige Belege für den offiziellen Gebrauch: Chartularium 1,42 (ca. 1178—92); 65 (1207); 67 (1208/09); 95 (1220); 143 (1231).

[53] *F. Ehrle*, I più antichi statuti..., 1932, z. B. 8,12; 10,17.

[54] Vgl. z. B. u. S. 110 A. 131; 112 A. 134; 210 A. 274 f.

tura. Noch weniger als der erstere bezeichnet dieser im 12. Jh. die Theologie. Die Autoren reden in dieser Zeit immer von doctrina, tractatus, lectio, exercitium usw. sacrae (divinae) scripturae. Seltsamerweise tritt hier nun im 13. Jh. ein völliger Wandel ein, der in der theologischen Wissenschaftstheorie deutlich greifbar wird: Neben dem bekannten und anerkannten Wort theologia verwenden die Autoren ganz unbedenklich und unreflektiert für die theologische Wissenschaft den Ausdruck sacra (divina) scriptura. Die geschichtliche Entwicklung stellt sich also nicht so dar, daß die älteren Bezeichnungen der Theologie sacra scriptura und sacra pagina durch das neu eingeführte Wort theologia langsam verdrängt werden, sondern beide treten von Anfang an nebeneinander auf. Während aber die Verwendung des alten Begriffes theologia, in dem ganz verschiedene Bedeutungen aufgehoben sind, durch den Zwang zur Reflexion auf eben diese Bedeutungen in die Zukunft weist, bedeutet die Gleichsetzung von sacra scriptura mit Theologie einen Rückschritt. Die differenzierenden Formulierungen des 12. Jh. verschwinden[55]; man knüpft mit dem einfachen Begriff sacra scriptura an eine der drei Grundbedeutungen von theologia an, und zwar gerade an jene, die am weitesten von der Idee einer theologischen Wissenschaft entfernt ist.

2.27 Meidung von theologia

Bekannt ist, daß Thomas von Aquin v. a. in den beiden Summen das Wort theologia in auffälliger Weise meidet. Dieser Sachverhalt ist viel besprochen und wird doch weder durch Hinweise auf den Fremdwortcharakter (der wird schon lange nicht mehr empfunden; außerdem verwendet Thomas viele andere Fremdwörter), noch auf den Gebrauch bei Aristoteles (gerade Thomas greift doch auf Aristoteles zurück; außerdem ist theologia durch Boethius und Ps.-Dionys schon lange ein christliches Wort), noch gar auf die angebliche Ungebräuchlichkeit von theologia erklärt.

Von vornherein können wir feststellen, daß die Meidung von theologia nicht etwa konservativem Sprachgebrauch entspricht, sondern ein ganz sekundäres Phänomen ist, das von Fall zu Fall erklärt werden muß.

Innerhalb der theologischen Wissenschaftstheorie wird das Wort nur vom Anonymus des cod. Vat. lat. 2186 völlig vermieden, dessen eigentümliche Terminologie ich bereits erwähnt habe[56]. Richard Fishacre hat theologia nur einmal, in einer ganz selbständigen Formulierung, die

---

[55] Nur noch vereinzelte Belege: scientia sacrae scripturae (*Alexander* c. 3 q.); divinarum scripturarum scientia (*Fishacre* Nr. 5, O[1] f. 3ʳb31); doctrina sacrae scripturae (*Kilwardby* ed. Stegm. 39,10).
[56] O. A. 45.

die Theologie den anderen Wissenschaften gegenübergestellt[57]. Er gebraucht aber auch keine anderen festen termini, sondern redet meist in der unbestimmten Wendung haec scriptura (= scientia oder sapientia). Auch Bonaventura bietet das Wort nur selten, in zwei — allerdings selbstverfaßten — Argumenten[58]. Bei ihm ist die Zurückhaltung wohl damit zu erklären, daß er ja primär von den Sentenzen handelt, die für ihn im Sentenzenkommentar die Theologie verkörpern.

Neben diesen Vorgängern ist der Sprachgebrauch des Thomas nicht gar so auffällig, wie es dem scheinen mag, der nur die Summa theologiae betrachtet. Im Sentenzenkommentar begegnet das Wort noch häufiger, auch im Boethius-Kommentar (wo es aber naturgemäß meist die Metaphysik bezeichnet), wird dann aber in den beiden Summen durch andere ersetzt. In der theologischen Einleitungslehre der Summa theologiae findet es sich einmal in der formelhaften Unterscheidung der Theologie von der Metaphysik[59], zum andern bei der Entwicklung des Gegenstandes aus der Etymologie von theologia[60]. Im Hinblick auf die eigenartige Formulierung an der erstgenannten Stelle[61] könnte man meinen, Thomas meide das Wort, weil es eine Verengung zur Gotteslehre bezeichne. Da er aber andererseits die Gegenstandsbestimmung aus der Etymologie von theologia positiv aufgreift, dürfte diese Erklärung entfallen. Im Sprachgebrauch der Summa scheint sich weniger eine Abneigung gegen theologia auszudrücken als eine Bevorzugung des präziseren Begriffs sacra doctrina, mit dem Thomas eine bestimmte Auffassung der Theologie verbindet[62].

2.28 Rückblick

Die Klärung der mit dem Sprachgebrauch zusammenhängenden Sachprobleme kann sich erst aus der Analyse der theologischen Wissenschaftstheorie in ihren einzelnen Abschnitten ergeben. Ich fasse aber rückblickend noch einmal die wichtigsten Ergebnisse unseres Überblicks zusammen und hebe daraus die Probleme hervor, mit denen sich das 13. Jh. auseinandersetzen muß:

1. Für das Phänomen der Theologie ist zu Beginn der wissenschaftstheoretischen Diskussion der Name theologia fest eingebürgert.

---

[57] Nr. 9, O[1] f.3[v]a34.   [58] Q. 1 co. 2; q. 3 co. 2.
[59] A. 1 arg. 2; ad 2.   [60] A. 7 co.
[61] A. 1 ad 2: theologia, quae ad sacram doctrinam pertinet.
[62] Diese Auffassung wird im Verlauf der Untersuchung noch deutlich werden. — Aus der Literatur zu dem Begriff nenne ich neben dem o. A. 48 erwähnten Aufsatz von Y. M.-J. Congar die Bücher von G. F. van Ackeren, Sacra doctrina, 1952, und P. E. Persson, Sacra doctrina, 1957 (schwedisch mit Zusammenfassung in Englisch 306—16). Beide Arbeiten sehen richtig, daß sacra doctrina eine Belehrung des Menschen durch Gott bedeutet, und betonen besonders deren Offenbarungscharakter.

2. Diesem Begriff haften aber auch noch im 13. Jh. die drei alten Bedeutungen an, die er im 12. Jh. aus seinen verschiedenen Quellen mit übernommen hat.

3. Es muß demnach eine der wichtigsten Aufgaben der theologischen Wissenschaftstheorie im 13. Jh. sein, die im 12. Jh. begonnene Herausarbeitung eines selbständigen Theologiebegriffs unter Abgrenzung gegen die drei alten Bedeutungen von theologia: gegen Gotteslehre, Metaphysik und hl. Schrift, fortzuführen.

4. Neben dem Begriff theologia verwenden unsere Autoren eine Reihe anderer Bezeichnungen. Unter ihnen verdient die neu eingeführte: sacra scriptura besondere Beachtung, denn durch die Verwendung dieses doppeldeutigen Begriffs wird die Sachproblematik des Verhältnisses von Theologie und hl. Schrift aufs schärfste zugespitzt.

2.3 DER ZUSTAND DER THEOLOGIE IM 12. UND 13. JH.

2.31 Vorbemerkung

Während das 12. Jh., ausgezeichnet durch „die große Mannigfaltigkeit des Hervorragenden" und durch seine „geistige Vielgestalt", in mancher Hinsicht als Höhepunkt der mittelalterlichen Geistesgeschichte angesehen werden kann[63], hat es für die Philosophie- und Theologiegeschichte noch stärker den Charakter einer Vorbereitungszeit auf die großen Systeme, Schulbildungen und Richtungskämpfe des 13. Jh. Dieses ist zwar ärmer an Gestalten, dadurch aber auch viel geschlossener und fester umgrenzt als sein Vorgänger.

Aus den Erscheinungen beider Jahrhunderte nenne ich im folgenden die wichtigsten, die Anlaß zu einer Besinnung der Theologie auf sich selbst sind oder auch nur sein könnten[64].

---

[63] So z. B. von *P. Lehmann*, Die Vielgestalt des zwölften Jahrhunderts; die Zitate 228.

[64] Ich verweise hier vorweg auf die wichtigste allgemeinere Literatur, auf die ich mich stütze. Den älteren Forschungsstand repräsentieren in deutscher Sprache die immer noch grundlegenden Werke von *B. Geyer*, Ueberwegs Grundriß 2, ¹³1958 (= ¹¹1927) und *R. Seeberg*, Lehrbuch der Dogmengeschichte 3, ⁶1959 (= ⁴1930). Daneben sind *M. de Wulf*, Histoire de la philosophie médiévale, ⁶1934—47, und *É. Gilson*, La philosophie au moyen âge, ²1944 (und Neudrucke) wertvoll. — Der Fortschritt in der Forschung beruhte (und wird noch lange beruhen) auf sorgfältiger Erschließung neuen, zumeist noch ungedruckten Quellenmaterials. Für das 12. Jh. nenne ich *J. de Ghellinck*, L'essor de la littérature latine au XII⁰ siècle, 1946; *ders.*, Le mouvement théologique du XII⁰ siècle, ²1948; *A. M. Landgraf*, Einführung..., 1948; dazu *Landgrafs* große Aufsatzsammlung: Dogmengeschichte der Frühscholastik, 1952—56; *M.-D. Chenu*, La théologie au XII⁰ siècle, ²1966. Für das 13.

2.32 Der Ort der theologischen Arbeit in der Gesellschaft

Im 12. Jh. wird v. a. an zwei Stätten Theologie getrieben: in den Klerikerschulen der Städte, zu denen wir hier auch die Schulen der regulierten Chorherren rechnen können, und in den Mönchsschulen der Orden (des Benediktinerordens wie der Reformorden, v. a. der Cluniazenser und Zisterzienser)[65].

Dieses Bild verändert sich im 13. Jh. völlig, und zwar in zweifacher Hinsicht:

1. durch die Konzentration des höheren Bildungswesens in großen Institutionen: den Universitäten. In Paris und in zweiter Linie in Oxford liegen die Stätten, an denen wir die Anfänge einer theologischen Wissenschaftstheorie zu suchen haben. Zu Beginn des 13. Jh. schließen sich in Paris die Domschule von Notre-Dame und verschiedene freie Schulen zur Universität zusammen, neben der die vielen älteren, im Lande verstreuten Schulen ganz rasch ihre Bedeutung verlieren.

2. durch die Entstehung der neuen Orden: der seit 1216 bzw. 1223 offiziell als Bettelorden anerkannten Dominikaner und Franziskaner, zu denen 1256 ein einheitlicher Augustinereremiten-Orden tritt. Ihre Mitglieder leben nicht mehr von der Welt abgeschieden in ländlichen Klöstern, sondern sie sind von ihrer Aufgabenstellung wie von ihren wirtschaftlichen Grundlagen her auf das Leben in Städten angewiesen. Gegen den Geist der neuen Zeit und doch gerade aus diesem Geist heraus geschaffen, werden sie Träger des wissenschaftlichen Fortschritts. Fast alle großen Theologen des 13. Jh. gehören einem Bettelorden an; die ersten von ihnen treten als schon bewährte Gelehrte in höherem Alter diesen Gemeinschaften bei (so Roland von Cremona ca. 1219 dem Dominikaner-, Alexander von Hales ca. 1236 dem Franziskanerorden, der sich zunächst gegen die Teilnahme an der Wissenschaft gesperrt hatte). Gegenüber den Mendikanten treten die Theologen aus dem Weltklerus seit dem 2. Drittel des Jahrhunderts stark zurück; unter unseren Autoren findet sich nur ein Weltgeistlicher: Heinrich von Gent.

Jh. liegen keine so umfassenden neueren Werke vor. Eine knappe, aber sehr gehaltvolle Übersicht über die Ergebnisse der neuesten biographischen, literatur- und ideengeschichtlichen Forschung mit reichen Literaturangaben bietet *F. van Steenberghen*, La philosophie au XIIIᵉ siècle, 1966. Dieses Buch, das auch die wichtigsten Daten der Theologiegeschichte enthält, betont in scharfem Gegensatz zu Gilson die Selbständigkeit der mittelalterlichen Philosophie neben der Theologie. Einen ganz kurzen Abriß mit vielen Hinweisen hat *M. A. Schmidt*, Scholastik, 1969, verfaßt.

[65] Grundlegend *P. Delhaye*, L'organisation scolaire au XIIᵉ siècle, 1947; ferner *J. Leclercq*, Wissenschaft und Gottverlangen, 1963 (frz. 1957). Wertvoll ist auch noch immer *G. Paré; A. Brunet; P. Tremblay*, La Renaissance du XIIᵉ siècle, 1933.

Die grundlegende Veränderung des Wissenschaftsbetriebs bewirkt auch eine neue Einschätzung des Gelehrten und besonders des Theologen in der Öffentlichkeit[66] und damit zugleich ein neues Selbstverständnis dieses Personenkreises[67], das sich nicht ohne Konflikte entwickeln kann. Wir werden darauf achten müssen, ob sich diese Veränderungen der äußeren Lage und des Bewußtseins in der theologischen Wissenschaftstheorie bemerkbar machen.

2.33 Richtungs- und Schulenbildung

Im 12. Jh. bilden sich an den beiden Orten theologischen Schulbetriebs zwei verschiedene Weisen theologischer Arbeit aus. Die neuere Forschung unterscheidet sie als monastische und scholastische Theologie[68]. Dieser Gegensatz wird unvermeidlich auch zum Gegenstand der Diskussion und sogar des Streits zwischen Theologen beider Richtungen: darin liegen Keime zu einer Besinnung auf die eigene Tätigkeit. V. a. die Mönche machen sich in der Stille ihrer Zelle viele Gedanken über den Sinn ihres Lebens und Tuns und grenzen sie gerne gegen die „Welt" ab[69].

Monastische und scholastische Theologie unterscheiden sich in der Sicht des 12. Jh. primär in ihren Motiven und Zielen. Die Studien der scholastischen Theologen sollen Bildung für den Beruf eines Weltgeistlichen, eines Lehrers oder eines Gelehrten im Fürstendienst vermitteln. Hinter ihnen steht das in Geld und Ruhm verkörperte Streben nach sozialem Ansehen. Als weitere Triebfeder wird ein zweckfreies Bemühen um Erkenntnis und Wissen genannt, das den Mönchen freilich als eitle Neugierde erscheinen muß. Ihre Bildung wird zunächst durch ihre Lebensweise gefordert: Gottesdienst und Stundengebet setzen ein Mindestmaß an Lateinkenntnissen voraus; wer täglich mit der hl. Schrift umgeht, muß lesen und möglichst auch schreiben können. Daneben ist die Schulbildung der Mönche auch

---

[66] Vgl. R. *Guelluy*, La place des théologiens dans l'Église et la société médiévales, 1946.

[67] Vgl. in der Aufsatzsammlung „Beiträge zum Berufsbewußtsein des mittelalterlichen Menschen" (Miscellanea mediaevalia 3, 1964) v. a. P. *Wilperts* Einleitung; J. *Le Goff*, Quelle conscience l'université médiévale a-t-elle eu d'elle même?; D. A. *Callus*, The Function of the Philosopher in thirteenth-century Oxford; W. P. *Eckert*, Das Selbstverständnis des Thomas von Aquino...; ferner: J. *Spörl*, Das Alte und das Neue..., 1930; M. *Grabmann*, Scientific Cognition of Truth, 1939.

[68] J. *Leclercq*, Wissenschaft und Gottverlangen, 1963 (frz. 1957); M.-D. *Chenu*, La théologie au XIIe siècle, ²1966, v. a. 343—50; vgl. auch die Besprechung von T. *Camelot*, Théologie monastique et théologie scolastique, 1958.

[69] Über diese Mönchsliteratur P. *Delhaye*, L'organisation scolaire..., 1947, 214; 228.

innerlich begründet: Wissen kann apologetischen und pädagogischen Zweck haben, es ist sogar zur Erbauung und zum Heil notwendig[70]. Auch wenn im 13. Jh. der Gegensatz zwischen monastischer und scholastischer Theologie verschwindet, da gerade die (Bettel-) Orden zu Trägern scholastischer Theologie werden, wirken Problemstellungen und Lösungsformeln des 12. Jh., wie die Fragen nach der Erlaubtheit wissenschaftlichen Vorgehens[71], nach Ziel[72] und Heilsnotwendigkeit[73] der Theologie, oder das Schema für den Gebrauch der Vernunft in der Theologie[74] im 13. Jh. weiter. Nach der Mitte des 13. Jh. bricht ein neuer, ganz anders gerichteter Konflikt aus: der kurze, besonders 1252—56 akute Mendikantenstreit, in dem sich der Weltklerus an der Pariser Universität gegen die Tätigkeit der Bettelorden in Predigt, Seelsorge und Lehre wendet[75]. Dieser heftige Streit hat erstaunlicherweise in der zeitgenössischen theologischen Wissenschaftstheorie keinerlei Widerhall hervorgerufen; erst in den siebziger Jahren fragt Heinrich von Gent danach, ob ein Mönch Lehrer der Theologie sein könne[76].

Im 12. Jh. waren an den einzelnen Schulorten zahlreiche scharf voneinander abgegrenzte Schulrichtungen entstanden (z. B. die Schulen Anselms von Laon, Abaelards, von Chartres, von St. Victor in Paris usw.). Im 13. Jh., als sich der wissenschaftliche Unterricht auf die Universitäten konzentriert, nimmt die Schulbildung ein anderes Gesicht an. Jetzt besteht Anlaß zur Abgrenzung zwischen den Fakultäten, besonders zwischen Artisten und Theologen, zwischen Weltklerikern und Ordenstheologen, zwi-

---

[70] Ich referiere Aussagen zweier großer Gegner im 12. Jh.: *Abaelards* (gest. 1142) und *Bernhards von Clairvaux* (gest. 1153). — Bernhard äußert sich u. a. in seinen Sermones super Cantica (S. 36—38, Opp. 2, 1958) über Notwendigkeit und Schädlichkeit des Wissens.

a) Schädlich ist es, bloßen Wissens (turpis curiositas) wegen oder gar um des Verdienstes (turpis quaestus) willen zu studieren (S. 36, 3, Opp. 2, 5—6).

b) Nützlich sind die Studien zu apologetischen und pädagogischen Zwecken (sive ad refellendos eos, qui ex adverso sunt, sive ad simplices instruendos: S. 36, 2, Opp. 2, 4).

c) Heilsnotwendig ist das Wissen, insofern es den Menschen von der verderbenbringenden Unwissenheit über seine Stellung gegenüber Gott befreit. Ignorantia dei schafft desperatio (bes. S. 38, Opp. 2, 14—18). Gotteserkenntnis aber, in der allein das Heil liegt, hat Selbsterkenntnis zur Voraussetzung; diese erfordert wiederum Bemühung um Einsicht (S. 36, 3—7, Opp. 2, 5—8; S. 37, Opp. 2, 9—14).

Geld- und Ruhmstreben (pecuniae vel laudis cupiditas) nennt auch *Abaelard* als Motive seiner Arbeit (Hist. calam., ed. Monfrin 81 Z. 645; vgl. auch 70 Z. 250; 94 Z. 1109 ff.).

[71] Vgl. u. 7.23.   [72] Vgl. u. 7.3.

[73] Vgl. u. 8.3.   [74] Vgl. u. 7.24.

[75] Vgl. dazu A. *Koperska*, Die Stellung der religiösen Orden..., 1914; 135 bis 177; D. L. *Douie*, The Conflict..., 1954.

[76] Summa a. 11 q. 4.

schen den einzelnen Orden untereinander. Von Ordensschulen kann man freilich erst gegen Ende des 13. Jh. reden, aber Gruppenbildungen und Schülerverhältnisse fallen auf manchem Gebiet schon früher ins Auge.

Endlich muß noch der uralte Gegensatz zwischen „Konservativen" und „Progressiven" erwähnt werden — wenn diese abgegriffenen Worte hier zu ganz allgemeiner Kennzeichnung ohne Wertung gebraucht werden dürfen —, der im 13. Jh. quer durch Weltklerus und Ordenstheologen geht.

2.34 Unterrichts- und Literaturformen

Das 12. Jh. hat zwei wichtige Formen des wissenschaftlichen Unterrichts entwickelt: Vorlesung und Disputation[77]. Das 13. Jh. übernimmt diese beiden Grundformen und baut auf ihnen den ganzen Unterrichtsbetrieb auf[78]:

1. die Vorlesung, d. h. Kommentierung von Texten:

Die scholastische Wissenschaft aller Fakultäten beruht auf Texten, die sie kommentiert und aus denen sie interessante Zitate herauszieht, an die sich Fragen anknüpfen lassen und mit deren Hilfe Fragen beantwortet werden können[79]. Der grundlegende Text der Theologen ist die Bibel[80], daneben werden aber von Anfang an auch noch andere Werke kommentiert[81]. Die wohl (und auch für die theologische Wissenschaftstheorie) folgenreichste Änderung im Unterrichtsbetrieb vollzieht Alexander von Hales, als er nach dem Zeugnis Roger Bacons[82] im Anfang der zwanziger Jahre, also lange vor seinem Eintritt in den Franziskanerorden, als erster von der bisherigen Übung abweicht und seiner Vorlesung die 1215 vom 4. Laterankonzil gebilligten Sentenzen des Petrus Lombardus (etwa 1157 vollendet) zugrunde legt[83]. Allerdings scheint Alexander dabei nicht schnell Nachfolger gefunden zu haben, denn bis zum Anfang der vierziger Jahre ist wohl nur noch ein Sentenzenkommentar aus dem Unterricht erwach-

---

[77] Über ihre Geschichte noch immer grundlegend *M. Grabmann*, Schol. Methode 2 (1911).

[78] Beste Zusammenfassung des heutigen Wissensstandes: *P. Glorieux*, L'enseignement au moyen âge, 1968.

[79] Zur Textgebundenheit der Scholastik vgl. u. 2.35; 9.2. Ein klassisches Zeugnis: S. 250 A. 16.

[80] Dazu ist noch immer lesenswert *H. Denifle*, Quel livre servait de base..?, 1894.

[81] So v. a. die Historia Scholastica des *Petrus Manducator* (*Comestor*, gest. ca. 1178). Auf frühe Glossen zu diesem Werk weist *M. Grabmann*, Schol. Methode 2 (1911) 498 hin. Auch ihre Verwendung im Unterricht ist bezeugt: vgl. u. A. 93 f.

[82] Opus minus ed. Brewer 329.

[83] Vgl. *Alexander* Glossa 1, 1951, Prolegomena 65* f.

sen[84]. Seit Anfang der vierziger Jahre jedoch ist die Vorlesung über die Sentenzen ordentlicher Bestandteil des theologischen Studiums. Darüber sind wir durch Zeugnisse und durch die vielen noch vorhandenen Sentenzenkommentare hinreichend unterrichtet. Sie fällt dem Baccalareus zu, während der Magister im wesentlichen biblische Vorlesungen hält.

2. die Disputation, die vom Magister z. T. unter Beteiligung von Baccalarei und Studenten abgehalten wird. Sie hat zweifache Gestalt:

a) als disputatio ordinaria, die regelmäßig allwöchentlich stattfindet und oft ganze Themenreihen behandelt;

b) als disputatio de quolibet, die zweimal im Jahr (um Weihnachten und um Ostern) in besonders feierlicher Weise begangen wird. Bei ihr ist der Magister in der Themenwahl frei; daher werden hier gerne aktuelle Themen behandelt.

Die Mannigfaltigkeit literarischer Formen im 12. Jh. weicht im 13. Jh. einer starken Vereinheitlichung. V. a. die Arbeit im Unterricht schlägt sich in literarischen Zeugnissen nieder; so

1. die Vorlesung in Kommentaren (zu biblischen Schriften, Sentenzen und anderen Werken);

2. die Disputation in der Quaestionenliteratur:

a) die disputatio ordinaria in Einzelquaestionen und v. a. in den Reihen der quaestiones disputatae;

b) die disputatio de quolibet in der quaestio de quolibet (quodlibetum).

Unter den Privatarbeiten außerhalb des Unterrichts, die aber natürlich von diesem befruchtet werden, ist noch ein genus zu erwähnen. Die Tradition der großen systematischen Werke des 12. Jh., der frei gestalteten Summen, lebt auch im 13. Jh. noch fort. In der 1. Hälfte des Jahrhunderts herrscht sie neben den älteren Glossen und den vereinzelten Kommentaren zu den Sentenzen noch vor, in der 2. Hälfte tritt sie dagegen zurück, im 14. Jh. ist sie von ihnen verdrängt.

Da die Hälfte der von mir herangezogenen theologischen Einleitungslehren aus *Sentenzenkommentaren* stammt, da deren Datierung z. T. sehr schwierig ist und da die Sentenzenkommentierung selbst große Bedeutung für die Anfänge der theologischen Wissenschaftstheorie hat, muß ich hier etwas ausführlicher auf diese wichtige Unterrichts- und Literaturform eingehen.

Sichere Daten für das 13. Jh. sind vorwiegend in offiziellen Dokumenten enthalten. Amtliche Verlautbarungen, wie die Aristotelesverbote und die großen Verurteilungen, Wahl und Ernennung zu kirchlichen Ämtern, Resignation oder Absetzung und schließlich der Tod in einem Amt sind weitgehend in datierten Urkunden festgehalten. Doch gerade daraus läßt

---

[84] Der des *Hugo von St. Cher*, ca. 1232. Vgl. *V. Doucet*, Quelques commentaires..., 1957, 275.

sich kaum etwas für die Datierung der uns hier beschäftigenden Texte gewinnen. Die wissenschaftstheoretische Reflexion hat ihren Ort in der wissenschaftlichen Arbeit, meist in der Lehrtätigkeit. Nun lassen sich in der Laufbahn der meisten bedeutenderen Theologen zwei verschiedene Perioden unterscheiden: auf Studium und Lehrtätigkeit folgt gewöhnlich eine amtliche Tätigkeit im Dienst der gesamten Kirche oder eines Ordens. Nur wenige der von uns behandelten Theologen bleiben ihr ganzes Leben hindurch in einem Lehramt oder kehren nach Unterbrechungen wieder in ein solches zurück[85]; die meisten werden nach einigen Jahren der Lehrtätigkeit zu Ordensoberen, Bischöfen, einer (Petrus von Tarantasia) sogar zum Papst, ernannt oder gewählt. Mit Aufgabe des Lehramtes sind sie meist der weiteren wissenschaftlichen Arbeit entzogen.

Ihr Wirken als kirchliche Amtsträger ist freilich wesentlich besser dokumentiert als ihre Universitätslaufbahn. Die Zeit ihres ordentlichen Magisteriums ist noch am besten bekannt; auch die disputationes de quolibet sind wegen ihrer Regelmäßigkeit oft leicht zu datieren. Dagegen können wir die Entstehungszeit der quaestiones disputatae, der Summen und v. a. der Sentenzenkommentare meist nur erschließen. Bei den letzteren besteht eine doppelte Schwierigkeit: sowohl die Sentenzenvorlesung als auch der daraus hervorgehende Kommentar sind nur schwer zu datieren. Dokumente, aus denen wir Sicheres über den theologischen Studiengang erfahren könnten, liegen für Paris erst aus dem 14. Jh. vor[86]. Man pflegt die darin enthaltenen Angaben auf das 13. Jh. anzuwenden, sofern dabei keine Widersprüche entstehen. Danach beginnt der Student nach einem Theologiestudium von sieben (später sechs) Jahren, frühestens im Alter von 25 Jahren, selbst Vorlesungen zu halten. Er kommentiert als Baccalareus zunächst zwei Jahre hindurch biblische Schriften, sodann die gleiche Zeit die Sentenzen. Hat er die Magisterwürde erlangt, so liest er (gewöhnlich) über die Bibel und hält Disputationen. Die Sentenzenvorlesung muß spätestens zu Beginn der vierziger Jahre in Paris fest eingeführt worden sein; von dieser Zeit an ist uns mit Texten Odo Rigaldis, Alberts und anderer eine Reihe sicherer Zeugnisse erhalten[87].

Der Pariser Brauch dürfte schon bald in Oxford übernommen worden sein, allerdings nicht ohne Widerstand und vielleicht mit Abweichungen. Während aus Paris keine Stimmen gegen die Änderung bekannt sind, zeigt sich im Oxforder Franziskanerkonvent Widerstand. Bekannt ist die scharfe Kritik, die Roger Bacon im Opus minus an der Bevorzugung der Sentenzen vor der hl. Schrift übt[88]. Sein Ordensbruder Richardus Rufus,

---

[85] So *Alexander* bzw. *Thomas* und *Albertus Magnus*.

[86] Dazu *P. Glorieux*, L'enseignement..., 1968, 79—82 (Statuten); 95—100 (Studiengang).

[87] In den principia ihrer Sentenzenvorlesungen; vgl. u. 3.33.

[88] Opus minus ed. Brewer 328—30: Quartum peccatum est, quod praefertur

1250—52 der erste Sentenzenkommentator aus dem Franziskanerorden, äußert sich an mehreren Stellen seiner Einleitung ungewöhnlich abweisend gegenüber dem kommentierten Werk[89]. Dagegen rechtfertigt der Dominikaner Richard Fishacre, dessen Werk den ersten erhaltenen Sentenzenkommentar aus Oxford darstellt, den neuen Brauch in einer ebenfalls ungewöhnlichen Weise ausführlich[90]. Da die Neuerung offenbar nicht aufgehalten werden konnte, scheint man sich bemüht zu haben, sie zu entschärfen. F. Pelster hat darauf hingewiesen, daß Anfang des 14. Jh. ein großer Prozeß zwischen der Universität Oxford und dem Dominikanerorden um die Reihenfolge der Vorlesungen ausgefochten wurde. Ein Statut von 1311 bestimmt, daß der Vorlesung über die Bibel eine solche über die Sentenzen vorangehen soll, da die erstgenannte bedeutender sei und der wissenschaftlichen Ordnung nach später komme. Dagegen wehrten sich die Dominikaner mit der Begründung, die Bibel sei leichter zu kommentieren als die Sentenzen mit ihren schwierigen Fragen, und unter Hinweis auf die in Paris übliche Reihenfolge[91]. Da nun Fishacre ganz ähnlich argumentiert wie sein Orden etwa 65 Jahre später und da Roger Bacon gerade an der Rangordnung und an der Verteilung der Vorlesungszeit auf die beiden Stufen des Baccalareats Kritik übt, dürfen wir vielleicht vermuten, daß gewisse Kreise (die Franziskaner?) den Einfluß der Sentenzenvorlesung dadurch abzuschwächen suchten, daß sie sie an die Spitze der Lehrtätigkeit, in die Hände von Anfängern, verlegten[92]. Wie der Studienbetrieb in Oxford tatsächlich aussah, können wir nur vermuten. In dem

una sententia magistralis textui facultatis theologicae, scilicet liber sententiarum. Vgl. auch u. S. 57 f. A. 23.

[89] Vgl. u. S. 266 A. 24.

[90] Vgl. auch u. 10.3. — B. *Smalley*, The Study of the Bible..., ²1952, 279 f., schließt aus *Fishacres* Ausführungen auf die Wandlungen der Schriftkommentierung: Fishacre will die selbständigen, großen Fragen aus den Kommentaren herauslösen.

[91] F. *Pelster*, Der älteste Sentenzenkommentar..., 1926. Das Statut von 1311: Item statutum est, quod nullus legat bibliam biblice, nisi prius legerit sententias aut fuerit bachellarius. ... Rechtfertigung: non est inconveniens, quia illa lectura [sc. bibliae] excellentior est et per gradus est adscendendum et ordo doctrinae servandus. Die Kritik der Dominikaner: Et hoc statutum [est] etiam, ut videtur, irrationabile, quia mutat ordinem doctrinae. Prius enim oportet scire intellectum litterae, quod sit [l.: fit] per lecturam bibliae, quam tractare difficiles quaestiones, quod sit [l.: fit] per lecturam sententiarum. Multi etiam sunt apti ad legendum bibliam, qui non sunt apti ad legendum sententias in universitate. Et sic per dictum statutum minuitur numerus idoneorum ad legendum bibliam. Unde Parisius legunt bis per diversa tempora aliquid de biblia, antequam legant sententias. (zit. von Pelster a. a. O. 58 A. 1).

[92] *Roger Bacon* bemerkt im Opus minus kritisch: ille, qui legit sententias, habet principalem horam legendi secundum suam voluntatem (ed. Brewer 328). Manifestum est igitur, quod textus illius facultatis subicitur uni sententiae magistrali (329). Diese Bevorzugung ist nur erklärbar, wenn der Baccalareus biblicus Anfänger, der Sententiarius bereits fortgeschritten und damit ranghöher

Statut von 1253 sind zwar die Sentenzen als Gegenstand der Vorlesung des Baccalars genannt, aber — wie es scheint — nur alternativ zu einem Buch der Bibel oder der Historia scholastica des Petrus Comestor[93]. Vielleicht bezeugt dieses Statut einen Kompromiß zwischen den beiden Richtungen, indem es Bibel und Sentenzen zur Wahl stellt und sogar noch eine dritte Möglichkeit anbietet. Diese Deutung scheint mir durch eine sonst unverständliche Äußerung Roger Bacons gestützt zu werden, der sagt, wenn man schon ein systematisches Werk (summa) vorziehe (nämlich der heiligen Schrift), so solle man dafür die Historiae wählen, die dem „Text" der Theologie näherstehen als die Sentenzen[94].

Ich bin auf die Stellung der Sentenzenvorlesung im theologischen Studiengang so ausführlich eingegangen, weil der Streit der Oxforder Theologen um diese Frage der einzige Beleg aus den Anfängen der theologischen Wissenschaftstheorie dafür zu sein scheint, wie ein aktuelles Problem in die wissenschaftstheoretische Reflexion mit einbezogen wird.

Die Datierung des literarisch fixierten Sentenzenkommentars ist freilich noch nicht gegeben, wenn die ihm zugrunde liegende Vorlesung zeitlich eingeordnet ist. Sofern wir nicht die unmittelbare Nachschrift einer Sentenzenvorlesung in Händen halten, sind wir dessen nicht sicher, ob das geschriebene Werk den Wortlaut der Vorlesung wiedergibt. Ich denke dabei nicht an Zweit- und Drittfassungen[95], denn solche treffen wir unter unseren Texten nicht an[96]. Aber die Tatsache, daß die Sentenzenkommentare z. T. Elemente enthalten, die nur aus der Magisterzeit stammen können (wie disputierte Quaestionen oder Teile davon), zeigt, daß wir sie nicht ungeprüft als Wiedergabe der Vorlesungen ansehen und entsprechend datieren dürfen. Anscheinend haben manche Autoren die Ausarbeitung der Vorlesung zu einem Buch eine gewisse Zeit aufgeschoben, um noch Verbesserungen anzubringen[97].

---

ist. — Vielleicht steht eine ähnliche Sorge hinter der Mahnung *Robert Grossetestes* an die Oxforder Magistri, den biblischen Vorlesungen den Morgen zu widmen (Brief von etwa 1246, ed. Luard 347).

[93] Munimenta Academica 1, 1868, 25: Statuit Universitas Oxoniensis..., quod nullus in eadem universitate incipiat in theologia, nisi prius rexerit in artibus in aliqua universitate, et nisi legerit aliquem librum de canone bibliae vel librum Sententiarum vel Historiarum et praedicaverit publice universitati...

[94] Opus minus ed. Brewer 329: Si igitur aliqua summa deberet praeferri in studio theologiae, debet liber Historiarum factus vel de novo fiendus; ut scilicet aliquis tractatus certus fieret de historia sacri textus, sicut fit in omni facultate.

[95] Vgl. dazu *C. Michalski*, Die vielfachen Redaktionen..., 1924.

[96] *O. Lottin* hat auch die Behauptung einer doppelten Redaktion des Sentenzenkommentars *Alberts* widerlegt: Ouvrages théologiques..., 1960, 242—57.

[97] Das zeigt *O. Lottin*: Ouvrages théologiques..., 1960, 278; A propos du Commentaire..., 1960, 341 f.

2.35 Die Entwicklung der scholastischen Methode

Wie jedes auf dem Boden einer positiven Religion gewachsene Denken weiß sich die christliche Theologie seit ihren Anfängen an äußere Autoritäten gebunden. Zunächst werden die heiligen Schriften als solche hingenommen. Im Laufe der Zeit erweitert sich aber der Kreis der Texte, an deren Abfassung man den heiligen Geist wirken sieht und denen man daher auctoritas zuschreibt, beträchtlich: um die kirchlichen Verlautbarungen und um zahlreiche Väterschriften, die um so ehrwürdiger scheinen, je weiter die Gegenwart von ihnen entfernt ist. Im 12. Jh. umfaßt das autoritativ vorgegebene Material, an das die Theologie gebunden ist, bereits eine Fülle von Texten[98]. Während aber die ersten Generationen christlicher Theologen gerade dadurch, daß die hl. Schrift viele Probleme gar nicht kennt, andere nicht endgültig löst, große Freiheit in der Entfaltung neuer Gedanken hatten, gerät die mittelalterliche Theologie dadurch, daß sie den Umfang der verbindlichen Texte stark erweitert, in wachsende inhaltliche Festlegung und Einengung. Von diesen selbstgesteckten Begrenzungen kann sich die Theologie bis zur Reformation nicht mehr freimachen. Sie schafft sich indessen im Laufe des 12. und 13. Jh. einige Erleichterungen, die ein drohendes Stagnieren ihrer Arbeit verhindern:

a) Auch die Aussagen noch lebender oder jüngst verstorbener Autoren können jetzt als Grundlage eigener Arbeit benützt werden. Neben den auctoritates (authentica, originalia) haben nun auch Sätze zeitgenössischer Lehrer (magistralia) Geltung[99] und können ein Gegengewicht gegen die übermächtige Tradition darstellen. Dabei wirkt sich die Schulbildung förderlich aus: im 12. Jh. beginnt man, neben den Büchern der hl. Schrift auch solche neuerer Schulhäupter zu erklären — ein Ansatz, der zur eben erörterten Kommentierung der Sentenzen des Lombarden führt.

b) Wichtiger aber ist die Entwicklung einer Methode, mit dem überlieferten Material neu auftauchende Probleme anzugehen und neue Einsichten zu gewinnen. Der entscheidende Fortschritt in der methodischen Durchdringung des Stoffes besteht darin, daß das Denken sich nun auch

---

[98] *Hugo von St. Victor*, Didasc. 4,2 (PL 176):
Omnis divina scriptura in duobus testamentis continetur, in veteri videlicet et novo. Utrumque testamentum tribus ordinibus distinguitur. Vetus testamentum continet legem, prophetas, hagiographos, novum autem evangelium, apostolos, patres (778 C—D). In tertio ordine primum habent locum decretalia, quos canones, id est regulas, appellamus; deinde sanctorum patrum et doctorum scripta, Hieronymi, Augustini, Gregorii, Ambrosii, Isidori, Origenis, Bedae et aliorum multorum orthodoxorum, quae tam infinita sunt, ut numerari non possint (779 C).

[99] Vgl. *M.-D. Chenu*, „Authentica" et „Magistralia", 1925; verkürzt: La théologie au XIIᵉ siècle, ²1966, bes. 358—60.

vom Wortlaut des Textes lösen kann. Es geht nicht mehr nur nachvollziehend, paraphrasierend und interpretierend an den Worten und Sätzen einer literarischen Vorlage entlang, sondern greift eine Reihe einzelner Fragen heraus, erörtert sie ausführlich für sich und fügt sie dann in einen allein aus sachlichen Gründen entwickelten Zusammenhang ein.

An diesem Verfahren sind zu unterscheiden

1. die Systematisierung des Stoffes,

d. h. die planmäßige, aus der Sachproblematik heraus erwachsende, innerlich begründete Anordnung und Entfaltung der zahlreichen von der Tradition vorgegebenen Materialien[100].

Besonders bedeutend wird für die Systematik der Folgezeit der Aufbau der Sentenzen des Petrus Lombardus, der selbst das heilsgeschichtliche Schema der vier Bücher seines Werks (Gotteslehre — Schöpfungslehre — Christologie und Tugendlehre — Sakramentenlehre und Eschatologie) mit den augustinischen Distinktionen res — signa und uti — frui verbindet.

2. die Entwicklung der Methode im engeren Sinne:

a) Die Aufstellung inhaltlicher Regeln, durch die Widersprüche zwischen den auctoritates auf den individuellen Charakter der Texte zurückgeführt und damit als sachlich unbedeutend aufgehoben werden[101].

b) Das Element der quaestio.

Die quaestio faßt eine Argumentation in Rede und Gegenrede bündig zusammen. In ihrer einfachen Gestalt ist sie natürlich uralt; doch als methodisches Element wissenschaftlicher Arbeit wird sie erst im 12. Jh. eingesetzt. Ihre Struktur wird verfeinert[102], ihre Anwendungsfähigkeit erweitert. Neben die einlinige Lösung, die alle anderen Möglichkeiten ausschließt, tritt die auf Platons διαίρεσις zurückgehende distinctio, mit deren Hilfe die Problemverflechtungen deutlich gemacht und die Fragestellungen als zu grob entlarvt werden. Die distinctio weist das Recht aller autoritativen Aussagen nach, indem sie vermeintliche Widersprüche auf Ungenauigkeit des Wortgebrauchs zurückführt.

2.36 Die Erschließung neuer Quellen

Da sich die Wissenschaft nach der Auffassung des Mittelalters im wesentlichen in der Auslegung von Texten und in der Erörterung von Fragen vollzieht, die sich aus schwierigen und widersprüchlichen Stellen in den autoritativ vorgegebenen Texten ergeben, hat die Einführung neuer

---

[100] Literatur dazu nennt *A. Lang*, Prinzipienlehre, 1964, 58—60.

[101] Berühmtestes Beispiel dafür: *Abaelards* Sic et non.

[102] Eine wertvolle Analyse der quaestio bietet *F. A. Blanche*, Le vocabulaire de l'argumentation et la structure de l'article dans les ouvrages de Saint Thomas, 1925.

Texte wesentliche Bedeutung für den Fortgang der Wissenschaft. Die großen Einschnitte in der mittelalterlichen Geistesgeschichte bis hin zur Reformation stehen in engstem Zusammenhang mit der Erschließung bisher unbekannter oder in Vergessenheit geratener Schriften der Vergangenheit. Im 12. und nochmals im 13. Jh. vollziehen sich solche Einschnitte durch das Bekanntwerden des aristotelischen Werks sowie (wesentlich in Verbindung damit) von Werken arabischer Philosophen. Die Geschichte der Aristoteles-Rezeption ist ein so weites Feld, sie ist zugleich so gut erforscht, daß ich mich hier mit Literaturhinweisen begnügen kann[103].

Die Entwicklung der scholastischen Methode und der wissenschaftstheoretischen Diskussion wird vor allem durch die im 12. Jh. erfolgte Aufnahme der logischen Schriften des Aristoteles, insbesondere der Topik und der Analytiken, gefördert. Dazu treten im 13. Jh. einzelne Texte aus den übrigen Werken, v. a. solche aus der Nikomachischen Ethik (über die geistigen Tugenden). Daneben tragen die vollständig übersetzte Metaphysik und die sogenannten Libri naturales v. a. für die materiale Diskussion eine Fülle neuer Anregungen bei und werden sogleich Anlaß zu schweren Konflikten zwischen Philosophen und Theologen (v. a. in den Fragen der Kosmologie und Psychologie, die mit der traditionellen christlichen Schöpfungslehre und Eschatologie in Widerstreit geraten). Wenn in der Sekundärliteratur zu unserem Gegenstand immer wieder der neueingeführte aristotelische Wissenschaftsbegriff für das Entstehen einer theologischen Wissenschaftstheorie verantwortlich gemacht wird, so gilt dies nur in sehr eingeschränktem Umfange. Dieser Wissenschaftsbegriff liegt bereits im 12. Jh. in den zweiten Analytiken vor, ohne daß er schon zu solcher Reflexion geführt hätte. Er ist natürlich eine der Voraussetzungen dafür; aber damit sich die Theologie auf sich selbst besinnt, muß erst eine ganz bestimmte geschichtliche Lage entstanden sein, müssen noch andere Voraussetzungen bestehen.

2.37 Theologie und Philosophie

Die Theologie hat sich durch Aufnahme von Elementen der sie umgebenden und sie tragenden allgemeinen Kultur, insbesondere der Wissenschaften und der Philosophie, entwickelt[104]. Sie wird zur Wissenschaft, indem sie sich der in allen Wissenschaften gebräuchlichen Begriffe und Me-

---

[103] Zum Ganzen des Aristotelismus die Überblicke von *I. Düring*, Von Aristoteles bis Leibniz, 1968; *L. Minio-Paluello*, Die aristotelische Tradition..., 1968; zum 12. Jh. *M. Grabmann*, Aristoteles im 12. Jahrhundert, Geistesleben 3 (1956) 64—127; zum 13. Jh. *F. van Steenberghen*, La philosophie au XIIIe siècle, 1966.

[104] Zum ganzen Problemkomplex *G. Ebeling*, Art. Theologie und Philosophie, 1962.

thoden bedient. Von Anfang an hat die Theologie ein positives Verhältnis zur Geisteskultur ihrer Umgebung. Aber zugleich gibt es innerhalb der Christenheit immer wieder Strömungen, die dieses Verhältnis stören und der Entwicklung der Theologie im Kreise der Wissenschaften Widerstand entgegensetzen. Sie zwingen den Theologen dazu, sich auf das eigene Verhalten zu besinnen und die Aufnahme der fremden Elemente zu rechtfertigen. Jede neue Stufe im Fortgang der allgemeinen Entwicklung der Wissenschaft führt auch die Theologie ein Stück weiter und gibt damit immer erneuten Anlaß zu Konflikten. So dringt die im 12. Jh. durch das Bekanntwerden aller logischen Schriften des Aristoteles mächtig entwickelte Dialektik (Logik) sogleich auch in die Theologie ein. Gegen ihre Fortbildung über das bloße Schriftstudium hinaus, gegen Systematisierung des Stoffes und Verfeinerung der Methode, erheben sich starke Kräfte aus verschiedenen Lagern. Aber eine grundsätzliche Polemik gegen die wissenschaftliche Theologie kann sich nicht durchsetzen; die Gegner erreichen nur die Verurteilung einzelner inhaltlich anstößiger Sätze oder Werke (etwa Abaelards 1121 zu Soissons, 1141 zu Sens; Gilbert Porretas 1148 zu Reims; des Petrus Lombardus 1163 zu Tours).

Daß man auf allen Gebieten der Wissenschaft im 12. Jh. eine Veränderung, ein Fortschreiten im Gange sieht, zeigt die ausdrückliche Unterscheidung zwischen Altem und Neuem an, die zwar schon immer gemacht wurde, jetzt aber auch terminologisch besonders deutlich ausgedrückt wird. Man unterscheidet zwischen Logica vetus und nova, zwischen alten und neuen Autoren (antiqui und moderni)[105]. In diesem Bewußtsein könnte ein Ansatz zur Reflexion auf die eigene Tätigkeit liegen. Daß man jedoch das Fortschreiten der Theologie nicht unbedingt als einen Fortschritt wertet, daß man es nicht einmal als ein ernsthaftes Problem, sondern hauptsächlich als Gefahr empfindet, zeigt u. a. die Bemühung, die antiqui möglichst nahe an die eigene Zeit heranzuführen[106], um die Vergangenheit nicht als eine Entwicklung, sondern als einheitliches, möglichst widerspruchsfreies Ganzes zu betrachten.

Die Lage der Wissenschaft im 13. Jh. bietet der Theologie einen doppelten Anstoß zur Selbstbesinnung: einerseits in der innertheologischen Entwicklung, andererseits in dem veränderten Selbstverständnis der Philosophie. Grundlegend dafür ist die Erschließung des vollständigen aristotelischen Werkes und seine Aufnahme in den Unterricht.

---

[105] Vgl. *M.-D. Chenu*, Antiqui, Moderni, 1928; kurz auch: La théologie au XII° siècle, ²1966, 390–92; *J. Spörl*, Das Alte und das Neue, 1930; *W. Freund*, Modernus..., 1957.

[106] Selbst Zeitgenossen können antiqui heißen: sapientes antiqui, quorum aliquos vidimus (*Roger Bacon*, Opus minus ed. Brewer 329); omnes sapientes antiqui, quorum multos vidimus (*ders.*, Opus tertium ed. Brewer 88). Modernus als Selbstbezeichnung: *Richardus Rufus*, Prol. (O² col. 1, 17).

Bereits die Beschäftigung mit den neu erschlossenen Quellen, die viele zur christlichen Überlieferung in Spannung oder gar in Gegensatz stehende Aussagen enthält, stößt auf Widerstand. Seit 1210 werden von offiziellen kirchlichen Instanzen wiederholt Verbote gegen das Studium der aristotelischen Schriften ausgesprochen[107]. Freilich werden diese Verbote selbst in Paris nie vollkommen eingehalten und seit den vierziger Jahren immer stärker mißachtet, bis 1255 durch ein Statut der Artistenfakultät alle bekannten Werke des Aristoteles zum Stoff des Unterrichts erklärt werden[108]. Anders als in Paris hat man in Oxford seit Beginn des Jahrhunderts auch die Metaphysik und die Libri naturales des Aristoteles ziemlich unangefochten, wenn auch noch ohne breite Wirkung kommentiert[109].

Durch die Erweiterung des Quellenmaterials ändert sich auch das Gesicht der artistischen Fakultät. Zum erstenmal seit der Spätantike wird im Unterricht wieder eine anspruchsvolle, wenn auch nicht originale Philosophie getrieben. In der Spätantike war ja die gesamte profane Bildung in den sieben artes liberales zusammengefaßt und v. a. in den Kompendien des Marius Victorinus, Boethius, Martianus Capella, Cassiodor und anderer an das Mittelalter weitergegeben worden. Eine Philosophie im antiken wie im neueren Sinne hat im Kreise dieser Disziplinen keinen Raum. Die Schriften, die wir heute als die Hauptwerke der antiken Philosophie ansehen, sind durch Jahrhunderte vergessen. Aber der alte Philosophiebegriff lebt weiter und wird in zweifachem Zusammenhang gebraucht:

a) Philosophia umfaßt im Mittelalter und noch bis weit in die Neuzeit hinein alle weltliche Wissenschaft. Schon im vorphilosophischen Sprachgebrauch der Griechen bezeichnet φιλοσοφία die Wissenschaft im ganzen und allgemeinen, während unsere Vorstellung von der Philosophie, die von den Einzelwissenschaften unterschieden ist, höchstens in der aristotelischen πρώτη φιλοσοφία (prima philosophia) eine entfernte Entsprechung hat. Das Mittelalter übernimmt das Wort in seiner weiten Bedeutung. Philosophia wird oft promiscue mit scientia gebraucht, die Wissenschaftseinteilungen heißen gleichermaßen divisio philosophiae wie divisio scientiae usw. Die Weite des alten Begriffes erhält sich bis in die Neuzeit; sie ist noch heute im Namen der Philosophischen Fakultät und im Titel des Doktors der Philosophie deutlich sichtbar[110].

b) Eine zweite Verwendung findet das Wort seltsamerweise im christlichen Sprachgebrauch. Φιλοσοφία wird früh im Christentum heimisch.

---

[107] Zur Problematik der in der Forschung lange sehr umstrittenen Aristotelesverbote vgl. *F. van Steenberghen*, La philosophie au XIIIᵉ siècle, 1966 (bes. 88—100, 103 f., 106—10, 145—48, 357—60). Eine Liste aller Verbote von 1210—1398 bietet *P. Glorieux*, L'enseignement . . ., 1968, 169—74.

[108] Chartularium 1,277—79 (Nr. 246).   [109] *F. van Steenberghen* a. a. O. 143.

[110] Dies hat in materialreichen Aufsätzen mit Belegen von der Antike bis

Die frühchristlichen Theologen nennen ihre Erkenntnis (ἀληθὴς) φιλοσοφία[111], die frommen Gläubigen heißen φιλόσοφοι. Die im frühchristlichen φιλοσοφία-Begriff liegende praktisch-asketische Komponente wirkt besonders im Mönchtum nach. Während die gewöhnlichen Gläubigen jetzt nur noch fideles heißen, beanspruchen die Mönche den alten Namen für sich. Sie unterscheiden zwei Lebensweisen und entsprechend zwei Arten der philosophia: 1. philosophia saecularis oder mundialis, 2. philosophia caelestis (spiritualis, divina). Die letztere wird im monastischen Leben verwirklicht, das man auch einfach philosophia nennt. Entsprechend bezeichnen die Mönche sich als philosophi (Christi); mönchisch leben heißt philosophari usw.[112].

In der Praxis des mittelalterlichen Wissenschaftsbetriebs umfaßt philosophia zunächst die in dem seit Ausgang der Antike gültigen Kanon zusammengeschlossenen sieben artes liberales. Der größte Teil der klassischen Philosophie, voran die Metaphysik, dann v. a. Physik und Ethik, ist nur noch in der Theorie, im Rahmen von Wissenschaftseinteilungen und Wissenschaftslehren, als selbständige Disziplinen bekannt. Im 12. Jh. erhält die Dialektik (Logik) durch das Bekanntwerden des ganzen Organons eine zentrale Stellung innerhalb der artistischen Fächer. Aber im 13. Jh. wird durch die zahlreichen neu erschlossenen Quellen der Rahmen der sieben artes endgültig gesprengt. Der Unterricht in der Artistenfakultät wird jetzt von einer bloßen Elementarbildung zu einem sehr vertieften philosophischen Studium[113], das nicht mehr nur als Durchgangsstufe angesehen werden kann, sondern selbständige Bedeutung gewinnt.

Die alte, weite Bedeutung von philosophia bleibt freilich bewahrt. Auch wenn in der theologischen Wissenschaftstheorie nach dem Verhältnis von theologia und philosophia gefragt wird, so müssen wir unter philosophia zunächst ganz allgemein Wissenschaft verstehen[114]. Aber der Begriff hat nun eine andere Tiefe; hinter ihm steht ein wesentlich umfangreicheres Wissen als früher[115].

Mit der Ausweitung des artistischen Lehrbetriebs im 13. Jh. zu einem vollgültigen, wenn auch ganz traditionsgebundenen philosophischen Unterricht entsteht bei den Philosophen der Zeit ein neues Selbstverständnis

---

zum 19. Jh. *J. E. Heyde* dargelegt: ΔΙΟ ΠΟΙΗΣΙΣ ΚΑΙ ΦΙΛΟΣΟΦΩΤΕΡΟΝ ΚΑΙ ΣΠΟΥΔΑΙΟΤΕΡΟΝ..., 1961; Das Bedeutungsverhältnis von φιλοσοφία und „Philosophie", 1961.   [111] *G. W. H. Lampe*, Lexicon, 1961, 1482 f.
[112] *F. Dölger*, Zur Bedeutung von ΦΙΛΟΣΟΦΟΣ und ΦΙΛΟΣΟΦΙΑ in byzantinischer Zeit, 1940; *E. R. Curtius*, Zur Geschichte des Wortes Philosophie im Mittelalter, 1943.   [113] Vgl. *F. van Steenberghen* a. a. O., z. B. 119—27.
[114] So kann dann z. B. *Wilhelm de la Mare* in den siebziger Jahren fragen: quae philosophia plus valet ad expositionem sacrae scripturae, und darunter die verschiedenen Einzelwissenschaften betrachten (q. 5 a. 2 c. 4; F¹ f. 8ᵛa).
[115] Gelegentlich begegnen wir sogar einer ausdrücklichen Differenzierung, z. B. *Roger Bacon*, Quaestiones alterae..., ed. Steele-Delorme, 112: nomine

und ein erhöhtes Selbstbewußtsein. Es gibt jetzt magistri, die bewußt ihr ganzes Leben an der Artistenfakultät verbringen und diese Stellung auch theoretisch begründen. Das Selbstverständnis und die Stellung des Philosophen in seiner Umwelt im 13. Jh. sind noch nicht umfassend untersucht, obwohl dafür außer den bekannten offiziellen Zeugnissen noch manche Materialien vorhanden sein dürften[116]. Wir können aber schon jetzt einige sichere Feststellungen treffen.

Einerseits kann der Unterschied von Theologie und Metaphysik in durchaus traditionellen Formeln und unter Betonung der Überlegenheit der Theologie auch in einem philosophischen Werk herausgearbeitet werden[117].

Andererseits aber besitzen wir Zeugnisse, die diese Unterscheidung im Interesse der Philosophie vollziehen. Die Theologie kann aus einem Felde verwiesen werden, das von Rechts wegen die Philosophie bearbeitet. So sagt z. B. der Oxforder Philosoph John Blund (1. Drittel des 13. Jh.) in seiner Abhandlung über die Seele, dem Theologen stehe allein etwa die Untersuchung über den Weg der Seele zu Verdienst und Heil zu, aber über ihr Wesen, ihre Verbindung mit dem Körper und dergleichen könne sie nichts lehren[118]. Die Philosophie erhebt sogar Ansprüche über eine solche Scheidung der Gegenstandsbereiche hinaus: sie behauptet, alle der Vernunft zugänglichen Bereiche zu durchdringen. Welche Bereiche sind damit gemeint? Seit alters gehören dazu v. a. die Lehre von Gott und von seiner Schöpfung, von denen Metaphysik und Physik handeln. Hier beansprucht also die Philosophie eine selbständige Erkenntnismöglichkeit unabhängig von der Theologie und bestreitet damit letztlich deren Notwendigkeit.

---

communi quaelibet scientia potest dici philosophia, sed nomine proprie [l.: proprio] vel appropriato ista sola, scil. metaphysica, philosophia nuncupatur.

[116] Vgl. *J. Le Goff*, Quelle conscience...?, 1964, bes. 24—26; *D. A. Callus*, The Function of the Philosopher..., 1964; *P. Wilpert*, Boethius von Dacien..., 1964. — Als Belege für Quellen zum Selbstverständnis der Philosophie nenne ich nur zwei Äußerungen: eine kleine Schrift des *Boethius von Dacien* De summo bono sive de vita philosophi (ed. Grabmann, Geistesleben 2 (1936) 209 bis 216), in der sich auch einige der 1277 verurteilten Sätze finden, und eine Quaestio *Sigers von Brabant*, die zeigt, wie eingehend man auch über Leben und Wirken des Philosophen nachdenkt: Quaeritur, quis status magis competat philosophis, an virginalis an coniugalis (F. Stegmüller, Neuaufgefundene Quaestionen..., 1931, 175).

[117] So von *Siger von Brabant* in QQ. super l. Met.; vgl. *W. Dunphy — A. Maurer*, A promising new discovery..., 1967.

[118] Theologus habet inquirere, qua via contingat animam mereri et demereri, et quid sit ad salutem, quid ad poenam. Quid autem anima sit et in quo praedicamento sit et qualiter infundatur corpori, non habet ipse inquirere. Ex quo ista scire magis pertinent ad alium artificem (D. A. Callus, The Treatise of John Blund..., 1955, 482 A. 28).

Gegen das wachsende Selbstbewußtsein der Philosophen wehren sich die Theologen. Ich nenne nur das berühmteste Zeugnis dafür, die große Verurteilung von 219 den Pariser Artisten zugeschriebenen Sätzen aus dem Jahre 1277[119]. Neben der überwiegenden Zahl inhaltlicher Aussagen werden hier auch einige grundsätzliche Grenzüberschreitungen der Philosophen angeführt. Über die Berechtigung dieser Vorwürfe ist sich die Forschung noch nicht einig, zumal da sich ein Anlaß für den berühmtesten, den der Lehre von der doppelten Wahrheit, bisher noch nicht nachweisen ließ[120]. Immerhin finden sich mehrere Sätze bei Boethius von Dacien wieder, so daß wir weitere Aufhellung des historischen Hintergrundes durch neue Quellenfunde erhoffen können. Für unseren Zusammenhang kommt es freilich nur darauf an, aus der Verurteilung das Niveau kennenzulernen, auf dem sich die Auseinandersetzung vollzieht. Sie steht zwar ganz am Ende unseres Zeitraums, greift aber auf frühere Erörterungen zurück. Nach ihr erhebt die Philosophie den Anspruch, alles rational Faßbare zu behandeln (Satz 145), auf natürlichem Wege zur Gotteserkenntnis zu gelangen (211), Aussagen zu verwerfen, die sich nicht auf rationalem Wege finden lassen (18), nur dem an sich (nicht durch Autorität) Bekannten Glauben zu schenken (37, 150 f.), selbst Zweck und Höhepunkt allen Wissens zu sein (24, 40, 154); behauptet sie, die Theologie schaffe kein überlegenes Wissen (153), ihr Reden sei mythologisch und enthalte Falsches (152, 174); behauptet sie sogar, daß in Philosophie und Glaube verschiedene Aussagen wahr sein könnten (90, 113, in der Einleitung als duae contrariae veritates bezeichnet). Diese Zusammenstellung zeigt, daß die Theologie im 13. Jh. durchaus Anlaß hat, ihre Eigenart und ihre Notwendigkeit gegenüber der Philosophie auch theoretisch zu erörtern. Ein Symptom für die veränderte Lage scheint mir auch zu sein, daß die Bezeichnungen philosophus und philosophia nun nicht mehr auf Christen bzw. Theologen angewandt werden. Chenu hat gezeigt, wie im 13. Jh. von den Theologen als philosophi die heidnischen Philosophen außerhalb des Christentums, die christlichen Autoren aber als sancti bezeichnet werden. Beide Gruppen haben verschiedene Redeweise, Absicht, Erkenntnisweg und sachliche Ansichten[121].

Die Theologie muß jedoch nicht nur Ansprüche und Angriffe der Philosophie von außen zurückweisen, sie muß sich auch gewisser Anfechtungen erwehren, die ihr aus der Benützung profaner Wissenschaften von innen her erwachsen. Seit ihren Anfängen hat die wissenschaftliche Theologie gegen Widerstände aus dem sie tragenden Christentum um den rechten Gebrauch nichttheologischen Wissens gerungen. Sie hat zu seiner Rechtfertigung auch schon früh feste Formeln gefunden[122]. Trotzdem muß sie

---

[119] Chartularium 1,543—55 (Nr. 473).
[120] Vgl. *F. van Steenberghen* a. a. O., v. a. 389, 397.
[121] *M.-D. Chenu*, Les „Philosophes" . . ., 1937.　　　[122] Vgl. u. 2.44.

sich auch noch im 13. Jh. gegen Widerspruch wehren. Ich führe auch für diese kritischen Stimmen nur zwei bezeichnende Beispiele an[123]. Die bereits zitierten[124] Pariser Universitätspredigten von 1230—31 greifen die alte Kritik an der schon lange diskutierten und gerechtfertigten Übernahme von Begriffen anderer Wissenschaften in die Theologie auf[125]. Man tadelt an den Theologen, daß sie sich durch Benützung solcher Mittel an die Philosophen bänden[126]. Die Konsequenz solchen Tadels wäre freilich das Ausscheiden der Theologie aus der Universität und aus dem Kreise der Wissenschaften; die Theologie muß sich daher um Rechtfertigung ihres Vorgehens bemühen.

Eigenwilliger als die zuvor angeführten Äußerungen, daher allerdings auch weniger repräsentativ für die zeitgenössische Diskussion, sind die Reformideen des großen englischen Franziskaners Roger Bacon. Sie sind so bekannt, daß ich nur kurz an einige Punkte erinnern möchte. In seinem Opus minus (ca. 1266—68) tadelt er verschiedene Irrtümer der zeitgenössischen Theologie und macht Änderungsvorschläge:

1. Die Philosophie herrscht durch ihre Methoden (quaestiones und die Art der Textbehandlung) in der Theologie;

2. die Theologie gebraucht gerade die wichtigsten Wissenschaften (Kenntnis der fremden biblischen Sprachen und der Realien) nicht und kennt auch jene, die sie gebraucht, nicht recht;

3. die Theologie gebraucht den falschen Text — sie zieht dem eigentlichen Text, der hl. Schrift, das Buch eines neueren Theologen vor und wählt dabei auch nicht des Petrus Comestor Historia scholastica, die sich eng an die biblische Geschichte anschließt, sondern die Sentenzen des Petrus Lombardus[127].

Roger Bacon weist damit auf drei Neuerungen des 12. und 13. Jh. hin, die auch die theologische Wissenschaftstheorie beschäftigen.

Wir halten hier kurz inne und vergegenwärtigen uns noch einmal die wichtigsten Punkte, die Anlaß zu einer Besinnung der Theologie auf sich selbst sein können. Mit der Anwendung des alten, bedeutungsreichen Begriffs theologia auf die theologische Wissenschaft ist die Aufgabe gegeben, Theologie gegen Gotteslehre, Metaphysik und hl. Schrift abzugrenzen.

---

[123] Über die Reaktion im 13. Jh. vgl. *F. van Steenberghen* a. a. O.; *M.-D. Chenu*, La théologie comme science. . ., ³1957, 26—32.   [124] O. S. 20 A. 40.

[125] Zur translatio nominum (verborum, terminorum) a naturalibus (naturali facultate) ad theologica(m) vgl. *A. Lang*, Prinzipienlehre, 1964, 49—52.

[126] Z. B. *M. Davy*, Les sermons. . ., 1931, 85 A. 3: Multi verba theologica et verba sanctorum quasi nihil habentes verba philosophica, verba ethnicorum, optima arbitrantur et se ipsos vendunt filiis Graecorum, id est philosophis.

[127] Ich greife nur die ersten vier Punkte heraus (Opus minus ed. Brewer 322—30), die grundsätzlicher Art sind. Anschließend beklagt der originelle Kritiker noch den schlechten Zustand des Vulgatatextes und die Mängel der Schriftauslegung

Die Frontstellung der Theologie nach außen, gegen die Konkurrenz einer Metaphysik, die über dieselben Gegenstände wie die Theologie aus anderer Quelle Erkenntnis gewinnen will, wie die Angriffe konservativer Kreise auf den Gebrauch nichttheologischen Wissens in der Theologie geben Anlaß, das Verhältnis der Theologie zu den anderen Wissenschaften gründlich zu durchdenken. Die Gegenpole von Bindung an die auctoritas der hl. Schrift und der älteren kirchlichen Autoren einerseits und Einführung der Sentenzen als Textbuch des Unterrichts andererseits treffen mit dem alten Problem einer Scheidung von aktueller und vergangener Theologie zusammen. Der Sprachgebrauch verschärft auch hier die Problemlage. Endlich bleiben aus der Auseinandersetzung zwischen scholastischer und monastischer Theologie Fragen nach dem Zusammenhang der Theologie mit Ethik und Religion, nach Erlaubtheit, Ziel, Heilsnotwendigkeit und Vorgehen der Theologie zurück.

2.4 Elemente für eine theologische Wissenschaftstheorie

2.41 Vorbemerkungen

Dem 13. Jh. steht eine Fülle einzelner Elemente und Komplexe teils zur Formulierung neuer Fragestellungen, teils zu ihrer Beantwortung zur Verfügung. Auf einige Punkte, an denen Fragen entstehen können, habe ich hingewiesen. Im folgenden werde ich ganz kurz die wichtigsten Elemente zur Lösung der Probleme nennen, ohne mehr als eine Aufzählung von Schlagworten bieten zu können.

Zuvor noch eine Bemerkung zur Herkunft dieser Materialien. In unseren Texten stoßen wir auf eine Überfülle traditioneller Elemente (meist in mehr oder weniger deutlich gekennzeichneten Zitaten), unter denen der selbständige Gedankengang oft zu verschwinden scheint. Die Benützung durch Umwelt und Tradition vorgegebener Denk- und Sprachmittel ist zwar eine anthropologische Grundtatsache, die unser Denken und Sprechen nicht nur bestimmt und begrenzt, sondern auch eine Teilnahme an der Wirklichkeitserfahrung unserer Zeit und einen Fortschritt darüber hinaus erst möglich macht. Aber das mittelalterliche Denken sieht sich der Tradition in besonderem Maße verpflichtet. Ganz anders als die Neuzeit sucht es i. a. nicht Originalität, sondern Übereinstimmung mit der Überlieferung. Die Wahrheit kann nicht neu geschaffen, sondern nur im Alten gefunden und aus ihm abgeleitet werden. Daher sucht die scholastische Wissenschaft ihre Gedankengänge weitgehend durch Zitate aus den autoritativ vorgegebenen Texten der Vergangenheit zu untermauern.

Es ist nun die Eigenart scholastischer Arbeitsweise, daß sie ihre Gedanken meist nicht in Anschluß an oder in Auseinandersetzung mit ganzen Werken früherer Autoren entwickelt, sondern nur einzelne, aus dem Zusammenhang genommene (und daher oft auch einseitig oder sogar falsch interpretierte) Aussagen heranzieht. „Wir müssen uns vergegenwärtigen, daß der Einfluß einer Schrift, eines Autors, sich fast immer aus einem ganz kleinen Stück dieser Schrift herleiten läßt... Nehmen wir noch einmal den typischen Fall des Thomas von Aquin. Er hat Kapitel für Kapitel, fast Satz für Satz Metaphysik, Physik, De anima, Nikomachische Ethik, Politik, De caelo und andere Abhandlungen kommentiert. Aber wenn wir in den übrigen Werken, die er geschrieben hat, Beweise für den Einfluß der aristotelischen Schriften suchen, so stellen wir mit Überraschung fest, wie wichtige Sätze von Aristoteles sein Denken *nicht* beeinflußt haben"[128]. Bei einer Durchsicht mittelalterlicher Aristoteleshandschriften, die als Grundlage von Studien dienten, „bemerken wir, daß im allgemeinen nur gewisse Teilstücke des Textes Gegenstand systematischen Studiums waren"[129].

Für die Verwendung von Zitaten in unserem Zusammenhang ist unwichtig, ob sie aus christlichen oder profanen Quellen stammen. Sie sind i. w. aus drei Bereichen genommen:

1. aus der Philosophie im allgemeinen;
2. aus der Einleitungsliteratur;
3. aus der fundamentaltheologischen Diskussion.

2.42 Philosophie im allgemeinen

Aus der antiken Philosophie, die dem 13. Jh. v. a. durch die neuen Aristotelesübersetzungen, daneben aber auch durch die theologische Literatur, durch arabische und jüdische und andere sekundäre Quellen vermittelt wird, erhält die wissenschaftstheoretische Diskussion Materialien zur Erkenntnislehre, Psychologie und Metaphysik, auf die ich hier nur pauschal verweisen kann.

2.43 Allgemeine Einleitungsliteratur

Speziellere Elemente fließen ihr aus einer umfangreichen Literaturgattung zu, die ich ihrer Funktion wegen allgemeine Einleitungsliteratur nenne.

In der Literatur des Mittelalters findet sich eine Reihe von Darlegungen, die entweder in Gestalt selbständiger Schriften oder als Einleitung

---

[128] *L. Minio-Paluello*, Die aristotelische Tradition..., 1968, 321 (Hervorhebung vom Verf.).
[129] A. a. O. 322.

(prologus, prooemium u. ä.) nachfolgender Werke den Zweck verfolgen, einen Überblick über ein bestimmtes literarisches Erzeugnis, über eine Wissenschaft oder gar über Wissenschaft (Philosophie) im ganzen zu geben. Für ihren Aufbau und ihre Eigenart ist es nicht von grundsätzlicher Bedeutung, ob sie selbständig oder zu Anfang eines Werkes stehen. Wichtiger ist die Absicht, die sie verfolgen. An ihrer Bildung sind teils wissenschaftstheoretische, teils literarisch-bibliographische, teils didaktische Interessen wirksam, die sich gegenseitig beeinflussen und im Mittelalter, dessen Wissenschaft sich ja an vorgegebene Texte anschließt, oft ineinanderfließen. Diese Einleitungsliteratur geht auf die Wissenschaftseinteilungen der platonischen Akademie, auf die gelehrte Arbeit der Alexandriner und die kaiserzeitlichen Aristoteles- und Vergilkommentatoren zurück. Ich kann hier nicht auf ihre Entwicklung eingehen, die einmal eine vollständige, alle Glieder einbeziehende Darstellung verdiente, sondern weise nur auf die Literatur hin, die am Ende des 12. und im 13. Jh. vorliegt.

Wir können dabei drei Gruppen unterscheiden:

a) Nach dem Vorbild spätantiker Kommentare hat das Mittelalter eine Fülle *literarisch interessierter Einleitungen* geschaffen, die ein Buch unter Gesichtspunkten wie Titel, Name und Leben des Verfassers, Inhalt usw. beschreiben. Diese Einleitungen sind auf den verschiedensten Gebieten, bei Juristen, in der Medizin, in der Philosophie und v. a. in der allgemeinen Literaturbetrachtung als materia, introitus, accessus ad auctores u. ä. gebräuchlich. Sie laufen meist anonym um und finden sich einzeln oder in Sammlungen. Ihr Schema wandelt sich mehrfach und wird im 13. Jh. oft nach den vier aristotelischen causae aufgebaut[130]. Im 13. Jh. wird die literarisch interessierte Einleitung gerne an die Spitze von Bibelkommentaren, seltener von Kommentaren der Artistenfakultät gestellt. Die Einleitungen in Bibelkommentare mit ihren formalen Vorfragen zum Ganzen eines Werks sind nicht zu verwechseln mit den an dem Vorbild des Hieronymus orientierten Vorreden zur Bibel[131].

b) In Anlehnung an die Schemata der literarischen Einleitungen, aber mit deutlich unterscheidenden Zusätzen, entsteht eine Reihe *allgemeiner Wissenschaftslehren*[132]. Ihre charakteristischen Bestandteile sind die Definition der Wissenschaft (Philosophie), ihre Einordnung in eine oft kunstvoll zu einem Wissenschaftsstammbaum ausgearbeitete Wissenschafts-

---

[130] Über die literarische Einleitung handeln *E. A. Quain*, The medieval accessus ad auctores, 1945; *R. W. Hunt*, The Introductions..., 1948; *B. Sandkühler*, Die frühen Dantekommentare..., 1966, bes. 24—46; alle mit weiterführenden Literaturangaben.

[131] Darüber *M. E. Schild*, Abendländische Bibelvorreden..., 1970.

[132] Grundlegend ist noch immer *L. Baur*, Dominicus Gundissalinus..., 1903. — Vgl. zur Wissenschaftseinteilung auch den neueren Überblick von *J. A. Weisheipl*, Classification of the sciences, 1965.

einteilung, ihre Ableitung aus dem Gang der Erkenntnis. An diese Teile erinnert denn auch der Titel dieser Schriften. Die wichtigsten sind Alfarabis (875—950) De scientiis und De ortu scientiarum; des Übersetzers Dominicus Gundissalinus um 1150 entstandenes Werk De divisione philosophiae und des Oxforder Dominikaners Robert Kilwardby etwa 1230—50 geschriebene, leider noch immer ungedruckte Schrift De ortu scientiarum[133]. Neben diesen Arbeiten berühmter Autoren liegen in den Handschriftensammlungen noch zahlreiche anonyme, selbständige oder größeren Werken vorangestellte Wissenschaftslehren und Wissenschaftseinteilungen, um deren Erschließung sich besonders M. Grabmann bemüht hat[134].

c) Auch zu Beginn der Aristoteleskommentare des 13. Jh. finden sich Einleitungen. Ich meine damit nicht die seltenen literarischen introitus, sondern eine Reihe von Einleitungsfragen, die wie die nachfolgenden quaestiones des Kommentars gestaltet sind, i. a. ohne Einschnitt in diese übergehen und auch nicht abgesondert vorkommen. Es handelt sich bei diesen Fragen, die ich der Kürze halber *philosophische Einleitung* nenne, nicht um ein selbständiges literarisches genus, sondern um die unschematische Übernahme von Gesichtspunkten der allgemeinen Wissenschaftstheorie in die Anfangsfragen der Kommentare. Vorbild für das 13. Jh. ist wohl die arabische Literatur[135], von der sich die philosophische Einleitung des 13. Jh. jedoch dadurch unterscheidet, daß sie auf eine Wissenschaftseinteilung meist verzichtet, dagegen den Kreis der übrigen Fragen nach anderen Vorbildern erweitert.

Ein gegründetes Urteil über die geschichtlichen Zusammenhänge kann erst eine sorgfältige Untersuchung abgeben, die auch die reichen handschriftlichen Quellen heranzieht. Ich wollte hier nur einige Hinweise auf einen vielgliedrigen Zweig mittelalterlicher Literatur geben, in dessen

---

[133] Zu Kilwardbys Werk: *B. Hauréau*, Notices et extraits..., 5 (1892) 115 bis 131 mit Abdruck von c. 27 (116—19) und c. 53 (119—30); *L. Baur*, Dominicus Gundissalinus..., 1903, 368—80, mit Abdruck der Kapitelüberschriften (Sie sind eine durch Kilwardby eingeführte Neuerung!) 369—75; *D. E. Sharp*, The De ortu scientiarum..., 1934; *E. Sommer — von Seckendorff*, Robert Kilwardby..., 1935; [*L. Schmücker*, An analysis..., 1963]. — Die Datierung ist noch ungeklärt. *E. Sommer — von Seckendorff* a. a. O. 146 setzt die Schrift auf 1230—40 an; *D. A. Callus*, The Tabulae..., 1948, bes. 247—49, rückt ihre Abfassungszeit auf das Ende der vierziger Jahre herab. — Der Vergleich der beiden einander weitgehend entsprechenden Texte in De ortu und im Sentenzenkommentar (vgl. u. S. 73 A. 95) ergibt bisher keinen Anhaltspunkt für die Chronologie.

[134] Zuerst Schol. Methode 2,28—54; sodann in vielen Mitteilungen über die artistische Literatur des 13. Jh.

[135] Vgl. etwa *Avicenna* Met. tr. 1 l. 1 c. 1: divisio philosophiae, Frage nach dem subiectum; c. 2: de stabiliendo subiectum...; c. 3: utilitas (ed. 1508, f. 70ʳa-71ᵛa); oder *Averroes* Epit. in Met., der zu Anfang nach intentio, subiectum, partes und utilitas fragt (in: Aristoteles Opera 8, f. 356 f.).

Nachbarschaft und von dem beeinflußt die theologische Wissenschaftstheorie entstanden ist. Auf den Ort theologischer Einleitungslehre in der
allgemeinen Einleitungsliteratur gehe ich im folgenden Kapitel noch etwas
genauer ein; hier weise ich nur auf einige Elemente hin, die in dieser Literatur zur Reflexion auf die Theologie bereit liegen.

Die Fragestellungen, mit denen die Theologie nach sich selbst fragt,
liegen ihr in der allgemeinen Einleitungsliteratur fast vollzählig vor. Man
betrachtet hier Gegenstand (materia oder subiectum), Methode bzw. Stil
(modus agendi, tractandi, legendi, docendi, discendi), Absicht (intentio,
finis) und Nutzen (utilitas), auctor bzw. artifex, Definition, das Verhältnis
zu den anderen Wissenschaften, seit dem 13. Jh. auch den Wissenschaftscharakter, Notwendigkeit und Gewißheit und andere Eigenschaften einer
Wissenschaft bzw. eines Buches.

Man könnte vermuten, daß die Theologie gerade innerhalb der allgemeinen Wissenschaftslehren behandelt ist. Diese Erwartung wird ent-
täuscht. In der abendländischen Wissenschaftstheorie begegnet die positive
Theologie kaum und nur am Rande. Natürlich behandelt z. B. Hugo von
St. Victor in seinem Didascalicon eine Reihe fundamentaltheologischer
Fragen, aber die theologische Wissenschaft als Ganzes wird darin nicht gewürdigt. Dagegen widmet Alfarabi auch der positiven — allerdings der
islamischen — Theologie einen eigenen Abschnitt neben der Metaphysik.
Er zerlegt sie in die Wissenschaft vom (religiösen) Gesetz und den kalām
(die eigentliche Lehrentfaltung), die beide wieder in Dogmatik und Ethik
zerfallen[136].

Ein wichtiges Deuteschema stellt die von Boethius überlieferte, in viele
Wissenschaftslehren aufgenommene Einteilung der spekulativen Wissenschaften dar. Eine von ihnen ist die theologia genannte Metaphysik. Sie
wird zwar kaum einmal mit der positiven Theologie gleichgesetzt[137]; aber
durch die Gleichheit des Namens ist hier ein Element bereitgestellt, das
auch von der theologischen Wissenschaftstheorie des 13. Jh. immer wieder
herangezogen wird.

---

[136] De scientiis (ed. A. Gonzalez Palencia). Der Abschnitt über positive Theologie in der spanischen Übersetzung 72—74. Da *Dominicus Gundissalinus*
mit diesem letzten Abschnitt wohl wenig anfangen kann, läßt er ihn in seiner
Übersetzung einfach weg, während *Gerhard von Cremona* kürzend von der
ars elocutionis handelt (172).

[137] Z. B. in der Wissenschaftseinteilung des *Radulfus Ardens*, wo die theologia nach vier Abschnitten der christlichen Dogmatik unterteilt ist (*M. Grabmann*, Schol. Methode 1,253 A. 2 [auf S. 254]; Grabmann verlegt Radulfus
fälschlich aus dem 12. ins 11. Jh.).

2.44 Fundamentaltheologische Elemente

Besonders groß ist die Zahl der Elemente, die in der theologischen Literatur bereitliegen. In den Sentenzensammlungen und Summen der Frühscholastik sind bereits zahlreiche Belege für viele Probleme gesammelt.

1. Der *Glaube* als Grundform christlicher Erfahrung[138].

Der Glaube wird schon immer als Kern des Christseins besonders beachtet. Bei der Analyse seiner Verflechtung mit anderen Weisen der Erfahrung sind drei Ebenen zu unterscheiden:

a) der *Glaubensakt* selbst.

Die christliche Theologie ist anfangs noch nicht imstande, den Glauben als ein eigenständiges religiöses Phänomen zu würdigen und seinen besonderen Bezirk in der menschlichen Erfahrung aufzuspüren. Sie erkennt in ihm zunächst nur die beiden Momente, die sich durch das zweigliedrige Schema von Intellekt und Willen erfassen lassen. Dementsprechend wird der Glaube in den großen systematischen Werken seit dem 12. Jh. an zwei Stellen behandelt: einmal in dem der Möglichkeit theologischer Erkenntnisgewinnung gewidmeten Einleitungsabschnitt; zum andern in der Tugendlehre.

Neben den beiden natürlichen Momenten Intellekt und Wille ist am Zustandekommen des Glaubens noch ein drittes, übernatürliches, beteiligt, dessen Erörterung die der beiden anderen durchzieht: die Gnade.

Die wichtigsten Probleme, über die bis zum Anfang des 13. Jh. i. a. noch recht unzusammenhängend nachgedacht und Material gesammelt wurde, sind folgende:

1. die Definition des Glaubens (z. B. Hbr. 11, 1);
2. die Bezüge des Glaubens (z. B. credere deo — in deum — deum);
3. Inhalt oder Gegenstand des Glaubens (articuli fidei);
4. die im Glaubensakt zusammenwirkenden Momente;
5. das Verhältnis des Glaubens zu anderen Tätigkeiten des Intellekts (Glauben und Schauen, Erkennen, Wissen; fides supra opinionem — infra scientiam usw.);
6. die vom Glauben geschaffene Gewißheit;
7. Weckung und Entstehung des Glaubens;
8. der Tugendcharakter des Glaubens;
9. sein Verhältnis zu Hoffnung und Liebe;
10. seine Beziehungen zur Gnade und seine Verdienstlichkeit.

b) die *Vorbereitung und Stützung des Glaubens* (das apologetische Problem)[139].

---

[138] Zur Glaubensproblematik: G. *Englhardt*, Die Entwicklung der dogmatischen Glaubenspsychologie..., 1933; E. *Gössmann*, Glaube und Gotteserkenntnis..., 1971.

[139] A. *Lang*, Die Entfaltung des apologetischen Problems..., 1962.

Hier geht es um die Frage, ob und wie der Glaube durch außerhalb seiner liegende und von ihm unabhängige Gründe vorbereitet, gerechtfertigt und abgesichert werden kann. Man gelangt im 12. Jh. zu der Ansicht, eine innere Rechtfertigung des Glaubens aus der Überzeugungskraft von Glaubensvollzug und Glaubensinhalt sei unmöglich, und bemüht sich daher um eine äußere Stützung. Der Glaube des einzelnen Menschen kann natürlich als ein individueller, von vielerlei Bedingungen und insbesondere von der Gnade abhängiger Akt nicht gesichert werden. Aber man kann ihn als in seinem Inhalt objektiviert ansehen und kann diesen Inhalt vorgängig — noch bevor er vom Glaubenden aufgenommen und einer Bewährungsprobe in der Erfahrung unterworfen wurde — durch äußere Gründe (wie Hinweis auf seine Herkunft aus einer Offenbarung, auf seine Bezeugung durch Wunder und Weissagungen u. dgl.) absichern. Solche Apologetik wird oft von der Theologie getrennt, da sie sich nach außen, an Ungläubige und Falschgläubige wendet, während Theologie den Gläubigen anspricht.

c) die *Folge des Glaubens*: Erkenntnis aus dem Glauben.

Die nachträgliche Einsicht in die zuvor auf autoritative Weisung und Zusage aufgenommene und bejahte Glaubenswahrheit ist immer wieder als Herzstück theologischer Arbeit angesehen worden. Die von Augustin und im Anschluß daran von Anselm von Canterbury geprägten Formeln sind so bekannt, daß ich nur an sie zu erinnern brauche. Danach hat die Einsicht eine doppelte Aufgabe gegenüber dem Glauben: vor dem Glauben muß sie den Glaubensinhalt aufnehmen, nach Vollzug des Glaubensaktes muß sie versuchen, das vorher einfach Hingenommene zu durchdringen.

2. Die Möglichkeit einer *vom Glauben unabhängigen Erkenntnis*. Von Anfang an muß die Theologie sich darüber äußern, ob es unabhängig vom christlichen Glauben, insbesondere auch vor dem Auftreten Jesu, eine Möglichkeit zu (sei es das Heil vermittelnder, sei es auch nur unvollkommener) Gotteserkenntnis gibt. Dabei fragt man sowohl nach der Gotteserkenntnis der Heiden, der alten Philosophen, aus der Schöpfung (wichtigste auctoritas: Röm. 1, 19 f.), als auch nach der Erkenntnis und dem Glauben der alttestamentlichen Patriarchen und anderer Israeliten (de fide antiquorum, de fide simplicium u. ä.).

3. Die *hl. Schrift* als Quelle christlicher Erkenntnis. Gebrauch und Auslegung der hl. Schrift sind schon früh ausführlich erörtert worden. „In der Alten Kirche waren die h[ermeneutischen] Grundentscheidungen gefallen, die auch das ganze Mittelalter hindurch in Geltung standen. In h[ermeneutischer] Hinsicht sind auf die Dauer von ca. einem J[ahr]t[ausend] nach Augustin keine grundlegend neuen Fragestellungen und Gesichtspunkte aufgekommen. In dem einmal abgesteckten Rahmen wurde, zunächst sehr

vereinfacht und verengt, sodann in einigen Nuancierungen variiert, das überlieferte Material verarbeitet."[140]

Für die theologische Wissenschaftstheorie grundlegend ist die platonische Voraussetzung dieser Hermeneutik, daß der vordergründige Sachverhalt nicht die wahre Wirklichkeit wiedergibt, sondern auf sie hinführt, d. h. daß der Wortsinn der hl. Schrift in sich nicht vollkommen ist, sondern auf einen dreifach gegliederten höheren Sinn verweist.

4. Die *Verwendung profaner Elemente* in der theologischen Arbeit. Ich habe schon darauf hingewiesen, daß die Theologie sich nur unter Aufnahme von Denk- und Sprachmitteln ihrer Umwelt entwickeln kann, daß sich gegen die Verbindung mit der weltlichen Wissenschaft aber auch immer wieder starke Kräfte erheben. Um die Benützung profanen Wissens zu rechtfertigen, haben schon die Kirchenväter biblische auctoritates ausfindig gemacht und feste Formeln geschaffen. So übernimmt Clemens von Alexandrien Philons allegorische Auslegung von Gen. 16, 1 f. Wenn Sarah Abraham auffordert: ingredere ad ancillam meam, si forte saltem ex illa suscipiam filios (v. 2), so heißt dies, daß die weltlichen Wissenschaften in den Dienst des Schriftverständnisses genommen werden sollen. Origenes hat diese Allegorie durch eine andere ersetzt, die in der Folgezeit stehend wird: durch die spoliatio Aegyptiorum. Nach Ex. 3, 22 und 11, 2 (im Mittelalter werden beide Stellen zitiert) sollten die Israeliten kurz vor dem Auszug aus Ägypten von ihren Nachbarn silberne und goldene Gefäße (und Gewänder) entleihen, um sie mitzunehmen und zum Bau des Allerheiligsten zu verwenden. Ebenso soll sich die christliche Theologie der profanen Wissenschaften bedienen. Ein ähnlicher Sinn wird der seltener herangezogenen Stelle Dt. 21, 11—13 beigelegt, wonach den Israeliten erlaubt wird, sich eine heidnische Kriegsgefangene zur Frau zu nehmen.

Das Verhältnis der Theologie zu den übrigen Wissenschaften wird auf die von Gen. 16, 1 f. angeregte abschließende Formel gebracht, die letzteren müßten als Mägde (ancillae) der Theologie als ihrer Herrin dienen[141].

5. *Ansätze zu einer umfassenden, methodischen Reflexion* des Theologen auf seine eigene Arbeit können wir v. a. im Zusammenhang systematischer Werke vermuten. Die Sentenzensammlungen und Summen, die im 12. Jh. so zahlreich entstehen, haben an ihrem Anfang meist eine Einleitung mit grundsätzlichen Erwägungen. Aber in ihnen allen liegen nur Gedanken zu Teilfragen vor:

---

[140] Zum ganzen Komplex: *G. Ebeling*, Art. Hermeneutik, 1959; das Zitat Sp. 249.

[141] Zur Geschichte dieser Formel vgl. *B. Baudoux*, Philosophia „Ancilla Theologiae", 1937, bes. 294—306; dagegen gibt *É. Gilson*, La servante de la théologie, 1921, nur sehr begrenzte geschichtliche Hinweise (Petrus Damiani, Pariser Universitätsdokumente Anfang 13. Jh.).

a) zur Problematik von Glauben und Gotteserkenntnis[142];

b) Kritik an der zeitgenössischen Theologie[143];

c) speziellere methodische Vorbemerkungen oder allgemeine Hinweise auf den Nutzen des eigenen Werkes[144];

d) Vorschläge für eine neue theologische Methode[145];

e) Einteilungen der Theologie ohne weitere Erörterung[146].

Alle Hinweise auf eine volle wissenschaftstheoretische Besinnung auf die Theologie im 12. Jh. halten einer genaueren Prüfung nicht stand; eine theologische Wissenschaftstheorie wird erst im 2. Viertel des 13. Jh. greifbar[147].

---

[142] Z. B. in *Abaelards* Sic et non; den *Sententiae Parisienses;* der *Summa Sententiarum;* den *Sententiae divinae paginae.*

[143] Z. B. in *Abaelards* Theologia „Summi boni"; in *Roberts von Melun* Sentenzen; *Alanus' de Insulis* Summa „Quoniam homines".

[144] Z. B. in *Abaelards* Sic et non; den *Sententiae divinitatis;* den Sentenzen des *Petrus Lombardus.*

[145] Gegen Ende des 12. Jh. machen *Alanus de Insulis* und *Nicolaus von Amiens* den Versuch, eine neue Methode in die Theologie einzuführen. Wie andere Wissenschaften soll auch die Theologie gewisse Regeln und Prinzipien voraussetzen, aus denen sie das Gebäude der materialen Lehren entfalten kann. (Vgl. dazu *M.-D. Chenu,* Un essai..., 1935; ders., Une théologie axiomatique..., 1958; *A. Lang,* Prinzipienlehre, 1964, bes. 75—93). Diese Versuche bleiben ohne Wirkung auf die theol. Wissenschaftstheorie des 13. Jh., die das Prinzipienproblem in anderem Zusammenhang erörtert (s. u. 6.5).

[146] Besonders *Alanus de Insulis.*

[147] Zu diesem Urteil komme ich nach wiederholter Lektüre der Texte. — Zwei große Denker der Frühscholastik, *Anselm von Canterbury* und *Abaelard,* haben viele Gedanken über die fundamentaltheologische Problematik entwickelt. Dadurch angeregt haben 1931 *K. Barth,* Fides quaerens intellectum, „das theologische Programm" Anselms, 1932 *J. Cottiaux,* La conception de la théologie..., Abaelards Theologieverständnis in sorgfältiger, bei Barth stärker systematisch, bei Cottiaux mehr historisch orientierter Untersuchung dargestellt. Aber beide Arbeiten bieten nicht eine von den mittelalterlichen Autoren aufgestellte Lehre von der Theologie, sondern eine nachträgliche Synthese vereinzelter Aussagen nach einem von den modernen Bearbeitern entworfenen Plan. — *F. Stegmüller* sieht in der Einleitung der etwa 1127—36 entstandenen anonymen *Sententiae Varsavienses* „vielleicht die erste bisher bekannte theologische Erkenntnislehre in den systematischen Sentenzenwerken des Frühmittelalters" (Sententiae Varsavienses, 1942, 304). In Wirklichkeit handelt die Einleitung (a. a. O. 316 f.) jedoch nicht von der Theologie, sondern von der hl. Schrift, indem sie 1. deren Nutzen bzw. Zweck, 2. die Grenzen ihrer Einsichtigkeit beschreibt. Mit größerem Recht könnte man der *Ysagoge in theologiam* (ca. 1140—50) eine erste kleine theol. Einleitungslehre zusprechen. Daß hier die Theologie (und nicht bloß die Gotteslehre) gemeint ist und diese Theologie auch als Wissenschaft neben anderen verstanden ist, wurde bereits gezeigt (vgl. o. 2.24 A. 34; 37). Allerdings ist diese Theologie nicht klar gegen die Metaphysik abgegrenzt (vgl. o. 2.24 A. 32).

Ein weiterreichender Ansatz liegt in den *Prologen* zu einigen frühen *Sentenzenglossen* vor, die auf den ersten Blick in keiner Beziehung zur theol. Wissenschaftstheorie zu stehen scheinen. Darüber u. 3.43.

3. DER GESCHICHTLICHE ORT DER THEOLOGISCHEN WISSENSCHAFTSTHEORIE IM 13. JAHRHUNDERT

3.1 Vorbemerkungen

Nachdem wir die wichtigsten Voraussetzungen für eine Reflexion der Theologie auf ihr eigenes Geschäft in groben Zügen kennengelernt haben, erhebt sich sogleich die Frage nach den genaueren Umständen, unter denen eine solche Reflexion einsetzt, nach ihren Gründen und nach ihrem Schöpfer.

Auf all diese Fragen können wir nach dem gegenwärtigen Stand unserer Quellenkenntnis noch keine abschließende Antwort geben. Wir wissen von der philosophischen und theologischen Arbeit gerade im 1. Drittel des 13. Jh. weniger als von späteren Zeiten und können nur auf Bereicherung unserer Kenntnisse durch Erschließung neuer Quellen hoffen.

Die ersten Zeugnisse einer theologischen Wissenschaftstheorie in dem oben beschriebenen umfassenden Sinne stammen vom Anfang der dreißiger Jahre. Die großen Summen im 1. Drittel des Jahrhunderts — etwa Wilhelms von Auxerre Summa aurea — führen die Tradition des 12. Jh. fort. Wilhelm geht im Prolog seiner Summa nicht über die Fragen nach der Definition des Glaubens und nach der Aufgabe der Vernunft in bezug auf den Glauben hinaus. Bei Roland von Cremona treffen wir erstmals auf eine zwar noch kurze, aber schon die wichtigsten Gesichtspunkte enthaltende theologische Einleitungslehre.

Wenn wir auch die Entstehung dieses neuen Lehrstücks nicht eigentlich begründen können, so läßt sich doch der geschichtliche Ort, an dem seine großenteils der Tradition entstammenden einzelnen Elemente sich zu einem umfassenden Ganzen zusammenschließen, noch beschreiben. Ich werde deshalb versuchen, nach einem Überblick über das Quellenmaterial und die wichtigste Sekundärliteratur von der äußeren Gestalt der theologischen Einleitungslehren ausgehend ihren geschichtlichen Ort einzukreisen.

3.2 Die Quellen und ihre Verfasser

1) Roland von Cremona[1]

Der Verfasser der ersten bekannten theologischen Einleitungslehre trat 1219 in Bologna dem Dominikanerorden bei. Seine ausgedehnten Kenntnisse in den Naturwissenschaften und sogar in der Medizin lassen auf sorgfältige Ausbildung bei den Artisten schließen und sogar ein Medizinstudium vermuten. Roland begegnet uns erst 1229 in Paris wieder, wo er während des sog. Universitätsstreiks (1229–31) 1229 den ersten theologischen Lehrstuhl der Dominikaner erhält. Aber schon 1230 wird er zur Ketzerbekämpfung nach Toulouse geschickt (auch hier hält er Vorlesungen) und kehrt 1232 nach Italien zurück, wo er u. a. im Dienste der Inquisition wirkt. Nach 1244 verliert sich seine Spur im Dunkel[2].

Rolands Hauptwerk ist eine in 3 Handschriften erhaltene[3], sehr umfangreiche, eine gute Kenntnis der profanen Wissenschaften und des Aristoteles verratende, aber nicht endgültig ausgearbeitete theologische Summa[4]. Die genaue Datierung des Werks ist schwierig. Die Summa geht zwar auf Rolands Lehrtätigkeit zurück, aber sie wurde erst später abgefaßt und ist ja auch nicht ganz vollendet. Wir können ihre Entstehung auf etwa die Mitte der dreißiger Jahre ansetzen[5].

Rolands Werk scheint ohne Wirkung geblieben zu sein[6]. Auch seine theologische Einleitungslehre steht ziemlich isoliert da. Ihr Aufbau ist noch sehr knapp; den eigentlich wissenschaftstheoretischen Fragen (qq. 2–3) geht eine ontologische nach der Zahl der obersten Prinzipien (q. 1) voran. Diese Frage richtet sich gegen den in der Ketzerbewegung des 12. Jh. wie-

---

[1] Immer noch wertvoll ist die älteste ausführliche Darstellung von *F. Ehrle*, S. Domenico..., 1923; vgl. auch von *dems.* L'Agostinismo..., 1925, 542–44; grundlegend ist jetzt die einzige Monographie: *E. Filthaut*, Roland von Cremona O. P...., 1936; einen Überblick über Forschungsstand und Aufgaben gibt *E. Preto*, Un testo inedito..., 1948; ein Referat der wichtigsten Anschauungen der Summa *C. R. Hess*, Roland of Cremona's place..., 1968.

[2] Für Rolands Leben vgl. *Filthaut* a. a. O. 9–29.

[3] Das 1. Buch liegt in 2 Hss. vor: cod. Paris, B. Mazarine 795; cod. Vat. Barb. lat. 729 (zum letzteren vgl. *V. Doucet*, Commentaires..., 1954, 81 f.). Bisher wurde nur das 3. Buch ediert (in den Monumenta Bergomensia 1962; eine Fortsetzung der Ausgabe ist angekündigt).

[4] Zu den Quellen vgl. v. a. *Filthaut* a. a. O. 51–91. Zum Umfang: Das 3. Buch umfaßt in der Edition 1383 Seiten. Zur Unabgeschlossenheit vgl. bes. *Filthaut* a. a. O. 195 f.; *Preto* a. a. O. 53 A. 3.

[5] *O. Lottin*, Roland de Crémone..., 1960, zeigt, daß *Rolands* Summa die etwa 1235–36 redigierten Sentenzen *Hugos von St. Cher* voraussetzt, kann aber auch das Argument *Filthauts* (a. a. O. 48–50) nicht entkräften, daß *Roland* die 1234 zum kirchlichen Gesetz erhobenen Dekretalen *Gregors IX.* noch nicht kennt.

[6] *Filthaut* a. a. O. 195 f.

der aufgetauchten, von den Scholastikern manichäisch genannten Dualismus[7]. Für unser Thema ist sie ohne Bedeutung.

2) Frühe Pariser Franziskaner

Der älteste Pariser Magister der Theologie aus dem Franziskanerorden ist *Alexander von Hales*[8]. In England geboren, nach einem Studium in Paris wahrscheinlich ca. 1220—25 Magister theologiae, legte er als erster seinen Vorlesungen die Sentenzen des Petrus Lombardus zugrunde[9]. Durch seinen 1236 erfolgten Eintritt in den Franziskanerorden erhielt dieser seinen ersten theologischen Lehrstuhl in Paris. Alexander behielt das Lehramt bis zu seinem Tode 1245. Von 1238—45 scheint daneben ein zweiter franziskanischer Lehrstuhl, besetzt von Johannes von Rupella, bestanden zu haben. Sein Nachfolger wird 1245 *Odo Rigaldi*[10], der in der 1. Hälfte der vierziger Jahre als Baccalareus über die Sentenzen gelesen hatte. Als Odo 1248 Erzbischof von Rouen wird, folgt ihm 1248—53 *Wilhelm von Melitona*[11], den 1253 *Bonaventura* als Magister regens theologiae ablöst. Die in den zwanziger Jahren entstandene Sentenzenglosse Alexanders ist noch sehr altertümlich und enthält keinerlei einleitende wissenschaftstheoretische Reflexion. Einer solchen begegnen wir erst an der Spitze der Summa.

Die Authentizität dieses Werkes ist eines der schwierigsten und wohl auch das meistbehandelte Problem der theologischen Literaturgeschichte des 13. Jh. Die drei ersten Bücher der Summa sind eine noch unter Mitwirkung Alexanders hergestellte Kompilation von Quaestionen v. a. Alexanders selbst, sodann Johannes' von Rupella und in geringerem Umfang anderer Franziskaner. Sie wurde nach 1235 begonnen, v. a. 1238—40 ausgearbeitet und liegt vor Odos Sentenzenkommentar[12]. Da die theologische Einleitungslehre der Summa ohne Vorbild ist, habe ich keine Bedenken, sie Alexander zuzuschreiben und im folgenden von Alexanders theologi-

---

[7] Die Frage findet sich in systematischen Werken dieser Zeit häufig, i. a. in der Gotteslehre, auch an der Spitze, z. B. in *Mag. Martinus*, Compilatio (ca. 1195) l. 1 c. 2 (R. Heinzmann, Die Compilatio..., 1964, 6).

[8] Für Alexanders Leben und Schaffen jetzt grundlegend die Prolegomena zur Glossa, t. 1, 1951; daneben die Prolegomena zur Summa theologica, t. 4, 1948, mit großer Bibliographie.

[9] S. o. 2.34.

[10] B. *Pergamo*, De quaestionibus ineditis..., 1936, bes. 15—19; F. *Pelster*, Beiträge zur Erforschung..., 1936; F. *Henquinet*, Les manuscrits et l'influence..., 1939; Prolegomena zur Summa Alexanders, 1948, CCXXVIII bis CCXXXIV; O. *Lottin*, Ouvrages théologiques..., 1960, 270—84.

[11] Prolegomena zur Summa Alexanders, 1948, CCXL—CCXLIII.

[12] Die Diskussion ist in den Prolegomena zur Summa, 1948, aufgearbeitet. Das Ergebnis der Quellenanalyse: CCCVI f. Zur Datierung: CCCXXXIX bis CCCLV.

scher Wissenschaftstheorie zu reden. Alexander hat mit ihr großen Einfluß
auf Fragestellungen und Lösungswege der zeitgenössischen und folgenden
Theologen ausgeübt[13].

In engerem Sinne von ihm abhängig ist aber eine ganze Gruppe nur
handschriftlich überlieferter und großenteils anonymer Quaestionenreihen
über die Theologie, von denen B. Pergamo drei in einem sorgfältigen
Vergleich unter Abdruck wichtiger Teile analysiert hat[14]. Es handelt sich
um *Quaestionen Odo Rigaldis, Wilhelms von Melitona und eines Anonymus* im cod. Vat. lat. 782, f. 184—186 (= *V*[1]). Ich kann hier meine eigene
Ansicht über das literarische Verhältnis der drei Texte untereinander und
zu Alexander nur ohne nähere Begründung mitteilen: Von Alexander ist
Odo, von beiden der Anonymus *V*[1], von *V*[1] unter Berücksichtigung der beiden älteren Quellen Wilhelm von Melitona abhängig[15]. Da Wilhelm und
V[1] sachlich ohne größeres Gewicht sind, hat die literarische Frage für unser Thema keine weitere Bedeutung. Von den genannten Quaestionen
unabhängig ist die Einleitung zu Odos Sentenzenkommentar. Das Werk
ist in vielen Handschriften erhalten, von denen ich zwei benütze[16]. Odo las
die Sentenzen Anfang der vierziger Jahre in Paris, von ihm dürfte die
älteste theologische Einleitungslehre aus einem Sentenzenkommentar
stammen, die bisher bekannt geworden ist[17]. Wie Odos ganzer Kommentar noch auf der Grenze zwischen Glossierung und selbständiger Formu-

---

[13] Zu seiner theol. Wissenschaftstheorie: [*C. J. Auriault*, De la nature de la
théologie..., 1902]; *B. Pergamo*, De quaestionibus ineditis..., 1936; *M.-D.
Chenu*, La théologie comme science..., [3]1957, v. a. 37—41 (einige scharfsin-
nige Hinweise); *M. E. Gössmann*, Metaphysik und Heilsgeschichte, 1964, 1.
Teil: 13—65 (einzige umfassende Untersuchung, bedeutend durch die wieder-
holten Hinweise auf die „Kategorie der innermenschlichen Aneignung des
Heilsgeschichtlichen" [experientia, gustus usw.] in der Theologie; problematisch v. a. durch einen unkritischen Umgang mit der Rede vom Heilsgeschichtlichen); *T. Tshibangu*, Théologie positive..., 1965, 38—48 (kurzes Referat).
[14] *B. Pergamo*, De quaestionibus ineditis..., 1936. — Ich ziehe zur Ergänzung eine Hs. von Odos QQ., cod. Vat. lat. 4263, heran. Q. 5 ist ediert von
L. Amorós, La teología..., 1934, 275 f. — Eine ganze Gruppe weiterer
anonymer Quaestionenreihen aus Alexanders Einflußbereich konnte ich nicht
untersuchen, möchte aber auf sie hinweisen. Vgl. dazu Mitteilungen von *F.
Pelster*, Zum Problem der Summa..., 1931, 437—42; *B. Pergamo*, De quaestionibus ineditis..., 1936, 4 f.; *F. Pelster*, Cod. 152..., 1937, 36; Prolegomena
zur Summa Alexanders, 1948, z. B. CCII, CCXXVI. — Auch die Summae de
diversis quaestionibus theologiae des Zisterziensers *Guido von Eleemosyna*
(cod. Paris B. Nat. lat. 14891, f. 176[r]—209[v]) enthalten eine theol. Einleitungslehre, die von Alexanders Text abhängig ist (vgl. Prolegomena zur Summa Alexanders CCXLV f.).
[15] Meine Ansicht steht also der Pergamos näher als der der Herausgeber
von Quaracchi.
[16] Cod. Brügge B. Publ. 208; cod. Troyes, B. Mun. 824.
[17] Q. 3 ist ediert von L. Amorós, La teología..., 1934, 276 f. Vgl. M.
Grabmann, Die theol. Erkenntnis- und Einleitungslehre..., 1948, 192 f.

lierung von Quaestionen steht, so ist auch die Einleitung recht locker aufgebaut. Die Frage nach dem Gegenstand der Theologie ist durch ein Stück Texterklärung von ihr getrennt und knüpft an den Prolog der Sentenzen an.

3) Oxforder Theologen[18]

Unter den vielen bedeutenden frühen Oxforder Theologen haben nur drei theologische Einleitungslehren hinterlassen. Sie zeigen bereits durch äußere Anzeichen eine gegenseitige Beeinflussung an[19].

Richard Fishacre[20], im Oxforder Dominikanerkonvent wohl seit etwa 1240 bis zu seinem Tode 1248, ist nach Robert Bacon (nicht zu verwechseln mit Roger Bacon O. F. M.!) frühestens seit 1244, vielleicht auch erst später, Magister regens der Theologie in Oxford. Fishacre hat hier als erster Dominikaner die Sentenzen erklärt[21] und einen noch ungedruckten, in mehreren Handschriften erhaltenen Kommentar dazu verfaßt[22]. Die Datierungsfrage ist schwierig — hat Fishacre das Werk als Baccalar oder erst als Magister verfaßt? Ich neige dazu, seinen Sentenzenkommentar als das um die Mitte der vierziger Jahre entstandene Werk des Baccalars anzusehen[23]. Seine theologische Einleitungslehre legt noch Zeugnis von der Auseinandersetzung mit konservativen und progressiven Gegnern ab.

---

[18] Nachschlagewerk über die Oxforder Theologen: *A. B. Emden*, A Biographical Register of the University of Oxford to A. D. 1500, 1957—58—59 (mit reichen bibliograph. Nachweisen). — Um die Erforschung der Oxforder Theologie in unserem Zeitraum hat sich besonders *F. Pelster* verdient gemacht.

[19] Alle drei stehen noch mitten in der lebhaften Diskussion ihrer Zeit; alle drei bauen ihre Einleitungslehre noch nicht streng in Quaestionenform, sondern weitgehend als fortlaufende Darstellung auf; *Kilwardby* übernimmt von *Fishacre* das causae-Schema; alle drei fragen nach der Möglichkeit, die Wahrheit zu hassen; sie sind durch manche gemeinsame Ansicht und gemeinsame Formeln verbunden (vgl. z. B. die Anführung des Hausbaus als Beispiel für den Gegenstand, der zugleich Ziel sein kann: *Fishacre* Nr. 20 [O¹ f. 4ʳa42 f.] und *Kilwardby* q. 1 a. 1 [= Nr. 2, ed. Stegm. 18,12 f.]).

[20] *A. B. Emden* a. a. O. 2,685 f.; *F. Pelster*, Das Leben und die Schriften des Oxforder Dominikanerlehrers Richard Fishacre (gest. 1248), 1930 (grundlegende Sammlung des Bekannten); *W. A. Hinnebusch*, The early English Friar Preachers, 1951, 364—69 (Überblick). — *D. E. Sharp*, The Philosophy of Richard Fishacre (d. 1248), 1933.

[21] *F. Pelster*, Die Bedeutung der Sentenzenvorlesung..., 1927.

[22] Das Ende der Einleitungslehre ist ediert von *F. Ehrle*, L'Agostinismo..., 1925, 554—55; und *F. Pelster*, Die Bedeutung der Sentenzenvorlesung..., 1927, 254 f.; längere Auszüge auch in *F. Stegmüllers* Ausgabe von Robert Kilwardby, De natura Theologiae, 1935 (7 A.1; 13 A.2; 30 A.1) und an anderen Stellen. — Ich benütze den ausgezeichneten cod. Oxford Balliol Coll. 57 und gelegentlich auch cod. Vat. Ottob. 294.

[23] *F. Pelster*, Das Leben und die Schriften..., 1930, schließt daraus, daß Fishacre Robert Grossetestes Übersetzung der Ethica Nicomachea nicht kennt,

Der erste Franziskanertheologe, der in Oxford über die Sentenzen las, ist *Richardus Rufus (von Cornwall, de Cornubia)*[24]. Der Beginn seiner Vorlesung ist durch seinen Gegner Roger Bacon für 1250 bezeugt[25]. 1253 ging Richard wegen Streitigkeiten im Oxforder Konvent nach Paris und las hier noch einmal über die Sentenzen oder, genauer, über den Sentenzenkommentar Bonaventuras. Etwa 1256 kehrte er als Magister regens der Theologie auf den franziskanischen Lehrstuhl nach Oxford zurück. Auf die schwierige Suche nach dem Text der Lectura Parisiensis will ich hier nicht eingehen, zumal da die dafür vorgeschlagenen Handschriften keine theologische Einleitungslehre enthalten. Das Ergebnis der Oxforder Sentenzenvorlesung liegt uns — vielleicht in einer Bearbeitung nach dem Pariser Aufenthalt[26] — in einer einzigen Handschrift vor[27].

Auch *Robert Kilwardby*[28], nachmals ab 1261 Provinzial der englischen Dominikaner, 1272 zum Erzbischof von Canterbury und 1278 zum Kardinal von Porto erhoben (gest. 1279), hat einen Sentenzenkommentar ver-

---

die doch schon kurz nach 1246 Albertus Magnus bekannt ist, sein Sentenzenkommentar müsse früher sein (531). D. A. *Callus*, Introduction of Aristotelian Learning..., 1943, 258, setzt das Werk auf (wahrscheinlich) 1240—43, (sicher) vor 1245. — Ich kann diese Beweisführung nicht nachprüfen, möchte aber ein Gegenargument nennen. Es hat sich ein zwischen 1245 und 1247 geschriebener Brief erhalten, in dem Papst Innozenz IV. den Bischof von London ermahnt, die Vorlesung eines Frater R. aus dem Predigerorden an der Universität Oxford nicht zu verbieten. (G. Abbate, Lettere „secretae"..., 1955, 347.) Wenn mit Frater R. Richard Fishacre gemeint ist (und er allein scheint dafür in Frage zu kommen), so hat dieser um die angegebene Zeit seine Vorlesung gehalten. M. E. lassen sich die erhaltenen Daten so zusammenfügen, daß Fishacre noch 1245 als Baccalareus über die Sentenzen liest, daß er zu dieser Zeit nicht mehr am Anfang, sondern schon gegen Ende der Vorlesung steht und daß sich der Widerstand nicht (nicht nur?) vor Beginn, sondern (erst) während seiner Vorlesung regt.

[24] *A. B. Emden*, Register 3,1604 f. Aus der umfänglichen Literatur v. a. zu speziellen Fragen, die meist auch Bibliographien enthält, nenne ich nur *F. Pelster*, Der älteste Sentenzenkommentar..., 1926; *ders.*, Roger Bacons „Compendium studii theologiae"..., 1929, Prolegomena zur Summa Alexanders, 1948, CCXLIII—CCXLV; *G. Gál*, Viae ad existentiam Dei probandam..., 1956, mit großer Bibliographie.

[25] Compendium stud. theol. ed. Rashdall 52 f.: et optime novi pessimum et stultissimum istorum errorum [autorem], qui vocatus est Ricardus Cornubiensis, famosissimus apud stultam multitudinem; sed apud sapientes fuit insanus et reprobatus Parisius propter errores, quos invenerat [et] promulgaverat, quando solemniter legebat sententias ibidem postquam legerat sententias Oxoniae ab anno Domini 1250.

[26] So *F. Pelster*, Die älteste Abkürzung..., 1936; Prolegomena zur Summa Alexanders, CCXLIII.

[27] Cod. Oxford Balliol Coll. 62.

[28] Grundlegende Monographie über sein Leben: *E. Sommer-Seckendorff*, Studies in the Life of Robert Kilwardby O. P., 1937. Überblick bei *W. A. Hinnebusch* a. a. O. 374—86. Literatur zur Schrift De ortu...: o. S. 47 A. 133.

faßt[29], dessen theologische Einleitungslehre in einer neuen Edition vorliegt[30]. Die Zeit seiner Sentenzenvorlesung kann man nur mit einiger Wahrscheinlichkeit erschließen. Die ältere Forschung nahm an, Kilwardby sei der unmittelbare Nachfolger Fishacres auf dem Lehrstuhl der Dominikaner gewesen. Nach F. Pelsters Forschungen[31] müssen wir dagegen Simon von Hinton 1248—54 als Nachfolger Fishacres ansetzen. Simon war anschließend, 1254—61, Provinzial des englischen Dominikanerordens. Wir können annehmen, daß Kilwardby so, wie er Simon 1261 im Provinzialamt folgte, 1254 sein Nachfolger als Magister regens der Theologie wurde. Von diesem Datum aus läßt sich die Dauer seiner Sentenzenvorlesung für die Studienjahre 1252—54 erschließen.

Die theologischen Einleitungslehren aller drei Oxforder Theologen sind ausgesprochen originell[32]. Sie spiegeln noch besonders deutlich das Unterrichtsgeschehen und das Temperament ihrer Verfasser wider; das scholastische Verfahren ist in ihnen noch nicht in den klaren, aber auch ermüdenden Formeln und Schemata geronnen, die der Scholastik so große Abneigung eingetragen haben. Alle drei sprechen manche Gedanken aus, die bei ihren Zeitgenossen keinen Widerhall finden, die es aber trotzdem verdienen, neben die fortwirkenden Ideen ins Licht gestellt zu werden. Eine Neuerung hat freilich stark gewirkt: das von Richard Fishacre erstmals zur Gliederung seiner Ausführungen gebrauchte Schema der vier causae.

4) Albertus Magnus und Ulrich von Straßburg

Bis zum Anfang der vierziger Jahre reicht auch die wissenschaftstheoretische Reflexion des *Albertus Magnus*[33] zurück. In einem langen, tätigen

---

[29] Kurze Charakteristik und v. a. Quaestionenverzeichnis des Sentenzenkommentars: *F. Stegmüller*, Les questions du commentaire des Sentences..., 1934.

[30] Ed. *F. Stegmüller* 1935.   [31] An Oxford Collection..., 1930.

[32] Ein wertvolles Referat der Einleitungslehre Fishacres gibt *M. Grabmann*, Die theol. Erkenntnis- und Einleitungslehre..., 1948, 205—15; über Fishacre und Kilwardby handelt kurz *M.-D. Chenu*, La théologie comme science..., [3]1957, 45—52; über Kilwardby ferner *M. Grabmann* a. a. O. 215—26. Kurze Überblicke bei *M. R. Gagnebet*, La nature..., 1938, 21—24; *C. Dumont*, La réflexion..., 1962, 18—20. Über Kilwardbys Analyse des Glaubens vgl. *L.-B. Gillon*, Structure et genèse de la foi..., 1955.

[33] Gute Zusammenfassung mit weiterführenden Hinweisen bei *F. van Steenberghen*, La philosophie au XIII° siècle, 1966, bes. 159—63, 272—92. — Zur theol. Wissenschaftstheorie: *C. Feckes*, Wissen, Glauben und Glaubenswissenschaft..., 1930, bes. 32—38; bedeutender *M. Cuervo*, La teología como ciencia..., 1932 (möchte gegen Chenu zeigen: „Alberto Magno es... el primer autor del siglo XIII que tomando la ciencia en sentido rigurosamente aristotélico, no vacila en afirmar que la teología ‚verissima scientia est'. Con él, por consiguiente, la teología comienza a tener conciencia de sí misma como ciencia." [189]); *M. R. Gagnebet*, La nature..., 1938, 29—36; *A. Rohner*, De

Leben (1206 oder 1207—1280) hat Albert verschiedene Ämter bekleidet und zahlreiche philosophische und theologische Werke verfaßt. Die Datierung seiner Sentenzenvorlesung und des daraus hervorgegangenen Kommentars ist schwierig. Wir müssen annehmen, daß er seine Vorlesung in Paris ein Jahr nach Odo Rigaldi begann; ihr Datum ist also so unsicher wie das der Vorlesung Odos[34]. Alberts Kommentar gibt aber auch nicht unmittelbar den Wortlaut der Vorlesung wieder, sondern ist erst einige Jahre später entstanden. Eine Stelle im 2. Buch erwähnt das laufende Jahr 1246[35]; wir können die Abfassung der drei ersten Bücher etwa auf die Zeit von 1243 bis nach 1246 datieren[36]. Neben dem Sentenzenkommentar ziehe ich noch Alberts theologische Summe heran, deren Echtheit jüngst mit starken Gründen in Zweifel gezogen, aber noch nicht widerlegt worden ist[37]. Wenn dieses Werk von Albert stammt, so hat er es in hohem Alter (etwa 1270 bis nach 1274) verfaßt, ohne es vollenden zu können[38].

Neben Albert nenne ich seinen Schüler *Ulrich von Straßburg*[39], der in charakteristischen Punkten der theologischen Wissenschaftstheorie mit seinem Lehrer übereinstimmt. Ulrich ist nicht als Lehrer an der Pariser Universität hervorgetreten. Er hörte Albert wohl 1248—54 in Köln[40] und kam erst spät nach Paris (1277), wo er noch im Jahr seiner Ankunft starb. Ulrichs Hauptwerk, die Summa de bono, deren 1. Buch in einer neueren Ausgabe vorliegt[41], ist wahrscheinlich zwischen 1262 und 1272 entstanden[42]. Nach Ausweis des 1. Buches ist sie nicht in Quaestionenform, sondern in fortlaufender Darstellung aufgebaut.

5) Franziskaner der 2. Jahrhunderthälfte

Der bedeutendste franziskanische Theologe des 13. Jh. ist *Bonaventura*[43]. Etwa 1217 geboren, trat er nach dem artistischen Studium 1243 in

---

natura theologiae..., 1939; [*M. Schooyans*, Recherches..., 1958; *ders.*, La distinction..., 1959]; *T. Tshibangu*, Théologie positive..., 1965, 57—68.

[34] Die Priorität *Odos* und der zeitliche Abstand gehen aus der Reihenfolge der in zwei Pariser Hss. aufgezeichneten Antrittsvorlesungen *Odos* (B. Nat. lat. 15652 f. 32^v) und *Alberts* (B. Nat. lat. 15702 f. 3^r) — Nachschriften eines Studenten — hervor. Vgl. *O. Lottin*, Ouvrages théologiques..., 1960, 270 bis 284.

[35] 2 Sent. d. 6 a. 9.   [36] *O. Lottin* a. a. O. 283.

[37] Vgl. *A. Hufnagel*, Zur Echtheitsfrage..., 1966, mit Literaturhinweisen.

[38] *O. Lottin*, Ouvrages théologiques..., 285 f.

[39] *M. Grabmann*, Studien über Ulrich von Straßburg, Geistesleben 1 (1926) 147—221; über seine theol. Wissenschaftstheorie 196—202; auch: Die theol. Erkenntnis- und Einleitungslehre..., 1948, 237—45.

[40] *M. Grabmann*, Studien..., a. a. O. 154.

[41] Ed. *J. Daguillon* 1930.   [42] *J. Daguillon* a. a. O. 31*.

[43] Einführung in die biographischen, literarischen und systematischen Probleme mit reichen Literaturhinweisen: *J. G. Bougerol*, Introduction..., 1961

Paris dem Franziskanerorden bei, studierte sodann unter Alexander und seinen Nachfolgern Theologie, las 1248–50 als Baccalareus biblicus, 1250 bis 1252 als Sententiarius, hatte seit 1253 nach Erwerbung der Lizenz den theologischen Lehrstuhl seines Ordens inne, infolge des Mendikantenstreits jedoch ohne offizielle Anerkennung durch die Universität, und wurde 1257 zum Ordensgeneral gewählt. Von da an war er der eigentlich scholastischen Arbeit entzogen, obwohl er bis zu seinem Tode (1274) noch eine reiche literarische Tätigkeit entfaltete.

Hauptquelle für Bonaventuras theologische Wissenschaftstheorie ist die Einleitung seines Sentenzenkommentars. Daneben hat sich Bonaventura noch an verschiedenen Stellen zu unserem Thema bzw. Teilfragen geäußert: in der kleinen Schrift De reductione artium ad theologiam (Datierung ungewiß, vielleicht noch aus der Zeit der Lehrtätigkeit), im Breviloquium (ca. 1257), den Collationes de septem donis spiritus sancti (1268) und anderen. Eine Gesamtdarstellung der Äußerungen Bonaventuras dürfte die genannten Werke nicht unterschiedslos heranziehen, sondern müßte den Wandel in Bonaventuras Anschauung herausarbeiten[44]. J. Ratzinger hat gezeigt, daß sie sich in zwei großen Perioden entwickelt: vor 1267 unter Anknüpfung an Aristoteles, seit 1267 in einem durch Bonaventuras Geschichtsauffassung bestimmten wachsenden Antiaristotelismus[45]. Ich betrachte hier allein den Sentenzenkommentar, das systematische Hauptwerk seiner wissenschaftlichen Arbeit.

Unter Bonaventuras Nachfolgern auf dem Lehrstuhl der Pariser Franziskaner berücksichtige ich noch drei[46]:

(ihr entnehme ich chronologische Angaben); zwei grundlegende, gegensätzliche Gesamtdarstellungen: É. Gilson, Die Philosophie des heiligen Bonaventura, ²1960; F. van Steenberghen, La philosophie au XIIIe siècle, 1966, v. a. 190 bis 271.

[44] In der Sekundärliteratur werden die verschiedenen Werke gewöhnlich promiscue ausgewertet, wodurch oft ein verzerrtes Bild von Bonaventuras Ansichten entsteht. – Aus der umfänglichen Literatur zur theol. Einleitungslehre und zu Bonaventuras wissenschaftstheoretischen Ausführungen in seinem ganzen Werk nenne ich: M. R. Gagnebet, La nature..., 1938, 24–29; J. Friederichs, Die Theologie als spekulative und praktische Wissenschaft..., 1940; [G. Tavard, Expérience et théologie, 1949]; G. Tavard, La théologie d'après le Bréviloque..., 1949; J. Pedersen, L'Intellectus fidei..., 1951; G. Tavard, Transiency and Permanence, 1954 (Große Monographie nach sämtlichen Werken, mit geringem Interesse am Sentenzenkommentar); J. Beumer, Die Aufgabe der Vernunft..., 1956; T. Tshibangu, Théologie positive..., 1965, 48–57; F. Sakaguchi, Der Begriff der Weisheit..., 1968, 116–49.

[45] Die Geschichtstheologie des heiligen Bonaventura, 1959, 121–62.

[46] Gerne wäre ich auf Matthaeus von Aquasparta eingegangen, der etwa 1271–72 (so Doucet, QQ. disp. de gratia, 1935, Introd. XVI) oder 1272–74 (so Glorieux, Répertoire 2 [1934] 102) in Paris die Sentenzen las. Leider habe ich auf meine Bitte um einen Mikrofilm aus der B. Comunale zu Todi, die in cod. 122 die einzige Hs. des 1. Buches besitzt, keine Antwort erhalten. – M.

Walter von Brügge, etwa 1266/67—1269 Magister regens in Paris, anschließend in kirchlichen Ämtern, gestorben 1307, wird ein Sentenzenkommentar zugeschrieben, der in mehreren Handschriften vorliegt[47]. Die Zuschreibung beruht auf gewissen äußeren Merkmalen von Gewicht. Andererseits legen Überlieferung und Inhalt der theologischen Einleitungslehre es nahe, auf Walters Verfasserschaft keine historischen Schlüsse aufzubauen[48]. Da ich der literarhistorischen Frage hier nicht nachgehen kann, betrachte ich den Text mit Vorbehalten als Werk Walters. Unsicher ist auch die Datierung. E. Longpré hat den Sentenzenkommentar zwischen 1261 und 1265 gesetzt[49], während M. Grabmann ihn auf Grund eines Zitats der aristotelischen Rhetorik in der Übersetzung Wilhelms von Moerbeke, die erst seit 1270 gebraucht wurde, nicht vor 1270 datieren möchte[50].

Auch *Johannes (John) Peckham* (oder *Pecham*)[51], nachmals 1279 bis zu seinem Tode 1292 Erzbischof von Canterbury, berühmt als „Begründer der neo-augustinischen Schule"[52] im letzten Drittel des 13. Jh., hat einen Sentenzenkommentar verfaßt, von dessen erstem Buch noch zwei Handschriften erhalten sind[53]. Seine Datierung können wir nur erschließen: da Peckham 1269—71 Magister regens ist, dürfte er 1267—69 die Sentenzen gelesen haben.

Grabmann, Die philosophische und theologische Erkenntnislehre..., 1906, behandelt nur die Glaubensproblematik.

[47] Walter ist wenig behandelt. Vgl. *E. Longpré*, Gauthier de Bruges..., 1924 (der Sentenzenkommentar ist noch nicht bekannt); *ders.*, Le Commentaire sur les Sentences..., 1932; *P. Glorieux*, Répertoire... 2 (1934) 84—86. — Zur theol. Wissenschaftstheorie: *M. Grabmann*, Die theol. Erkenntnis- und Einleitungslehre..., 1948, 284—94; *J. Beumer*, Die vier Ursachen der Theologie..., 1958, mit Edition von tr. 1. Tr. 1 q. 4 ist auch von *L. Amorós*, La teología..., 1934, 277—81 abgedruckt. — Ich ziehe cod. Paris B. Nat. lat. 3085ᴬ und cod. Todi B. Com. 42 heran (viele Abweichungen).

[48] Zur Überlieferung: In To fehlt der Prolog; ferner sind in To und PN die Quaestionen der Einleitungslehre und Teile des Kommentars in verschiedener Reihenfolge und Vollständigkeit aneinandergefügt. — Inhaltlich fallen einige Lösungen aus dem Rahmen des bei den Franziskanern Üblichen: Der Verfasser setzt sich stark gegen Bonaventura ab (vgl. Gegenstandsbestimmung S. 103 f. A. 106 f.; Bejahung der Wissenschaftlichkeit S. 169 A. 66; Übernahme der Subalternationstheorie S. 148 A. 90).

[49] Le Commentaire sur les Sentences..., 1932, 15.

[50] Die theol. Erkenntnis- und Einleitungslehre..., 1948, 292 f.

[51] *A. B. Emden*, Register 3,1445—47; *D. Knowles*, Some Aspects of the Career of Archbishop Pecham, 1942, 1—18 (über die Zeit vor 1279). Der größte Teil der Sekundärliteratur ist Peckhams späterem Wirken, v. a. in den Richtungskämpfen seiner Zeit, gewidmet, das uns hier nicht interessiert.

[52] *F. van Steenberghen*, La philosophie au XIIIᵉ siècle, 1966, 470.

[53] Cod. Florenz B. Naz. Conv. soppr. G 4. 854; cod. Neapel B. Naz. VII b 2. Q.2 a.2 c.2 ist von *L. Amorós*, La teología..., 1934, 281—84 ediert. Ein Quaestionenverzeichnis des Sentenzenkommentars bietet *H. Spettmann*, Der Sentenzenkommentar..., 1927.

Wilhelm de la Mare[54] ist ebenfalls durch seinen Kampf gegen Thomas von Aquin bekannt. Nach der Verurteilung von 1277 verfaßte er zunächst Declarationes, dann in zwei Ausgaben ein Correctorium des Thomas von Aquin, wodurch er eine ganze Reihe von Streitschriften für und wider Thomas hervorrief. Er wirkte wahrscheinlich 1274/75 in Paris als Magister, so daß wir seinen Sentenzenkommentar (er liegt nur handschriftlich vor)[55] auf etwa 1272–74 ansetzen müssen[56]. Mit Sicherheit ist seine theologische Einleitungslehre nach der Peckhams zu datieren, da sie auf diese Bezug nimmt[57].

6) Dominikaner der 2. Jahrhunderthälfte

Neben Bonaventura steht der nur wenig jüngere *Thomas von Aquin*[58]. Er las 1254–56 die Sentenzen, war 1256–59 als Magister regens auf einem der beiden Pariser Lehrstühle seines Ordens, weilte 1259–69, mit verschiedenen wissenschaftlichen und organisatorischen Aufgaben betraut, in Italien, war 1269–72 ein zweites Mal Lehrer in Paris und wirkte anschließend wieder in Italien, wo er 1274 mit knapp fünfzig Jahren starb.

Thomas hat sich v. a. in drei gewichtigen Beiträgen zu unserem Thema geäußert: in den theologischen Einleitungslehren seines Sentenzenkommentars und des etwa 1267–68 verfaßten 1. Teils seiner Summa theologiae, ferner in dem 1256 entstandenen Kommentar zu Boethius De trinitate[59]. Er hielt außerdem eine Reihe von disputationes de quolibet über

---

[54] *A. B. Emden*, Register 1,562 f.; *E. Longpré*, Guillaume de la Mare O. F. M., 1921; *ders.*, Art. La Mare (Guillaume de), 1925; *F. Pelster*, Einige ergänzende Angaben..., 1955; *ders.*, Ausgabe der Declarationes... mit Einleitung 1956.

[55] Ich benütze cod. Florenz B. Naz. Conv. soppr. F 4. 729.

[56] So *Pelster* a. a. O. 80; die Ansetzung vor 1270 (*Longpré*, Art. La Mare.., 1925, 2467) ist wohl nicht zu halten.

[57] Bei Bestimmung des Gegenstandes. Vgl. u. S. 99 A. 81.

[58] Aus der großen, aber bibliographisch gut erschlossenen Literatur zu Thomas führe ich nur ein Werk an, das reiche Hinweise gibt: *M.-D. Chenu*, Das Werk des hl. Thomas von Aquin, 1960. Aus ihm übernehme ich auch die Daten.

[59] Auch die Literatur zur theol. Wissenschaftstheorie des Thomas ist sehr groß; außerdem handeln alle umfassenden Darstellungen vorzugsweise von Thomas. Ich wähle einige Titel aus, die mir wichtig scheinen: *H. Lang*, Die Lehre des hl. Thomas..., 1929; bes. 159–69; *J. F. Bonnefoy*, La théologie comme science..., 1937–38; *J. Friederichs*, Die Theologie als spekulative und praktische Wissenschaft..., 1940; *G. van Ackeren*, Sacra doctrina, 1952; *R. Gagnebet*, Dieu sujet de la théologie..., 1954; *J. Beumer*, Thomas von Aquin..., 1955; *J. A. Mourant*, Aquinas and theology, 1956; *P. E. Persson*, Sacra doctrina, 1957; *Y. M.-J. Congar*, „Traditio" und „Sacra doctrina"..., 1960; *K. Conley*, A theology of wisdom, 1963; *É. Ménard*, La tradition, 1964; *W. P. Eckert*, Das Selbstverständnis des Thomas von Aquin..., 1964; *G. Ebeling*, Der hermeneutische Ort der Gotteslehre..., 1964; *O. H. Pesch*, Der her-

einschlägige Fragen[60]. Auf die letzteren kann ich nur gelegentlich hinweisen, und auch den Boethius-Kommentar, dessen Themenkreis sich mit den Fragen der theologischen Wissenschaftstheorie nur überschneidet, nicht einfach deckt, kann ich nur an einzelnen Punkten heranziehen.

Petrus von Tarantasia[61], der nachmalige Papst Innozenz V., der aber schon bald nach der Wahl starb (1276), war 1259—64 (oder 65) Magister regens (nicht auf Thomas', sondern auf dem 2. Lehrstuhl der Dominikaner), las also wohl 1257—59 die Sentenzen. Wenn er aber in seinen Sentenzenkommentar Quaestionen eingearbeitet hat, die er erst als Magister verfassen konnte (wie Albert), so kann der Kommentar erst nach der Vorlesung entstanden sein[62].

Hannibaldus de Hannibaldis[63], 1261—62 Magister regens, 1262—72 Kardinal, dürfte Ende der fünfziger oder Anfang der sechziger Jahre die Sentenzen gelesen haben[64]. Sein Kommentar geriet fälschlich in die Ausgaben des Thomas von Aquin; daher ist er „der einzige gedruckte Sentenzenkommentar aus der Feder eines unmittelbaren Thomasschülers aus dem Dominikanerorden"[65].

Endlich ziehe ich noch den ungedruckten Sentenzenkommentar des *Romanus von Rom*[66] heran, der 1272, nachdem Thomas seine zweite Pariser Lehrtätigkeit beendet hatte, ihm für das Jahr 1272/73 auf seinem Lehrstuhl nachfolgte. Er las 1270—72 die Sentenzen.

---

meneutische Ort der Theologie..., 1966, v. a. 167—85; 191—200; *M. Corbin*, La fonction et les principes..., 1967. — Spezielle Arbeiten zum Boethius-Kommentar: *M. Grabmann*, Die theol. Erkenntnis- und Einleitungslehre..., 1948, 1—185; *S. Neumann*, Gegenstand und Methode..., 1965.

[60] Vgl. v. a. Quodl. 1 q. 7 a. 2 (= Nr. 14); 3 q. 4 a. 1—2 (= Nr. 9—10); 4 q. 9 a. 3 (= Nr. 18); 5 q. 12 a. 2 (= Nr. 25); 12 q. 17 a. un. (= Nr. 26).

[61] Sammelband: Beatus Innocentius PP. V..., 1943; daraus bes. wichtig: *R. Creytens*, Pierre de Tarentaise..., 73—100; *H.-D. Simonin*, Les écrits . . ., 163—335; dazu *O. Lottin*, A propos du Commentaire..., 1960. — Zur theol. Wissenschaftstheorie: *J. Beumer*, Die Theologie als intellectus fidei, 1942, bes. 41—46.

[62] So *Lottin* a. a. O., während *Simonin* a. a. O. 191—96 das Werk auf 1257 bis 1259 datiert.

[63] *M. Grabmann*, Die italienische Thomistenschule..., Geistesleben 1 (1926) 347 f.; ders., Die theol. Erkenntnis- und Einleitungslehre..., 1948, 257—63.

[64] Nach *Grabmann* (Die italienische Thomistenschule . . . 347) 1260—61 oder (Die theol. Erkenntnis- und Einleitungslehre... 258) 1261—62; nach *Simonin* a. a. O. schon 1259—60.

[65] *M. Grabmann*, Die theol. Erkenntnis- und Einleitungslehre..., 1948, 258.

[66] *M. Grabmann*, Die italienische Thomistenschule..., a. a. O. 340—46; ders., Romanus de Roma..., Geistesleben 3 (1956) mit Abdruck des Prologs (300—05); ders., Die theol. Erkenntnis- und Einleitungslehre..., 1948, 264 bis 273; *J. Beumer*, Romanus de Roma..., 1958, mit Abdruck von tr. 1 q. 2 (349 bis 351).

7) Heinrich von Gent und Aegidius von Rom

Am Ende des Zeitabschnitts, in dem sich die Anfänge der theologischen Wissenschaftstheorie entwickelt haben, stehen zwei bedeutende Theologen, auf deren Behandlung ich nicht ganz verzichten möchte, obwohl sie bereits eine neue Stufe der Diskussion einleiten.

Heinrich von Gent, seit 1275 als Weltgeistlicher Magister der Theologie, in hohem Alter 1293 gestorben, hat am Anfang seiner Summa eine monumentale theologische Einleitungslehre in 78 Quaestionen (auf 164 Folioseiten), der eine allgemeine Wissenschaftslehre von 39 Quaestionen (auf 82 Seiten) vorangeht[67]. Mit Heinrich von Gent haben wir die Anfänge unseres Gegenstandes endgültig hinter uns gelassen. Heinrich knüpft natürlich in vielen Punkten an die traditionelle Diskussion an, und ich werde ihn deshalb mehrfach berücksichtigen. Aber bei ihm verschieben sich die Problemstellungen und v. a. die Proportionen der Erörterung so, daß eine auch nur annähernd angemessene Darstellung seiner Ausführungen den Rahmen dieser Arbeit, die ja die verhältnismäßig kleinformatigen Anfänge der Diskussion zum Gegenstand hat, vollkommen sprengen würde. Eine Darstellung Heinrichs müßte überdies auch seine vorangehende allgemeine Erkenntnis- und Wissenschaftslehre mit einbeziehen.

Mit Heinrich und mit *Aegidius von Rom*, dem späteren Gründer der Augustinereremiten-Schule, der 1276 als Baccalareus sententiarius in Paris eine theologische Einleitungslehre traditionellen Umfangs verfaßte[68], beginnt ein neuer Abschnitt der Diskussion. Beide haben neben den großen systematischen Werken eine Reihe von Quodlibeta geschrieben, die ebenfalls berücksichtigt werden müssen. P. Nash stellt eine Folge von 13 Texten zusammen, in denen Aegidius, Heinrich und Gottfried von Fontaines sich über ein Vierteljahrhundert hin abwechselnd über den Gegenstand der Theologie äußern[69]. Diese Theologen weisen in vielen Punkten ihrer theologischen Wissenschaftstheorie bereits in das 14. Jh. voraus.

---

[67] Die ersten 20 articuli, die allgemeine und theologische Wissenschaftstheorie enthalten, sind wohl vor 1278 entstanden. Dies geht aus dem sorgfältigen Vergleich der Summa mit den Quodlibeta, deren Chronologie ja feststeht, hervor, den *J. Gómez Caffarena*, Cronología de la „Suma"..., 1957, angestellt hat. — Zu Heinrichs allgemeiner Wissenschaftslehre: *E. Dwyer*, Die Wissenschaftslehre..., 1933; zur theologischen: *J. Beumer*, Theologische und mystische Erkenntnis..., 1941; *F. Brandariz*, La teología..., 1953; *J. Beumer*, Erleuchteter Glaube..., 1955; *P. de Vooght*, La méthode théologique..., 1956; *J. Beumer*, Die Stellung Heinrichs von Gent..., 1957; *M. Schmaus*, Der Lehrer und der Hörer..., 1960; *ders.*, Die Schrift und die Kirche..., 1960.

[68] *R. Egenter*, Vernunft und Glaubenswahrheit..., 1930; *U. Domínguez-del Val*, Carácter de la teología..., 1950; *J. Beumer*, Augustinismus und Thomismus..., 1957.

[69] *P. W. Nash*, Giles of Rome..., 1956.

8) Anonymi

Das angeführte Material wird durch einige anonyme Texte abgerundet. Die ältesten mir bekannten Zeugnisse für eine umfassende wissenschaftstheoretische Reflexion auf die Theologie liegen in zwei anonymen quaestiones des *cod. Douai, B. Mun. 434* vor. Dieser enthält in zwei Bänden insgesamt 572 Einzeltexte, darunter 510 QQ. von Saekulartheologen aus dem Anfang der dreißiger Jahre[70]. Darunter finden sich im 1. Band f. 15ʳb bis ᵛb eine quaestio De fine theologiae secundum magistrum Willermum, f. 101ʳa eine solche De subiecto theologiae. Die erste stellt zu Beginn sogar drei Fragen[71], kreist aber im folgenden immer um den finis, wobei sie noch verschiedene andere Themen mit einbezieht. Beide Texte sind noch ziemlich unsystematisch aufgebaut; sie scheinen Vorarbeiten, Materialsammlungen, darzustellen, aus denen wir wohl schließen dürfen, daß bereits in dieser frühen Zeit unser Thema gründlich erörtert wurde.

Schwer zu datieren sind die gehaltvolle Quaestionenreihe im *cod. Vat. lat. 782, f. 123ʳ—124ᵛ*, die in der Nachbarschaft früher franziskanischer Quaestionen steht, aber sehr selbständig ist[72], und die im *cod. Vat. lat. 2186, f. 19ʳ-ᵛ*, aus deren Stellung in der Handschrift sich keinerlei Schlüsse für ihre geschichtliche Einordnung ziehen lassen[73]. Sie hat inhaltlich einige Gemeinsamkeiten mit Richard Fishacre[74]. Beide Texte schließen sich noch so wenig an die Schemata und Lösungen der späteren Zeit an, daß ich sie vor oder um die Mitte des 13. Jh. datieren möchte.

Zuletzt erwähne ich noch eine Quaestionenreihe im *cod. Todi B. Com. 39*[75], die uns nur noch am Rande interessieren kann. Sie stellt eine geschickte Mosaikarbeit aus z. T. wörtlichen Zitaten v. a. Peckhams, ferner Bonaventuras, Petrus' von Tarantasia, Thomas' und Wilhelms de la Mare sowie aus anderen (selbständigen?) Äußerungen dar, die erst ab Mitte der siebziger Jahre entstanden sein kann.

---

[70] Die Hs. wird beschrieben von *P. Glorieux*, Les 572 Questions..., 1938 (123—52 zu Bd. 1).

[71] Primo: quis sit finis proprius et essentialis.
Secundo: quis actus.
Tertio: an teneantur doctores praedicare vel aedificare.

[72] Vgl. dazu *B. Pergamo*, De quaestionibus ineditis..., 1936, 4; Prolegomena zur Summa Alexanders, 1948, CXXXVII.

[73] *J. Bignami-Odier*, Le manuscrit Vatican Latin 2186, 1937/38, mit Abdruck des Textes.

[74] Der Anonymus, dessen Wortschatz übrigens ohne Parallele in unseren Texten ist (vgl. o. S. 22 A. 45), behandelt q. 2 (wie *Fishacre* Nr. 3—9) utilitas und necessitas zusammen mit den Folgen für den Rang der Theologie, q. 5—6 (wie *Fishacre* Nr. 25—26) die Frage, ob die Theologie spekulativ oder praktisch ist, unter den Themen: partes bzw. divisio.

[75] Mit Einleitung abgedruckt von *G. H. Tavard*, St. Bonaventure's disputed Questions..., 1950; Bonaventura abgesprochen und vorzüglich analysiert von *H. F. Dondaine*, L'auteur..., 1952.

3.3 Der Ort der theologischen Wissenschaftstheorie in der Literatur und in der theologischen Arbeit

3.31 Der Ort in der Literatur

Der Überblick über die Quellen zeigte, daß die wissenschaftstheoretische Reflexion auf die Theologie in verschiedene literarische Formen gekleidet wird. Ich stelle sie noch einmal kurz zusammen:

1. Einzelquaestionen (so die des cod. Douai 434); seit der 2. Hälfte des Jahrhunderts auch quaestiones de quolibet;
2. Quaestionenreihen;
3. Einleitungen in Summen;
4. Einleitungen in Sentenzenkommentare;
5. Teile von Monographien.

Eine geschlossene theologische Wissenschaftstheorie wird nur in den Einleitungslehren der systematischen Werke und in den Quaestionenreihen vorgetragen. Ihnen müssen wir uns daher vor allem zuwenden.

3.32 Der Ort in der theologischen Arbeit

Aus dem literarischen Ort können wir auf den Sitz im Leben zurückschließen. Der Theologe kann die wissenschaftstheoretischen Probleme seiner eigenen Arbeit in mehreren Abschnitten seines Berufsganges erörtern:

1. Nachdem die Sentenzenvorlesung — in Paris spätestens seit Anfang der vierziger Jahre, in Oxford wohl erst um die Mitte des Jahrhunderts — regelmäßig abgehalten und auch institutionell verankert wird, leitet die wissenschaftstheoretische Besinnung auf die Theologie stets die letzte Stufe der theologischen Ausbildung ein, nach deren Abschluß der junge Theologe eine selbständige Lehrtätigkeit antreten kann.

2. In seinem Lehramt als Magister kann er diesen Themenkreis in der disputatio ordinaria und einzelne, auch neu auftauchende und besonders aktuelle Fragen in der disputatio de quolibet erörtern.

3. Hat er so im Unterricht die Probleme weiter verfolgt, neues Material oder auch klarere Lösungen und Formulierungen gefunden, so kann er das Thema im Rahmen einer vom Unterricht unabhängigen Summa noch einmal darstellen. So haben Thomas und wohl auch Albert — der eine zehn, der andere zwanzig Jahre nach seinem Baccalareat — eine zweite theologische Einleitungslehre verfaßt.

3.33 Die Prologe (principia)

Allen Einleitungslehren in Sentenzenkommentaren und Summen ist ein kürzerer oder längerer Prolog vorangestellt[76]. Bereits seine äußere Form

---

[76] Auf den Prolog hat besonders *Grabmann* immer wieder aufmerksam ge-

zeigt, daß er weniger Probleme erörtern als unter Benützung rhetorischer Mittel gewisse Sachverhalte darlegen und den Leser auf die folgenden Erörterungen einstimmen möchte.

Dieser Prolog unterscheidet sich von der Einleitung systematischer Werke im 12. und im Anfang des 13. Jh., die wir bereits kennengelernt haben. Dort ist der materialen Darstellung i. a. nur *ein* einleitender Abschnitt vorangestellt, der sehr von Sachfragen bestimmt ist. Im 13. Jh. teilt sich diese Einleitung in die meist in Quaestionenform gestaltete theologische Einleitungslehre und einen oft auch gehaltvollen, aber stärker mit literarischen Schmuckformen versehenen Prolog.

Wir müssen weiter zwischen Prologen zu Summen und zu Sentenzenkommentaren unterscheiden. Die Prologe der Summen stehen noch mehr in der Tradition des 12. Jh.: sie geben eine Begründung des folgenden Werks (Roland, Thomas) oder leiten kurz zu den wissenschaftstheoretischen Fragen hin (Alexander, Heinrich). Dagegen sind die Prologe der Summen Ulrichs (der eine literarische Einleitung zum eigenen Werk bietet) und Alberts (der sogar Fragen formuliert) singulär. Wichtiger sind die Prologe der Sentenzenkommentare (sie stehen vor jedem Buch), denn sie — v. a. aber der an der Spitze des ganzen Werks — geben die Antrittsvorlesung (principium) des Baccalareus sententiarius wieder. Genau wie dieser mußten auch der Baccalar, der die Bibel erklärte, und der Magister eine Antrittsvorlesung halten.

Diese Verpflichtung ist auch in amtlichen Dokumenten belegt[77]. Wichtiger ist, daß wir noch eine Sammlung — und zwar eine Nachschrift — solcher principia zu den Sentenzen vom Anfang der vierziger Jahre haben, aus der Zeit also, da in Paris die Sentenzenvorlesung als Regel eingeführt wurde. In den codd. Paris B. Nat. lat. 15652 und 15702 sind zwei Gruppen von principia erhalten, die offenbar zu Beginn zweier aufeinanderfolgender Schuljahre vorgetragen wurden[78]. In der ersten steht das principium

---

macht. Vgl. v. a.: Romanus de Roma..., Geistesleben 3 (1956). An den allgemeinen Darlegungen 287—90 ist nur mangelhaft, daß zwischen den Prologen des 12. und denen des 13. Jh. nicht unterschieden wird.

[77] Darüber *P. Glorieux*, L'enseignement..., 1968, 138—41. Obwohl principia im 13. Jh. mehrfach erwähnt werden (vgl. Chartularium 1, Register s. v. Universitas: principia, incipere), finden sich genauere Angaben erst in den Pariser und Bologneser Statuten des 14. Jh. (vgl. Chartularium 2, 1 Nr. 1188, §§ 9, 12, 15; *F. Ehrle*, I più antichi statuti..., 1932, 20—23).

[78] Genaue Beschreibung: *M.-D. Chenu*, Maîtres et bacheliers..., 1932; Prolegomena zur Summa Alexanders, 1948, CCCXLVI bis CCCLII. Lebendige Rekonstruktion der Verhältnisse: *P. Glorieux*, Les années 1242—1247..., 1962. — Vgl. dazu noch *G. Englhardt*, Adam de Puteorumvilla, 1936; *F. M. Henquinet*, Les manuscrits..., 1939, 335 f.
M. Grabmann nennt Romanus de Roma... a. a. O. 291 f. weitere derartige Sammlungen und gibt 292—95 die Beschreibung einer in cod. lat. Monac.

Odos, in der zweiten das Alberts. Auch Belege für die biblischen principia des Baccalars wie des Magisters sind uns erhalten[79].

Die Prologe zu Sentenzenkommentaren werden aus einem vorangestellten Motto entwickelt. In Aufbau und Gehalt sind sie recht verschieden; gemeinsam ist ihnen die Absicht, ihren Gegenstand (die Theologie, die in den Prologen besonders stark mit der hl. Schrift verschmilzt) zu rühmen. Gelegentlich wird eine wissenschaftstheoretisch ganz unbedeutende commendatio sacrae scripturae geboten[80]. Mehrere Autoren beschreiben hier die Sentenzen im Schema der vier causae und nehmen dabei den Aufbau der folgenden Einleitungslehre vorweg[81]. Am ausführlichsten ist meist die causa materialis dargelegt — in einer Inhaltsangabe der vier Sentenzenbücher.

Einige Prologe sind jedoch — unabhängig von ihrem Aufbau — auch für die folgende Analyse der theologischen Wissenschaftstheorie interessant. So bieten Walter von Brügge und Petrus von Tarantasia sorgfältige Differenzierungen der causa efficiens und finalis, Wilhelm de la Mare geht auf alle vier causae breit ein, Albert stellt im Prolog seiner Summa (der dem von Sentenzenkommentaren nachgebildet ist) sogar Fragen. Ulrich wendet in einzigartiger Weise das causae-Schema auf sein eigenes Werk und sich selbst an. Am originellsten und gehaltvollsten sind die Prologe Fishacres und Richardus' Rufus, die ganz neue Themen einführen.

3.4 Der Ort der theologischen Wissenschaftstheorie in der Problemdiskussion

3.41 Allgemeine Eingrenzung

Wir haben bereits am allgemeinen Zustand der Theologie im 13. Jh. eine Reihe von Punkten beobachtet, an denen eine Reflexion auf die Theologie einsetzen konnte. Wir stellen aber fest, daß wissenschaftstheoretische Fragen nicht im Vordergrund des allgemeinen Interesses stehen. Die großen Streitfragen der Zeit kreisen um Sachprobleme: die Ewigkeit der Welt, die Einheit des Intellekts und andere Themen, in denen die neu erschlossenen Texte zu traditionellen Lehren in Widerspruch stehen. Erst in

---

13501 enthaltenen Gruppe von 14 principia zu biblischen und v. a. zu Sentenzenvorlesungen, auch zum 2., 3. und 4. Buch.

[79] Die beiden principia des *Thomas von Aquin* sind gedruckt, z. B. Opuscula omnia, ed. P. Mandonnet, 4 (1927) 435—43.

[80] Nur durch Rückgriff auf die commendatio sacrae scripturae wird der Titel verständlich, den *Ulrich von Straßburg* dem 1. Buch seiner Summa gibt: De laude sacrae scripturae.

[81] *Bonaventura, Kilwardby, Walter, Peckham, Aegidius.*

der Folge, anläßlich der Sachfragen, werden auch wissenschaftstheoretische Probleme erörtert. Freilich zeigt die Verurteilung von 1277, daß — in einer uns aus Mangel an Quellen nur schwer faßbaren Weise — Urteile über das Verhältnis von Philosophie und Theologie aufeinanderprallen. Aber eine grundsätzliche Erörterung dieses Verhältnisses in der Öffentlichkeit ist kaum mehr zu erkennen.

Aktuelle Fragen der theologischen Existenz werden gewöhnlich in den quaestiones de quolibet aufgegriffen. Im übrigen stellen die theologischen Einleitungslehren schon früh eine Reihe von Fragen, die in dem von uns betrachteten Zeitraum nur von einem Teil der Autoren und nur an zwei Punkten[82] erweitert, aber erst durch Heinrich von Gent entscheidend umgestaltet werden. Der Kanon von Fragen liegt — wie schon E. Krebs hervorgehoben hat — in erstaunlicher Begrenztheit fest. Krebs nennt als einen Grund dafür „die Macht des Schemas"[83].

Doch woher stammt dieses Schema?

Schon Alexander hat eine Reihe sauber formulierter Fragen bereit, und bald darauf führt Fishacre das causae-Schema ein. Unsere Autoren schweigen über die Herkunft ihrer Frageformulierungen. Manche scheinen darin einen sachlichen Zwang zu sehen: Thomas etwa möchte in der Summa damit die Grenzen seines Vorhabens abstecken[84]. Wer seinen Prolog nach dem causae-Schema gegliedert hat, kann die nachfolgenden Fragen einfach daran anknüpfen. Man verweist aber auch auf die Notwendigkeit einer Erkenntnis der Ursachen für die Erkenntnis der Folgen[85], des Allgemeinen für die Erkenntnis des Einzelnen[86]. Andere Autoren berufen sich für die Einleitungsfragen eben auf einen allgemeinen Brauch[87].

Genauer drückt sich darüber der Zisterzienser Guido de Eleemosyna (1256 Magister regens) aus: die Theologie folgt mit ihrer Einlei-

---

[82] In den Fragen nach dem Subjekt der Theologie und nach dem Verhältnis von Theologie und hl. Schrift.

[83] Theologie und Wissenschaft..., 1912, 77.

[84] Q. 1 Einl.: ut intentio nostra sub aliquibus certis limitibus comprehendatur, necessarium est primo investigare de ipsa sacra doctrina, qualis sit et ad quae se extendat.

[85] Z. B. *Wilhelm de la Mare* Prol. (F¹ f.1ʳa): Certum est, quod sine cognitione causarum non potest haberi perfecta cognitio causatorum. Ideoque antequam praesenti doctrinae insistamus, conveniens est aliquid praemittere de causis ipsius.

[86] *Aegidius* Prol. (f.1ʳa): Et quia iste est rectus ordo cognitionis nostrae, ut prius sciamus aliquid in universali et postmodum in propria forma, bene se habet, ut ea, quae dicuntur in libro sententiarum... in universalitate tangantur, priusquam ipsa per singularia indicentur.

[87] Z. B. *Richardus Rufus* (O² col. 3,50—55): Quibusdam placet hic quaedam generalia de ipsa theologia dubitare... Quod non videtur mihi necessarium... Quia tamen mos est, aliqua et nos tangamus.

tung dem Vorbild der anderen Wissenschaften[88]. Er bestätigt damit eine Vermutung, die ich früher ausgesprochen habe[89]: die Theologie wird zwar innerhalb der allgemeinen Einleitungsliteratur nicht behandelt, aber die Gestaltung der theologischen Einleitungslehren dürfte von ihr mit bestimmt sein.

Wir müssen daher zunächst kurz den Aufbau dieser Einleitungslehren betrachten und darauf im Vergleich mit der allgemeinen Einleitungsliteratur nach Parallelen und Vorbildern suchen.

3.42 Die Gliederung der theologischen Einleitungslehren[90]

Vor Heinrich von Gent ist die Zahl der thematischen Fragen sehr beschränkt. Alle theologischen Einleitungslehren ohne Ausnahme handeln über den Gegenstand der Theologie, die meisten dazu über ihre Wissenschaftlichkeit, über die Frage, ob Theologie spekulativ oder praktisch ist, über ihre Methode, ihre Einheit und ihr Verhältnis zu den anderen Wissenschaften, ferner (seltener) über ihre Notwendigkeit, ihren Urheber, ihr Ziel. Manche Fragen werden weiter aufgegliedert oder angereichert: so verknüpft man mit der Methodenfrage v. a. solche nach der von der Theologie geschaffenen Gewißheit und nach der Schriftauslegung. Mehrere Autoren stellen auch dieselbe Frage zweifach: einmal im Hinblick auf die Theologie im ganzen, daneben im Blick auf die Sentenzen. Es ist allerdings zu beachten, daß unsere Autoren nicht nur die thematischen Fragen behandeln, sondern unter diesen oft auch noch andere Probleme mit betrachten.

Die Gliederungsprinzipien sind — abgesehen vom causae-Schema — recht verschieden. Auch die Reihenfolge der Fragen ist m. E. ganz willkürlich gewählt. Es gibt keine zwei Einleitungslehren, deren Fragen in der gleichen Folge angeordnet sind; selbst innerhalb des causae-Schemas wechselt die Themenfolge ständig. Bei einigen Gesichtspunkten wird eine bestimmte Stellung bevorzugt. So steht am Anfang gern die Frage nach der Wissenschaftlichkeit[91] (der zuweilen eine allgemein erkenntnistheore-

---

[88] Am Anfang seiner Summae: Iuxta modum illorum, qui introductiones ad artem aliquam faciunt, per quas felicior habetur cognitio, ita et nos tractatum introductionis in s. scripturam ex dictis et sententiis sanctorum et maiorum nostrorum colligere curavimus... (Prolegomena zur Summa Alexanders, 1948, CCXLVI).

[89] O. 2.43.

[90] Um meine Darstellung von der Beschreibung der Gliederung zu entlasten, füge ich im Anhang ein Quaestionenverzeichnis bei. Im folgenden fasse ich nur noch einige Beobachtungen zusammen.

[91] Bei den *frühen Franziskanern*; dem *Anonymus Vat. lat. 782, f. 123 f.*; *Petrus von Tarantasia*; *Hannibaldus*; *Alberts* Summa; *Wilhelm de la Mare*; *Heinrich*; dem *Anonymus Todi 39*.

tische Erörterung vorangeht) oder nach der Notwendigkeit der Theologie[92]. Die Einheit der Theologie wird (weil sachlich davon abhängig) gewöhnlich nach der Gegenstandsbestimmung behandelt. Aber Regeln walten hier nicht, und Begründungen werden kaum gegeben[93]. Ich kann nur in Teilkomplexen den Sinn einer Reihenfolge erkennen und werde gegebenenfalls darauf eingehen. Der Aufbau der Texte gibt auch keinen Hinweis für die Gliederung meiner Darstellung. Ich ordne die einzelnen Komplexe hintereinander nach der Leichtigkeit, mit der sie sich aus dem Ganzen herauslösen lassen, und kann mir auch eine andere Reihenfolge als möglich vorstellen.

Wenn wir von der Reihenfolge der einzelnen Fragen absehen, können wir folgende Gliederungen unterscheiden:

1. ohne festes Schema:

Roland; Alexander und die frühen Quaestionenreihen; Odo, Sent.; Albert, Sent. und Summa[94]; Ulrich; Thomas, Sent. und Summa; Petrus von Tarantasia; Hannibaldus.

2. unter Verwendung des causae-Schemas:

a) ausschließlich nach den vier causae: Fishacre; Bonaventura;

b) unter innerer Differenzierung des Schemas: Peckham (v. a. in der causa formalis); Aegidius (v. a. in der causa materialis);

c) unter Erweiterung des Schemas durch Zusätze: Kilwardby; Walter; Romanus; Heinrich.

3.43 Theologische Einleitungslehre und allgemeine Einleitungsliteratur

Bereits auf den ersten Blick ist ersichtlich, daß die theologische Einleitungslehre aus dem großen Kreis der allgemeinen Einleitungsliteratur viele Anregungen empfangen hat. Wir brauchen hier nicht mehr die Gesichtspunkte hervorzuheben, die in der gesamten Einleitungsliteratur beachtet werden, wie die Fragen nach dem Gegenstand, dem Nutzen u. dgl. Für uns sind nur die Punkte wichtig, an denen sich die einzelnen Zweige dieser Literatur in kennzeichnender Weise voneinander unterscheiden.

Von vornherein könnte man vermuten, in der *allgemeinen Wissen-*

---

[92] Bei *Fishacre*; *Thomas* Sent. und S. th.; *Ulrich.*

[93] So etwa von *Romanus*: et quia finis est causa causarum et efficiens motus a fine in materia formam indicit [l.: inducit], quaeremus primo de causa finali, secundo de efficiente, tertio de materiali sive subiecto, quarto de formali (VP f.2^{r}a). Ebenso argumentiert *Heinrich* am Anfang von a. 8 (f.63^v).

[94] *Albert* folgt in den beiden ersten qq. der Summa dem Frageschema an est — quid est. Dies sind zwei Glieder des viergliedrigen aristotelischen Schemas quia, propter quid, si (an), quid (vgl. Anal. post. B 1, 89b24).

schaftslehre das Vorbild der theologischen zu finden. Unter unseren Autoren hat ja einer, Robert Kilwardby, Arbeiten beider Gattungen geschaffen und dabei sogar Teile der einen in der anderen verwandt[95].

In Wirklichkeit berühren sich beide aber nur in den aller Einleitungsliteratur gemeinsamen Fragen. Drei wesentliche Bestandteile der allgemeinen Wissenschaftslehre treten in unseren Texten zurück:

a) Die grundlegende Erörterung über die Entstehung der Wissenschaften (de ortu...) fehlt in den theologischen Texten vollkommen. Sie muß darin fehlen, da die Theologie nicht im Gange der natürlichen Erkenntnis entsteht, sondern aus einer übernatürlichen Quelle stammt. Darin ist wohl auch begründet, daß die allgemeine Wissenschaftslehre der Theologie keinen Platz einräumt, sondern sie von vornherein ausscheidet[96].

b) Da der Theologie kein Platz innerhalb der Wissenschaftseinteilung (oder nur einer am Rande) eingeräumt wird, verzichtet auch die theologische Wissenschaftstheorie auf diese sonst in der Scholastik so beliebte Darstellungsform. Nur Kilwardby und im Ansatz auch Fishacre bedienen sich kleiner Wissenschaftseinteilungen, die aber bezeichnenderweise völlig von den sonst üblichen abweichen[97].

c) Auch auf eine Definition der behandelten Wissenschaft wird in unseren Texten fast ausnahmslos verzichtet, während die allgemeine Wissenschaftslehre gerade darauf großen Wert legt. Nur Albert fragt in seiner Summa thematisch nach der Definition der Theologie[98].

---

[95] Das von *B. Hauréau*, Notices et extraits... 5 (1892) 116—19, mitgeteilte c. 27 von De ortu scientiarum findet sich fast wörtlich in der theol. Einleitungslehre. Deren q. 1 a. 2 c. 1—2 sind in De ortu zusammengefaßt in der Doppelfrage: Quomodo deus sit homini philosopho cognitus et quomodo cadit in eadem scientia cum creatura apud philosophum (116). Die Argumente sind an beiden Stellen dieselben. Auch die Antworten entsprechen sich fast wörtlich mit kleinen, bezeichnenden Änderungen: De ortu ad 1 (116—18) entspricht q. 1 a. 2 c. 1 (ed. Stegm. 20,3—22,9). In De ortu fehlt nur die Unterscheidung geoffenbarter und philosophischer Gotteserkenntnis (ed. Stegm. 20,31—21,4 philosophis); dafür steht hier als Schlußsatz: Dicendum igitur, secundum dictam distinctionem, quod cognitio dei intellectiva ortum habet ex sensu, non directe, ut iam dictum est (118). — De ortu ad 2 (118 f.) entspricht q. 1 a. 2 c. 2 (ed. Stegm. 22,10—23,8).

[96] *Dominicus Gundissalinus* (ed. Baur 5): Honesta autem scientia alia est divina, alia humana. Divina scientia dicitur, quae deo auctore hominibus tradita esse cognoscitur, ut vetus testamentum et novum. ... Humana vero scientia... Die divina scientia verschwindet anschließend aus der Diskussion und begegnet später wieder als Metaphysik (35—43), während von der Theologie nicht mehr die Rede ist. Auch *Kilwardby* scheidet gleich zu Anfang seines Werks die Theologie von den übrigen Wissenschaften; aber er scheint dabei ihren Unterschied von der Metaphysik näher zu begründen (vgl. *E. Sommervon Seckendorff*, Robert Kilwardby..., 1935, 316 und die Wissenschaftseinteilung 321). [97] Vgl. u. 8.41.

[98] S. th. q. 2. — Übrigens fragt der *Anonymus Vat. lat. 2186* in alter Weise

Andererseits bleiben gerade einige für die theologische Einleitungslehre wichtige Gesichtspunkte in der allgemeinen Wissenschaftslehre unbeachtet, v. a. der Wissenschaftscharakter, ferner Einheit und Notwendigkeit der Wissenschaft.

Engere Beziehungen verbinden unsere Texte mit der *literarischen Einleitung*[99]. Voraussetzung dafür ist die Tatsache, daß die theologische Wissenschaftstheorie nicht oder nur mit großer Mühe und ganz vereinzelt ihren Gegenstand losgelöst von seiner literarischen Gestalt betrachten kann. Sie wendet sich der Theologie zu, insoweit diese in Gestalt der hl. Schrift oder — seltener — auch in der der Sentenzen des Petrus Lombardus vorliegt. Um diese in den Griff zu bekommen, bedient sie sich der in der literarischen Einleitung ausgearbeiteten Fragestellungen.

Das ältere, lockere Schema läßt sich schwer nachweisen, da es v. a. die Grundbestandteile aller Einleitungsliteratur enthält. Es findet sich aber in einem Zusammenhang, der vielleicht auf den wichtigsten Anstoß zur Entstehung einer theologischen Wissenschaftstheorie hinweist: in den frühesten Glossen zu den Sentenzen des Lombarden vom Ende des 12. Jh. Hier scheint zum erstenmal umfassender auf die Theologie reflektiert zu sein — nicht mehr auf die in der hl. Schrift fixierte, sondern auf die von einem jüngst verstorbenen Zeitgenossen betriebene Theologie. Indem man einige literarische Einleitungsfragen (nach materia, intentio, modus agendi[100]) an das Werk des Lombarden richtet, beginnt man zaghaft mit der systematischen Reflexion auf seine Arbeit — das heißt aber auf die gegenwärtig getriebene Arbeit des Theologen. Die Verfasser der frühen Glossen führen in diesem Zusammenhang auch schon theologia als übergreifenden Begriff ein[101]. Der Begriff ist freilich zweideutig: es läßt sich nicht sicher entscheiden, ob er noch die hl. Schrift oder schon die Theologie im neuen Sinne meint. Aber er weist in die Zukunft: wo theologia als Wissenschaft gefaßt wird, müssen die Einleitungen in die Sentenzenglossen als erster Ansatz zu einer theologischen Wissenschaftstheorie verstanden werden. Der Ansatz der Reflexion bei den Sentenzen läßt allerdings weiterhin die Schwierigkeit bestehen, daß das Wesen einer Wissenschaft an ihrem literarischen Erzeugnis mit literarischen Kategorien beschrieben wird.

Dasselbe Problem besteht auch bei der Verwendung eines neueren

---

noch nach dem Namen (nicht nach der Definition): quare dicitur scientia pietatis (q. 3).

[99] Die Verfasser theol. Einleitungslehren wirken auch daran mit, v. a. in ihren Bibelkommentaren.

[100] *Petrus Comestor* (R.-M. Martin, Notes..., 1931, 62), von dem die späteren Glossen abhängig sind.

[101] Während *Petrus Comestor* noch sagt: Est ergo in hoc opere maxima eius materia... (a. a. O.), verändert die *Ps.-Poitiers-Glosse* zu: Est ergo magistri materia, quae generalis est theologiae... (O. Lottin, A propos des ‚Glossae...', 1960, 121).

Schemas in der literarischen Einleitung, des der *vier aristotelischen causae*, das seit den vierziger Jahren (Fishacre) auch in der theologischen Einleitungslehre gebraucht werden kann. Dieses Schema, das gelegentlich auch schon im 12. Jh. begegnet[102], setzt sich in der 1. Hälfte des 13. Jh. nur langsam neben dem älteren Schema literarischer Einleitung durch. In Werken aus der Artistenfakultät scheint es sich kaum einmal selbständig zu finden, sondern meist in Verbindung mit zusätzlichen bibliographischen Fragen[103]. Häufiger ist es in der Einleitung zu Bibelkommentaren, wo in den dreißiger, spätestens in den vierziger Jahren bereits in einem technisch anmutenden Sinne von den quattuor causae[104], der quadruplex causa[105] oder den (quattuor) causae introductoriae[106] eines biblischen Buches die Rede ist. Vielleicht hat Guerricus von St. Quentin, 1233 bis 1242 Magister regens der Dominikaner in Paris, diesen Brauch eingeführt[107]. Johannes von Rupella und seine Nachfolger Wilhelm von Melitona und Bonaventura nehmen ihn auf, ebenso Thomas, während Albert beim alten Schema beharrt.

Der Gebrauch der vier aristotelischen causae hat in der allgemeinen Einleitungsliteratur und gerade auch in der Einleitung zu Werken der Artisten nicht, wie man aus seiner Herkunft vermuten könnte, irgendeine tiefsinnige philosophische Bedeutung, sondern es handelt sich schlicht um ein literarisches Frageschema. Seine Benützung in der theologischen Wissenschaftstheorie verdient besondere Beachtung, denn es erfährt dabei bereits den zweiten Funktionswandel in seiner Geschichte. Aristoteles[108] hatte dieses Schema ursprünglich zum Zwecke der Naturerkenntnis zusammengestellt, „seine Absicht war wohl, diese vier aitia als ein Arbeitsinstrument des Naturforschers darzustellen, als ein Frageformular sozusagen, das er bei seinen Untersuchungen ständig verwenden sollte"[109]. Diese Gesichts-

---

[102] Vgl. z. B. *Alanus de Insulis*, Expos. Prosae de angelis (ed. d'Alverny 194 f.), noch in lockerer Formulierung. — Als Gliederungsprinzip eines Werks (nicht als Frageschema) finden sich die vier causae übrigens auch in der Einleitung der Summa eines *Mag. Hubertus* (2. H. 12. Jh.) (vgl. *M. Grabmann*, Note sur la somme théologique ..., 1929, 230 f.).

[103] Vgl. dazu z. B. *M. Grabmann*, Geistesleben 1 (1926) 237; 2 (1936) 229; 3 (1956) 147 f.; *ders.*, Mittelalterliche lateinische Aristotelesübersetzungen ..., 1928, 56; *R. W. Hunt*, The Introductions ..., 1948, 107 A. 2.

[104] Vgl. z. B. *F. Stegmüller*, Repertorium biblicum 2, Nr. 2670, 2672 f. (*Guerricus*); 2927 (*Wilhelm von Melitona*); 2776 (*Wilhelm von Altona*).

[105] Vgl. z. B. a. a. O. Nr. 2680 (*Guerricus*); 2777 (*Wilhelm von Altona*).

[106] Vgl. z. B. a. a. O. 3, Nr. 4889—4901 (*Johannes von Rupella*); 2, Nr. 2932 (*Wilhelm von Melitona*); 2787 (*Wilhelm von Altona*).

[107] So *B. Smalley*, Some Thirteenth-Century Commentaries ..., 1949, 350 f.; *dies.*, The Study of the Bible ..., ²1952, 297.

[108] Er formuliert die vier αἴτια mehrfach, z. B. Physik B 3, 194b23—195 a3; B 7, 198a16—24; Anal. post. B 11, 94a21—23.

[109] *I. Düring*, Aristoteles, 1966, 238.

punkte werden in der literarischen Einleitung auf ein Kunstprodukt, das Buch, angewandt. Auch an ihm lassen sich die vier Prinzipien nachweisen: causa materialis ist der Inhalt, causa formalis seine äußere und innere Gestalt, Aufbau und Stil, causa finalis die mit ihm verfolgte Absicht, causa efficiens der Verfasser. Weiter als der Schritt vom Naturding zum Kunstprodukt ist der vom Buch zur Wissenschaft. Insofern die Wissenschaft nicht in ihrer Ausprägung als soziales Gebilde, als Institution, betrachtet wird — und eine derartige Betrachtung liegt dem 13. Jh. noch fern —, ist sie ein ideelles Phänomen, das nur entweder im Vollzug oder in seinen Erzeugnissen faßbar wird. Zwischen beidem schwankt die wissenschaftstheoretische Reflexion unserer Autoren hin und her: es ist eines der größten Probleme für sie, den Begriff der Theologie als einer Wissenschaft von dem der Theologie als eines literarischen Erzeugnisses dieser Wissenschaft (nämlich in erster Linie der hl. Schrift) zu trennen. Gerade das im Zusammenhang literarischer Einleitung gebräuchliche causae-Schema lenkt die wissenschaftstheoretische Überlegung immer wieder zu literarischen Fragen zurück: Gegenstand, Methode und Subjekt der Wissenschaft werden wie Inhalt, Stil und Verfasser eines Buches betrachtet.

Unsere Texte haben eine dritte Parallele in der *philosophischen Einleitung* am Anfang von Aristoteleskommentaren[110]. Diese gleicht durch ihre Gestaltung in Quaestionen fast allen, durch ihren ganz freien Aufbau den ohne Schema gegliederten theologischen Einleitungslehren. Sie hat aber auch wichtige sachliche Gemeinsamkeiten mit ihnen:

a) Neben den in der ganzen Einleitungsliteratur üblichen Fragen finden sich gerade in der philosophischen Einleitung die nach der Wissenschaftlichkeit, nach der Einheit, nach der Notwendigkeit der in dem kommentierten Werk verkörperten Disziplin, nach ihrem Verhältnis zu anderen Wissenschaften (gerne als Frage nach der Rangordnung, nobilitas), danach, ob die Disziplin spekulativ oder praktisch sei und ob sie Weisheit genannt werden dürfe[111] — lauter Fragen, denen wir in unseren theologischen

---

[110] Auch hieran haben unsere Autoren Anteil: von den Aristoteleskommentaren *Alberts* bis zu den Quaestiones metaphysicales des *Aegidius*.

[111] Aus der großen Zahl von Texten nur einige Belege:
Albert, Super Ethica (ca. 1250—52): Auf einen Prolog, der materia, finis, utilitas behandelt, folgen 5 qq.: 1. Möglichkeit einer Ethik; 2. Einheit; 3. subiectum; 4. finis; 5. modus. — *Alberts* Kommentare zu De anima (ca. 1254—57) und zur Metaphysik (bald nach 1262—63) sind durch vermischt aneinandergereihte wissenschaftstheoretische Fragen (nach den obigen Themen), allgemein erkenntnistheoretische und andere philosophische Fragen eingeleitet.
Im Kommentar *Jordans von Sachsen* (gest. 1237) zum Priscianus minor folgen auf einen Prolog, der auch das causae-Schema benützt, vier Fragen über die Grammatik (1. Wissenschaftscharakter; 2. Notwendigkeit; 3. subiectum; 4. Verhältnis zur Logik; vgl. M. Grabmann, Der Kommentar des sel. Jordanus..., Geistesleben 3 [1956] 235).

Quellen wieder begegnen werden. Ihre Argumente sind in beiden Bereichen oft ähnlich, und ihre Lösungswege berühren sich, soweit das bei verschiedenen Gegenständen möglich ist.

b) In einem sehr alten Punkt scheint die Berührung besonders eng zu
sein. Im Unterschied zur literarischen Einleitung fragt die theologische
von Anfang an, auch wenn sie neben anderen Begriffen noch das Wort
materia gebraucht, nicht mehr nach dem Inhalt, sondern nach dem Gegenstand. Der Begriff subiectum, an dem sich die Gegenstandsfrage besonders zuspitzt, scheint von den Übersetzern der arabischen Aristoteles-
kommentatoren in die Einleitungsliteratur eingeführt worden zu sein.

In der Erörterung des Gegenstandes stehen sich philosophische und theologische Einleitungen besonders nah: Einmal bemühen sich beide um formale Differenzierung des Gegenstandsbegriffs; zum andern wird in den
Kommentaren zur aristotelischen Metaphysik unter anderen eine inhaltliche Lösung vorgetragen, die in der theologischen Wissenschaftstheorie
eine zentrale Stellung hat: als Gegenstand der Metaphysik wird neben der
causa prima und dem ens commune auch Gott genannt.

Wenn wir theologische und philosophische Einleitung miteinander
vergleichen, so erhebt sich sofort die Prioritätsfrage. Man ist geneigt, aus
dem Gang des Studiums darauf zu schließen, daß die Theologen den
Brauch aus der Artistenfakultät übernahmen. Andererseits scheint es, daß
die theologischen Einleitungen nicht nur in den Fragestellungen, sondern
auch in der Fülle der vorgetragenen Argumente und Lösungsvorschläge
die gleichzeitigen philosophischen Einleitungen übertreffen. Ich kann die
Frage aus meiner Kenntnis der Quellen heraus nicht beantworten. Da die
Aristoteleskommentare noch nicht einmal von der philosophiegeschicht-
lichen Forschung vollständig untersucht sind[112], muß ich mich mit dem
allgemeinen Hinweis auf weitere Aufgaben begnügen. Es dürfte aber
deutlich geworden sein, daß eine abschließende Darstellung der theologischen Wissenschaftstheorie im 13. Jh. gründliche Kenntnis der so ähnlich
gearteten philosophischen Einleitung unter Hinzuziehung auch der ungedruckten Quellen voraussetzt.

3.5 RÜCKBLICK UND AUSBLICK

Unser knapper Überblick hat gezeigt, daß die wissenschaftstheoretische
Reflexion auf die Theologie nicht plötzlich und ohne Vorbereitung, etwa

---

[112] Der Bestimmung des Gegenstandes der Metaphysik ist nach verschiedenen spezielleren Arbeiten vor kurzem eine umfassende, gründliche Untersuchung gewidmet worden: *A. Zimmermann*, Ontologie oder Metaphysik?, 1965.
Zimmermann zieht auch ungedrucktes Material heran und verweist auf ein
größeres Arbeitsvorhaben, dessen Wichtigkeit durch seine Untersuchung bestätigt wird.

als Erfindung eines Theologen oder durch äußere Geschehnisse verursacht, auf den Plan tritt. Vielmehr liegen bereits zahlreiche Elemente aus verschiedenen Bereichen grundsätzlicher Überlegung vor, als die Theologie erstmals als ein geschlossenes Phänomen in den Blick tritt und umfassend erörtert wird. Aber wodurch werden diese zuvor vereinzelten Fragen und Gedankenreihen zu einem Ganzen vereinigt, das wir als theologische Wissenschaftstheorie bezeichnen können? Ich sehe die oft wiederholte Behauptung, der neu bekanntgewordene aristotelische Wissenschaftsbegriff habe den Anstoß dazu gegeben, durch die Tatsachen nicht bestätigt. Denn einmal ist der aristotelische Wissenschaftsbegriff schon im 12. Jh. bekannt; zum andern nimmt die Frage nach dem Wissenschaftscharakter in den theologischen Einleitungslehren nicht die herausragende Stellung ein, die ihr von der Sekundärliteratur oft zugeschrieben wird.

Ein Anstoß ist sicher dadurch gegeben, daß im 13. Jh. neben den bisher einzigen Text der Theologie ein zweiter in Gestalt der Sentenzen des Petrus Lombardus tritt. Dadurch läßt sich aber nur die Einleitung in Sentenzenkommentaren erklären, der ja die Diskussion des Themas in Quaestionen und Einleitungen in Summen voraufgeht. Hier dürfte denn weniger der allgemeine Wissenschaftsbegriff als die praktische Konkurrenz mit anderen Wissenschaften eine Antwort herausgefordert haben — eine Antwort, die sich in die Gestalt verwandter Reflexionen in den anderen Wissenschaften kleidet. Durch den Zustand der Theologie im 12. und 13. Jh. rücken gewisse Probleme in den Blick, die nun unter den bereitliegenden Schemata der allgemeinen Einleitungsliteratur zusammengefaßt werden. Dabei hat das Vorbild der allgemeinen Wissenschaftstheorie offenbar weniger Gewicht als das literarischer und philosophischer Einleitungen. Keineswegs hat die Theologie in ihrer Wissenschaftstheorie die Grundlagen für die nachfolgende materiale Dogmatik untersucht, bevor sie eine solche errichtete, sondern sie hat erst in voll entwickeltem Zustand ihre Aufmerksamkeit auf sich selbst gerichtet.

In ihrer Reflexion leben ferner die mit dem Namen theologia von seiner mehrfachen Herkunft her verknüpften Probleme fort: das Verhältnis zur Gotteslehre (es wirkt in die Diskussion über den Gegenstand hinein), zur Metaphysik (es kommt beim Verhältnis zu den anderen Wissenschaften zur Sprache) und zur hl. Schrift (es geht durch die ganze Diskussion hindurch). All diese Fragen kreisen um einen Punkt. Im folgenden werden wir aber nicht die Äußerungen unserer Autoren am Leitfaden dieser Fragen betrachten, sondern möglichst alle erörterten Probleme durchmustern und erst am Schluß noch einmal kurz fragen, wie weit dabei ein selbständiger Theologiebegriff herausgearbeitet worden ist.

4. DER GEGENSTAND DER THEOLOGIE

4.1 Die Problematik[1]

Jede Wissenschaft ist — wie jede Erkenntnis überhaupt — auf Gegenstände gerichtet. Ihre Eigenart ist durch den Kreis ihrer Gegenstände mitbestimmt, dessen Abgrenzung daher immer einen wichtigen Teil der Wissenschaftstheorie ausmacht.

In der theologischen Einleitungslehre begegnen wir dem Gegenstand der Theologie in verschiedenem Zusammenhang, v. a. aber unter zweifachem Interesse:

1. Unter Interesse am Gegenstand selbst ist die thematische Frage formuliert: Was ist der Gegenstand der Theologie?

2. Unter Interesse am Wissenschaftscharakter wird gefragt: Kann es von einem derartigen Gegenstand überhaupt eine Wissenschaft geben?

Diese Frage kann sich beziehen

a) auf die Struktur des Gegenstandes der Theologie überhaupt; dieser Gesichtspunkt wird unter der Frage nach der Wissenschaftlichkeit der Theologie erörtert[2];

b) auf einen bestimmten Gegenstand der Theologie (auf Gott), dessen Behandlung die Wissenschaftlichkeit der Theologie in Frage zu stellen scheint[3].

In diesem Kapitel soll zunächst die thematische Erörterung der Gegenstandsfrage dargestellt werden. Sie ist die einzige Frage, die von Anfang an von jedem herangezogenen Autor ausdrücklich gestellt wird, und sie

---

[1] E. *Krebs*, Theologie und Wissenschaft..., 1912, 53—60; 54*—61* (Materialien); E. *Mersch*, L'objet de la théologie..., 1936; R. *Gagnebet*, Dieu sujet de la théologie..., 1954 (v. a. zu Thomas); P. W. *Nash*, Giles of Rome..., 1956 (zu Heinrich, Aegidius und Gottfried von Fontaines); J. *Finkenzeller*, Offenbarung und Theologie..., 1961, 141—47; bester (obwohl nur knapper) Überblick: H. F. *Dondaine*, L'auteur de la Question..., 1952, 261—69.

[2] U. 6.4.

[3] So bei *Alexander* c. 1 (Zusatzfrage); später meist zu einem Argument innerhalb der Erörterung des Gegenstandes geworden. Als selbständige Frage bei *Wilhelm von Melitona* q. 1 (Pergamo 309 f.); in etwas anderer Richtung bei *Kilwardby* q. 1 a. 2 c. 1 (ed. Stegm. 19; Lösung 20—22). Dieses Problem ragt in die Erörterung der Gotteserkenntnis hinein, ich kann ihm daher hier nicht nachgehen.

hat Vorbilder und Parallelen in der gesamten Einleitungsliteratur. Ich betrachte sie zuerst, weil sie sich am leichtesten aus dem Kontext herauslösen läßt. Sie zieht meist die Frage nach der Einheit nach sich, ist aber selten enger mit anderen Problemkomplexen verbunden[4].

Schon die Themenstellung birgt Schwierigkeiten in sich: die beiden Begriffe Gegenstand und Theologie bedürfen selbst einer näheren Bestimmung. Diese Forderung geht aus den vorausgesetzten Argumenten hervor:

Einmal, für die inhaltliche Lösung der Frage liegen bereits zu Anfang vier durchaus verschiedene Vorschläge von autoritativem Gewicht vor.

Zum andern liegen diese Vorschläge nur zum Teil auf wissenschaftstheoretischer Ebene. Während unsere Autoren nach dem Gegenstand der theologischen Wissenschaft fragen, redet etwa Hugo von St. Victor vom Inhalt der hl. Schrift[5].

Unsere Autoren sehen diese Schwierigkeiten in gewissem Umfang. Sie führen dementsprechend Differenzierungen durch:

a) Gelegentlich wird neben dem Gegenstand der Theologie auch — z. T. sogar thematisch — der Gegenstand der Sentenzen behandelt[6].

b) Vor und zusammen mit der inhaltlichen Lösung der gestellten Frage bemühen sie sich um eine formale Differenzierung und Präzisierung des Gegenstandsbegriffes.

Formale und inhaltliche Erörterung sind zwar in unseren Texten eng miteinander verknüpft, aber wir verfolgen sie der Übersichtlichkeit halber getrennt. Zuvor werfen wir jedoch noch einen Blick auf einige Vorfragen.

4.2 VORFRAGEN

1. Hat die Theologie überhaupt einen Gegenstand?

Daß jede Wissenschaft einen Gegenstand hat, von dem sie handelt, ist seit Aristoteles Allgemeingut der wissenschaftstheoretischen Diskussion[7].

---

[4] Bei *Roland* sind in q. 2 nach dem subiectum weitere Fragen (nach Wissenschaftscharakter und Erkenntnisproblematik) eingebettet. — *Aegidius* stellt allein 9 seiner 13 qq. unter die Gegenstandsfrage.

[5] Materia divinarum scripturarum omnium sunt opera restaurationis humanae (De sacr. chr. fidei, PL 176, 183 A).

[6] Thematisch handeln darüber *Peckham* q. 1 a. 2; *Anonymus Todi 39* q. 2 a. 4; etwas weiter formuliert: *Kilwardby* q. 1 a. 3; *Bonaventura* hat ohnehin primär die Sentenzen im Auge.

[7] *Aristoteles* Met. 1074b34 f.; EE 1216b11—15 u. ö.; *Ammonius* In Porph. quinque voces (CAG IV, 3 [1891] 1,18 f.): πᾶσα οὖν ἐπιστήμη καὶ πᾶσα τέχνη ὑποκείμενόν τι ἔχει καὶ τέλος; *Algazel* Met. (tr. Domin. Gundiss., ed. Muckle 1933, 1,18—20): non est dubium, quod omnis scientia habet subiectum, de cuius dispositionibus inquiritur in illa; *Dominicus Gundissalinus*, De div. philos. (ed. Baur 11,9 f.): quia nulla scientia est, quae non habeat subiectum, de quo tractat . . .; u. v. a.

Daher reden unsere Autoren gewöhnlich nicht mehr über diese Frage. *Roland von Cremona* weist jedoch ausführlich darauf hin, daß die Theologie wie alle anderen Wissenschaften außer der Dialektik einen bestimmten Gegenstand habe[8]. Auch als er ihren Wissenschaftscharakter einschränkt, hält er an dieser Voraussetzung fest[9].

2. Darf die Theologie nach ihrem Gegenstand suchen?

Muß sie ihn nicht vielmehr nach Aristoteles[10] voraussetzen? Die Frage wird nur einmal, von *Albert*, thematisch gestellt. Er löst sie durch Differenzierung des Wissenschaftsbegriffs. Faßt man Wissenschaft als Wissen von einem Gegenstand, so muß sie diesen allerdings voraussetzen. Sieht man in ihr aber primär ein methodisches Verfahren, so sucht sie ihren Gegenstand, v. a. wenn er verborgen ist[11].

Mit leichter Richtungsverschiebung begegnet die Frage häufiger, und zwar nicht thematisch gestellt, sondern innerhalb der Argumentation:

Muß der Gegenstand der Theologie von vornherein festliegen? Sie begegnet als Einwand anläßlich des Vorschlags, Christus als Gegenstand der Theologie zu setzen, da doch nach Röm. 10, 4 Christus das Ende oder Ziel (finis) des Gesetzes ist[12]. Später wird derselbe Einwand auch gegen die Annahme Gottes als Gegenstand der Theologie vorgetragen, denn Gott ist ja Ziel unseres Erkennens und Strebens[13]. Die Antworten auf diese Frage werden wir später kurz betrachten[14].

4.3 Der Gegenstandsbegriff

Der Gegenstand der Theologie — dieser Begriff soll vorerst noch in einem weiten und allgemeinen Sinne gebraucht werden — ist in unseren Texten als materia, subiectum, obiectum, im causae-Schema auch als causa materialis bezeichnet. In den thematischen Fragen steht von Anfang an und am häufigsten subiectum, seltener materia, dagegen nicht obiectum, das nur gelegentlich zur Erläuterung herangezogen wird.

---

[8] Q. 2: Constat [quod: + PM], cum sit scientia, quod habet subiectum, de quo agit. In alia facultate didicimus, quod omnis scientia habet subiectum praeter dialecticam, quae non est determinati generis (PM f. 1ʳb; VB f. 1ʳb-ᵛa).

[9] Q. 2 crp.: sacra scriptura habet subiectum, licet proprie loquendo non sit neque scientia neque ars, sed potius est sapientia (PM f. 1ʳb; VB f. 1ᵛa).

[10] Vgl. v. a. Anal. post. 71a11—13.

[11] Sent. a. 1 crp.: est scientiam considerare duobus modis: uno modo in comparatione ad materiam, de qua est scientia, et sic proprie scientia vocatur et non quaerit subiectum suum, sed supponit; alio modo, prout est doctrina, quae faciliori modo discendi procedere habet..., et sic quaedam scientiae investigant sua subiecta, praecipue, quando sunt occultae.

[12] So *Alexander, Odo* und spätere.   [13] So *Bonaventura* und spätere.

[14] U. 4.44.

4.31 materia

Der älteste Begriff kann bereits im klassischen Latein den Gegenstand einer Wissenschaft bezeichnen[15] und wird in der allgemeinen Wissenschaftstheorie für diesen Punkt gebräuchlich. In der literarischen Einleitung meint er (und ebenso im causae-Schema die causa materialis) den Inhalt eines Buches. Er kann sogar zur Gesamtbezeichnung einer literarischen Einleitung werden[16]. In der theologischen Wissenschaftstheorie ist er der allgemeinste, nach näherer Bestimmung verlangende Begriff.

4.32 subiectum

Diese Bezeichnung ist bei weitem am interessantesten und erfordert genauere Betrachtung.

4.321 subiectum im allgemeinen

Das lateinische Wort subiectum lebt in den modernen europäischen Sprachen fort. Aber während es in den romanischen Sprachen wie im Englischen durchweg noch den Gegenstand bezeichnet, ist im Deutschen diese alte Bedeutung auf die grammatische Spezialbedeutung „Subjekt" = Satzgegenstand beschränkt[17]. Im übrigen bezeichnet Subjekt sowohl in der Umgangssprache als auch in der philosophischen Fachsprache heute ausschließlich die menschliche Person, die Erfahrungen macht, leidet oder handelt. Daher ist es unzulässig, subiectum scientiae (theologiae) als „Subjekt" einer Wissenschaft (der Theologie) zu übersetzen, wie es in der Sekundärliteratur immer wieder begegnet. Die Verbindung „Subjekt der Theologie" ist vielmehr die angemessene Wiedergabe von auctor theologiae bzw. causa efficiens theologiae und meint (ohne auf Menschen beschränkt zu sein) die Person, die Theologie betreibt.

Das substantivierte Partizip subiectum wird erst im Spätlatein gebräuchlich, und zwar als grammatischer und logischer terminus technicus zur Übersetzung des aristotelischen ὑποκείμενον besonders in dem Sinne, der in den Kategorien ausführlich erklärt wird. Während Apuleius (2. Jh. n. Chr.) für das grammatisch-logische Subjekt noch subiectiva vel subdita

---

[15] Z. B. Cicero De inv. 1,5,7: Materiam artis eam dicimus, in qua omnis ars et ea facultas, quae conficitur ex arte, versatur, ut si medicinae materiam dicamus morbos ac vulnera.

[16] So bei den Juristen (vgl. E. A. Quain, The medieval accessus ad auctores, 1945, 233). — Der Prolog zur Sentenzenglosse des Petrus Manducator hat den Titel: Haec est materia super librum sententiarum, quam fecit magister Petrus Manducator (R.-M. Martin, Notes..., 1931, 61).

[17] Man könnte auch noch an Sujet = Vorwurf eines (v. a. literarischen) Kunstwerks erinnern, das aber im Deutschen nicht einmal als Fremdwort eingebürgert ist.

(pars) sagt[18], redet Martianus Capella (5. Jh. n. Chr.) in seinem für die mittelalterliche Bildung so wichtigen Kompendium der artes liberales bereits vom subiectum[19].

4.322 subiectum scientiae

Subiectum bezeichnet den Gegenstand von Aussagen und Aussagereihen, folglich auch den Gegenstand einer Wissenschaft. In dieser Bedeutung wird es zu einem terminus technicus der mittelalterlichen Wissenschaftstheorie, und zwar schon im 12. Jh. in der Übersetzung arabischer Autoren[20], seit dem 13. Jh. in der philosophischen Einleitung, in der theologischen und nun auch in der allgemeinen Wissenschaftslehre[21]. Das Wort dringt sogar in die literarische Einleitung ein, die bisher stets nach der materia gefragt hatte[22].

Daneben kann subiectum auch noch einen ganz anderen Sinn haben, obwohl dieser in der Wissenschaftstheorie immer im Hintergrund bleibt. Für den deutschen Leser besteht die Schwierigkeit darin, daß subiectum scientiae den Gegenstand, „Subjekt" einer Wissenschaft aber die Person des Wissenschaftlers meint. Er könnte den Eindruck gewinnen, der Wortsinn von subiectum habe sich in der Neuzeit geradlinig in sein Gegenteil verkehrt. In Wahrheit herrscht die Doppeldeutigkeit, die sich in vielen modernen Sprachen erhalten hat, bereits im Mittelalter; sie geht bis auf *Aristoteles* zurück.

Aristoteles redet vom ὑποκείμενον in bezug auf die Wissenschaft in doppelter[23] Weise: ὑποκείμενον kann in der Wissenschaft dasjenige Seiende sein, das

1. als ontologisch Selbständiges Gegenstand des Redens (und also auch der Wissenschaft) ist und wovon Aussagen gemacht werden;

2. als ontologisch Selbständiges Träger von Wissen und Wissenschaft ist, die ja keine ontologisch unabhängigen Wesen sind, sondern als Akzi-

---

[18] Vgl. *C. Prantl*, Geschichte der Logik..., 1 (1855) 581.   [19] L. 4 § 361 f.

[20] Vgl. z. B. *Algazel* Met. Einl. (ed. Muckle 1—5); *Avicenna* Met. tr. 1 l. 1 c. 1 f.

[21] *Dominicus Gundissalinus* hatte noch nach der materia der Wissenschaften gefragt (De div. phil. ed. Baur 19), obwohl er den Begriff eines subiectum scientiae kannte (vgl. o. A. 7). *Kilwardby* fragt in seiner allgemeinen Wissenschaftslehre bereits nach dem subiectum (vgl. L. Baur, Dominicus Gundissalinus..., 1903, 369—75).

[22] Ein Übergang ist noch in der *Ysagoge in theologiam* greifbar: Sie redet von subiecta materia (ed. Landgraf 63,2; 64,7 f.). — Belege aus dem 13. Jh.: z. B. *M. Grabmann*, Geistesleben 3 (1956) 147; ders., Mittelalterliche lateinische Aristotelesübersetzungen..., 1928, 56; vgl. auch die literarisch interessierten Prologe zu den theol. Einleitungslehren.

[23] Die dritte, eigentlich grundlegende Bedeutung ὑποκείμενον = ὕλη, materia (ex qua), d. h. der Stoff, zu dem die forma als das Wirklichkeit Schaffende hinzutritt, bleibt in diesem Zusammenhang unerwähnt.

dentien (συμβεβηκότα, accidentia) auf oder an einer sie tragenden Substanz (οὐσία, substantia) Platz haben. Dieser Träger ist die menschliche Seele, so daß also diese, der Kern der Person, ebenfalls ὑποκείμενον (subiectum) von Wissen und Wissenschaft genannt werden kann.

Beide Bedeutungen stellt Aristoteles im 2. Kapitel der auf das Mittelalter so ungemein einflußreichen Kategorien nebeneinander, ohne jedoch auf ihr Verhältnis zu reflektieren. Wenn er von der Seele als dem ὑποκείμενον der Wissenschaft redet, so nicht mit erkenntnistheoretischem Interesse, sondern weil dies eben den Sachverhalt trifft. Es kommt ihm dabei nur darauf an, den verschiedenen Gebrauch des zweideutigen ὑποκεῖσθαι zu erklären[24]. Freilich hat er damit ein Beispiel formuliert, das spätere Generationen zu tieferer Besinnung anregen wird.

Boethius und spätere Übersetzer und Kommentatoren der Kategorien übertragen die aristotelischen Aussagen, die Ausführungen über die Seele eingeschlossen, in einer Weise, die zeigt, daß sie nur die logische und ontologische Bedeutung des subiectum sehen und keinerlei erkenntnistheoretisches oder psychologisches Interesse damit verbinden[25].

Ich überspringe Zwischenglieder und betrachte erst wieder das 12. Jh., in dem subiectum schon losgelöst von den aristotelischen Ausführungen auch das Subjekt bezeichnen kann[26]. Im 13. Jh. spielt der Begriff bereits in der Psychologie eine wichtige Rolle, indem mit seiner Hilfe die Struktur der Seele geschildert wird: die Seele ist ein subiectum im Sinne der ontologisch selbständigen Substanz, das Seelenkräfte (potentiae animae) als Akzidentien an sich hat; jede einzelne Seelenkraft aber ist wieder ein subiectum ihrer habitus und virtutes[27].

Im 13. Jh. wird aber die Doppeldeutigkeit des Begriffs als ein Problem empfunden, das man zu überwinden versucht. Dies kann auf zweifache Weise geschehen:

1. Man versucht, subiectum ganz für den Gegenstand zu sichern und jede Beziehung zum Subjekt zu entfernen (z. B. *Heinrich von Gent*)[28].

---

[24] Das zweifache Verhältnis drückt er so aus: 1. Reden über ein Zugrundeliegendes (καθ᾽ ὑποκειμένου λέγεται); 2. Sein an (in) einem Zugrundeliegenden (ἐν ὑποκειμένῳ ἐστίν). Daß es Aristoteles dabei allein auf die Beziehungen zu einem Zugrundeliegenden ankommt, nicht auf das wissenschaftstheoretische Problem, zeigt das Beispiel: Wissenschaft wird (1.) von der Grammatik ausgesagt; Wissenschaft ist (2.) in der Seele; Grammatik ist das grammatische, Seele das ontologische Subjekt der Wissenschaft.

[25] Vgl. *Boethius* In Cat. Arist. (Übersetzung), PL 64, 169 B; aus dem 12. Jh. z. B. *Gilbertus Porreta* (?), Liber de sex principiis, ed. Heysse, 10,22—11,2.

[26] Vgl. *Robert von Melun* Sent. Prol., ed. Martin, 43,16—18: Fides namque res spiritualis est spirituale exigens subiectum; et ideo in auribus non est, sed in animo, quem et informat et reformat.

[27] Vgl. *Thomas* S. th. 1 q. 75 a. 2 crp.; q. 77 a. 1 ad 6; a. 5; 6; 8; 1—2 q. 50, bes. a. 2 ad 2; q. 56, bes. a. 1 crp.; ad 3; a. 3 crp.

[28] *Heinrich* wendet sich nachdrücklich dagegen, in die Gegenstandsbestim-

2. Man geht den eingeschlagenen Weg weiter, bezeichnet mit subiectum nur noch das Subjekt und gibt dem Gegenstand einen anderen Namen, etwa obiectum (so *Siger von Brabant*)[29].

Offenbar begünstigt das wachsende Problembewußtsein das Aufkommen des dritten Begriffs für den Gegenstand, dem wir uns anschließend noch zuwenden werden: obiectum. Die angeführten Bemühungen sind allerdings nicht erfolgreich, denn auch noch im 14. Jh. bleibt die Zweideutigkeit des subiectum-Begriffes bestehen[30].

4.323 subiectum theologiae

Innerhalb der theologischen Wissenschaftstheorie ist der Begriff subiectum von Anfang an fest eingebürgert, auch wenn er andere Begriffe neben sich dulden muß[31]. Schon den beiden Quaestionen des cod. Douai 434 vom Anfang der dreißiger Jahre ist er ganz geläufig. Im Unterschied zum allgemeinen Begriff eines subiectum scientiae fehlt dem subiectum theologiae bei unseren Autoren jeder Schein einer Doppeldeutigkeit. Es hat immer nur eine einzige Bedeutung: Gegenstand der Theologie, und wird nirgends mit dem Subjekt der Theologie in Verbindung gebracht. Erst spät, als die Erörterung schon weit vorangeschritten ist und, wie das Beispiel Sigers zeigt, auf einen Bedeutungswandel hindrängt, äußern sich Stimmen zu diesem Thema. Sie lehnen es sehr deutlich ab, bei der Bestimmung des subiectum theologiae dem Subjekt auch nur einen gewissen Einfluß einzuräumen[32].

Damit können wir von vornherein jede Spekulation darüber ausschließen, ob bei der Bestimmung Gottes als subiectum theologiae nicht etwa auch der Gedanke mitspiele, daß Gott als Gegenstand der Theologie zu-

---

mung ein Moment aus der causa efficiens einfließen zu lassen: Subiectum autem scientiae pertinet ad causam materialem, cui minime appropriari possunt conditiones agentis (a. 19 q. 1 ad 8–9 P); vgl. auch seine Kritik an *Bonaventuras* Gegenstandsbestimmung u. 4.54 A. 128.

[29] QQ. de anima, ed. van Steenberghen, 24 (nach cod. O): Sed intelligendum, quod non est idem [1.] aliquid esse subiectum *scientiae*, sicut dicimus subiectum accidentis, et [2.] subiectum *in scientia*. Subiectum scientiae est id, quod sustinet scientiam, sicut subiectum sustinet accidens, et sic est anima subiectum cuiuslibet scientiae, quia in illa est omnis scientia. Subiectum autem in scientia dicitur obiectum scientiae, cuius cognitio primo occurrit intellectui, et mediante cognitione eius cognitio habetur aliorum.

[30] Vgl. z. B. *Wilhelm von Ockham* im Prol. zum Physik-Komm. (ed. G. E. Mohan, The Prologue..., 1945/46, 239–42; Zitat 242): subiectum scientiae dupliciter accipitur: uno modo pro illo, quod recipit scientiam et habet scientiam in se subiective... Alio modo dicitur subiectum scientiae illud, de quo scitur aliquid.　　　　　[31] Vgl. auch den Übergang, o. A. 22.

[32] *Heinrich* (vgl. o. A. 28); *Aegidius* q. 1 crp. Anf.: subiectum in scientia non est illud, *in* quo est scientia, sed illud, *de* quo; vgl. auch *Peckham* q. 1 a. 1 ad 1 co. b (F²f.2ʳb); q. 2 a. 1 c. 1 m. 1 (F² f.3ʳb).

gleich ihr Subjekt sei[33]. In der Tat meinen unsere Autoren übereinstimmend, Gott sei der wesentliche Urheber (auctor, causa efficiens) der Theologie, aber dieser Gedanke steht in keinerlei Zusammenhang mit dem Begriff subiectum. Auch um jeder Spekulation in der genannten Richtung den Boden zu entziehen, halte ich es für wichtig, subiectum theologiae niemals als „Subjekt der Theologie" zu übersetzen.

4.33 obiectum

Dieser Ausdruck, der das Vorbild des deutschen Wortes Gegenstand darstellt, ist zwar im klassischen Latein schon bekannt, aber nur in juristischer Bedeutung („Anklage"). Für den Gegenstand steht er erst im Mittelalter.

Obiectum hat bei unseren Autoren seinen Ort weniger in der Wissenschaftstheorie als in Psychologie und Tugendlehre. Er ist hier der Gegenstand einer Seelenkraft (obiectum potentiae) oder -verfassung (obiectum habitus) oder einer Tugend (z. B. obiectum fidei). Daher kann *Thomas* den berühmten Satz formulieren, der den gemeinsamen Sprachgebrauch unserer Autoren ausdrückt:

> sic enim se habet subiectum ad scientiam,
> sicut obiectum ad potentiam vel habitum[34].

Das obiectum hat eine ähnliche Struktur wie das subiectum[35]. Es scheint mir nun auch möglich, die unbedenkliche Verwendung von subiectum für das Subjekt in der Psychologie zu erklären. Durch die konsequente Einführung von obiectum für den Gegenstand wird subiectum frei zu einer alle Zweideutigkeit vermeidenden Anwendung auf das Subjekt[36].

Anders in der Wissenschaftstheorie. Hier versucht man erst später und ohne durchschlagenden Erfolg, obiectum einzuführen[37]. In der theologischen Wissenschaftstheorie unseres Zeitabschnitts bleibt der Begriff zwar immer am Rande, aber wir beobachten doch, wie er nach der Mitte des Jahrhunderts häufiger eingesetzt wird. Unsere Autoren benützen ihn offenbar ganz bewußt und mit zweifacher Begründung:

Einmal ist die Theologie und jede Wissenschaft überhaupt eine bestimmte Seelenverfassung oder eine intellektuelle Tugend, oder sie erzeugt eine solche — sie muß also wie jede Seelenverfassung oder Tugend ein obiectum haben[38].

---

[33] So z. B. *J. Finkenzeller*, Offenbarung und Theologie . . ., 1961, 141.

[34] S. th. a. 7 crp. (ausführlich u. A. 108); vgl. auch *Heinrich* u. A. 115.

[35] Es ist das, sub cuius ratione omnia referuntur ad potentiam vel habitum . . . (S. th. a. 7 crp.); vgl. die Begründung für die Einheit der Theologie u. 5.2 A. 29. Vgl. auch S. th. 1—2 q. 18 a. 2 ad 2.

[36] Vgl. z. B. *Thomas* S. th. 1—2 q. 55 a. 4 crp.: Virtus . . . habet materiam circa quam et materia in qua, scil. subiectum. Materia autem circa quam est obiectum virtutis. [37] Vgl. *Sigers* Versuch o. A. 29.

[38] *Bonaventura* q. 1 ad 2: [materia circa quam] magis dicitur obiectum

Zum andern bezieht sich die Theologie ja auf den Glauben, eine theologische Tugend, und damit auch auf den Gegenstand des Glaubens, das obiectum fidei[39].

Die spätesten unter unseren Autoren, *Heinrich* und besonders *Aegidius*, verwenden obiectum in wachsendem Umfang. Allerdings bleibt auch bei ihnen weiterhin subiectum theologiae der terminus technicus für den Gegenstand der Theologie, und der Gebrauch von obiectum soll offenbar nur die Verbindung zu Psychologie und Tugendlehre herstellen, aber nicht subiectum für das Subjekt freigeben[40].

4.4 Die Differenzierung des Gegenstandsbegriffs

4.41 Vorbemerkungen

Das Hauptproblem für die Erörterung über den Gegenstand der Theologie besteht darin, daß den Überlegungen mehrere ausgeprägte, ganz verschiedene Möglichkeiten vorgegeben sind. Da diese Möglichkeiten alle von Autoritäten ersten Ranges gestützt werden, ist eine rasche Scheidung zwischen ihnen nicht möglich. Man muß vielmehr danach suchen, durch sorgfältige Abgrenzungen möglichst viele Vorschläge nebeneinander bestehen zu lassen. Zu diesem Zweck bemühen sich unsere Autoren in immer neuen Anläufen um Differenzierung des Gegenstandsbegriffs. Sie bedienen sich dabei der Methode der distinctio: Die Unvereinbarkeit verschiedener Meinungen über eine Sache kann dadurch beseitigt werden, daß man den Begriff dieser einen Sache nach verschiedenen Hinsichten und Bedeutungen aufgliedert und den einzelnen Gliedern jeweils eine Meinung zuweist. Ein eigentliches Vorbild für die Differenzierung des Gegenstandes der Theologie kann ich nicht nennen. In der theologischen Wissenschaftstheorie begegnet sie zuerst bei Alexander. In der übrigen Einleitungsliteratur finden sich entsprechende Erörterungen auch erst zur Zeit der Diskussion in der Theologie, und sie werden i. a. nicht so gründlich geführt wie hier.

quam materia . . . . tali modo accipitur materia in scientia pro obiecto virtutis cognoscentis. − *Walter* tr. 1 q. 2 crp. (ed. Beumer 374,39): quia ergo scientia est habitus, oportet, quod respiciat suum subiectum ut obiectum; vgl. ad 1 (375).

[39] *Hannibaldus* a. 2: Die ganze Theologie ist auf den Glauben hin bezogen und damit auch auf das obiectum fidei; ganz deutlich *Ulrich* tr. 2 c. 2: cum enim haec scientia sit scientia fidei . . ., oportet illud esse eius subiectum, quod est fidei obiectum (ed. Daguillon 30,29−31,1). − Vgl. auch *Romanus* tr. 1 q. 3 crp. (VP f.2ᵛb): idem est enim obiectum principiorum et subiectum scientiae; er unterscheidet aber ausdrücklich: dico, quod alia ratione est obiectum fidei et subiectum huius scientiae (ad IV, VP f.3ʳa). − Für *Wilhelm de la Mare* hat die Theologie als Gesetz sowohl ein officium als auch ein obiectum (q. 3 a. 1 crp., F¹ f.5ʳa). [40] Vgl. o. A. 28; 32.

4.42 Ontologische Differenzierung der materia

Die weiteste, noch vor dem Begriff des Gegenstandes liegende Bezeichnung ist materia. Unsere Autoren schlüsseln sie in zwei-, drei- und viergliedrigen Schemata in ihre Grundbedeutungen auf: Das zweigliedrige Schema, das etwa *Odo* in seinem Sentenzenkommentar bietet[41], ist noch unvollständig:

$$\text{materia} \begin{cases} \text{de qua fit sermo} \\ \text{ex qua fit res.} \end{cases}$$

Das dreigliedrige[42] enthält genau die aristotelischen Grundbedeutungen[43], während das viergliedrige *Peckhams* bereits die Differenzierung des Gegenstandsbegriffs in sich aufgenommen hat. Ich führe das letztere als das ausführlichste zur Veranschaulichung an[44]:

materia		
	ex qua	est subiectum transmutationis (d. h. der Stoff, aus dem durch Hinzutreten der Form etwas Wirkliches wird)
	in qua	est subiectum accidentium (d. h. Substanz als Träger von Eigenschaften)
	de qua	appropriando potest dici subiectum scientiae (engerer Begriff des Gegenstandes)
	circa quam	est ista, circa quam scientia operatur (weiterer Begriff des Gegenstandes)

4.43 Differenzierung des Gegenstandes einer Wissenschaft

Mit der letzten distinctio sind wir bereits zur grundlegenden Unterscheidung innerhalb des Gegenstandsbegriffes vorgestoßen. *Vor* einer genaueren Differenzierung werden materia und subiectum einfach als Wechselbegriffe gebraucht[45].

---

[41] Q. de subi. ad 2 (B f.5^{r}a; Tr. f.2^{v}a). Auch mit anderen Begriffen umschrieben, z. B. als

$$\text{subiectum} \begin{cases} \text{transmutationis} \\ \text{considerationis (} Peckham \text{ q. 1 a. 1 ad 1a, F}^{2} \text{ f.2}^{v}\text{a).} \end{cases}$$

[42] Z. B. *Bonaventura* q. 1 ad 2:

$$\text{materia} \begin{cases} \text{ex qua} \\ \text{in qua} \\ \text{circa quam (quae proprie est obiectum).} \end{cases}$$

[43] Vgl. o. 4.32, bes. A. 23 f.   [44] *Peckham* q. 1 a. 2 (F^{2} f.2^{v}b; N f.2^{v}b).

[45] So am Anfang der Quaestionen, z. B. *Fishacre* Nr. 18 (O^{1} f.4^{r}a5 f.): De

Der erste Schritt zur Differenzierung ist die einfache Unterscheidung zwischen einem weiteren und einem engeren Gegenstandsbegriff:

$$\text{materia} \begin{cases} - \text{ circa quam (weiter, materia i. e. S.)} \\ - \text{ de qua (enger, subiectum i. e. S.),} \end{cases}$$

die bereits *Alexander* durchführt[46]. Sie wird seitdem immer neu wiederholt und durch verschiedenartige Formulierungen wie durch Beispiele erläutert.

Bereits die gewählten Präpositionen weisen auf den Unterschied beider Gegenstandsbegriffe hin: Man empfindet offenbar noch ihre ursprüngliche räumliche Bedeutung, wonach *circa* einen ganzen Kreis von Gegenständen umgreift, während sich *de* stärker auf ein Einziges konzentriert[47].

Durch diese Präpositionen werden die Gegenstände der Wissenschaft in Bezug zum Erkenntnisvorgang gesetzt. Unsere Autoren bemühen sich auch, die Erkenntnisweise bei der Gegenstandsbestimmung mit zu beschreiben: Man unterscheidet so zwischen dem Gegenstand, von dem die Wissenschaft in einem weiteren Sinne handelt (tractare), den sie betrachtet (considerare), und dem, den sie scharf ins Auge faßt, auf den sie hinzielt (intendere)[48]; oder zwischen dem, mit dem sie umgeht (executio) und dem, auf den sie hinstrebt (intentio)[49]. Beidemal ist der Kreis der Gegenstände verschieden weit: die Betrachtung umfaßt vieles, aber sie trachtet nur nach einem einzigen[50].

Ich werde im folgenden den einen Gegenstand als die *Sache* von der

---

quo autem sit haec tamquam de subiecto vel materia...; *Bonaventura* q. 1 Anf.: quae sit huius libri materia vel subiectum.

[46] C. 3 crp.

[47] Vgl. *J. B. Hofmann*, Lateinische Syntax und Stilistik, 1965, 226 (zu circa); 261 f. (zu de).

[48] Ich führe nur zwei Beispiele vom Anfang und Ende unseres Zeitabschnitts an: *Odo* Sent., q. de subi. ad 1 (B f.5ra; Tr. f.2va): aliud est, circa quod versatur tractatus, aliud, circa quod versatur intentio. — *Aegidius* unterscheidet zwischen dem allgemeinen „Betrachtetwerden" und dem eigentlichen „Gegenstandsein": esse subiectum in scientia et esse de consideratione scientiae non sunt idem penitus, sed differunt sicut universale [= esse de consideratione] et particulare [= esse subiectum] (Sent. q. 1 crp.; noch ausführlicher erklärt QQ. met. q. 6 crp.).

[49] Z. B. *Odo* QQ. q. 3 crp. (ed. Pergamo 29): Subiectum einer Wissenschaft kann sein: aut circa quod versatur intentio principalis aut circa quod versatur executio. Am Beispiel des Hausbaus: Er trachtet nach dem gebauten Haus, aber er gibt sich ab mit den Baumaterialien.

[50] Z. B. *Odo* Sent., q. de subi. ad 4 (B f.5rb): est materia, circa quam versatur intentio, et haec est una, et est materia, circa quam versatur tractatus, et haec potest esse multiplex; *Fishacre* Nr. 19 (O¹ f.4ra): mihi autem videtur, quod de quolibet horum trium potest dici hanc scientiam esse, sed tamen de unico eorum ut de subiecto; Nr. 20 (O¹ f.4ra): sed haec scientia quidem est de dicto uno tanquam de subiecto.

90

Fülle der übrigen *Gegenstände* unterscheiden[51]. Mit der Unterscheidung zwischen der einen Sache und den vielen Gegenständen trägt man der Tatsache Rechnung, daß von der Tradition verschiedene Lösungsmöglichkeiten angeboten werden und die konkrete theologische Arbeit, wie sie sich in den systematischen Werken niederschlägt, wirklich eine Fülle verschiedener Themen behandelt. Man findet damit zugleich aber auch einen Weg, die alte Frage nach einem Mittelpunkt in dieser Themenfülle anzugehen.

Freilich genügt eine bloße Trennung beider Gegenstandsbegriffe nicht. Daher versucht man, in der Formulierung der distinctiones zugleich ihren logischen Zusammenhang zu erfassen. V. a. in der 2. Hälfte des 13. Jh. werden dafür einige weitere Begriffe üblich, die sich auch in der philosophischen Einleitung finden: Die Gegenstände sind das, was man in einer allgemeinen Weise (generaliter, communiter) oder auch erst in zweiter Linie (secundario) betrachtet, während man auf die Sache in erster Linie (primo), hauptsächlich (principaliter) und an sich (per se, specialiter) hinsieht[52].

Die Abhängigkeit der Gegenstände von der Sache einer Wissenschaft

---

[51] „Sache" entspricht also i. a. dem subiectum. Ich weise aber darauf hin, daß unsere Autoren in ihrem Sprachgebrauch nicht ganz konsequent sind und manchmal (z. B. in den A. 49 u. A. 137 angeführten Belegen) mit subiectum auch die Gegenstände im weiteren Sinne bezeichnen. Es handelt sich dabei jedoch nur um eine gelegentliche Unschärfe der Terminologie. Der Sinn der Aussagen ist immer deutlich.

[52] Vgl. *Albert* Sent. a. 2 crp.: generaliter — specialiter; *Odo* QQ. q. 3 crp. (ed. Pergamo 29): intentio principalis; *Thomas* Sent. a. 2 crp.: principaliter intenditur; *Romanus* tr. 1 q. 3 crp. (VP f.2^{v}b): principaliter intenditur; *Heinrich* a. 19 q. 1 ad 3 K:

$$\text{considerare} \left[\begin{array}{l} \text{primo et principaliter} \\ \text{secundario} \end{array} \right.$$

ad 11 R:
$$\text{considerare} \left[\begin{array}{l} \text{principaliter et per se} \\ \text{aliquid commune} \end{array} \right.$$

Aegidius Sent. q. 3 crp. (vgl. QQ. met. q. 5 crp.):

$$\text{obiectum} \left[\begin{array}{l} \text{principale} \\ \text{secundarium} \end{array} \right.$$

Aegidius trägt auch eine ganz ausführliche Einteilung der Betrachtungsweisen in der Wissenschaft vor (Sent. q. 1 crp., vgl. dazu QQ. met. q. 8 crp.):

1. per se+primo+principaliter+per omnem modum	simpliciter subiectum
2. per se+primo — tamen non per omnem modum	non simpliciter...
	tamen aliquo modo
3. per se — sed non primo	pars subiecti
4. nec per se — nec primo per accidens + per aliud	ohne Bezug zum subiectum

Ganz weit bleibt die Bestimmung *Wilhelms de la Mare* q. 3 a. 1 crp. (F^1 f.5^{r}af.):

$$\text{subiectum} \left[\begin{array}{l} \text{remotum} \\ \text{propinquum} \end{array} \right.$$

wird noch genauer beschrieben. Manche Autoren versuchen, dafür feste
Formeln zu finden, die sich freilich nicht allgemein durchsetzen können,
da jeder Teilnehmer an der Diskussion sich um eigene, originelle Fassun-
gen bemüht, die aber sachlich ganz übereinstimmen[53].

In ihnen lassen sich zwei Ansatzpunkte unterscheiden, die auf das
engste zusammenhängen:

1. ein ontologischer:
Sache ist das, worin alle Gegenstände ihren Grund haben, worauf sie
zurückzuführen und worin sie beschlossen sind[54];

2. ein erkenntnistheoretischer:

Vgl. dazu noch
Albert Ethica Prol. q. 3 crp.:

id, de quo ⎡ principaliter intenditur
⎣ communiter determinatur;

Thomas Met. l.5 lect. 7 Nr. 842:

vel sicut ⎡ communiter in tota scientia considerandum
⎣ id, de quo est principalis intentio.

[53] Wir begegnen mehrfach ganzen Reihen von Bestimmungen (Teildefinitionen); bei *Petrus von Tarantasia* fünf:
subiectum vel materia
large et communiter: subiectum executionis
stricte et proprie: subiectum intentionis,
  wieder   de quo principaliter agitur
  unterteilt   ad quod alia omnia reducuntur
                             et sub eius ratione aliquo modo continentur
                             per quod scientia distinguitur
                             et ideo etiam intitulatur (a. 3 crp.)
Der *Anonymus Todi 39* entwickelt dieses Schema weiter zu einem sechs-
gliedrigen (q. 2, ed. Tavard 218,42—219,26). Ein wieder anderes, ebenfalls
sechsgliedriges, liefert *Petrus Hispanus*, Comm. in de anima, ed. Alonso 80 f.
In diese Zusammenstellungen dringen freilich auch fremde Gedanken ein.
Merkmale, wie: das, was von anderen Wissenschaften unterscheidet, was Einheit schafft, wonach die Wissenschaft benannt wird, sind ja keine Wesens-
bestimmungen, die zur Differenzierung des Gegenstandsbegriffes beitragen, sondern Beschreibungen der Folgen aus dem Gegenstandsbegrif.
[54] So schon *Odo* QQ. q. 3 ad c (richtig: ad I) (ed. Pergamo 28): Subiectum
kann dreifach verwandt werden:
1. de quo et de cuius partibus est tota scientia;
2. in quo radicantur omnia, quae determinantur in scientia;
3. ad quod reducuntur [zu ergänzen nach 2.].
Die erste ist die eigentliche Bedeutung.
Dasselbe Schema in etwas anderer Formulierung bietet z. B. auch *Roger Bacon*
QQ. alterae Met. (Opp. hact. ined. 11,121):
1. per participationem essentiae communis formalis;
2. in ratione [originis] et radicis;
3. a quo omnia et ad quod omnia reducuntur et procedunt.

Sache ist der erste Gegenstand der Geistestätigkeit[55], auf den alle anderen Gegenstände in der Erkenntnis zu beziehen sind.

Schon *Walter* verweist darauf, daß die Theologie als eine Seelenverfassung betrachtet werden müsse, die auf einen einzigen Gegenstand (ihr obiectum oder subiectum formale) gerichtet ist. An seiner Struktur haben andere Dinge in solcher Weise Anteil, daß sie materiale Gegenstände genannt werden können[56]. Besonders *Thomas* zieht in seiner Summa theologiae die Parallele zum Gegenstandsbegriff der Psychologie weiter aus: die Sache der Theologie ist (wie das obiectum der Seelenkraft oder -verfassung) der Bezugspunkt, die ratio (genauer: ratio formalis), unter der alle Gegenstände einer Wissenschaft (wie einer Seelen- oder Geistestätigkeit überhaupt) stehen[57]. Ratio formalis — das bedeutet nicht einen Bezugspunkt nur im Geiste des betrachtenden Subjekts, noch weniger ein bloß äußerliches (im neuzeitlichen Sinne „formales") Moment. Ratio formalis ist vielmehr das ontologische Moment, das die vielerlei in einer Wissenschaft betrachteten Dinge in Wirklichkeit zu Gegenständen dieser Wissenschaft macht. Thomas beschreibt denn auch die Beziehung zwischen der Sache und den Gegenständen der Theologie (ähnlich wie *Odo*[58] und andere, aber in einer knappen Formel) konkret so, daß die Gegenstände in einem Seinsgefüge stehen, in dem sie auf ihre Sache als ihren Ursprung und ihr Ziel hingeordnet sind[59].

Es ließen sich weitere Formulierungen anschließen, aber ich breche hier ab. Die angeführten Belege sind typisch für die Argumentation unserer Autoren, die sich in der Differenzierung des Gegenstandsbegriffes nur durch unterschiedlichen Sprachgebrauch, nicht durch sachliche Differenzen unterscheiden.

---

[55] Dafür steht gewöhnlich obiectum.

[56] Tr. 1 q. 2 (ed. Beumer 374): Quia ergo scientia est habitus, oportet, quod respiciat suum subiectum ut obiectum. Et quia est unus habitus, oportet, quod habeat unum obiectum vel subiectum formale, cuius rationem [so 2 Hss.; Beumer; 2 andere Hss.: ratione] cetera, quae participant, potuerunt dici obiecta [subiecta PN] materialia secundum se vel materia.

[57] A. 7 crp.: sub cuius ratione omnia referuntur ad...; a. 3 crp.: secundum rationem formalem obiecti (Einheit).

[58] Vgl. o. A. 54.

[59] A. 7 crp.: Omnia autem pertractantur in sacra doctrina sub ratione dei: vel quia sunt ipse deus, vel quia habent ordinem ad deum, ut ad principium et finem. ... De omnibus enim istis tractatur in ista scientia, sed secundum ordinem ad deum; ad 2: ut ordinata aliqualiter ad ipsum. Die Beziehung der Gegenstände zur Sache ist in der Seinsordnung verankert. Sekundär — im Erkenntnisgang — kann die formalis ratio obiecti dann auch als das Mittel zur Erkenntnis (id, per quod cognoscitur) gedeutet werden (vgl. 2—2 q. 1 a. 1 crp.).

4.44 Der Gegenstand als Ziel

Wir können nun noch einmal auf eine der Vorfragen[60] zurückblicken:
Unsere Autoren weisen immer wieder auf einen vermeintlichen Widerspruch hin, der darin besteht, daß Christus oder Gott, die doch eigentlich
Ziel unseres Erkennens und Strebens sind, als Gegenstand der Theologie
angenommen werden[61].

Die Erörterung des Gegenstandsbegriffs ermöglicht auch eine Lösung
dieses Problems:

a) Eine erste Antwort verweist darauf, daß nicht die materia ex qua,
der Stoff im ontologischen Sinne, Ziel sein kann, sondern nur der Gegenstand. Jede Erkenntnis und damit jede Wissenschaft ist auf einen Gegenstand als ihr Ziel gerichtet[62].

b) *Alexander* unterscheidet auch Stufen des Gerichtetseins. Es gibt Tugenden, die unmittelbar auf ein Ziel hinführen, wie die drei theologischen
Tugenden und die Wissenschaft. Es gibt daneben aber auch solche, die nur
auf ein Zwischenziel gerichtet sind, das selbst wieder zu einem Endziel
hinführt. Nur bei der ersten Gruppe ist der Gegenstand tatsächlich zugleich auch Ziel[63].

c) Aber auch innerhalb der Wissenschaft wird doch noch einmal unterschieden: Wir sahen[64], wie die Gegenstände ausdrücklich unter dem Gesichtspunkt eingeteilt wurden, ob von ihnen bloß in weiterem Sinne ge-
handelt wird (tractare, considerare) oder ob sie als ein Erkenntnisziel ins
Auge gefaßt werden (intendere). Diese Unterscheidung finden wir überall: die Erkenntnis der Sache wird von dem unbestimmten Einkreisen und
Betrachten der Gegenstände als ein zielgerichteter Vorgang unterschieden.

Das durch den Einwand gesetzte Problem kann noch tiefer gesehen wer-

---

[60] Vgl. o. 4.2 unter 2.

[61] So schon kurz *Alexander* c. 3 co. 7; ausführlicher *Odo* Sent. q. de subi.
co. 2 (B f.4ᵛb; Tr. f.2ᵛa): sed finis et materia non coincidunt in unum, sicut
vult Philosophus. Et materia et subiectum idem. Ergo, si Christus est finis, non
est subiectum. − Das Argument kann auch gegen Gott gewandt werden, z. B.
Odo QQ. q. 3 co. Ib (V² f.46ᵛb); *Bonaventura* q. 1 co. 2.

[62] So *Odo* Sent. q. de subi. ad 2 (B f.5ʳa; Tr. f.2ᵛa): est materia, de qua
fit sermo, et haec bene concidit [concidunt: codd.] cum ipso fine sermonis, et
est materia, ex qua fit res, et haec numquam concidit cum ipso fine rei. Vgl.
weiter *Odo* QQ. q. 3 ad 2 (richtig: ad Ib) (V² f.47ᵛ) und spätere.

[63] C. 3 ad 7: Er unterscheidet

virtutes, quae sunt ⎡ in finem (fides, spes, caritas)
⎣ eorum, quae sunt ad finem (z. B. iustitia)

Vgl. auch *Odo* QQ. q. 3 crp. (ed. Pergamo 29) mit der distinctio

subiectum ⎡ intentionis sive finis ultimi
⎣ executionis sive finis proximi

[64] Vgl. o. 4.43 mit A. 48−50; 52.

den. Dann geht es nicht mehr um die Intentionalität allen Erkennens, sondern um die Frage, ob die Sache der Theologie etwas Abgeschlossenes, fertig Vorliegendes ist, oder etwas, das erst noch in Angriff genommen werden muß, das zugleich eine Aufgabe darstellt.

Dieses Problem wird besonders von *Fishacre* behandelt. Er geht von dem Satz aus, jede Wissenschaft setze etwas Fertiges als ihre Sache voraus und erzeuge sie nicht erst. Er unterscheidet dann aber: der Satz gilt nur für die spekulativen Wissenschaften, während die praktischen (Beispiel ist die Baukunst) ihre Sache selbst herstellen. Die Theologie ist als eine Wissenschaft natürlich betrachtend, und deshalb redet sie über ihre Sache. Aber da sie darüber hinaus zur Praxis führt, strebt sie danach, ihre Sache zu sichern[65]. Fishacres Lösung führt damit wieder zum Ausgangspunkt zurück: auch er setzt die Sache der Theologie voraus und anerkennt nur eine sekundäre Bemühung um sie. Eine völlig andersartige Lösung bietet *Heinrich* an[66]: Für ihn ist die Theologie eine spekulative Wissenschaft im strengsten Sinne. Er kann daher die Sache der Theologie auch nur als einen Erkenntnisgegenstand verstehen. Heinrich betrachtet nun die Bemühung der Theologie um ihre Sache als einen Vorgang. Die Sache an sich ist von Anfang an da und wird vorausgesetzt. Sie ist aber für das erkennende Subjekt nicht immer dieselbe: bezogen auf die anfänglich unvollkommene Erkenntnis des Menschen ist die Sache vorauszusetzendes subiectum, bezogen auf die Bemühung des Menschen um vollkommene Erkenntnis ist sie das gesuchte Ziel.

Die ganze Diskussion des Problempunktes zeigt: Im geschichtlichen Gange theologischer Arbeit ist die Sache der Theologie zugleich Gegenstand und Aufgabe.

---

[65] Nr. 20 (O¹ f.4ʳa): Omnis autem scientia est de aliquo perfecto tamquam de subiecto et non efficit suum subiectum. Sed hoc verum est in hiis, quae speculativae tantum sunt scientiis, sed in practicis idem est subiectum et finis. Practica enim est de operatione ut de subiecto, et tamen operatio est finis, quem intendit efficere. ... Sed haec scientia quidem est de dicto uno tamquam de subiecto, et inquantum speculativa est, docet et notificat hoc unum ... Sed quia non tantum stat in cognitione subiecti, sed extenditur ad praxim, ad hanc ipsam, inquantum practica est, monet unitatem et vitare contrarium ... Vgl. dazu noch *Kilwardby* q. 1 a. 1 (ed. Stegm. 18); q. 4 (ed. Stegm. 38,31—39,10). — Ferner auch schon *Odo* QQ. q. 3 ad 2 (richtig: ad Ib) (V² f.47ᵛ): Danach ist 1. die materia, in quam transit actus (= obiectum einer Tugend) zugleich auch finis, wie das Gute obiectum und finis der Liebe; 2. die materia, circa quam versatur intentio auctoris (= subiectum in der Wissenschaft) ebenfalls zugleich finis, wie das Glück zugleich subiectum und finis der Ethik ist.

[66] A. 19 q. 1 ad 1 E: Est enim deus subiectum huius scientiae quoad imperfectam cognitionem, quam scientia de ipso supponit; et est finis eius quoad perfectam cognitionem, quam de ipso quaerit.

4.45 Differenzierung der Sache

Viele Autoren begnügen sich damit, den allgemeinen Gegenstandsbegriff in einen weiteren für die Gegenstände und einen engeren für die Sache der Wissenschaft aufzugliedern. Dies sind die Autoren, die nur *eine* der von der Tradition vorgegebenen oder neu gefundenen inhaltlichen Lösungsmöglichkeiten für die Sache der Theologie gelten lassen.

Verschiedene andere Theologen, v. a. Franziskaner und die beiden Oxforder Dominikaner, begnügen sich jedoch mit dieser Lösung nicht. Sie wollen möglichst viele Gegenstände unter dem Begriff der Sache zusammenfassen und müssen zu diesem Zweck den Begriff weiter differenzieren. Dabei bilden sich zwei Schemata heraus:

1. Unter Berufung auf Pseudo-Dionys trägt *Alexander*[67] ein dreigliedriges Schema vor, nach dem an der Sache der Theologie drei Momente zu unterscheiden sind:

    1. essentia (oder substantia)

    2. virtus

    3. operatio.

2. Bedeutender ist ein späteres Schema, das von Bonaventura in die Diskussion eingeführt wird, für das aber bereits bei Fishacre eine Vorstufe vorliegt.

Nach *Bonaventura*[68] kann die Sache einer Wissenschaft oder Lehre als das verstanden werden, worauf alle Gegenstände der Wissenschaft in dreifacher Weise zurückgeführt werden (reducuntur: ein Begriff Odos) als auf

- ihr Grundelement (principium radicale)
- das Ganze, in dem sie aufgehen (totum integrale)
- ein Allgemeines, dem sie untergeordnet sind (totum universale)[69].

---

[67] C. 3 crp. Das Schema wird übernommen von *Adam de Puteorumvilla* (vgl. G. Englhardt, Adam de Puteorumvilla, 1936, 66 A. 19); als opinio angeführt von *Kilwardby* q. 1 a. 1 (ed. Stegm. 14); unter Veränderung des ersten Punktes von *Odo* Sent. und QQ. und von späteren. — Essentia (*Alexander*) geht auf die Übersetzung des *Johannes Scotus Eriugena*, substantia (*Odo* und andere) auf die des *Johannes Sarazenus* bzw. *Robert Grosseteste* zurück (Dionysiaca 2,930: Cael. Hier. c. 11 § 2). Aber auch schon *Alexander* redet im Fortgang seiner Darlegungen von deus sive divina substantia als der materia der Theologie.

[68] Q. 1 crp. Die Einteilung wird übernommen oder wenigstens erwähnt von *Peckham, Romanus, Wilhelm de la Mare* und dem *Anonymus Todi 39*.

[69] Von *Wilhelm de la Mare* q. 3 a. 1 crp. (F¹ f.4ʳa) formuliert als quoddam commune in omnibus repertum.

Als Beispiele nennt Bonaventura

aus der Grammatik	und	aus dem Quadrivium
Buchstaben		Punkt
geschlossene Rede		Körper
artikuliertes Sprechen		ausgedehnte, unbewegte Quantität[70].

Eine ähnliche Einteilung, in der aber der finis das principium ersetzt, findet sich bei Adam von Puteorumvilla, dessen zeitliches Verhältnis zu Bonaventura allerdings unsicher ist[71].

Eine Vorstufe scheint Bonaventuras Gliederung jedoch bei *Fishacre* zu haben, der sich dafür auf die anderen Wissenschaften beruft und Beispiele aus der Geometrie vorträgt:

minimum	Punkt
subiectum	unbewegte Ausdehnung
summe compositum	Körper[72].

Ich erläutere diese Schemata, die ja ohnehin durch die Beispiele verdeutlicht werden, jetzt nicht näher, da sie uns bei der Betrachtung der inhaltlichen Gegenstandsbestimmung noch einmal begegnen werden.

4.5 INHALTLICHE BESTIMMUNG DES GEGENSTANDES DER THEOLOGIE

4.51 Die Problematik

Die Erörterung über Gegenstände und Sache der Theologie ist von vornherein dadurch festgelegt, daß aus der Tradition vier ausgeprägte, von starken Autoritäten gestützte Lösungsmöglichkeiten bereitstehen, unter denen man nicht beliebig wählen kann:

1. Gott:

Diese Möglichkeit ist mit dem Namen theologia und seiner Etymologie in der vielzitierten varronischen Formulierung gegeben[73].

---

[70] Q. 1 crp.:
principium elementare vel radicale: littera (minimum)
totum integrale: oratio congrua et perfecta
totum universale: vox litterata, articulata, ordinabilis ad significandum aliquid.

[71] Zur Datierung vgl. G. Englhardt a. a. O. 67; der Text 66 A. 19: Subiectum dicitur tripliciter: Quandoque, quod est universale ad omnia, quae sunt in scientia... Quandoque continet omnia per modum integri totius. Quandoque, quia ad ipsum sunt omnia ordinata ut ad finem. Das Beispiel ist wie bei *Bonaventura* aus der Grammatik genommen, jedoch gibt *Adam* statt des Grundelementes ein Ziel an: recte scribere et recte loqui.

[72] Nr. 19 (O¹ f.4ʳa).   [73] Vgl. o. 2.22 unter 1.

2. Christus,

und zwar der Christus integer (totus), in den die Kirche mit eingeschlossen ist; nach der exegetischen Literatur zu den Psalmen[74].

3. Das Erlösungswerk

(nach Hugo von St. Victor: opera restaurationis[75], von anderen auch als opera reparationis zitiert).

4. Dinge und Zeichen (res et signa):

eine ganz allgemeine hermeneutische distinctio Augustins, die dadurch besonders aktuell ist, daß Petrus Lombardus sie zu Beginn seiner Sentenzen auf den Inhalt der hl. Schrift bezogen vorträgt[76].

Neben diesen vier grundlegenden Möglichkeiten schlagen unsere Autoren — v. a. die frühen, die noch im Stil der Sentenzensammlungen eine Fülle von Argumenten vorzutragen pflegen — zahlreiche andere Lösungen vor, die aber ohne Einfluß auf die allgemeine Erörterung bleiben. Ich führe nur deshalb einige von ihnen an, um ein Beispiel für die Vielfalt an Einfällen in einer noch nicht ganz den Forderungen der Schule unterworfenen Diskussion zu geben. So nennt z. B. der anonyme Verfasser der quaestio de subiecto theologiae im cod. Douai 434, f. 101^{r}a, nacheinander Glauben, Liebe, Trinität samt Engeln und frommen Menschen, endlich das Erlösungswerk, Odo und Wilhelm von Melitona die Gebote, und noch Peckham führt den Menschen und eine Tugend (caritas) an. Nähere Beachtung verdient allein der originelle Ansatz Fishacres, über den ich später noch berichten werde[77]. Gegen die vier grundlegenden Möglichkeiten erheben sich von vornherein schwerwiegende Einwände: Sie sind

a) teils zu weit:

Res und signa umschließen alle überhaupt möglichen Gegenstände; die Bestimmung ist also viel zu allgemein und damit ungenügend.

b) teils zu eng:

Jede der drei Möglichkeiten Gott, Christus und das Erlösungswerk schließt die beiden anderen aus. In Wirklichkeit handelt die Theologie — mag man sie anhand der hl. Schrift oder anhand der Sentenzen betrachten — von allen drei (und von weiteren Themen).

---

[74] Vgl. *Augustin* Contra Faustum 22,94: Christum igitur sonant haec omnia; caput illud, quod iam ascendit in caelum, et hoc corpus eius, quod usque in finem laborat in terra; *Glossa ord.*, Prothemata in Psalt. (PL 113, 844 B): [in einer literarischen Einleitung nach altem Schema: ordo, materia, intentio, modus tractandi] materia est integer Christus, sponsus et sponsa; *Petrus Lombardus*, In Ps. (PL 191, 59 B/C): ... de Christo toto, id est de capite et corpore. Materia itaque huius libri est totus Christus, scil. sponsus et sponsa.

[75] Materia divinarum scripturarum omnium sunt opera restaurationis humanae (De sacr. chr. fidei, PL 176, 183 A).

[76] *Augustin* De doctr. chr. 1,2: Omnis doctrina vel rerum est vel signorum; *Petrus Lombardus* Sent. l. 1 d. 1 c. 1: ... sacrae paginae tractatum circa res vel signa praecipue versari.   [77] U. S. 101 f.

Der Vorschlag, Gott als Gegenstand der Theologie anzunehmen, stößt darüber hinaus auf verschiedene Einwände, die in das Gebiet der Gotteslehre hineinreichen und die ich deshalb hier nur erwähnen kann[78]:

a) Vom subiectum muß man voraussetzen, was es ist. Von Gott kann man aber nicht sagen, was er ist.

b) Gott ist eine forma simplex ohne alle Verbindung zur Materie, damit aber auch ohne principia, partes, passiones, die ja gerade Gegenstand der wissenschaftlichen Betrachtung sind. Die Einwände gegen Gott kreisen um einen Punkt: Gott kann seinem ganzen Wesen nach kein Gegenstand menschlichen Erkennens und Wissens sein.

Die Beantwortung der Gegenstandsfrage ist schwierig, denn trotz aller einzelnen Bedenken kann man keine der vorgeschlagenen Möglichkeiten als falsch ablehnen; jede läßt sich durch Hinweis auf die hl. Schrift oder die Sentenzen bekräftigen. Andererseits genügt es nicht, diese Möglichkeiten einfach nebeneinander stehen zu lassen. Die thematische Frage zielt nicht darauf hin, Inhalte der hl. Schrift oder der Sentenzen aufzuzählen. Das ist z. T. bereits in den Prologen geschehen. Vielmehr suchen unsere Autoren von vornherein nach der Sache der Theologie. Einziger Lösungsweg kann demnach eine durch die formale Differenzierung des Gegenstandsbegriffes ermöglichte Ordnung der Gegenstände sein.

Die vorgetragenen *Lösungen* lassen sich in drei Gruppen einteilen:

1. Solche, die möglichst viele Möglichkeiten von der Sache aussagen und daher mit einem sehr differenzierten Begriff der Sache arbeiten.

2. Solche, die vorzugsweise oder ausschließlich nur eine Möglichkeit als Sache setzen.

3. Solche, die keine der vorgegebenen Möglichkeiten für die Sache halten und statt dessen eine eigene, neue Lösung dafür vorschlagen.

Mehrere Autoren sind in ihrem Urteil recht unentschlossen und stellen verschiedene Vorschläge zur Auswahl, ohne sich für einen von ihnen zu entscheiden[79].

Andererseits hat man bereits im 13. Jh. gesehen, daß sich in der Frage nach dem Gegenstand gewisse Gruppen und Richtungen herauszubilden beginnen[80].

---

[78] Die beiden folgenden Einwände schon bei *Alexander* c. 1 Zusatzfrage.

[79] Zu ihnen gehören *Kilwardby, Richardus Rufus, Petrus* und der *Anonymus Todi 39. Richardus Rufus* sagt ausdrücklich anläßlich der Suche nach der einen Sache, von der die Einheit der Theologie abhängt (c. 2): Ecce quomodocumque sit de subiecto, non curo nec aliquid unum definio (O² col. 5,15 f.).

[80] Eine etwa 1285—90 entstandene Liste von Lehrdifferenzen geht in ihrem zweiten Punkt auf die Bestimmung der Sache ein. Die Problemstellung kreist für den Verfasser um die Frage, ob Gott die Sache der Theologie ist: Quando quaeritur, utrum subiectum theologiae sit deus, dicunt minores, quod non, sed Christus cum membris. Thomas autem in Summa tenet, quod deus. In Scripto [sc. super sententias] autem, quod ens divinum scibile per revelationem. Sed

Eine kleine Liste aller wichtigen bis zu Beginn der siebziger Jahre er-
wogenen Lösungsvorschläge gibt *Wilhelm de la Mare* im Prolog zu seiner
theologischen Einleitungslehre[81].

4.52 Einordnung der traditionellen Lösungen

Die frühen Franziskaner bemühen sich darum, möglichst viele Gegenstände in die Sache der Theologie hineinzuziehen. Sie benützen dazu die
von *Alexander* eingeführte Differenzierung des Sachbegriffs. So kann
Alexander alle vier von der Tradition gebotenen Möglichkeiten in einem
Schema vereinigen:

```
                  ┌─ circa quam:            res et signa
materia  ┌────────┤                ┌─ essentia:  deus sive divina substantia
         └─ de qua:       als      ┤  virtus:    Christus
                                   └─ operatio:  opus reparationis[82].
```

Odo übernimmt dieses Schema im Sentenzenkommentar[83] und weitet es
in den Quaestionen sogar noch aus: Unter den Gesichtspunkt des Wirkens
werden jetzt neben die opera reparationis, die hier schlechthin (simpliciter)
ihren Platz haben, per accidens auch die Schöpfungswerke gezogen[84].

Alexander faßt den Inhalt seines Schemas in einem prägnanten Satz
zusammen: Das an Christus im Erlösungswerk zu erkennende Wesen
Gottes ist die Sache der Theologie[85].

Dieser Satz begegnet uns auch in Alexanders Schülerkreis[86]. Aber offenbar empfindet man hier auch, daß diese inhaltsreiche Bestimmung Probleme offenläßt. Vor allem bleibt unentschieden, ob der Nachdruck auf
Gott oder auf Christus zu legen ist. Es ist für die Unsicherheit unserer
Autoren bezeichnend, daß wir mehrere Lösungsschemata nebeneinander
finden, ohne daß einem von ihnen ausdrücklich der Vorzug gegeben wird.

---

contra hoc arguit Ysydorus... (A. Dondaine, Un catalogue de dissensions
doctrinales..., 1938, 379).

[81] ... sive ponatur deus subiectum huius scientiae sive Christus integer sive
opera restaurationis sive credibile sive salutare bonum sive ens divinum cognoscibile per inspirationem sive res et signa, haec est sacramenta, sive cultus
divinus — quidquid horum ponatur subiectum, planum est, quod ipsum pertinet ad iustificationem (F^1 f.2ra).

[82] C. 3 crp.

[83] Q. de subi. ad 3 (Tr. f.2^vaf.; mit leichten Abweichungen B f.5^raf.).

[84] Q. 3 crp. (ed. Pergamo 29); übrigens formuliert Odo hier als Gegenstände (circa quod): res et signa vel etiam mandata (30).

[85] C. 3 crp.: theologia est scientia de substantia divina cognoscenda per
Christum in opere reparationis; ebenso ad 3; im Schlußabschnitt nach c. 4
a. 4: doctrina theologiae est de substantia dei efficiente per Christum opus
reparationis humanae.

[86] *Odo* Sent. q. de subi. crp. (B f.5ra; Tr. f.2va): divina substantia mani-

Die Unterscheidung zwischen einer materia circa quam versatur intentio und circa quam versatur tractatus führt zur Bevorzugung Gottes. Die intentio der Theologie — sagt *Odo* im Sentenzenkommentar — geht auf Gott[87]. In den Quaestionen neigt er dann zu der anderen Möglichkeit. Während er sich zunächst nicht entscheiden kann[88], formuliert er am Ende seiner Ausführungen einen Satz, nach dem alle Gegenstände der Theologie in Christus als ihrem eigentlichen subiectum zusammengefaßt sind[89]. In dieser Lösung scheint dann die folgende Generation die für die Franziskaner kennzeichnende Stellungnahme zu sehen[90], obwohl doch gerade aus der Reihe franziskanischer Theologen der 2. Jahrhunderthälfte ganz neue Lösungsvorschläge hervorgehen. Übrigens setzen sich auch andere frühe Theologen, die noch keine formale Differenzierung des Gegenstandsbegriffes kennen, für die zuletzt genannte Lösung ein. Der *Anonymus cod. Vat. lat. 782, f. 123 f.* nennt als subiectum Christus totus, worin Gott, Mensch und die ganze Kirche beschlossen sind. Ferner handelt die Theologie zugleich auch von deren Gegenteil, wie den Lastern, weil sie dem gefallenen Menschen den Weg zur Rückkehr zeigen soll[91].

Wir haben daneben einen noch früheren Beleg für diese Lösung. Auch *Roland von Cremona* erklärt — ebenfalls nur unter Verweis auf die auctoritas und ohne weitere Diskussion — den Christus integer zur Sache der Theologie. Der trinitarische Gott kann diese Sache nicht sein, da er in seiner Abgeschlossenheit nur den Gegenstand einer Gotteslehre abgibt[92]. Dagegen heißt Christus integer zu Recht die Sache der Theologie, da in ihm die drei Personen der Trinität, die ganze Kirche und — durch Entsprechung (similitudo naturae) — sogar die Bösen mit eingeschlossen sind[93].

---

festanda per Christum in opere restaurationis; ad 4 (B f.5^{r}a; Tr f.2^{v}b): de operibus reducendo [eas: +Tr] ad opificem ut ad finem per opus [opera: Tr] recreationis.

[87] Q. de subi. ad 1: divina substantia; ad 4: deus.

[88] QQ. q. 3 crp. (ed. Pergamo 29): subiectum intentionis, quod quidem est unum, scil. Christus vel etiam deus.

[89] A. a. O. (ed. Pergamo 29 f.): si velimus determinare subiectum secundum rationem completam, dicemus, quod subiectum theologiae est Christus ratione membrorum et capitis, ratione divinitatis et humanitatis, inquantum conditor, informator et reparator, et sic tanguntur omnia, quae determinantur in theologia.   [90] Vgl. o. A. 80.

[91] Q. 3 (f.123^{v}b) crp.: subiectum huius scientiae est totus Christus, quod importat deum, hominem et ecclesiam totam. De aliis non tractat nisi de his contrariis, ut sunt vitia, et hoc decens est, quia contrariorum eadem est disciplina. Et est ratio: quia homo cecidit, voluit deus, ut esset scientia, per quam rediret vel per quam redire sciret.

[92] Q. 2 arg. (PM f.1^{r}b; VB f.1^{v}a): Non potest dici, quod deus sive trinitas sit subiectum eius, quia non excederetur [egrederetur: VB] ab illo et ita non loqueretur de alio quam de deo et de his, quae ipsi conveniunt.

[93] Q. 2 crp. (PM f.1^{v}a; VB f.1^{v}a): Quod autem sit subiectum suum, dico:

Auch die Franziskaner nach der Jahrhundertmitte bemühen sich, möglichst viele Gegenstände unter den Begriff der Sache zu stellen, jedoch betrachten sie diese Lösung offenbar nur als Zugeständnis an die Tradition, das sie durch eigene, neuartige Vorschläge ergänzen.

Bonaventura prägt folgendes Schema (und zwar im Blick auf die Sentenzen, die ja der Gegenstand seiner ganzen theologischen Einleitungslehre sind):

Das subiectum ist dasjenige, ad quod omnia reducuntur

	principium	Gott
ut ad	totum integrum	Christus
	totum universale	umschrieben: res et signa
		präzis: credibile[94].

Im letzten Glied begegnen wir bereits Bonaventuras eigener, neuer Lösung, die wir noch genauer betrachten werden. Eine ganz selbständige Lösung ohne Vorbild in der zeitgenössischen Diskussion gibt *Fishacre*[95]:

Er teilt den ganzen Bereich des theologisch relevanten Seienden in drei einfache Elemente und drei daraus zusammengesetzte Gebilde ein:

	simplicia		composita	
	suprema:	deus	ecclesia	
natura	media:	rationalis creatura		Christus
	infima:	corpus	homo	

Von diesen sechs Arten des Seienden können nur die drei, die entweder das höchste Wesen selbst sind oder Anteil daran haben, Gegenstand der Theologie sein, und von diesen kann wiederum nur eine einzige ihre Sache darstellen. Zur Lösung des Problems zieht Fishacre eine aus den übrigen Wissenschaften (konkret: der Geometrie) gewonnene Differenzierung heran. Das Grundelement der Theologie (minimum et indivisibile) ist Gott, der Inbegriff aller Gegenstände (maxime compositum) ist Christus, die eigentliche Sache der Theologie ist jedoch jenes Eine, das aus den beiden

---

videtur, quod Christus integer, secundum quod saepe solemus dicere in psalmis ... Sed cum dicitur: Christus, qui est unctus, intelligitur pater unguens et filius et spiritus sanctus et membra Christi, tota ergo ecclesia, scil. secundum quod est catholica, id est universalis. Sed quomodo loquitur de daemonibus et de infidelibus, cum illi non pertineant ad ecclesiam? Propter quandam similitudinem naturae, quia in imagine pertranseunt.

[94] Q. 1 crp. Das Schema wird aufgenommen von *Peckham*, der das letzte Glied durch seine eigene Auffassung der Sache ersetzt; von *Wilhelm de la Mare*, dessen ganz andersartige Lösung darin keinen Platz findet; vom *Anonymus cod. Todi 39*, der im letzten Glied Bonaventuras und Peckhams Lösungen nebeneinander stellt.

[95] Nr. 18—20 (O¹ f.4ʳa).

oberen Elementen gebildet ist. Dieses Eine nennt Fishacre freilich nicht konkret (nach dem obigen Schema müßte es die Kirche sein); er beschreibt es nur als eine Sache, die der Theologie, insofern sie spekulativ ist, als ein Gegebenes vorliegt und in ihren Teilen und Eigenschaften von ihr betrachtet wird. Insofern die Theologie aber auf ein Handeln hin gerichtet ist, stellt die Sache ein Ziel dar, eine durch rechtes Handeln zu erreichende Einheit.

Fishacres Lösung fehlt freilich die Überzeugungskraft der Formel; ihr fehlt der knappe Begriff für die Sache, die allein eine Anerkennung bewirken könnte. Sie wird allein von *Kilwardby* aufgenommen, während *Richardus Rufus* sie neben anderen Lösungen wiedergibt[96], ohne sich für eine von ihnen entscheiden zu können[97].

Kilwardby zählt die ganze Reihe traditioneller Vorschläge auf und verteidigt ihr Recht[98]. Die Lösung der Franziskaner — Christus integer — scheint ihm am besten; aber er hält alle Ansichten für vereinbar, wenn man sie nur recht versteht[99]. Am Schluß gibt er dann noch kurz — ohne Begründung oder Verweis auf Vorgänger — eine Formel, die Fishacres Lösung zusammenfaßt: die Sache der Theologie ist das gnadenhaft aus der höchsten und der mittleren Stufe des Seienden gebildete Eine[100]. Später sagt er ausdrücklich, was dies Eine konkret ist: die ganze Kirche als Vereinigung Gottes mit dem Menschen ist Sache der Theologie als Spekulation, diese Vereinigung ist zugleich praktisches Ziel[101].

Die Lösungen, mit denen die frühen Franziskaner und die Oxforder Theologen aufwarten, haben offenkundige Schwächen: sie sind zu umfassend, neigen deshalb dazu, wieder zu zerfallen, und genügen nicht dem Anspruch, den man an den Begriff der Sache einer Wissenschaft stellt — den Mittelpunkt aller Betrachtung zu bilden. Damit spreche ich nicht ein Urteil des heutigen Betrachters aus, sondern fasse die Reaktion der nachfolgenden Generation auf die älteren Vorschläge zusammen.

---

[96] C. 4 (O² col. 4,22—34).   [97] C. 2, vgl. o. A. 79.

[98] Q. 1 a. 1 (ed. Stegm. 14—17).

[99] A. a. O. 17: Haec positio [scil. Christus integer] videtur ceteris potior, quia non ponit pro subiecto nisi principale subiectum. ... Omnes tamen positiones congruae sunt, si sane intelligantur.

[100] A. a. O. 17,24—26: Licet igitur multis modis quasi idem dictum sit, forte tamen optime nominabitur subiectum illud unum per gratiam ex suprema natura et media scil. rationali creatura.

[101] Q. 7 (ed. Stegm. 38,31—39,4): Ex iam dictis videtur congrue dici, quod subiectum speculationis in theologia sit tota ecclesia, scil. deus et rationalis electa natura et eorum coniunctio per gratiam et gloriam. Finis autem actionis erit coniunctio hominis electi cum deo in angelica societate per gratiam et gloriam.

4.53 Gott als die Sache der Theologie

Viele Autoren — es sind v. a. Dominikaner — begnügen sich mit der einfachen Unterscheidung von Sache und Gegenstand und verzichten auf weitere Differenzierungen. Sie alle nennen als Sache der Theologie Gott; freilich nicht immer Gott schlechthin, sondern unter bestimmten Gesichtspunkten, unter denen sein Bezug zu den Gegenständen deutlich wird, während alle übrigen Möglichkeiten unter den allgemeinen Gegenstandsbegriff fallen. Bei dieser Auffassung können sie auch Formulierungen der älteren Schemata benützen, in denen die Stellung Gottes ja mehrfach durch sein Verhältnis zu den übrigen Gegenständen gekennzeichnet ist.

Albert erklärt wohl als erster unter unseren Autoren Gott für die Sache der Theologie[102]. Er scheint dies in bewußter Abgrenzung gegen seine franziskanischen Kollegen in Paris zu tun, denn er erwähnt Christus (integer) nicht einmal in seiner Argumentation. Gott ist für ihn jedoch nicht schlechthin die Sache der Theologie, sondern insofern er Grund und Ziel all ihrer Gegenstände ist[103].

Mit dieser Lösung wirkt Albert in seinem Orden weiter. Sein Schüler *Ulrich von Straßburg* nimmt seine Formulierung wörtlich auf, fügt ihr aber auch noch eine Begründung bei: Theologie ist Wissenschaft vom Glauben, also ist ihre Sache identisch mit dem Gegenstand des Glaubens, und dieser ist Gott[104]. Ulrich führt auch in einer ausführlichen Darlegung die übrigen Gegenstände auf die eine Sache zurück: res et signa beziehen sich auf Gott als Ziel, das Erlösungswerk und Christus auf ihn als Grund[105].

Auf der gleichen Linie, aber durchaus selbständig, ist die Argumentation des Franziskaners *Walter von Brügge*. Er verzichtet sogar auf Alberts Eingrenzung und nennt Gott schlechthin die Sache der Theologie[106]. Er untermauert diesen Ansatz mit vier Gründen, von denen wir den ersten — die Etymologie — nicht weiter betrachten. Gott steht nach den übrigen

---

[102] Sent. a. 2.

[103] A. 2 crp.: non autem absolute tantum est subiectum, sed secundum quod ipse est alpha et ω, principium et finis (Formulierung aus Apok. 22,13).

[104] Tr. c. 2 (ed. Daguillon 30 f.): Subiectum vero huius scientiae est deus, inquantum ipse est ‚alpha et omega, principium et finis‘. Cum enim haec scientia sit scientia fidei, per quam ea intelliguntur, quae fide creduntur..., oportet illud esse eius subiectum, quod est fidei obiectum. Dies ist Gott als principium in operibus creationis et gubernationis et als finis specialiter attrahens sibi naturam humanam per opera redemptionis et diffusionis gratiarum et institutionis sacramentorum (31).

[105] A. a. O. 32 f.

[106] Tr. 1 q. 2 (ed. Beumer 374): per se et proprie loquendo deus est subiectum totius sacrae scripturae vel theologiae.

Ausführungen zu den Gegenständen der Theologie in dreifacher Beziehung:

1. Er ist ihr Seinsgrund, dagegen selbst von ihnen unabhängig.

2. Weil die Theologie ein habitus ist, muß man ihre Sache als Gegenstand eines habitus betrachten; weil sie einer ist, ist auch ihre Sache eine, an der die übrigen Gegenstände teilhaben, so daß sie die obiecta materialia heißen können.

3. Endlich ist er wegen seiner Unveränderlichkeit in sich selbst die allen anderen zugrunde liegende unterste Grundlage[107].

In derselben Tradition steht auch *Thomas* in der Summa (denn im Sentenzenkommentar vertritt er eine abweichende Lösung). Seine Gegenstandsbestimmung ist durchaus keine originale Leistung, aber sie zeichnet sich — wie die Ausführungen der Summa überhaupt — durch gehaltvolle Kürze und Klarheit aus. Thomas vergleicht — wie Walter und Ulrich — die Sache der Theologie mit dem Gegenstand des seelischen habitus: Wie dort dasjenige obiectum heißt, in dem die Merkmale gesammelt sind, unter denen sich die Fülle der Dinge auf ein Seelenvermögen oder einen habitus bezieht, so ist Gott die Sache der Theologie, weil alle Gegenstände der Theologie hier nur hinsichtlich ihrer Beziehung zu Gott behandelt werden[108].

Die Dominikaner nach Thomas nehmen diese Lösung ebenfalls auf, jedoch stehen sie offenkundig auch unter dem Eindruck der von Franziskanern vorgetragenen Anschauungen.

Petrus von Tarantasia nennt, nachdem er Alexanders und Bonaventuras Einteilungsschema vorgetragen hat, Gott die eigentliche Sache (subiectum intentionis) und begründet dies durch eine Reihe von Teildefinitionen bzw. Funktionsbestimmungen[109].

Hannibaldus und *Romanus* sind stark von Bonaventuras neuer Formulierung beeinflußt. Sie räumen ein, daß Gott unter einer gewissen Beziehung zum erfahrenden Subjekt Sache der Theologie ist: insofern er nämlich von uns durch den Glauben erkennbar ist[110].

---

[107] A. a. O. 374 f.:
1. deus est ratio vel potius causa existendi omnium determinatorum in hac scientia, nihil recipiens ab aliis;
2. vgl. o. A. 56;
3. deus est fundamentum omnium fundamentorum propter eius secundum se immutabilitatem.

[108] A. 7 crp.: Sic enim se habet subiectum ad scientiam, sicut obiectum ad potentiam vel habitum. Proprie autem illud assignatur obiectum alicuius potentiae vel habitus, sub cuius ratione omnia referuntur ad potentiam vel habitum ... Omnia autem pertractantur in sacra doctrina sub ratione dei: vel quia sunt ipse deus vel quia habent ordinem ad deum, ut ad principium et finem.

[109] A. 3 crp., vgl. o. A. 53.   [110] Vgl. u. 4.54 A. 124—26.

Zu Beginn der siebziger Jahre setzt ein neuer Abschnitt in der Diskussion ein, von dem wir hier nur noch den Anfang betrachten können: die Auseinandersetzung zwischen Heinrich von Gent und Aegidius von Rom, die sich bis zu Heinrichs Tod hinzieht und danach noch von Aegidius und Gottfried von Fontaines fortgesetzt wird[111]. *Aegidius* löst die Frage anhand der Unterscheidung von Theologie und Metaphysik. Beide haben Gott zum Gegenstand, aber sie handeln von ihm in verschiedener Hinsicht gemäß ihrem jeweiligen Charakter. Die Metaphysik ist eine allgemeine, die Theologie eine spezielle Wissenschaft[112]. Daher handelt die Metaphysik von Gott in allgemeiner Hinsicht, insofern er nämlich ein Seiendes und die allgemeine Ursache des Seienden ist. Die Theologie dagegen muß, wenn zwischen ihrem Arbeitsbereich und dem der Metaphysik keine Verwirrung entstehen soll, Gott unter den speziellen Gesichtspunkt stellen, unter dem sie alles betrachtet: ihre Sache ist Gott als derjenige, der den gefallenen Menschen wieder herstellt und zur Herrlichkeit führt[113]. Aus dieser Sicht erscheinen auch die übrigen Möglichkeiten, die in der bisherigen Diskussion genannt wurden, nicht als Beschreibungen der Sache, sondern der Gegenstände im allgemeinen[114].

Heinrich wendet sich ausdrücklich gegen die von Aegidius gemachte Einschränkung. In der allgemeinen Begründung seiner Ansicht, Gott sei die Sache der Theologie, beruft er sich wie Walter, Ulrich und Thomas auf den Zusammenhang wissenschaftlicher Erkenntnis mit der Erkenntnis im allgemeinen[115]. Darin geht er sachlich nicht über seine Vorgänger hinaus.

---

[111] Vgl. *P. W. Nash*, Giles of Rome . . ., 1956.

[112] Dies zeigt er in einer eingehenden Diskussion des Verhältnisses von Theologie und Metaphysik, Sent. q. 2.

[113] Q. 3 crp.: Metaphysik als scientia communis handelt von allem, also auch von Gott. Sed non potest esse, quod sub eadem ratione determinent de deo metaphysica et theologia, quia, si eodem modo determinarent, essent una scientia. Immo quaelibet determinabit de deo secundum modum suum. Cum igitur metaphysica sit scientia communis, determinabit de deo sub modo communi, inquantum scil. est ens et causa universalis entium. Theologia autem, cum sit scientia specialis, de his, de quibus determinat, determinabit sub speciali modo . . . Ista autem specialis ratio potest esse, inquantum [scil. deus] est principium nostrae restaurationis et consummatio nostrae glorificationis. . . . Metaphysica non considerat de deo principaliter per omnem modum, sed solum secundum aliquem modum . . . Sed theologia considerat de deo principaliter secundum omnem modum. . . . in theologia principaliter cognoscere deum intendimus ut nostrum restauratorem et glorificatorem.

[114] *Aegidius* nennt q. 3: res et signa, ens divinum, scibile per inspirationem; sodann: bonum salutare, Christus integer, opera restaurationis; zuletzt sogar Gott. Alle verdienen nur die allgemeine Gegenstandsbezeichnung.

[115] A. 19 q. 1 crp. C-D: subiectum sic se habet ad scientiam in cognitione intellectiva, sicut se habet obiectum per se alicuius actus ad actum sentiendi in cognitione. Quoniam, sicut obiectum est primum per se movens sensum ad actum sentiendi in cognitione sensitiva, ut color visum ad actum videndi, sic

Neu ist aber seine Auseinandersetzung mit Aegidius, dem er zwei Einwände entgegenhält:

Einmal, durch die Einschränkung der Sache auf Gott als Erlöser wird anderen Gegenständen der Platz in der Theologie bestritten. Das Schöpfungswerk, zum Beispiel, hätte in ihr keinen Raum, da es in keiner Beziehung zum Erlösergott steht, sondern nur zum Schöpfer[116].

Zum andern ist darin nicht die Sache der Theologie angegeben, sondern bereits ihr Ziel vorweggenommen. Die Bemühung um die Sache der Theologie ist ja der Fortgang von anfänglich unvollkommener Erkenntnis zu einer am Ende vollkommenen Erkenntnis dieser Sache. Sache unvollkommener Erkenntnis kann aber nur Gott schlechthin sein, während seine nähere Bestimmung als Grund unserer Wiederherstellung und Verherrlichung erst Ergebnis der Bemühungen von Erkenntnis und Glauben sein kann[117]. Gegen den Einwand, die Theologie handle doch tatsächlich vorzugsweise von Gott als Grund der Erlösung, verweist Heinrich zum Vergleich auf die Metaphysik. Auch sie betrachtet das Seiende hauptsächlich, insofern es Substanz ist, aber trotzdem ist ihre Sache nur das Seiende schlechthin und vor aller weiteren Differenzierung[118].

---

subiectum scientiae cuiuscumque est primum per se movens intellectum ad actum sciendi in cognitione intellectiva ... Quare, cum similiter in ista scientia deus est illud, quod primo habet movere in ea intellectum et per se, quia ad ipsum primo et principaliter notitiam dirigit..., cetera autem omnia non habent movere intellectum eius nec dirigunt aciem mentis ad ipsa cognoscenda, nisi inquantum in se habent aliquo modo rationem dei, secundum aliquem ordinem ad ipsum, aut quia sunt ab ipso, aut quia dirigunt ad ipsum, aut quia placent ipsi, aut quia habent in se effigiem aliquem ipsius etc. huiusmodi, necessarium est dicere absolute, quod deus sit subiectum huius scientiae per se, sicut color est per se obiectum visus.

[116] A. 19 q. 2 crp. Z: quidam alii... dicebant subiectum eius esse determinandum per respectum ad huiusmodi materiam, ut quod deus non simpliciter debeat dici subiectum huius scientiae, sed solum inquantum redemptor aut reparator. Quod nullo modo potest stare, ut dictum est supra [s. A. 117], quia tunc nullo modo opus creationis posset dici esse de hac scientia ut materia, cum non se habeat per aliquam relationem seu attributionem ad deum, ut est redemptor, sed solum, ut est creator.

[117] A. 19 q. 1 ad 1 E-F: Est enim deus subiectum huius scientiae quoad imperfectam cognitionem, quam scientia de ipso supponit, et est finis eius quoad perfectam cognitionem, quam de ipso quaerit. ... Et quia illa cognitio imperfectissima est dei, ut simplicissime et absolutissime consideratur, circa quem omnis ulterior notitia inquiritur tamquam aliquid pertinens ad finem huius scientiae, patet aperte, quoniam peccant dicentes, quod deus non est subiectum theologiae nisi sub aliqua conditione speciali, scil. ut est principium nostrae restaurationis et finis nostrae glorificationis. Si enim sub istis conditionibus deus esset subiectum in hac scientia, ista supponerentur in ea, non autem tractarentur, ut crederentur et scirentur circa deum ex ea. Et sic deus simpliciter omnino et absolutissime acceptus debet dici subiectum huius scientiae...

[118] A. 19 q. 1 ad 1 F: Metaphysica enim principalius considerat de ente sub

4.54 Neue Lösungen

Bereits im vorigen Abschnitt wurde das Bemühen vieler Autoren deutlich, die Sache der Theologie durch einen möglichst kurzen und zugleich umfassenden Begriff zu umschreiben, zu dem die Fülle der Gegenstände in geordneter Beziehung steht und von dem sie doch auch unterschieden ist. Einen solchen Ausdruck für die Sache als Bezugspunkt aller Gegenstände bildet der einfache Begriff Gottes. Der Versuch, seinen Inhalt zu erweitern (Aegidius), wird sogleich wegen der damit verbundenen Verengung seines Umfangs zurückgewiesen.

Wir treffen daneben in unseren Texten auf vier selbständige, von den traditionellen Möglichkeiten unabhängige Vorschläge, die Sache der Theologie durch einen neu gebildeten, den Bezugspunkt für die Gegenstände möglichst scharf treffenden und daher auch umfassenden Begriff zu bezeichnen.

Der älteste, am meisten beachtete und umstrittene Vorschlag formuliert die Sache der Theologie als das *credibile*. Das Wort begegnet m. W. erstmals bei Behandlung der Gegenstandsfrage in *Alberts* Sentenzenkommentar. Albert erwähnt darin die Meinung einiger antiqui, das credibile im allgemeinen Sinne sei die Sache der Theologie[119]: Diese Lösung scheint er nicht zu billigen, denn nach seiner Ansicht versteht man unter dem credibile im allgemeinen Sinne die Glaubensartikel sowie gewisse Voraussetzungen dazu und ethische Folgerungen aus beidem[120]. Die eigentliche Sache der Theologie ist dagegen Gott.

Für *Bonaventura*, der das Wort wieder aufnimmt, hat credibile dagegen eine weitere Bedeutung: es ist der Glaubensgegenstand im allgemeinen. Bonaventura setzt nun aber nicht, wie es später Walter, Ulrich und Thomas tun, diesen Glaubensgegenstand zunächst in Analogie zur Sache der Theologie und dann mit ihr gleich, sondern als der Autor, der wohl am klarsten von vornherein zwischen Sentenzen und hl. Schrift unter-

---

ratione substantiae quam accidentis... Et tamen non debet dici, quod subiectum metaphysicae sit ens sub ratione substantiae, sed potius ens inquantum ens simpliciter dictum.

[119] Es ist ungewiß, wen er damit meint. Antiqui verweist im Sprachgebrauch des 13. Jh. und v. a. Alberts nicht in ferne Zeiten, sondern es meint bereits jüngst verstorbene oder auch nur wenig ältere Zeitgenossen (vgl. o. S. 38 A. 105 f.). Wir dürfen Alberts Äußerung aber wohl entnehmen, daß manche Problemstellung und mancher Lösungsweg schon lange innerhalb der Schule vorgetragen und diskutiert wurden, bevor sie ihren Niederschlag in der Literatur fanden.

[120] A. 2 crp.: sic quidam antiqui dixerunt, quod credibile generaliter acceptum est subiectum theologiae. Voco autem credibile generaliter acceptum praeambulum articulo, sicut deum esse veracem, deum esse, sacram scripturam a spiritu sancto esse factam, scripturam non posse excidere et huiusmodi. Et similiter articulos... Et etiam illud, quod sequiter ad illa duo ex parte bonorum morum.

scheidet, führt er einen dreifachen modus vor, in dem das credibile in Erscheinung tritt:

1. Als unmittelbar ansprechende Wahrheit ist es Gegenstand des Glaubens schlechthin.

2. Insofern es durch das Gewicht der Autorität gestützt wird, ist es Inhalt der hl. Schrift.

3. Insofern ihm aber über den unmittelbaren Wahrheitsanspruch und die Autorität hinaus noch vernünftige Überzeugungskraft zukommt, ist es die Sache der in den Sentenzen verkörperten Theologie[121].

Bonaventuras Lösung wird zwar nicht uneingeschränkt wieder aufgenommen, aber sie wirkt bei mehreren Autoren weiter. *Peckham*[122] und *Wilhelm de la Mare*[123] erwähnen sie zustimmend, ersetzen sie jedoch sogleich durch andere, eigene Lösungen. *Hannibaldus* führt aus, die eigentliche Sache der Theologie sei Gott, wie er von uns mittels des Glaubens erkannt werden kann. Dieser Bestimmung entspreche seine Bezeichnung als credibile[124]. *Romanus* beschreibt zunächst im Hinblick auf alle vier causae, wie Gott die Sache der Theologie ist[125]. An späterer Stelle, in der

---

[121] Q. 1 ad 5—6: alio modo est credibile obiectum virtutis, alio modo scientiae. Credibile enim, secundum quod habet in se rationem primae veritatis, cui fides assentit propter se et super omnia, pertinet ad habitum fidei; secundum quod super rationem veritatis addit rationem auctoritatis, pertinet ad doctrinam sacrae scripturae...; sed secundum quod supra rationem veritatis et auctoritatis addit rationem probabilitatis, pertinet ad considerationem praesentis libri, in quo ponuntur rationes probantes fidem nostram. crp.: Possumus et unico vocabulo nominare; et sic est credibile, prout tamen credibile transit in rationem intelligibilis, et hoc per additionem rationis, et hoc modo, proprie loquendo, est subiectum in hoc libro.

[122] Q. 1 a. 1 crp.: Sed quod dicitur [dicit: F²] verum credibile esse subiectum commune, melius diceretur forte de bono salutari (F² f.2ᵛa; N f.2ᵛa).

[123] Q. 3 a. 1 crp. führt er *Bonaventuras* Schema an. Das quoddam commune in omnibus repertum teilt er wie Bonaventura ein:

        sub disiunctione: res et signa
        sub coniunctione: credibile   (F¹ f.4ʳa).

[124] A. 2 crp.

[125] Tr. 1 q. 3 crp. (VP f.2ᵛb): Ita credo in speculativis illud esse subiectum, cuius cognitio principaliter intenditur in scientia. ... Illud autem, cuius cognitio principaliter in hac scientia intenditur, est deus, ut patebit. Dico ergo sine praeiudicio [scil. melioris sententiae], quod deus est subiectum in hac scientia. Dieser Satz wird durch vier Beweisgänge gestützt:
Quod de deo principaliter in hac scientia determinatur, patere potest ex primis [principiis: Beumer], quae sunt quasi instrumenta huius scientiae. Idem est enim obiectum principiorum et subiectum scientiae, quia nihil aliud est scientia nisi explicatio quaedam eorum, quae virtute et implicite in ipsis principiis continentur. Cum ergo deus sit principale obiectum principiorum huius scientiae, quae sunt articuli fidei, oportet dicere, quod deus est principale subiectum huius scientiae.
Idem patet ex fine huius scientiae. Ad morum enim instructionem et nostram

Antwort auf die Argumente, nimmt er dann aber Hannibalds Formulierung fast wörtlich auf. Dazu fügt er im Anschluß an Bonaventura hinzu,
daß sich das credibile als Glaubensgegenstand und das credibile als Sache
der Theologie durch ihren verschiedenen Bezug zum erfahrenden Subjekt
unterscheiden[126].

In der Tat liegt die Eigenart von *Bonaventuras* Lösung darin, daß das
von ihm als Sache der Theologie formulierte credibile seinen bestimmten
modus durch seine Beziehung zum Subjekt erhält: als ein Gegenstand des
Glaubens, der durch die Vernunft in gewisser Weise eingesehen werden
kann.

Auf dieses Moment geht auch die spätere sachliche Kritik ein. *Walters*
Bedenken können wir kurz abtun. Er wendet gegen Bonaventuras Formel, die nach ihm von einigen Autoren dem Petrus Lombardus zugeschrieben wird, nur ein, daß der Lombarde sie gar nicht kenne[127]. Viel gewich-
tiger ist *Heinrichs* Argumentation gegen den Vorschlag eines ens credibile. Heinrich räumt zwar ein, daß die Theologie ihre Gegenstände betrachtet, insofern sie credibilia sind. Aber dieser Gesichtspunkt hat überhaupt nichts mit den Gegenständen zu tun, sondern betrifft lediglich das
subjektive Moment, d. h. die Betrachtungsweise. Dem hält Heinrich entgegen, die Eigenart des Gegenstandes werde nicht durch das betrachtende
Subjekt bestimmt, sondern ruhe in sich selbst[128]. Am Schluß nimmt Hein-

---

beatitudinem, quae sunt finis huius scientiae, nihil principalius et directius du-
cit quam dei cognitio.
Idem patet ex modo agendi. Illud enim est subiectum in scientia, sub cuius ratione omnia in scientia considerantur ...
Idem patet ex materiae huius scientiae conditione. Inter omnia enim, quae
sunt materia huius scientiae, deus est nobilius ...

[126] Tr. 1 q. 3 ad 4 (VP f.3^{r}a): quasi idem est dicere, quod deus, inquantum
est cognoscibilis per fidem in se et in suius effectibus, sit subiectum, et quod
ens credibile sit subiectum. Quod opponitur, quod credibile est obiectum fidei,
dico, quod alia ratione est obiectum fidei et subiectum huius scientiae. Unde
advertendum est, quod deus, ut habet rationem primae veritatis, cui assentiendum, est obiectum fidei et principium theologiae, sed ut ipsa veritas quodammodo est investigabilis et intelligibilis per rationes in se et in suis effectibus,
est subiectum theologiae.

[127] Tr. 1 q. 2 arg. 5 (ed. Beumer 373,38—374,2): Quinta [scil. opinio] est
magistri, ut dicunt quidam. Et est, quod credibile sit subiectum huius scientiae,
quod colligunt ex hoc, quod magister dicit, quod propositum suum est fidem
nostram clipeis Daviticae turris munire, i. e. id, quod credimus, auctoritatibus
confirmare; ad 5 (a. a. O. 376,13): dic, quod falsum imputatur magistro, ut
puto.

[128] A. 19 q. 2 crp. B—C: Ex quo etiam patet, quod non valet assignatio, qua
alii assignant subiectum commune ens credibile. Licet enim nihil consideretur
[-atur: ed.] in hac scientia nisi sub ratione credibilis, illa tamen est unius
eorum, quae considerantur in hac scientia, et primo ei convenit secundum propriam rationem suam, ut deo, secundum quod deus est, qui est primum credibile. Et praeterea ratio credibilis non dicit rem aliam consideratam, sed mo-

rich zu den Formulierungen seiner Vorgänger Stellung. Wenn man die Sache der Theologie nicht an sich erfaßt, sondern unter dem Gesichtspunkt, wie sie dem Betrachter erscheint, dann ist die Beschreibung „Gott, insofern er Glaubensgegenstand ist" (Hannibaldus, Romanus) angebracht, nicht dagegen die Bestimmung als „Glaubensgegenstand schlechthin" (Bonaventura)[129].

Nur wenige Jahre nach Bonaventura prägt *Thomas* in seinem Sentenzenkommentar wieder eine neue Formel, in der ich einen Versuch sehen möchte, Bonaventuras Ansatz aufzunehmen, aber stärker abzusichern. Thomas formuliert die Sache der Theologie als *ens divinum cognoscibile per inspirationem*, begründet allerdings nur die eine Hälfte dieser Formel, indem er auf die Beziehung aller Gegenstände auf Gott verweist[130]. Seine einseitige Begründung verleitet manche Interpreten, den Ausdruck auf ens divinum zu verkürzen. In Wirklichkeit enthält er aber drei Momente, die auch später von verschiedenen Autoren getrennt kritisiert werden und die wir deshalb gesondert vornehmen.

1. Mit *ens divinum* sucht Thomas offenbar den konkreten Gottesbegriff durch einen allgemeineren zu ersetzen, der auch der philosophischen Terminologie entspricht. Dieser Begriff wird verschieden kritisiert. *Aegidius* lehnt ihn ab, weil er für seine Auffassung von der Theologie als einer speziellen Wissenschaft zu allgemein ist: Unter ihn fallen alle Gegenstände der Theologie[131]. Wieder anders argumentiert *Heinrich*: Das ens divinum mag durchaus allen Gegenständen der Theologie gemeinsam sein, aber es ist doch einem unter ihnen eigentümlich, nämlich Gott. Da-

---

dum considerandi solum, et communitas subiecti et ratio eius non est sumenda ex parte modi considerandi, sed ex parte rei consideratae. Ex quo ulterius patet, quod licet deus non consideretur [-atur: ed.] in hac scientia nisi sub ratione, qua cognoscibilis est per fidem et credibile quoddam, non tamen, secundum quod aliqui aestimare possent, deus debet hic poni subiectum non simpliciter, sed cum determinatione credibilis... Hoc enim non est conveniens dicere, quia illa determinatio credibilis non dicit nisi modum cognoscendi ex parte cognoscentis. Ratio autem subiecti non debet determinari nisi per id, quod de ipso est cognoscibile in scientia.

[129] A. 19 q. 2 crp. C: Et sic, quantum est ex parte modi considerandi, posset dici subiectum huius scientiae, non simpliciter, i. e. secundum omnem modum considerandi, sed cum determinatione alicuius modi considerandi particularis, dicendo quod deus est subiectum huius scientiae, inquantum habet rationem credibilis, ut dictum est, non tamen (ut similiter dictum est) debet credibile simpliciter poni subiectum.

[130] A. 4 crp.: Si autem volumus invenire subiectum, quod haec omnia comprehendat, possumus dicere, quod ens divinum cognoscibile per inspirationem est subiectum huius scientiae. Omnia enim, quae in hac scientia considerantur, sunt aut deus aut ea, quae ex deo et ad deum sunt, inquantum huiusmodi.

[131] Q. 3 crp.: Item ens divinum non est subiectum in sacra pagina, cum omnia contineantur sub ente divino accipiendo ens divinum, ut isti accipiunt, scil. per essentiam, per participationem, per unionem et per significationem.

her muß Gott und nicht ein auf ihn bezügliches Allgemeines als Sache der Theologie angesehen werden[132].

2. In der Näherbestimmung dieses Seienden als eines Erkenntnisgegenstandes, der *durch Inspiration vermittelt* wird, scheint Thomas in gewissem Sinne bei Bonaventura anzuknüpfen. Sache der Theologie ist nicht ein Seiendes an sich, sondern insofern es in seiner Beziehung zum erkennenden Subjekt betrachtet wird. Damit setzt sich Thomas einer ähnlichen Kritik aus, wie sie gegenüber Bonaventuras Lösung vorgetragen wird. Tatsächlich weist auch eine anonyme Liste von Lehrdifferenzen aus den achtziger Jahren auf eine kritische Stimme hin, die gerade an der Subjektbezogenheit der Bestimmung Anstoß nimmt: Die Art, wie das Subjekt seine Sache aufnimmt, trägt nichts zur näheren Bestimmung dieser Sache bei[133].

3. Dadurch, daß Thomas in seiner Formel auf die Inspiration als Quelle aller Erkenntnis der Sache der Theologie hinweist, will er diese jeder im Anteil des Subjekts liegenden Unsicherheit entheben und in einer unbezweifelbar vorgegebenen Instanz begründen. Die Berufung auf die dem Subjektbereich vorgelagerte und entzogene Offenbarung bzw. Inspiration durchzieht, wie wir noch beobachten werden, die gesamte theologische Wissenschaftstheorie des Thomas. Damit stellt Thomas einen Gedanken in den Vordergrund, der an sich Allgemeingut seiner Zeit ist, aber in unserem Zusammenhang ganz unterschiedlich herangezogen wird. Die Inspiriertheit theologischen Wissens wird denn auch von niemand bestritten, aber ihre Einbeziehung in die Bestimmung der Sache der Theologie stößt auf Kritik. So bemängelt *Aegidius*, daß dadurch der Sachbegriff einen zu großen Umfang erhält, denn alles Wissen kann durch Inspiration mitge-

---

[132] A. 19 q. 2 crp. B: Quare, cum ea, quae considerantur in hac scientia, non considerantur in ea secundum rationem aliquam communem, quae non sit propria alicuius illorum, quae in ea considerantur, ratio vero esse divini, etsi communis sit omnibus quodammodo, ut dictum est, illa tamen est per se propria alicui illorum, scil. deo, et non convenit aliis nisi per attributionem ad deum, deus igitur ipse, non aliquid commune secundum rationem communem ad ipsum et ad alia acceptum, debet poni hic subiectum; modo contrario ei, quod contingit in prima philosophia, ubi ens simpliciter, non aliquid ens unum, subiectum ponitur, ut dictum est. (Man beachte aber, daß das Beispiel sich hier gegen den weiteren Begriff richtet, während es in der o. A. 117 zitierten Stelle gegen die Verengung des Gottesbegriffes eingesetzt wurde!)

[133] [Thomas... tenet...] In Scripto autem, quod ens divinum scibile per revelationem. Sed contra hoc arguit Ysodorus, quia illud, quod se tenet ex parte scientis, non specificat subiectum ... Scitum autem per revelationem tenet se ex parte scientis, cui fit revelatio, ergo ex hoc non specificatur subiectum. Unde, cum ens sit subiectum metaphysicae, videntur sic ponentes ponere idem subiectum utriusque scientiae. (A. Dondaine, Un catalogue de dissensions doctrinales..., 1938, 379.)

teilt werden, und auch die Theologie enthält viel durch Inspiration Gewußtes, das nicht Sache der Theologie ist[134].

Eine wieder andere Lösung schlägt *Peckham* vor. Er erwähnt die Formel Bonaventuras als verum credibile mit einer gewissen Zustimmung, ersetzt sie aber sofort durch seine neue: *bonum salutare*. Unter diesem Begriff sind sämtliche Gegenstände der Theologie zusammengefaßt: das bonum salutare ist das Allgemeine, dem sie alle untergeordnet sind und zu dem sie alle in verschiedenartiger Beziehung stehen[135].

Wilhelm de la Mare endlich bietet eine von den bisherigen völlig verschiedene Bestimmung der Sache, die von seiner Auffassung vom Wissenschaftscharakter der Theologie bestimmt ist. Für Wilhelm ist die Theologie, die er sehr gern als sacra scriptura bezeichnet und wohl auch oft mit der hl. Schrift gleichsetzt, streng genommen nicht Wissenschaft, sondern Gesetz[136]. Das Gesetz hat aber ein doppeltes subiectum: einmal eine Sache, die es vorschreibt: dies ist die Gottesverehrung (*cultus divinus*); zum andern einen Gegenstand im weiteren Sinne, der alles umfaßt, womit sich die Gottesverehrung beschäftigt (durch res et signa kurz bezeichnet)[137].

---

[134] Q. 3 crp.: Tertia positio est: quod subiectum in sacra pagina est scibile per inspirationem. Nec ista, ut apparet, subiectum accipit proprie, quia quodlibet per inspirationem sciri posset. Praeterea multa per inspirationem habemus in sacra pagina, quae non sunt subiectum in ea nec etiam pars subiecti.

[135] Q. 1 a. 1 crp. (F² f.2ᵛa; N. f.2ᵛa): sed quod dicitur [dicit: F²] verum credibile esse subiectum commune, melius diceretur forte de bono salutari, quia bonum magis attinet [ad: +N s. l.] rationem subiecti, ut infra [− F²] patebit. Est igitur theologia de deo ut subiecto radicali, de Christo integro ut subiecto quasi integrali, de bono salutari ut [de: +F²] subiecto universali. Bonum enim salutare includit omnia, de quibus theologia intendit, quia deus est bonum salutare principaliter et causaliter, Christus caput nostrum radicaliter, praecepta, prohibitiones [-is et: +F²], consilia et huiusmodi, sed et sacramenta, instrumentaliter, sed differenter, ut infra [ita: N] patebit, miracula et exempla occasionaliter, virtus et beatitudo formaliter, angelus et mundus sensibilis ministerialiter, poenae et [− F²] supplicia accidentaliter ... In bono igitur salutari omnia haec includuntur, et ideo sine praeiudicio hoc verissime ponitur subiectum huius scientiae.

[136] Q. 3 a. 1 crp. (F¹ f.5ʳa): Mihi autem sine praeiudicio videtur, quod cultus divinus est subiectum propinquum in tota sacra scriptura, res et signa subiectum remotum. Ad hoc autem sciendum, quod sacra scriptura proprie loquendo non est scientia, sed lex et per modum legis.

[137] A. a. O. (F¹ f.5ʳa): In legibus autem dupliciter contingit assignare subiectum, scil. ipsum officium, quod lex praecipit, vel obiectum, circa quod ipsum officium versatur. ... Secundum hoc in sacra scriptura est ponere duplex subiectum: subiectum propinquum, scil. ipsum officium, quod praecipit, hoc est cultus divinus. Tota enim sacra scriptura hoc intendit in praeceptis et prohibitionibus, scil. promissionibus et comminationibus, in exhortationibus et exemplis. In omnibus intendit cultum divinum. Subiectum vero remotum est omne illud, circa quod versatur cultus divinus, et haec sunt res et signa.

4.6 Der Gegenstand von Theologie, hl. Schrift und Sentenzen

Bereits bei der Erörterung des ersten großen Problemkomplexes wird die Problematik des Theologiebegriffs im 13. Jh. faßbar. Ich habe bisher ohne nähere Begründung regelmäßig von Gegenstand und Sache der Theologie geredet, und nur in Bonaventuras Lösung kam die Unterscheidung von hl. Schrift und Sentenzen zur Sprache. Drei der traditionellen Möglichkeiten: Christus, opera restaurationis und das hermeneutische Deuteschema res et signa, sind aus der hl. Schrift gewonnen, werden aber von unseren Autoren ohne weiteres auf die Gegenstände oder Sache der theologischen Wissenschaft übertragen. Die Frage legt sich nahe, ob und wie weit unsere Autoren überhaupt auf das Verhältnis von Theologie und hl. Schrift reflektieren. Die meisten scheinen keinen Unterschied zwischen beiden zu machen. Sie bestimmen Gegenstände und Sache der Theologie anhand der hl. Schrift oder im unbestimmten und begrifflich ungeschiedenen Hin- und Hergehen zwischen hl. Schrift und einem ganz weiten, von der hl. Schrift bis zur gegenwärtigen theologischen Arbeit reichenden allgemeinen Theologiebegriff. Nur Bonaventura fragt thematisch allein nach dem Gegenstand der Sentenzen und meint darin offenbar den Gegenstand der Theologie zu fassen. Peckham, Wilhelm de la Mare und im Anschluß an sie der Anonymus des cod. Todi 39 widmen dem Gegenstand der Sentenzen eine zusätzliche thematische Quaestion, während Fishacre und Kilwardby sich beiläufig dazu äußern. Da unsere Autoren nirgends thematisch den Theologiebegriff erörtern, müssen wir aus den vorliegenden Fragekomplexen die Teile zu einer Herausarbeitung dieses Begriffs zusammensuchen. Den ersten Beitrag liefert die Behandlung der Gegenstandsfrage.

Bonaventura bestimmt die Sache der in den Sentenzen verkörperten Theologie als den Glaubensgegenstand, insofern ihm über den unmittelbaren Wahrheitsanspruch und die autoritative Stützung hinaus noch Wahrscheinlichkeit oder — wie er an anderer Stelle sagt — vernünftige Einsichtigkeit eignet[138]. *Peckham* nimmt diese Lösung auf, sagt sie aber von Gott aus. Er betont dabei, daß sich der Gegenstand in Glauben, hl. Schrift und Sentenzen nicht sachlich, sondern nur hinsichtlich der Beziehung zum Subjekt, d. h. seiner Aufnahme- und Behandlungsweise unterscheide[139]. An anderer Stelle sagt er, die Sache von hl. Schrift und Senten-

---

[138] Q. 1 ad 5—6: secundum quod supra rationem veritatis et auctoritatis addit rationem probabilitatis; crp.: prout tamen credibile transit in rationem intelligibilis, et hoc per additionem rationis.

[139] Q. 1 a. 1 ad 1b (nach N f.2^{v}a; F^2 ist lückenhaft): Non oportet obiectum diversorum habituum differre re, sed ratione tantum. Quod patet, quod deus obiectum est trium virtutum theologicarum, deus autem vel veritas aeterna aliter est subiectum scientiae et aliter obiectum virtutis. Veritas enim summa, inquantum summa, est obiectum fidei, inquantum vero per doctrinam communicabilis, est subiectum scripturae sacrae, inquantum ulterius ratione

zen sei dieselbe, dagegen unterschieden sich ihre Gegenstände in ihrer Struktur so, daß die hl. Schrift die großen Taten Gottes an einzelnen Geschehnissen darstelle, während die im Sentenzenbuch enthaltene Wissenschaft vom Allgemeinen handle[140].

Wilhelm de la Mare betont ebenfalls die Identität der Sache der hl. Schrift und der in den Sentenzen enthaltenen Theologie. Der einzige Unterschied, den man nachweisen könnte, betrifft nicht den Sachgehalt, sondern die der Verschiedenheit von Gesetz und Gesetzesauslegung entsprechende Betrachtungsweise bzw. Methode[141].

Einen Hinweis verdienen noch die beiläufigen Bemerkungen Kilwardbys und Fishacres.

Kilwardby verneint die Frage, ob man anderes behandeln dürfe als das, was der biblische Kanon enthält, d. h. ob die Theologie über die Gegenstände der hl. Schrift hinaus eigene Themen habe[142].

Bei *Fishacre* schließlich treffen wir noch auf den Nachklang einer Formel des 12. Jh. Er verteilt die in der hl. Schrift ununterschieden enthaltenen Themen in zwei große Gruppen: ethische Themen werden in den biblischen Vorlesungen der Magistri, Glaubensfragen im Sentenzenbuch behandelt[143]. In dieser Unterscheidung lebt ein im 12. Jh. gebrauchtes Gliederungsschema nach[144]. Spätestens an dieser Stelle muß uns auffallen, daß die theologische Wissenschaftstheorie des 13. Jh. die im 12. Jh. so

---

explicabilis, subiectum libri sententarium, sicut etiam fides et donum intellectus habent idem obiectum.

[140] Q. 1 a. 2 crp. (F² f.2ʳbf.; N f.2ʳb): Materia igitur de qua eadem est scripturae sacrae et huius scientiae. Materia circa [contra: N] quam differt quodam modo, quia scriptura sacra explicat dei magnalia magis circa gesta particularia, quae [tum: +N] re vera sunt significatione universalia, sed scientia huius libri sententiarum particularibus dimissis sistit circa universalia universaliter accepta.

[141] Q. 3 a. 2 crp. (F¹ f.5ʳa): dicendum, quod subiectum huius scientiae et sacrae scripturae unum et idem est; (F¹ f.5ʳb) Sic ergo patet, quid sit subiectum huius doctrinae, quia remotum res et signa, propinquum cultus divinus. De eodem ergo, de quo est sacra scriptura per modum legis, de eodem est praesens doctrina per modum scientiae sive per modum expositionis. Si cui placet modus iste, potest respondere ad illa argumenta, quae habentur in scripto, quod deus est huius doctrinae subiectum sive credibile.

[142] Q. 1 a. 3 c. 1 crp. (ed. Stegm. 25): Non debemus inquirere aliud, id est contrarium, sed eorum, quae ibi sunt, intellectum et expositionem.

[143] Nr. 25 (O¹ f.4ʳb): Una ergo pars est de sanctis moribus, alia de quaestionibus circa fidem difficilibus... Utraque fateor harum partium in sacro scripturae sacrae canone, sed indistincte, continetur.

[144] Vgl. z. B. den Beginn der *Ps.-Poitiers-Glosse* zu den Sentenzen: Summa divinae paginae in credendis consistit et agendis, id est in fidei assertione et morum confirmatione (R.-M. Martin, Notes..., 1931, 63). Weitere Belege bei M. Grabmann, Schol. Methode 1,242; 2,483 A. 3; 494 f.; 504.

verbreiteten Schemata über die Themen der Theologie, die zugleich den Aufbau der systematischen Werke bestimmen[145], in ihrer Diskussion über den Gegenstand der Theologie überhaupt nicht in Betracht zieht.

---

[145] Vgl. Gliederungen nach dem Schema: fides — spes — caritas; fides — caritas — sacramentum; u. ä.

5. DIE EINHEIT DER THEOLOGIE

5.1 Das Problem: Infragestellung der Einheit[1]

Unsere Autoren sind durchweg der Ansicht, die Theologie könne wie jede andere Wissenschaft nur eine einzige und ungeteilte sein. Diese Voraussetzung gilt jedoch nicht fraglos, sondern sie muß gegen gewisse Einwände nachgewiesen werden.

Bevor wir die Argumentation verfolgen, blicken wir noch einmal auf den Zustand der Theologie im 13. Jh. zurück. Liegen hier Ansatzpunkte zu einer Gefährdung der Einheit der Theologie vor? In der Neuzeit ist die Einheit der konkreten theologischen Arbeit in Gefahr geraten, während das allgemeine theologische Selbstbewußtsein sie gewöhnlich ohne weiteres voraussetzt. In der theologischen Wissenschaft hat sich jedoch eine tiefe Kluft zwischen historischer und systematischer Arbeit aufgetan. Nach ihrer Zielsetzung und Methode haben sich die Disziplinen innerhalb der theologischen Fakultät gespalten. Man ist versucht, den Zustand der mittelalterlichen Theologie von der heutigen Problemlage her zu verstehen. Aber in Wirklichkeit gibt es wenigstens bis zu der von uns betrachteten Zeit die genannte Frontstellung nicht, v. a. deshalb, weil die Zeit keine eigentlich historische Auffassung kennt. Natürlich finden wir gelegentliche Ansätze zu historischer Behandlung etwa einander widersprechender auctoritates[2], aber dahinter stehen keine selbständigen historischen Fragestellungen und Interessen. Ferner kennt das 13. Jh. — wenn wir nur die Grundformen des Unterrichts ins Auge fassen — verschiedene Weisen, Theologie zu betreiben: Kommentierung der hl. Schrift, der Sentenzen und anderer Bücher als Inhalt der Vorlesung und Diskussion von Fragen in der Disputation. Die Zeitgenossen sehen zwischen diesen Verfahren auch Unterschiede und setzen mancher Neuerung heftigen Widerstand entgegen. Ich verweise nur auf die schon erwähnte Kritik Roger Bacons an der Einführung der Sentenzenvorlesung und an dem Gebrauch von quaestiones[3]. Aber einmal sieht man darin keinerlei Gegensatz zwischen histori-

---

[1] Vgl. *A. Lang*, Prinzipienlehre, 1964, der 169—75 nützliche Hinweise auf die Aufgliederung der Theologie in der Spätscholastik gibt, allerdings 167 f. unzureichende und irreführende Angaben über das 13. Jh. macht.

[2] Vgl. z. B. *Abaelards* Einleitung zu Sic et non.

[3] Opus minus: Unum [scil. peccatum] est, quod philosophia dominatur in

scher und systematischer Methode, sondern den unzulässigen Gebrauch philosophischer Elemente in der Theologie; zum andern fürchtet man dabei auch keineswegs für die Einheit der Theologie, sondern für ihre Existenz schlechthin. In der Tat ist die Einheit der Theologie in dieser Zeit von ihrer Arbeitsweise her auch gar nicht gefährdet. Es wäre ganz falsch, zwischen der Erklärung literarischer Werke (v. a. der Bibelauslegung) und problemorientierten Quaestionen bzw. selbständig aufgebauten Summen einen Gegensatz historischer und systematischer Arbeit anzusetzen. In Wirklichkeit ist alle Theologie dieser Zeit — auch die Schriftauslegung — systematisch, und eine selbständige, vom systematischen Interesse losgelöste historisch-antiquarische Arbeit, wie sie für die Neuzeit so kennzeichnend ist, fehlt ihr völlig. Alle Theologie ist systematisch, d. h. sie ist durchaus aktualistisch und sucht stets — ob im Kommentar oder in freier Diskussion — den behandelten Stoff auf das gegenwärtige Problembewußtsein zu beziehen und seine Gegenwartsbedeutung aufzuweisen. Die sogenannten systematischen Werke der Zeit unterscheiden sich von den Bibelkommentaren v. a. durch eine selbständige Anordnung des Stoffes.

Für diesen Sachverhalt sind die Ausführungen *Fishacres* gegen Ende seiner theologischen Einleitungslehre bezeichnend[4]. Sie sind deshalb so aufschlußreich, weil Fishacre sich darin — im Unterschied zu den meisten anderen Autoren — konkret über den Studienbetrieb seiner Zeit äußert. Nach Fishacre handelt die Theologie von den zwei Gegenstandsbereichen Glaube und Sitte. Sie hat demnach zwei Teile: der eine will zum rechten Handeln anleiten, der andere schwierige Glaubensfragen erörtern. Beide sind ununterschieden in der hl. Schrift enthalten, aber sie werden in zwei getrennten Unterrichtsveranstaltungen, durch Kommentierung biblischer Schriften und durch Diskussion schwieriger Fragen in der Sentenzenerklärung, vergegenwärtigt. Fishacre stellt diese Ausführungen unter den Gesichtspunkt der causa formalis, unter dem er Einheit und Einteilung der

---

usu theologiam... maior pars omnium quaestionum in summa theologiae est pura philosophia, cum argumentis et solutionibus (322 f.). Quartum peccatum est, quod praefertur una sententia magistralis textui facultatis theologicae, scil. liber sententiarum (328). Item impossibile est, quod textus dei sciatur propter abusum libri sententiarum. Nam quaestiones, quae quaeri deberent in textu ad expositionem textus, sicut fit in omni facultate, sunt iam separatae a textu (329).

[4] Nr. 25 (O¹ f.4ᵛb): Una ergo pars est de sanctis moribus, alia de quaestionibus circa fidem difficilibus... Utraque fateor harum partium in sacro scripturae sacrae canone, sed indistincte, continetur. Verumtamen tantum altera pars, scil. de moribus instruendis, a magistris modernis, cum leguntur sancti libri, docetur. Alia tamquam difficilior disputationi reservatur. Haec autem pars difficilior de canone sanctarum scripturarum excerpta in isto libro, qui sententiarum dicitur, ponitur. Unde non differt haec legere et disputare.

118

Theologie betrachtet[5]. Es ist nun bezeichnend, daß die wiedergegebene Unterscheidung unter dem zweiten Gesichtspunkt der Einteilung der Theologie steht, ohne daß Fishacre dadurch auch nur im geringsten die Einheit der Theologie in Frage stellt. Es handelt sich dabei um zwei Teile der einen Theologie, deren Einheit im vorangehenden Abschnitt[6] unter einem ganz anderen Gesichtspunkt in Frage gestellt und bekräftigt worden ist: unter dem des Gegenstandes.

Auch *Kilwardby*, der nach Fragen zur Einheit der Theologie, die an die Gegenstandsbestimmung anknüpfen, kurz auf die nach Themen gegliederten Schriften der Theologen eingeht, sieht darin keine Gefährdung der Einheit der Theologie, sondern fragt, weshalb die hl. Schrift diese Themen durcheinander und ungetrennt behandelt[7].

Das einzige Argument, das regelmäßig und ernsthaft gegen die Einheit der Theologie ins Feld geführt wird[8], ist der aristotelischen Wissenschaftstheorie entnommen:

---

[5] Nr. 2 (O[1] f.3[r]a): [videamus] ... unitatem et divisionem, quod spectat ad causam formalem.

[6] Nr. 22–24: De unitate autem huius scientiae...; darauf folgt Nr. 25–26: Divisio autem huius scientiae sic est.

[7] Q. 1 a. 2 c. 4 (ed. Stegm. 19 f.): Cum cadant [scil. creator et creatura] in eandem scientiam, quare non facit canon scripturae distinctos tractatus de illis, sed confuse et commixtim tractat de eis, scil. de deo et de natura humana? (ed. Stegm. 24 f.): Antwort: hoc forte fit ad designandum, quod non intendit de illis nisi prout constituunt unum per gratiam... Magistralia tamen scripta difficilia quaeque eruentia et pro posse determinantia distinguunt de illis diversos tractatus propter utilitatem ecclesiae et haereticorum confutationem, sicut fecit magister sententiarum in praesenti libro.

[8] Nur selten werden andere Einwände vorgetragen:
1. hinsichtlich der Quellen: Verschiedenheit der biblischen Schriften (*Anonymus Vat. lat. 782, f. 123 f.*, q. 2 argg. 2–4, f.123[v]a);
2. hinsichtlich der Verifikation: der teils praktische, teils spekulative Charakter der Theologie (*Anonymus Vat. lat. 782, f. 123 f.*, q. 2 Zusatzfrage, f.123[v]b; *Odo* QQ. q. 4 arg. 5, V[2] f.48[r]a; *Romanus* tr. 2 q. 3 a. 1 arg. 3, VP f.3[v]b);
3. hinsichtlich des modus procedendi: verschiedene Stile (*Romanus* tr. 2 q. 3 a. 1 arg. 2, VP f.3[v]b).
Sonst weist man durchweg (und oft in mehreren Argumenten) auf die Vielfalt der Gegenstände hin.
Auch in der philosophischen Einleitung wird die Einheit der jeweiligen Wissenschaft v. a. durch die Vielfalt der Gegenstände in Frage gestellt (vgl. z. B. *Albert* Ethica Prol. q. 2; *Siger von Brabant* Phys. ed. Delhaye 21 f.). Nur ein einziges Mal scheint die Argumentation von den Gegenständen her beiseite gestellt und durch eine andere ersetzt zu werden. *Kilwardby* meint auf den Einwand, res et signa bildeten kein einheitliches subiectum: sunt subiectum unum theologiae, quia secundum unam rationem cadunt in consideratione sua, scil. secundum quod referuntur ea opera ad opera reparationis et reformationis hominis ad similitudinem dei; et pluralitas rerum consideratarum non facit pluralitatem scientiarum, sed pluralitas modorum considerandi (q. 1 a. 1, ed. Stegm. 16,7–13).

Die Einheit einer Wissenschaft in sich wie die Verschiedenheit der Wissenschaften untereinander ist durch die Art ihrer *Gegenstände* bestimmt[9]. Daher steht die Frage nach der Einheit auch gerne im Anschluß an die Erörterung über Gegenstand und Sache der Theologie[10]. Die Einheit der Theologie erscheint demnach durch die Vielzahl ihrer Gegenstände gefährdet. Es ist bemerkenswert, daß auch Autoren, die von vornherein einen ganz strengen, einheitlichen Begriff der Sache der Theologie annehmen, trotzdem die Frage nach der durch die Vielheit der Gegenstände gefährdeten Einheit ihrer Wissenschaft stellen. Als Beispiele für die Uneinheitlichkeit der Gegenstände dienen dann oft dualistische Schemata, die nur zum Teil auf die in der Gegenstandsdiskussion gebotenen Möglichkeiten verweisen, wie etwa die von res — signa; verum — bonum; creator — creatura u. ä.

5.2 Der Nachweis der Einheit

Die Erörterung über die Einheit der Theologie setzt in gewissem Umfang die Diskussion über ihren Gegenstand fort, bleibt allerdings nicht im Gegenstandsbereich, sondern faßt auch andere einheitstiftende Momente in den Blick.

Grundsätzlich können wir zwischen Lösungen innerhalb des Gegenstandsbereiches und solchen, die ein über das Materiale der Theologie hinausgehendes Moment berücksichtigen, unterscheiden. Einen Wink dafür bietet schon *Odo* in seinen Quaestionen mit einer kleinen Aufzählung einheitschaffender Bedingungen[11].

---

[9] Die Abhängigkeit der Wissenschaft von den Gegenständen wirkt sich in doppelter Weise aus:
1. Die Einheit einer Wissenschaft beruht auf der Einheit ihres Gegenstandes (vgl. *Aristoteles* Anal. post. A 28, 87a38 (transl. Iacobi): una autem scientia est, quae est unius generis; (transl. Gerardi): scientia una est, in qua est subiectum unum.
2. Die Wissenschaften sind untereinander nach ihren Gegenständen unterschieden (vgl. *Aristoteles* De an. Γ 3, 431b24 f. [Übers. nach Thomas De an. l. 3 lect. 13]: secatur enim scientia et sensus in res; Met. Γ 2, 1004a3 [nach Thomas Met. l. 4 lect. 2]: tot partes sunt philosophiae, quot substantiae.
Beide Gedanken werden als Argumente gegen die Einheit der Theologie ins Feld geführt.
[10] *Peckham* setzt umgekehrt die Einheit der Theologie voraus und schließt daraus auf eine Einheit in den Gegenständen: necesse est propter unitatem scientiae, ut aliqua unitas in illis, de quibus loquitur, inveniatur (q. 1 a. 2 crp.; F² f.2ᵛa; N f.2ʳa).
[11] Q. 4 crp. (ed. Pergamo 31 f.): Potest autem et aliter dici, quod ad unitatem scientiae non semper requiritur unitas univocationis, sed sufficit unitas analogiae vel unitas ordinationis ad unum. Est igitur aliqua scientia una ab

120

Ein erstes Thema, das noch innerhalb der Gegenstandsdiskussion erörtert werden kann, ist die Frage, wie Schöpfer und Schöpfungswerk in derselben Wissenschaft behandelt werden können, obwohl sie doch unendlich voneinander geschieden zu sein scheinen. Odo in den Quaestionen und Fishacre tragen den Einwand in den vierziger Jahren wohl erstmals vor, und seitdem wird er mehrfach wiederholt.

Odo beantwortet ihn ganz kurz: weil die Schöpfung zum Schöpfer hinführt[12]. Aber damit bleibt immer noch die Schwierigkeit bestehen, daß der Weg von der Schöpfung zum Schöpfer unendlich weit ist und daher den Rahmen einer einzelnen Wissenschaft zu sprengen droht.

Fishacre schlägt als Lösung eine Einigung durch die virtus infinita Gottes vor: durch seine Liebe vereinigt er sich mit den Geschöpfen[13].

Kilwardby nimmt die Frage auf, teilt sie aber in zwei Schritte:

1. Wie können Gott und Geschöpf in derselben Wissenschaft betrachtet werden?

2. Wie kann zwischen Schöpfer und Geschöpf eine Einheit bestehen?[14]

In der Beantwortung der zweiten Frage folgt Kilwardby weitgehend Fishacre[15]. Da sie in die materiale Dogmatik hineinführt, brauchen wir hier nicht weiter auf sie einzugehen. Wichtiger ist in unserem Zusammenhang das erste Problem, das Kilwardby unter Rückgriff auf das oben erwähnte, schon von Odo angeführte, allerdings nicht auf das Verhältnis von Schöpfer und Geschöpf angewandte Schema löst: Die Einheit einer Wissenschaft erfordert nicht univoke (d. h.: gleich definierte[16]), sondern analoge (d. h.: einander — auch über die Grenzen eines Seinsbereichs hin-

---

unitate subiecti secundum univocationem... Est iterum aliqua scientia una ab unitate subiecti secundum analogiam... Potest iterum tertio modo dici una ab unitate ordinationis ad unum, quia omnia, quae determinantur in scientia, ordinantur ad unum tamquam ad principale quaesitum et intentum in scientia illa. Et sic theologia dicitur una, quia omnia, quae in ipsa determinantur, ordinantur ad unum finem, qui est deus sive Christus.

[12] Q. 4 ad 2 (V² f.48ʳb): agitur de creaturis, inquantum sunt via in creatorem non tantum cognoscendum, sed timendum et diligendum et fruendum ipso.

[13] Nr. 22 (O¹ f.4ʳb; VO f.1ʳa–b): quia in infinitum distant, non propter hoc non sunt unibilia, sed propter hoc [hoc: —O¹] non sunt unibilia nisi a virtute infinita... haec autem virtus infinita non est nisi alterum unibilium. Unitum enim est, quod est infinitae potentiae vel virtutis, scil. natura suprema. Ergo ipsa natura suprema unit se naturae mediae se ipsa, non aliquo alio. Diese virtus infinita ist die caritas des Schöpfers; durch seine Liebe zu uns vereinigt er sich mit uns. — Zusammenfassung Nr. 24 (O¹ f.4ʳb; VO f.1ᵛb): Hinc iam patet, quod supra modum et incomparabiliter est haec scientia verius una quam aliqua alia. Est enim una ab unitate subiecti sui. Subiectum autem est unum unitate supra naturam, unitate quidem virtutis infinitae unientis.

[14] Q. 1 a. 2 c. 2 f. (ed. Stegm. 19).   [15] A. a. O. c. 3 (ed. Stegm. 23 f.).

[16] Vgl. etwa *Martianus Capella* l. 4 § 356: univocum est, quando duarum aut plurium rerum unum nomen est et definitio.

aus — entsprechende) Gegenstände. Nun besteht aber zwischen Gott und der Schöpfung ein solches Analogieverhältnis, da gewisse Eigenschaften, die Gott wesenhaft, ursprünglich und in vollem Maße besitzt, den Geschöpfen ebenfalls, jedoch nur durch Teilhabe, abgeleitet und in geringerem Maße zukommen. Durch die Analogie zwischen Gott und seiner Schöpfung ist also die Einheit der theologischen Wissenschaft gesichert[17]. Die Begründung der Einheit der Theologie in der unitas analogiae ihrer Gegenstände wird in der Folgezeit immer wieder aufgenommen[18].

Ebenfalls im Gegenstandsbereich scheinen Lösungen zu liegen, die die Einheit der Theologie aus der Einheit ihrer einen Sache herleiten. Aber es ist bezeichnend, daß dies nicht durch einen einfachen Schluß von der Sache auf die Wissenschaft möglich ist, sondern nur, indem man *die Sache als den Bezugspunkt* betrachtet, in dem die Fülle der Gegenstände aufgeht. Die Einheit der Wissenschaft beruht nicht darauf, daß man ihre Sache betrachtet, sondern darauf, daß man alles in Hinsicht auf die Sache betrachtet. Dabei kommt also immer ein entscheidendes Moment ins Spiel, das über den rein materiellen Bereich hinausgeht; es verhält sich damit ganz ähnlich wie mit der Bestimmung der Sache selbst. Bereits das Vorhandensein eines Bezugspunktes, der Grund oder Ziel theologischer Arbeit ist, verleiht dieser Arbeit Zusammenhalt und Einheit. Aber nur selten weisen unsere Autoren einfach auf die Sache der Theologie hin, um aus ihr deren Einheit zu begründen[19]. Auch hierbei wird immer wieder deutlich, daß das einheitstiftende Moment nicht im materiellen Bereich liegt, sondern in einer materiell nicht faßbaren Beziehung: darin, daß alles in einem wurzelt, auf eines hinführt, hingeordnet ist[20].

[17] Q. 1 a. 2 c. 2 (ed. Stegm. 22): unitas scientiae... non requirit subiectum omnino univocum per omnem modum; immo unitas analogiae ibi sufficit. Et sic deum et creaturam comprehendere potest una scientia, de quibus ens et substantia et huiusmodi praedicantur, non secundum maximam aequivocationem, sed secundum analogiam. Omnia enim haec deo conveniunt essentialiter et primo et plus, creaturae autem participative et posterius et minus. — Die Analogie zwischen Schöpfer und Geschöpf geht auch auf ihren kausalen Zusammenhang zurück (ed. Stegm. 23).
[18] So von *Richardus Rufus* c. 2 (communitas autem analogiae sufficit ad unitatem scientiae: O² col. 4,52); *Thomas* Sent. a. 2 ad 2; *Petrus von Tarantasia* a. 2 crp. (in großer distinctio); *Ulrich von Straßburg* tr. 2 c. 2 (ed. Daguillon 32); *Romanus* tr. 2 q. 3 a. 1 ad 1 (VP f.4ra; große distinctio).
[19] Vgl. z. B. *Odo* QQ., q. 4 crp. (ed. Pergamo 31): theologia ratione subiecti de quo, quia est de divina essentia manifestata per Christum quantum ad opus reparationis vel etiam de ipso Christo, est una. Aber bereits hinsichtlich der vielen Gegenstände genügt das Argument nicht mehr.
[20] Bezeichnend ist die sprachliche Formulierung der Beziehung: *Alexander* c. 3 ad 5: secundum unam rationem bzw. unum modum et rationem; *Albert* Sent. a. 3 crp.: proportione ad unum; *Odo* QQ., q. 4 crp.: unitas ordinationis ad unum (ed. Pergamo 32); *Bonaventura* q. 1 ad 3.4: inquantum reducuntur ad unum; *Kilwardby* q. 1 a. 1 (ed. Stegm. 16,9): secundum quod referuntur ad;

Um die nähere Beschreibung dieser über den Gegenstandsbereich hinausgehenden Beziehung bemühen sich viele Autoren. Mit der bei den Scholastikern so auffälligen Abundanz des Begründens stellen sie oft mehrere Lösungsmöglichkeiten nebeneinander[21]. Ich kann hier aus der Fülle der Argumente nur einige wichtige beispielhaft anführen.

Der Bezugspunkt für die Einheit der Wissenschaft kann in zweifacher Weise angegeben werden: als Grund und als Ziel des Bezugssystems[22].

Unsere Autoren verweisen besonders oft auf das einheitstiftende Ziel der Theologie[23]. Ein einziges sachliches Anliegen fassen sie gern in verschiedene Formulierungen. So beschreibt *Alexander* dieses Ziel als Wiederherstellung des gefallenen Menschen[24], *Albert* und *Walter* als die Seligkeit des Menschen[25]. Manche Autoren begnügen sich auch mit dem Hinweis auf Gott oder Christus oder gar allgemein auf das Ziel als Bezugspunkt[26].

(16,3 f.): secundum unam rationem...; secundum quod pertinent ad...; *Petrus von Tarantasia* a. 2 ad 2.3: sub una ratione divina, inquantum scil. ad deum ordinantur, de quo principaliter intenditur; *Thomas* S. th. a. 3 crp.: secundum rationem formalem obiecti (vgl. ad 2); *Walter* tr. 1 q. 3 a. 2 crp. (ed. Beumer 378,36): unius subiecti formaliter; oder (379,2): formalem rationem.

[21] Vgl. etwa *Odo* QQ., q. 4; *Walter*, der in besonders knappen Formulierungen den Bezugspunkt angibt: tr. 1 q. 3 a. 2; unter den drei causae: subiecta — modi procedendi — fines *Romanus* tr. 2 q. 3 a. 1; unter allen vier causae sogar der *Anonymus Vat. lat. 782, f. 123 f.*, q. 2 crp.: [theologia] una scientia est ex parte omnium causarum, quia subiectum unum est... et modus agendi unus, scil. per articulos fidei et rationes consequentes, finis etiam unus est, scil. vita aeterna, efficiens etiam unus est, scil. spiritus sanctus (f.123^{v}a).

[22] Vgl. *Bonaventura* q. 1 ad 3.4: quemadmodum de omnibus entibus, inquantum reducuntur ad unum primum ens, est una scientia et unus liber, sic de omnibus rebus et signis, inquantum reducuntur ad unum, quod est alpha et omega, est una scientia; *Thomas* S. th. a. 3 ad 1: [sacra doctrina... determinat] de deo principaliter et de creaturis secundum quod referuntur ad deum, ut ad principium vel finem.

[23] Über das Ziel der Theologie vgl. u. 7.3.

[24] C. 3 ad 4: Ad illud vero, quod obicitur de unitate scientiae ... Hic vero non separatur consideratio, cum sit relatio considerationis ad unum, quod est reformatio hominis ad similitudinem dei seu conformatio hominis ad deum per opus reparationis a Christo.

[25] *Albert* Sent. a. 3 crp.: haec scientia una est... proportione ad unum, quod est finis beatificans...; ad 2: Die Theologie betrachtet die Fülle ihrer Gegenstände prout in usum veniunt eius, qui ad beatitudinem progreditur. — *Walter* tr. 1 q. 3 a. 2 crp.: una est scientia, quae est unius subiecti formaliter et quae est unius finis principaliter (ed. Beumer 378,35 f.); cum haec scientia intendat unum finem principaliter, scil. hominis beatitudinem..., haec erit una scientia, non plures (ed. Beumer 379,8 f.).

[26] Z. B. *Odo* QQ., q. 4 crp.: 1. Gedankengang: ratione autem subiecti circa quod, quia hoc non est unum, immo multiplex, non dicitur esse una secundum hanc considerationem, sed ratione unitatis finis (Pergamo 31); 2. Gedankengang: Potest iterum tertio modo dici una ab unitate ordinationis ad unum... Et sic theologia dicitur una, quia omnia, quae in ipsa determinantur, ordinan-

Einen ganz anderen Gesichtspunkt rückt *Thomas* in den Mittelpunkt[27]: die *Quelle* theologischer Erkenntnis. Bereits im Sentenzenkommentar führt er aus, daß eine Erkenntnis um so höher steht, je mehr Gegenstände sie in einheitlicher Betrachtung umfaßt. Daher muß umgekehrt die höchste Wissenschaft auch in höchstem Maße in sich einheitlich sein. Da aber die Theologie von der göttlichen Inspiration gespeist wird, steht sie am höchsten und muß deshalb eine sein[28]. Denselben Ansatz nimmt Thomas in der Summa wieder auf, verweist aber auf die Quelle der Theologie nicht mehr als auf den äußeren Grund, der Rang und Einheit gewährleistet. Vielmehr beschreibt er unter diesem Gesichtspunkt nun den einheitschaffenden Bezugspunkt für die Fülle der Gegenstände. Dieser nicht materiale, sondern strukturelle, formale Bezugspunkt ist die allen Gegenständen der Theologie gemeinsame Quelle: die Offenbarung (seien sie nun tatsächlich geoffenbart oder seien sie nur mögliche Inhalte einer Offenbarung). Es fällt auf, daß Thomas hier, in der Bestimmung der Einheit, den Ansatz bei der Erkenntnisquelle wieder aus dem Sentenzenkommentar aufnimmt, während er bei der Bestimmung der Sache darauf verzichtet[29].

---

tur ad unum finem, qui est deus sive Christus (Pergamo 32). — *Richardus Rufus* c. 2: forte etiam ab unitate finis poterit haec scientia dici una. Est autem huius finis Christus. (O² col. 4,53 f.).

[27] Vgl. auch den *Anonymus Vat. lat. 782, f. 123 f.*, der schon auf den heiligen Geist als eine der vier einheitstiftenden causae hinweist (zit. o. A. 21).

[28] Sent. a. 2 crp.: aliqua cognitio, quanto altior est, tanto est magis unita et ad plura se extendit. Unde intellectus dei, qui est altissimus, per unum, quod est ipse deus, omnium rerum cognitionem habet distincte. Ita et, cum ista scientia sit altissima et per ipsum lumen inspirationis divinae efficaciam habens, ipsa unita manens, non multiplicata, diversarum rerum considerationem habet.

[29] S. th. a. 3 crp.: Est enim unitas potentiae et habitus consideranda secundum obiectum, non quidem materialiter, sed secundum rationem formalem obiecti... Quia igitur sacra doctrina [sic codd.; scriptura: edd.] considerat aliqua, secundum quod sunt divinitus revelata..., omnia, quaecumque sunt divinitus revelabilia, communicant in una ratione formali obiecti huius scientiae. Et ideo comprehenduntur sub sacra doctrina sicut sub scientia una; ad 2: nihil prohibet inferiores potentias vel habitus diversificari circa aliquas [sic codd.; illas: edd.] materias, quae communiter cadunt sub una potentia vel habitu superiori, quia superior potentia vel habitus respicit obiectum sub universaliori ratione formali. ... similiter ea, quae in diversis scientiis philosophicis tractantur, potest sacra doctrina, una existens, considerare sub una ratione, inquantum scilicet sunt divinitus revelabilia; et sic sacra doctrina fit velut quaedam impressio divinae scientiae, quae est una et simplex omnium [et... fit: codd.; et... sit: codd.; ut... sit: edd.]. — Daß für *Thomas* nicht die allgemeine Formulierung der Beziehung (ratio formalis obiecti) im Mittelpunkt steht, sondern ihre inhaltliche Bestimmung durch die Quelle theologischer Erkenntnis, zeigt der Vergleich mit *Walter*. Auch dieser gebraucht die Formel: una est scientia, quae est unius subiecti formaliter (ed. Beumer 378,35 f.); aber er füllt sie anders als Thomas: Licet ergo in hac doctrina tractetur de pluribus, quia

124

Die Lösung des Thomas wird von *Romanus* übernommen, der Aussagen von Sentenzenkommentar und Summa theologiae in seiner Darlegung zu vereinigen scheint[30].

Dagegen kritisiert *Albert* in seiner Summa sie ausführlich: Die hl. Schrift handelt von Ereignissen usw. nicht in Hinblick darauf, daß sie geoffenbart sind. Ferner gibt es Gotteserkenntnis durch die Vernunft, die zwar in weiterem Sinne — wie alle Wahrheitserkenntnis — auch Offenbarung heißt, doch ohne Einheit der Wissenschaften zu bewirken. Eine solche Einheit ist allein über die einheitliche Sache möglich. Offenbarung oder Offenbarungsmöglichkeit haben jedoch keine Bedeutung für die geoffenbarte Sache, sondern für das Subjekt, das die Offenbarung empfängt[31]. Albert wendet hier gegen die Begründung der Einheit der Theologie durch Thomas dasselbe Argument, das andere Autoren gegen die Bestimmung der Sache in Thomas' Sentenzenkommentar vorgetragen haben[32]. Gegen die letztlich im Subjekt angesetzte Begründung der Einheit stellt er eine andere: sie kommt aus der Sache, insofern diese der Grund ist[33].

---

tamen illa sunt plura materialiter, sed formaliter unum, prout reducuntur ad esse divinum ut ad formalem rationem, omnia sunt unum subiectum formaliter (ed. Beumer 379,1—3).

[30] Tr. 2 q. 3 a. 1 crp. (VP f.4^{r}a): quanto scientia est perfectior, tanto sub una ratione considerat ea, quae in scientiis inferioribus sub diversis rationibus cognoscitur. Quia ergo theologia est omnium scientiarum perfectissima, sub una universali ratione considerat, quae aliae scientiae sub pluribus. Quia ergo ab una formali ratione obiecti habet habitus unitatem..., sic dico, quod ab una formali ratione subiecti habet haec scientia unitatem, quia scil. omnia cognoscit, inquantum divina vel inquantum per inspirationem cognoscibilia.

[31] Q. 3 m. 2 crp.: dixerunt quidam, quod omnia, quae tractantur in sacra scriptura, sub una ratione stant, quae est revelabile esse, et sic de ipsis est sacra scriptura ut una. Et quod hoc falsum sit, statim patet. [Ich zitiere nur den letzten, entscheidenden Grund:] ... Adhuc, forma, quae unit scientiam secundum Aristotelem, forma est, quae subiectum facit unum et solum et totam causam passionis ... Nisi enim talis forma uniret subiectum, omnia, quae demonstrantur de subiecto, demonstrarentur per accidens. Revelatio autem sive revelabilitas non est forma sic uniens ea, quae in sacra scriptura determinantur. Revelatio enim non est aliquid ponens in eo, quod revelatur, sed in eo, cui sit [l.: fit] revelatio. Ergo nihil est dicere, quod ab unitate revelationis una dicatur scientia.

[32] Vgl. o. S. 111 m. A. 133.

[33] Q. 3 m. 2 crp.: theologia una est scientia ab unitate formae unum facientis subiectum. ... Et haec unitas non est generis nec speciei, sed principii, quod simpliciter est in uno et in aliis secundum modum, quo respiciunt in ipsum per analogiam unicuique determinatam, et talis unitas est primae philosophiae et theologiae.

6. DIE WISSENSCHAFTLICHKEIT DER THEOLOGIE

6.1 Die Problematik

Die wissenschaftstheoretische Erörterung über die Theologie steht in einer Schwierigkeit, die sich in zweideutiger und unsicherer Wertung der eigenen Arbeit ausdrückt. Wenn die Theologen ihr Geschäft mit anderen Wissenschaften vergleichen, schwanken sie zwischen Über- und Unterlegenheitsbewußtsein. Christliche Theologie ist in einem ganz weiten Sinne disziplinierte Reflexion auf die christliche Religion. Der Theologe steht aber der Religion nicht nur betrachtend gegenüber, wie etwa die sieben artes liberales ihren Gegenstandsbereichen, sondern er ist durch vielfältige persönliche wie institutionelle Bezüge mit ihr verbunden. Zwischen dem unmittelbaren Lebensbezug (Religion) und der methodisch geregelten Reflexion darauf (Theologie) findet gegenseitige Beeinflussung und Rückkoppelung statt, die zu einem Zwiespalt im Selbstbewußtsein des Theologen führt.

Einerseits enthält Religion Heilswissen, das sich allem anderen Wissen überlegen fühlt. An dieser Überlegenheit hat auch die Theologie teil. Daher ist sie ihrem Wesen nach mehr als bloßes Wissen: sie ist Weisheit.

Andererseits ist religiöses Wissen ganz anders geartet als profanes. Religion und Wissenschaft liegen auf zwei verschiedenen Ebenen: denen unmittelbaren Lebensbezugs und distanzierter Reflexion. Eine derartige Trennung ist unseren Autoren freilich noch unbekannt; sie unterscheiden noch nicht zwischen Religion und Theologie, sondern sehen beide als parallele und weitgehend ineinander fließende Erscheinungen. Diese Haltung geht bis zu den Anfängen der Theologie zurück. Das Christentum mußte sich früh mit der spätantiken Religion auseinandersetzen, die eng mit der zeitgenössischen Popularphilosophie verbunden war. Dadurch konnte sich von vornherein zwischen der christlichen Religion und ihrer Umwelt ein falsches Konkurrenzverhältnis entwickeln unter der Fragestellung: Wie verhält sich die christliche Religion zur profanen, in der Lebenswirklichkeit der heidnischen Umwelt ruhenden Wissenschaft? Diese Fragestellung setzt sich in der Theologie fort. Die Theologie erkennt nicht, daß sie (wissenschaftstheoretisch betrachtet) gemeinsam mit anderen Wissenschaften als Reflexion der Ebene der Religionen gegenübersteht. Sie ist zu solcher Abstraktion nicht fähig, sondern sieht sich immer — allein auf ihre Inhalte schauend — zusammen mit der christlichen Religion der heidnischen Welt gegenüber. Kennzeichnend dafür ist die Art, wie sie sich an der hl. Schrift orientiert. Sie vergleicht nicht eigentlich Wissenschaft mit Wissenschaft, sondern Religion (v. a. in Gestalt einer Sammlung religiöser Schriften) mit Wissenschaft, und es ist leicht einzusehen, daß bei diesem Vergleich die Religion als eine Stufe unmittelbaren Lebensbezugs den Bedingungen des allgemeinen Wissenschaftsbegriffs nicht entspricht. Während sie einerseits eine unbedingte Überlegenheit (etwa in der von ihr geschaffenen Gewißheit) behauptet, muß sie sich andererseits in spezifischen Erkenntnisleistungen (etwa Exaktheit und Evidenz) unterlegen fühlen. Daher schwankt das Selbstbewußtsein des Theologen bei der wissenschaftstheoretischen Reflexion zwischen Über- und Unterlegenheitsgefühl, die sich in den verschiedensten Problemkomplexen, v. a. aber in der Stellung gegenüber den anderen Wissenschaften kundtun.

Als sich im 12. und vollends im 13. Jh. die theologische Praxis hoch entwickelt hat, als sie sich der Praxis anderer Wissenschaften annähert und die Theologen zugleich bedeutende Kenner und Autoren in anderen Disziplinen sind, als die Theologie auch institutionell innerhalb der Schulen anderer Wissenschaften gleichgestellt ist und sich durch Einführung der selbständig formulierten Quaestion und der Sentenzenvorlesung zaghaft von der strengen Bindung an die hl. Schrift zu lösen beginnt, da eröffnen sich ihr erstmals neue Ausblicke auf sich selbst. Die Theologie erfaßt sich nun erstmals als ein Ganzes, gibt sich einen festen Namen und beginnt, nach Regeln und Vorbildern auf sich selbst zu reflektieren.

Das 13. Jh. übernimmt aus dem vorigen Jahrhundert zwei *Voraussetzungen*, die bereits an der Begriffsgeschichte von theologia deutlich wurden:

1. Die Theologie ist eine Wissenschaft.

Der Begriff theologia hat die ihm etwa aus dem altkirchlichen Sprachgebrauch noch anhaftenden kultisch-homologischen Bedeutungsmomente verloren. Er kann auch nicht mehr allgemein als Reden über Gott erklärt werden, obwohl die varronische Definition[1] auch noch im 13. Jh. in dieser Verkürzung zitiert wird[2], sondern er bezeichnet jetzt ein auf methodisch verfahrende Rechenschaftsablegung ausgerichtetes — kurz: wissenschaftliches — Reden.

2. Ihren Wissenschaftscharakter bewährt die Theologie darin, daß sie sich im Vergleich mit anderen Wissenschaften behauptet. Insbesondere muß sie sich neben der Metaphysik bewähren, die durch denselben Namen bezeichnet werden kann und wesentliche Züge mit der Theologie gemein zu haben scheint.

---

[1] De divinitate ratio vel sermo (vgl. o. 2.22).
[2] Z. B. *Thomas* S. th. a. 7 co.: sermo de deo.

Die Unsicherheit der Theologie über ihren eigenen Rang setzt sich auch in der wissenschaftstheoretischen Erörterung fort: einerseits erkennt sie eine Reihe schwacher Stellen an sich, durch die ihr ihre Wissenschaftlichkeit fraglich wird; andererseits setzt sie doch immer ihre Überlegenheit über alle anderen Wissenschaften voraus und versteht sich als Weisheit, so daß sie in einem Schluß a potiori auch ihren Wissenschaftscharakter gesichert sieht.

Die Unsicherheit des theologischen Selbstverständnisses verursacht eine gewisse Umständlichkeit und Weitschweifigkeit in der Argumentation, die manchen Widerspruch mit sich führt und der ich hier nicht in allen Einzelheiten nachgehen kann.

Die theologische Wissenschaftstheorie im 13. Jh. behandelt eine Reihe grundlegender *Probleme* in weitgehend getrennten thematischen Fragen:

1. Ist die Theologie überhaupt eine Wissenschaft?
2. Hat sie eine wissenschaftliche Methode?
3. Welche Seelenverfassung schafft sie im Subjekt?
4. In welchem Verhältnis steht sie zu den anderen Wissenschaften?

Jede dieser Fragen wird in unseren Texten ausdrücklich thematisch formuliert. Allerdings stellt nicht jeder Autor alle Fragen gesondert. Oft sind mehrere miteinander verflochten, so daß erst nachträgliche Analyse sie entwirrt. Ich kann hier auf die Verknüpfung und Anordnung der einzelnen Erörterungen, die weitgehend ein Problem der Darstellung ist, nicht näher eingehen und verweise auf die im Anhang beigegebenen Schemata.

Ich versuche im folgenden, die einzelnen Fragenkomplexe möglichst deutlich voneinander abzuheben und in gesonderten Gedankengängen zu verfolgen. Die Argumentation der Autoren ist — bei weitgehender Übereinstimmung im Grundsätzlichen — so verschieden und so abundant, dadurch aber auch nicht ohne Widersprüche, daß ich sehr vereinfachen muß.

Im vorstehenden 6. Kapitel werde ich die Frage nach der Wissenschaftlichkeit der Theologie überhaupt, im 7. die gesamte Problematik von Erkenntnisziel und -weg, d. h. die Methodenfragen, im 8. Kapitel endlich das Verhältnis der Theologie zu den übrigen Wissenschaften darstellen.

Im angefangenen Kapitel geht es also nicht um alle mit dem Wissenschaftscharakter zusammenhängenden Fragen, sondern allein um die enge, zugespitzte, ob die Theologie überhaupt und grundsätzlich betrachtet eine Wissenschaft genannt werden kann, d. h. ob sie den allgemeinen Bedingungen genügt, die an jede Wissenschaft gestellt werden müssen[3]. Erst nach Klärung dieser Frage kann dann im folgenden Kapitel die

---

[3] Da dem Wissenschaftscharakter der Theologie das Hauptinteresse der Sekundärliteratur gilt, finden sich zu diesem Thema fast überall Äußerungen. Vgl. bes. die Materialien bei E. *Krebs*, Theologie und Wissenschaft..., 1912, 25*—35*.

128

Kernfrage behandelt werden, um die alles Bemühen unserer Autoren kreist und die doch nie thematisch gestellt wird: Welche innere Struktur hat der theologische Erkenntnisweg, von welchen Voraussetzungen geht er aus und in welchen Stufen vollzieht er sich?

6.2 Die Infragestellung der Wissenschaftlichkeit[4]

Daß die Theologie eine Wissenschaft ist, wird durch mehrere Gründe nahegelegt, die teils aus der Tradition (auctoritas), teils aus selbständiger Überlegung (ratio) stammen[5], die freilich alle nicht eindeutig sind und daher eher die Diskussion einleiten als beenden können[6].

Zahlreicher sind die Argumente *gegen* die Wissenschaftlichkeit der Theologie, von denen die meisten jedoch nur vereinzelt vorgetragen werden und ohne tiefere Wirkung auf die Erörterung des Problems bleiben. So etwa die,

daß die Wissenschaft — im Unterschied zur Theologie — keine ethische Relevanz habe[7];

daß die Wissenschaft — im Unterschied zur Theologie — nicht vom Willen abhängig sei[8];

daß die Theologie (als Altes und Neues Testament) Gesetz und damit eben nicht Wissenschaft sei[9];

---

[4] Eine selbständige Frage nach der Wissenschaftlichkeit fehlt bei *Roland; Odo* Sent.; *Albert* Sent.; *Fishacre; Richardus Rufus; Bonaventura.* Bei *Fishacre* und *Rufus* (beide sind wenig an dem Problem interessiert) und *Bonaventura* ist sie unter der causa formalis (modus), bei *Roland* in der Gegenstandsdiskussion erörtert.

[5] Eine Zweiteilung der Argumente in solche auctoritate und ratione nimmt *Odo* QQ. vor (q. 1 co., V² f.44ʳa—b).

[6] Auctoritates: v. a. 1. Petr. 3,15 (parati semper ad satisfactionem omni poscenti vos rationem de ea, quae in vobis est, spe. Bes. unter dem Einfluß *Anselms von Canterbury* setzt sich für spe die Lesung fide durch. Zur Geschichte dieses in unserem Zusammenhang zentralen Zitats vgl. *C. Baeumker,* Geist und Form..., 1927, 73 A. 34; *J. de Ghellinck,* Le mouvement théologique..., ²1948, 279—84; *A. Lang,* Entfaltung des apologetischen Problems..., 1962, 39—41; 80 f.); Worte der Weisheitsliteratur und andere alttestamentliche Worte über das Wissen; aus der Väterliteratur in erster Linie Zitate aus *Augustin,* v. a. De trin. 14,1,3 (kann allerdings auch gegen die Wissenschaftlichkeit gewandt werden); die Wissenschaftseinteilung des *Boethius,* in der die theologia ihren festen Platz hat. Rationes: u. a. daß Theologie keine Tugend ist, also eine Wissenschaft sein muß; daß sie anderen Wissenschaften an Gewißheit (bzw. durch ihre Inspiriertheit) überlegen ist usw.

[7] *Odo* QQ., q. 1 arg. 8 (V² f.44ʳa).   [8] *Odo* QQ., q. 1 arg. 9 (V² f.44ʳa).

[9] *Walter* tr. 1 q. 3 a. 1 arg. 3 (ed. Beumer 376,26—28); das Arg. ist Lösung für den *Anonymus Vat. lat. 782, f. 123 f.,* und für *Wilhelm de la Mare* (vgl. u. S. 224 f.).

daß es von Gott und Göttlichem überhaupt keine Wissenschaft geben könne[10];

daß eine wissenschaftliche Behandlung der theologischen Probleme den Glauben seiner Verdienstlichkeit beraube[11]; usw.

Die meisten Argumente dieser Art begegnen nur gelegentlich. Haupteinwand gegen die Wissenschaftlichkeit der Theologie neben den anderen Wissenschaften sind drei Gesichtspunkte, die eigentlich zwei Problemkomplexen angehören:

1. die Gegenstandsstruktur und die ihr entsprechende Erkenntnisweise;
2. die Prinzipienerkenntnis.

Der erste Komplex ist seit *Alexander*, der zweite dazu seit *Odos* Quaestionen stehender Einwand gegen die Wissenschaftlichkeit der Theologie. Wir können unsere Betrachtung auf diese beiden Problemkreise beschränken.

6.3 ERKENNTNISTHEORETISCHE VORFRAGEN

Bevor wir der Diskussion über die Wissenschaftlichkeit der Theologie im einzelnen nachgehen, werfen wir nur einen kurzen Blick auf die vorbereitenden Fragen, die von einigen wenigen Autoren innerhalb ihrer theologischen Einleitungslehre gestellt werden.

Schon *Alexander* schließt an seine Quaestion über die Wissenschaftlichkeit der Theologie die Zusatzfrage an, ob es von Gott, der ja eine reine, von allem Stoff getrennte forma ist, wissenschaftliche Aussagen geben könne, die doch an einem subiectum partes und passiones beschreiben. Er löst das Problem, indem er betont, daß reine formae aus ihren Wirkungen erkannt werden[12]. Dasselbe Argument trägt auch *Odo* innerhalb des größeren Zusammenhanges vor[13], während *Wilhelm von Melitona* dem Problem eine ganze thematische quaestio — seine erste — widmet, in der er auch näher bestimmt, in welcher Hinsicht Gott überhaupt Sache einer Wissenschaft sein kann[14]. *Kilwardby* fügt eine ähnliche Frage an die Gegenstandsbestimmung an[15], während der *Anonymus Vat. lat. 2186* sie an die Spitze seiner Ausführungen stellt[16]. *Ulrich* schickt seiner theologischen Einleitungslehre sogar einen ausführlichen Traktat über die Gotteser-

---

[10] *Alexander* c. 1 Zusatzfrage; *Odo* QQ., q. 1 arg. 2 (V² f.43ᵛb); *Anonymus Vat. lat. 782, f. 123 f.*, arg. 4 (f. 123ʳa).

[11] Die Frage nach der Verdienstlichkeit theologischer Arbeit wird ausführlicher im Zusammenhang mit der Methode der Theologie erörtert (vgl. u. 7.23).

[12] C. 1 Zusatzfrage: In formis vero et rebus separatis a materia, velut est ipsa divinitas et trinitas personarum, est modus cognoscendi alius, ut per operationem cognoscamus virtutem, per virtutem ipsam divinitatis substantiam.

[13] QQ. q. 1 arg. 2; ad 2 (ed. Pergamo 309 f.). [14] QQ. q. 1 (ed. Pergamo 310 f.).

[15] Q. 1 a. 2 c. 1 (ed. Stegm. 19—22). [16] Nr. 1 (ed. Bignami-Odier 140—43).

kenntnis voraus[17]. Endlich müssen auch die einschlägigen Erörterungen des *Thomas* in der ersten Quaestion seines Kommentars zu De trinitate erwähnt werden. In den vier zuletzt genannten Werken wird die Möglichkeit natürlicher Gotteserkenntnis neben der geoffenbarten erwogen. Auf die sachlichen Probleme der Gotteserkenntnis kann ich hier nicht eingehen; ich werde sie aber bei der Abgrenzung der Theologie gegen die Metaphysik noch kurz streifen[18]. Zwei unserer Autoren greifen in ihren Fragen noch weiter aus. So fragt *Peckham* vor der Erörterung der theologischen Methode nach der Möglichkeit wissenschaftlicher Wahrheitserkenntnis überhaupt und greift dabei das Thema auf, worüber Augustin mit den skeptischen Akademikern diskutierte[19]. *Heinrich von Gent* schließlich schickt seiner theologischen Einleitungslehre eine umfassende Erkenntnistheorie (mit allgemeinen wissenschaftstheoretischen Ausblicken) von 5 articuli mit 39 quaestiones voraus.

Diese Vorfragen werden von unseren Autoren so unterschiedlich gestellt und behandelt, sie greifen zudem so weit über die wissenschaftstheoretische Erörterung hinaus, daß wir sie nicht weiter zu berücksichtigen brauchen. Immerhin führen sie uns vor ein grundsätzliches Problem: Kann eine theologische Wissenschaftstheorie überhaupt ohne vorausgehende Kenntnis allgemein erkenntnis- und wissenschaftstheoretischer Fragen einerseits, der materialen Dogmatik andererseits, entworfen werden? Kann man über Gegenstände und Sache der Theologie reden, ohne zuvor erörtert zu haben, was einerseits Gegenstandsbezogenheit von Erkenntnis und Wissenschaft heißt und wovon andererseits die materiale Dogmatik handelt? Hierbei kann es sich allerdings nur um Fragen der Darstellung handeln. Daß der Theologe, der wissenschaftstheoretische Reflexionen auf sein Geschäft anstellt, sich zuvor mit beiden Gebieten vertraut gemacht hat, können wir voraussetzen. Wir sehen aber auch, daß unsere Autoren diese Reflexionen klar von der nachfolgenden materialen Dogmatik trennen und die Fragen der Gotteserkenntnis wie der Glaubensproblematik zum größten Teil aus ihrer theologischen Wissenschaftstheorie fernhalten.

6.4 Gegenstandsstruktur und entsprechende Erkenntnisweise

6.41 Problemstellungen

Ein erstes Argument, das die *Struktur der theologischen Gegenstände* betrifft, ist seit *Alexander* stereotyp:

---

[17] Tr. 1 de modis deveniendi in cognitionem dei, c. 1—8.
[18] Vgl. u. 8.2 und bes. 8.3.
[19] Q. 2 a. 1 c. 2 (F² f.3ᵛb; N f.3ᵛa): an inquirere [inquirenti: N] expediat, hoc est, an contingat inquirendo verum invenire. Et haec est quaestio, quam

Wissen und Wissenschaft gibt es nur vom Allgemeinen[20].

Vom Einzelnen — also auch von der Fülle geschichtlicher Ereignisse, menschlicher Gestalten und Handlungen — kann es kein wissenschaftliches Erkennen geben oder nur, insofern das Einzelne auf ein Allgemeines zurückgeführt werden kann.

Dieser Satz ist eine wissenschaftstheoretische Grundanschauung nicht nur des *Aristoteles*, auf den sich unsere Autoren berufen[21], sondern der ganzen Antike und des Mittelalters[22], auch der christlichen Theologen, wie etwa *Augustins*, dessen Äußerungen ebenfalls zitiert werden[23].

Die Theologie hat aber mit ganz anders strukturierten Gegenständen zu tun: mit einzelnen geschichtlichen Personen und Ereignissen, von denen das Alte und das Neue Testament berichten — mit Gegenständen also, von denen es nach der allgemeinen Voraussetzung keine Wissenschaft geben kann[24].

---

disputat Augustinus contra Academicos ponentes non esse alicuius rei cognitionem certam, sed opinionem tantum.

[20] Fast durchweg begnügt man sich mit dieser Bestimmung des Gegenstandes. Nur vereinzelt wird ein weiteres Moment genannt: Der Gegenstand der Wissenschaft ist notwendig und kann daher nicht anders sein. So *Kilwardby* q. 5 arg. 2 (ed. Stegm. 39,18 f.): Quia scientia est de his, quae impossibile est se aliter habere.

[21] Quellen:

1. Anal. post. A 33, 88b30f. (transl. Iacobi): scibile autem et scientia differt ab opinabili et opinione, quoniam scientia universalis et per necessaria est, necessarium autem non contingit aliter se habere; (transl. Gerardi): quod scientia est per universale et ex rebus necessariis.

2. Met. A 1, 981a5—7 in der versio media: fit autem ars, cum ex multis experimento intellectis una fit universalis acceptatio de similibus. (Proben der verschiedenen Übersetzungen in den Prolegomena zur Summa Alexanders, 1948, CIII). Vgl. auch Met. 981a15 f. u. a.

[22] Über die metaphysische Überordnung des Allgemeinen über das Einzelne handelt *H. Heimsoeth* in seinem klassischen Buch: Die sechs großen Themen..., [4]1958, 5. Kap. (172—203).

[23] Vgl. *Augustin* De div. quaest. LXXXIII, q. 48 (PL 40,31): alia sunt, quae semper creduntur et numquam intelliguntur, sicut omnis historia temporalia et humana gesta percurrens.

[24] Ich nenne nur den ersten Beleg, *Alexander* c. 1 arg. 2: Sed doctrina theologiae pro magna parte non est universalium, sed singularium, ut patet in narratione historica; relinquitur ergo, quod non est scientia. — Neben diesem Argument, das die grundsätzliche Unterlegenheit der theologischen Gegenstände nach ihrer Struktur in den Vordergrund rückt, werden nur ganz gelegentlich solche verwandt, die umgekehrt argumentieren: Theologie handelt von Ewigem, die Wissenschaft von Zeitlichem (*Odo* QQ. q. 1 arg. 10, V[2] f.44[r]a); Theologie handelt von Göttlichem, die Wissenschaft von Menschlichem (*Hannibaldus* a. 1 arg. 4). Danach steht die Struktur der theologischen Gegenstände so unvergleichlich über der anderer, daß die Theologie aus dem Kreis der Wissenschaften herausfällt.

Der Gegenstand und die ihm gemäße *Erkenntnisweise* sind untrennbar miteinander verbunden. Nach antiker und mittelalterlicher Anschauung ist der Gegenstand primär und unabhängig vom erkennenden Subjekt gegeben. Die Erkenntnis ist vielmehr umgekehrt durch den Gegenstand bestimmt, auf den sie hingerichtet ist. So beruht die Erkenntnis der natürlichen Dinge auf dem Sein dieser Dinge, das ein ihm entsprechendes Erkennen bewirkt. Wissenschaft wird erworben, indem man sie findet oder erlernt, durch Erfahrung und Übung mit Hilfe der rationalen Seelenkräfte. Sie ist auf Verstehen hin angelegt und entwickelt sich in schlußfolgerndem Denken[25].

Die Theologie dagegen hat ihre eigene Erkenntnisweise. Ihre Gegenstände sprechen nicht das Verstehen an, sondern wenden sich an den Glauben. So sagt schon *Augustin* in einem immer wieder zitierten Satz, ein Teil der Dinge — nämlich die geschichtlichen Fakten — könne nur geglaubt, niemals eingesehen werden[26]. Die Theologie scheint also unlösbar am Glauben zu hängen und der Struktur ihrer Gegenstände wegen nicht über den Glauben hinaus zu führen. Der Glaube ist aber innerhalb der theologischen Wissenschaftstheorie grundsätzlich als eine Erkenntnisweise unter anderen, als eine Art der Wahrheitserfassung, verstanden und nach einem auf *Platon*[27] zurückgehenden Schema *Hugos von St. Victor*[28] zwischen Wissen und Meinung, genauer: oberhalb bloßer Meinung, aber unterhalb sicheren Wissens, angesiedelt. Der Glaube steht also innerhalb der Stufenleiter der Erkenntnisweisen immer so, daß er sicherem Wissen niemals gleichkommen kann. Das Kriterium für die Wissenschaftlichkeit einer Disziplin wird häufig in der Sicherheit (certitudo) des darin gewonnenen Wissens gesehen, und hier scheint die Theologie, die sich auf den unsicheren Glauben an bloß geschichtliche Daten stützt, eindeutig den kürzeren zu ziehen[29].

Mit dem zuletzt genannten Gesichtspunkt sind wir freilich schon über

---

[25] Ich führe nur einige Sätze *Alexanders* an: c. 2 co. b: omnes humanae scientiae fundantur super testimonium creaturae, ex quo colligitur experimentum; co. a: omnis humana scientia est acquisita per inventionem vel doctrinam; co. f: omnes aliae scientiae traduntur secundum ordinem ratiocinationis a principiis ad conclusiones.

[26] Vgl. o. A. 23.

[27] Vgl. dazu etwa die den Seinsbereichen entsprechende Stufenfolge der Erkenntnisweisen in *Platons* Politeia 511 d–e (Liniengleichnis) und 533 e.

[28] *Hugo* De sacr. chr. fidei 1,10 (PL 176,330 C): Si quis plenam ac generalem definitionem fidei signare voluerit, dicere potest fidem esse certitudinem quandam animi de rebus absentibus supra opinionem et infra scientiam constitutam. Vgl. auch die *Summa sent.* 1,1 (PL 176,43 B): Fides est voluntaria certitudo absentium supra opinionem et infra scientiam constituta.

[29] Vgl. z. B. *Odo* QQ. q. 5–6 (V² f.44ʳa): Geschichtliche Daten schaffen keine Gewißheit.

die grundlegende Argumentation hinausgegangen. Das Gewißheitsproblem wird an späterer Stelle noch ausführlich zur Sprache kommen, da unsere Autoren ihm z. T. selbständige Quaestionen widmen[30].

In der Diskussion über die Wissenschaftlichkeit der Theologie wird noch manches andere Argument vorgetragen, das in anderem Zusammenhang seinen eigentlichen Ort hat und das ich deshalb erst im folgenden Kapitel berücksichtigen werde. Im ganzen hängt das Urteil über die Wissenschaftlichkeit der Theologie neben den anderen Wissenschaften für unsere Autoren allein an dem Prinzipienproblem und an der Frage: Bleibt die Theologie beim bloßen Glauben an ihre spezifischen Gegenstände (nämlich Geschichtliches) stehen oder führt sie auf eine Stufe, die ihre Wissenschaftlichkeit gewährleistet?

Hinter diesen Erörterungen stehen verschiedene Probleme, die wir kurz betrachten müssen. Ich übe dabei nicht Kritik aus der Sicht neuzeitlichen Denkens, sondern weise auf die Punkte hin, an denen unsere Autoren selbst Schwierigkeiten empfinden, ohne sie klar zu sehen.

1. Bereits der vorausgesetzte Wissenschaftsbegriff ist problematisch. Er wurde in der platonischen Akademie am Ideal der vollkommensten Wissenschaft — der Mathematik — gewonnen und mag noch dem antiken Verständnis von Wissenschaft genügt haben. Inzwischen kann er aber nur noch einen engen Ausschnitt aus dem mächtig angewachsenen und auch wissenschaftstheoretisch längst anerkannten Wissenschaftsbetrieb des Mittelalters beschreiben; er paßt keineswegs auf alle im 13. Jh. gepflegten Wissenschaften. Gleichwohl bezeichnet die Forderung nach Allgemeinheit des Gegenstandes ein wesentliches Moment aller wissenschaftlichen Erkenntnis, das aber viel genauer durchdacht werden müßte.

2. Dementsprechend ist auch die im vorliegenden Zusammenhang vorausgesetzte Auffassung von den Gegenständen der Theologie bereits von der gleichzeitigen wissenschaftstheoretischen Diskussion überholt. Es ist auffällig, daß die Erörterung über die Wissenschaftlichkeit der Theologie keinerlei Notiz von der ausführlichen Erörterung über Gegenstände und Sache der Theologie nimmt, die wir bereits kennengelernt haben. Dort hat man sich ja gerade darum bemüht, die Vielzahl der theologischen Gegenstände, wozu auch die als opera restaurationis bezeichnete biblische Heilsgeschichte gehört, auf eine möglichst umfassende und allgemeine Formel zu bringen. Dagegen orientiert man sich in der vorliegenden Quaestion ganz unbedenklich an dem Inhalt der hl. Schrift, der einfach dem Gegenstand der Theologie gleichgesetzt wird.

3. Wenn hier die Ergebnisse der Gegenstandsdiskussion außer acht gelassen werden, so hat die wissenschaftstheoretische Bemühung der Zeit

---

[30] Vgl. u. 7.5.

auch noch keinen Sinn für die Eigenart des Veränderlichen, Geschichtlichen, Individuellen[31].

4. Mit Recht wird dem Glauben eine zentrale Stellung in der religiösen
Erfahrung des Christen eingeräumt. Aber da man Religion und Theologie
nicht zu unterscheiden vermag, weist man dem Glauben einen unange-
messenen Platz im Gange der wissenschaftlichen Erkenntnis zu. Dem
kommt entgegen, daß unsere Autoren die Eigenart religiöser Erfahrung
neben anderer nicht erfassen. Schon die frühe christliche Theologie hat,
als sie sich der Begriffe und Denkschemata ihrer Umwelt zum Ausdruck
ihrer Überlegungen bediente, den christlichen Glaubensbegriff nicht nach
der altrömischen fides[32], sondern nach dem philosophischen Glaubensbegriff gebildet. Danach ist der Glaube eine Erkenntnisweise unter anderen und diesen vergleichbar. Damit ist er durch die Einordnung in eine
Stufenleiter der Erkenntnisse bereits an untergeordneter Stelle angesetzt.
Schon die Tradition hat ausführlich dargelegt, daß der Glaube in solcher
Einordnung dem rationalen Wissen unterlegen ist[33].

6.42 Lösung der Probleme

Auf den Einwand hinsichtlich der Struktur der theologischen Gegenstände gibt bereits *Alexander* eine ausführliche Lösung, die von den folgenden Autoren durchweg übernommen wird: Alexander erkennt den
Einwand an; von Einzelnem kann es kein sicheres Wissen geben. Aber er
vollzieht eine grundlegende Unterscheidung zwischen der auf der hl.
Schrift gegründeten Theologie und den übrigen, von Menschen geschaffenen Wissenschaften, eine Unterscheidung, die auf *Augustins* Einteilung von
res und signa beruht. In den anderen Wissenschaften haben nur die Worte
einen Bedeutungsgehalt, indem sie auf dahinterstehende Sachverhalte
(res) hinweisen, während die beschriebenen Sachverhalte nicht mehr über
sich hinausführen. Dagegen erschließt die Theologie eine weitere, höhere
Ebene: der von einem Schriftwort ausgesagte Sachverhalt weist wiederum
auf einen zweiten, von dem Wort in Wahrheit und endgültig gemeinten

---

[31] Vgl. *H. Heimsoeth*, Die sechs großen Themen..., [4]1958, 4. und 5. Kap.
(131–203).

[32] Es ist auffällig, daß der Begriff fides seine ursprüngliche römische Bedeutung, die dem religiösen Glaubensverständnis des Neuen Testaments viel näher steht als dem von der Reflexion geprägten profangriechischen, weitgehend
verloren und dafür die profangriechische übernommen hat. Zur römischen
fides vgl. *R. Heinze*, Fides..., 1960, 61: „Zunächst ist fides niemals unser
‚Glauben', im Gegensatz zum ‚Wissen', als nicht gesicherte Überzeugung."

[33] In der Tugendlehre ist die Auffassung des Glaubens meist viel feiner
und differenzierter. Hier werden auch seine irrationalen Momente gewürdigt.
Aber diese Ausführungen wirken nicht in die theologische Wissenschaftstheorie
hinein.

Sachverhalt[34]. Dementsprechend ist die Geschichte zu verstehen. In den anderen Wissenschaften bezeichnet eine geschichtliche Darstellung einzelne Taten von Menschen und nichts darüber hinaus. Die in der hl. Schrift bezeugte Geschichte will jedoch nicht bei solchem Erzählen stehen bleiben, sondern auf allgemeine Handlungen und Verhältnisse in ganz bestimmter Absicht hinführen[35]. Das bedeutet: die Theologie hat mit der Geschichte nur vordergründig als mit Einzelnem, in Wahrheit jedoch als mit einem Allgemeinen zu tun. Dadurch genügt sie hinsichtlich der Struktur ihrer Gegenstände (und dementsprechend auch ihrer Erkenntnisweise) dem vorausgesetzten allgemeinen Wissenschaftsbegriff[36].

Das Allgemeine offenbart sich im Einzelnen in mehrfacher Weise[37]:

1. in praedicando   (in unmittelbarer Aussage, z. B. im Allgemeinbegriff „Mensch");

2. in exemplando   (die einzelne res ist Beispiel, z. B. das Leben Hiobs für das Leben vieler Menschen);

3. in significando   (die einzelne res ist Verweis, z. B. Jakob, der mit Rahel und Lea lebt, für den Gerechten, der sich in vita activa und contemplativa übt);

4. in causando   (die einzelne res weist als Ursache auf das Gemeinte als die Wirkung, z. B. Christus auf die allgemeine Erlösung der Menschen).

Dieses Schema wird von mehreren Autoren übernommen[38] und gele-

---

[34] C. 2 co. e: in aliis scientiis sunt solum significationes verborum, in hac autem sunt non solum significationes verborum, sed etiam rerum. Vgl. zu diesem hermeneutischen Prinzip, dessen Anwendung in der Wissenschaftstheorie voraussetzt, daß alle Wissenschaft auf Texten beruht, G. Ebeling, Art. Hermeneutik, 1959; F. Ohly, Vom geistigen Sinn des Wortes im Mittelalter, 1958/59.

[35] C. 1 ad 1: aliter est historia in sacra scriptura, aliter in aliis. In aliis enim historia significatione sermonum exprimit singularia gesta hominum, nec est intentio significationis interioris; et ideo, quia singularium actuum et temporalium est, omnis talis historia est eorum, quae numquam intelliguntur. In sacra vero scriptura ponitur historia non ea intentione seu fine, ut significentur singulares actus hominum significatione sermonum, sed ut significentur universales actus et conditiones pertinentes ad informationem hominum et contemplationis divinorum mysteriorum significatione rerum.

[36] C. 1 ad 1 (Ende): Introducitur ergo in historia sacrae scripturae factum singulare ad significandum universale, et inde est, quod eius est intellectus et scientia; ad 2 (Ende): Secundum ergo hunc modum et distinctionem est dicere doctrinam sacram esse rerum universalium.

[37] C. 1 ad 2. Diese vier Erscheinungsformen des Allgemeinen werden sodann an der hl. Schrift aufgezeigt: Auf ihnen beruht auch die Auffassung vom vierfachen Schriftsinn.

[38] So von Odo QQ. q. 1 ad 4 (ed. Pergamo 24); Petrus von Tarantasia a. 1 ad 2; Walter tr. 1 q. 3 a. 1 ad 2 (ed. Beumer 378,21—26); Wilhelm de la Mare q. 1 ad 1 (F¹ f.3ʳa); u. ö.

gentlich auch erweitert[39]. Andere begnügen sich mit dem allgemeinen Hinweis, daß in der Theologie das Einzelne zum Allgemeinen hinführe[40]. *Thomas* und *Ulrich* greifen aus Alexanders Schema die exemplarische Bedeutung des Einzelnen heraus, engen sie aber im wesentlichen auf das ethische Vorbild ein[41].

Endlich darf nicht übersehen werden, daß unsere Autoren neben der grundsätzlichen Interpretation des Einzelnen auf ein Allgemeines hin zuweilen und in zweiter Linie auch andere Aufgaben nennen, denen der Bericht über einzelne geschichtliche Ereignisse dient[42].

Während i. a. die Forderung nach Allgemeinheit des Gegenstandes einer Wissenschaft anerkannt wird, üben manche Autoren zugleich auch *Kritik* an einer undifferenzierten Ausdehnung der Allgemeinheitsforderung.

Aristoteles schließt ja in Wirklichkeit das Einzelne nicht aus dem Kreis der Erkenntnisgegenstände überhaupt, sondern nur aus dem der Erkenntnisziele im engeren Sinne aus. Wissenschaft entsteht für ihn durch Abstraktion aus einer Reihe von Einzelerfahrungen, und diese werden nur an einzelnen Gegenständen gewonnen[43]. *Alexander* hatte unter seinen

---

[39] So von *Wilhelm von Melitona* q. 2 Nr. I crp. (ed. Pergamo 312), der als 5. Glied hinzufügt: dignitate, ut communes animi conceptiones (d. h. nicht nur, wie in praedicando, allgemeine Begriffe, sondern allgemeine Sätze [sententiae generales], wie Vorschriften des Gesetzes); oder von *Peckham* q. 2 a. 2 c. 1 ad 3 (F² f.4ᵛb; N f.4ᵛa—b): er teilt die exemplarische Bedeutung noch einmal auf (in merendo, ut Christus, in extrahendo, ut Iob), ohne eine nähere Erläuterung zu geben.

[40] So *Romanus* tr. 2 q. 1 a. 1 ad 2 (VP f.3ᵛa); *Albert* Summa q. 5 m. 3 ad 1. An anderer Stelle drückt sich *Albert* zweideutig aus: einerseits bejaht er die allgemeine Bedeutung des Einzelnen, andererseits lehnt er Alexanders Schema ab, da die Wissenschaft nur mit dem Allgemeinen in praedicando zu tun habe (q. 1 ad 1).

[41] *Thomas* Sent. a. 3 q. 2 ad 1: non est de particularibus, inquantum particularia sunt, sed inquantum sunt exempla operandorum..., unde per exempla particularia ea, quae ad mores pertinent, melius manifestantur; S. th. a. 2 ad 2: in exemplum vitae, sicut in scientiis moralibus (die andere Bedeutung u. A. 42). *Ulrich* tr. 2 c. 2: vel sunt universalia exempla vivendi, ut gesta patrum et ipsius Christi (ed. Daguillon 30,26 f.).

[42] So z. B. *Thomas* S. th. a. 2 ad 2: singularia traduntur in sacra doctrina non, quia de eis principaliter tractetur, sed introducuntur tum in exemplum vitae, sicut in scientiis moralibus, tum [etiam: +edd.] ad declarandum auctoritatem virorum, per quos ad nos revelatio divina processit, supra [super: edd.] quam fundatur sacra scriptura seu doctrina. Hier stellen die einzelnen Geschehnisse äußere Glaubwürdigkeitszeugnisse für die Offenbarungsträger dar. Nach *Ulrich* sind sie auch manuductiones nostri materialis intellectus in divina (als Gotteserscheinungen u. a.) tr. 2 c. 2 (ed. Daguillon 30,24 f.). *Albert* verweist auf ihre größere Überzeugungskraft besonders für einfache Menschen (S. th. q. 1 ad 1).

[43] Vgl. Met. 980b28 ff.

Argumenten ein ausführliches Zitat aus der Metaphysik gegeben[44], das die Entstehung der Wissenschaft aus vielen Erfahrungen beschreibt, während *Odo* in seinen Quaestionen nur noch kurz die Allgemeinheitsforderung vorträgt[45]. In seiner Antwort zeigt er aber u. a., daß der wissenschaftliche Erkenntnisgang zwei Stufen enthält: den Aufweis von Prinzipien aus der sinnlichen Erfahrung und die Entwicklung von Schlußfolgerungen aus diesen Prinzipien. Auf der zweiten Stufe hat das Einzelne keinen Raum, wohl aber auf der ersten, wo aus den einzelnen sinnlichen Erfahrungen die Grundlagen weiterer wissenschaftlicher Erkenntnisse gefolgert werden, wie etwa ethische Grundsätze aus geschichtlichen Beispielen[46]. *Wilhelm von Melitona* nimmt Odos Gedanken auf und formuliert ihn noch ausführlicher unter ausdrücklichem Verweis auf Aristoteles[47].

Unter einem ganz anderen Gesichtspunkt begründet schließlich *Walter* die Beschäftigung mit dem Einzelnen. Nur die spekulative Wissenschaft hat es mit dem Allgemeinen zu tun, die Theologie als überwiegend praktische Wissenschaft mit Einzelnem[48]. Denselben Gesichtspunkt betont *Wilhelm de la Mare*, für den ja die Theologie nicht reine Wissenschaft ist, sondern Gesetz. Das Gesetz aber beeinflußt den Menschen durch einzelne vorbildliche und abschreckende Beispiele[49]. Walter und Wilhelm führen damit die Verengung der exemplarischen Bedeutung des Einzelnen auf

---

[44] C. 1 arg. 2: Experientia singularium est, ars vero universalium; fit autem ars, cum ex multis experimento intellectis una fit de similibus acceptio. Vgl. o. A. 21.

[45] Q. 1 arg. 4 (ed. Pergamo 339).

[46] Q. 1 ad 4 (ed. Pergamo 24): dupliciter contingit loqui de scientia: aut inquantum notificat conclusiones per principia, et sic singularia non cadunt in scientia; aut inquantum notificat principia per viam sensus, et sic bene cadunt singularia in scientia. Et hoc modo cadunt historialia, inquantum per ea notificantur moralia.

[47] Q. 2 Nr. I crp. (ed. Pergamo 312 f.): Alio modo, inquantum principia notificantur per viam sensus, memoriae et experientiae, secundum quod dicit Philosophus... Eodem modo historica singularia ad scientiam spectant, inquantum notificant regulas vivendi in theologia.

[48] Tr. 1 q. 3 a. 1 ad 2 (ed. Beumer 378,14—20): scientia duplex est, scil. speculativa et practica. Prima est de universalibus, secunda de particularibus, sicut et intellectus speculativus est universalium, practicus vero particularium. Cum enim opera sint circa singularia, secundum Philosophum, non circa universalia, necesse est, quod et intellectus practicus sit particularium quodammodo. ... Quia autem theologia magis est practica quam speculativa, ideo potest esse et est scientia et tamen de multis particularibus. — Daneben greift *Walter* aber auch *Alexanders* Schema auf.

[49] Q. 1 ad 1 (F¹ f.3ʳa): illa propositio... habet veritatem de scientia, quae non est lex, non de illa, quae est lex. Legis enim est per facta et beneficia singularium personarum bonarum provocare subditos ad bonum et per poenas singulares retrahere [vel deterrere: +i. m.] a malo. — Auch *Wilhelm* führt daneben *Alexanders* Schema an.

das moralisch Vorbildliche weiter, die schon Thomas und Ulrich eingeleitet hatten.

Der Struktur der Gegenstände entspricht eine bestimmte Erkenntnisweise. Die Untersuchung des Erkenntnisweges in der Theologie wird uns noch eingehend beschäftigen. Zunächst geht es um den ersten, einfachsten Einwand gegen die Wissenschaftlichkeit der Theologie: Theologie habe i. w. mit dem Glauben zu tun, einer allem Wissen unterlegenen Erkenntnisstufe, über die sie nicht hinausgelangen könne. Dieser Einwand beschäftigt die frühesten theologischen Einleitungslehren am stärksten, während später bereits so viel von der Funktion der Vernunft innerhalb der Theologie die Rede ist, daß sich die Probleme verschieben und differenzierter werden. Ich gebe daher zunächst *Alexanders* Lösung wieder.

Die Theologie bleibt nicht beim bloßen Glauben stehen. Der Struktur ihrer Gegenstände entspricht ihr Erkenntnisweg: die Einzelfakten, die auf ein Allgemeines verweisen, fordern ein entsprechendes Verstehen. Wie im Gegenstandsbereich, so sind auch im Erkenntnisbereich Theologie und andere Wissenschaften verschieden. Geschichtliche Tatsachen im profanen Bereich sprechen nur den Glauben an, aber die den theologischen Gegenständen, die auf ein Allgemeines hinführen, gemäße Erkenntnisweise ist ein Fortschreiten des Glaubens zur Einsicht[50].

Der scheinbar unüberbrückbare Gegensatz von Glauben und Einsicht ist damit aufgehoben. Aber *ein* Problem bedroht noch die Wissenschaftlichkeit der Theologie: Der Glaube, auf den sie sich stützt, ist ja selbst seiner Struktur nach eine unvollkommene Erkenntnisweise. Innerhalb der Stufenfolge der Erkenntnis ist er immer unterlegen. Gegen diesen Einwand gilt wiederum eine Unterscheidung: Einem aus bloßen Wahrscheinlichkeitsgründen nahegelegten Glauben setzt Alexander einen solchen höherer Ordnung entgegen, der auf Grund einer besonderen Erkenntnisquelle (der Inspiration) zur Anerkennung der prima veritas gelangt. Ein derartiger Glaube ist jedem profanen Wissen überlegen; er erhält seine Gewißheit aus der hinter der Inspiration stehenden göttlichen Autorität[51].

Der Gedanke, daß der Glaube und dementprechend auch die auf dem

---

[50] C. 1 ad 3: secundum distinctionem Augustini, in libro 83 quaestionum, ,credibilium tria sunt genera...'. Ex hoc ergo apparet, quod est credibile, quod numquam coniungitur scientiae, sicut sunt gesta historica; quaedam vero, quae coniunguntur scientiae, sicut credibilitas rationum disciplinalium; quaedam vero sunt, quae disponunt ad intellectum et scientiam, sicut est in divinis. Unde, secundum aliam litteram, dicitur Is. 7,9: Nisi credideritis, non intelligetis. Non repugnat ergo doctrinam theologiae esse credibilium et esse scientiam. — Ad 4: haec est differentia istius doctrinae, quae est sapientia, ab aliis, quae sunt scientiae: quia hic ipsum credere introducit ipsum intelligere; in aliis vero ipsum intelligere introducit ipsum credere; eo enim, quod intelligit, assentit.

[51] C. 1 ad 4: distinguendum est, quod est fides suasa ex rationibus proba-

Glauben beruhende theologische Erkenntnis von Gott eingegeben seien, spielt innerhalb der theologischen Wissenschaftstheorie eine zentrale Rolle. Wir sind ihm bereits anläßlich der Erörterung über Gegenstand und Einheit der Theologie bei einzelnen Autoren begegnet und werden ihn und seine Folgen noch genauer kennenlernen. Aber bereits hier weise ich auf zwei problematische Punkte in Alexanders Lösung hin:

Einmal, die Inspiriertheit von Glauben und Theologie wird nicht aus deren Wesen erschlossen, sondern aus der Inspiriertheit der hl. Schrift in die wissenschaftstheoretische Überlegung hinein übertragen. Dem kommt die Unbestimmtheit des Theologiebegriffs in der Gleichsetzung von sacra scriptura und theologia entgegen[52].

Zum andern, die Theologie wird in den allgemeinen Wissenschaftsbegriff eingefügt, indem ihr Wesenszüge beigelegt werden, die den zugrunde gelegten Wissenschaftsbegriff wieder sprengen müssen.

Beiden Problemen werden wir auch in der weiteren Diskussion begegnen. Zunächst aber fassen wir den zweiten großen Einwand gegen die Wissenschaftlichkeit der Theologie ins Auge.

6.5 Das Prinzipienproblem

6.51 Der Prinzipienbegriff in der Theologie

Nach *Aristoteles*[53] setzt jede Wissenschaft gewisse Prinzipien voraus, die nicht mehr beweisbar sind. Ihr Aufweis besteht darin, daß man in der Behandlung eines Sachverhalts auf immer grundlegendere Stufen zurück-

bilibus, et de hac est verum, quod ipsa est infra scientiam, et est fides inspirata ad assentiendum primae veritati sive primo vero propter se ipsum, et haec est supra omnem scientiam, et ad hanc disponit acceptio doctrinae sacrae, et in hanc totaliter intendit.

[52] Bezeichnend ist die Argumentation, z. B.: 2. Tim. 3,16: Omnis scriptura divinitus inspirata utilis est ad docendum etc. wird unbedenklich und ohne nähere Begründung als Inspiriertheit der Theologie erklärt: cum cognitio theologiae sit edita inspiratione divina (c. 1 co. a); theologica disciplina est inspirata, non acquisita, quantum ad editionem (c. 2 co. a).

[53] Anal. post. (transl. Iacobi) A 2 (71b19—23): necesse est et demonstrativam scientiam ex verisque esse et primis et immediatis et notioribus et prioribus et causis conclusionis; sic enim erunt et principia propria ei, quod demonstratur; (72a5—8): Ex primis autem est, quod ex principiis propriis est. Idem enim dico primum et principium. Est autem principium demonstrationis propositio immediata, immediata autem est, qua non est altera prior; A 7 (75a39-b2): Tria enim sunt in demonstrationibus: Unum quidem, quod demonstratur, conclusio... Unum autem dignitates; dignitates autem sunt, ex quibus est. Tertium genus subiectum...; A 10 (76a31 f.): Dico autem principia in unoquoque genere illa, quae, cum sint, non contingit demonstrare; u. a.

geht. Ein solcher Rückgang kann sich aber nicht ins Unendliche fortsetzen, sondern stößt an eine Grenze, an erste Sätze, die nicht mehr begründet werden können. Diese Prinzipien (ἀρχαί, principia) sind wahr, sie sind das erste, was gewußt werden kann, unmittelbar einsichtig, die Ursachen oder der Grund von Schlußfolgerungen — kurz Einsichten, die am Anfang einer wissenschaftlichen Deduktion stehen.

Wir können hier die ausgedehnten und z. T. sehr scharfsinnigen Bemühungen der Theologie von Boethius bis zum Ende des 12. Jh. um Prinzipien, Basissätze und Regeln der Theologie und ihre Verwendung in einer der Mathematik an Exaktheit vergleichbaren deduzierenden theologischen Wissenschaft übergehen[54].

Im 13. Jh. gibt *Wilhelm von Auxerre* erstmals dem Prinzipienbegriff eine feste Funktion innerhalb der Theologie. Er setzt an drei Stellen seiner Summa aurea, im Glaubenstraktat[55] und in der Sakramentslehre[56], die Glaubensartikel den Prinzipien der Theologie gleich[57]. Diese Gleichsetzung wird von vielen Zeitgenossen und jüngeren Theologen übernommen und ruft in der Tugendlehre verschiedene Fragen hervor: Welche Inhalte fallen unter die Prinzipien? Kann man die Glaubensartikel dem Glaubensbekenntnis gleichsetzen? Wie ist ihr Verhältnis zu anderen Elementarsätzen der Theologie?

Innerhalb der theologischen Einleitungslehre wird den Prinzipien nur von *Ulrich von Straßburg* ein selbständiger Abschnitt gewidmet[58]. Sonst begegnen sie fast nur in der Erörterung über die Wissenschaftlichkeit der Theologie, die an dem Prinzipienproblem besonders nachdrücklich in Frage gestellt wird.

Bereits der früheste Text zur theologischen Wissenschaftstheorie vom Anfang der dreißiger Jahre setzt die Gleichung: Glaubensartikel gleich Prinzipien der Theologie als selbstverständlich voraus. Die quaestio de fine theologiae im *cod. Douai 434* redet davon nicht als von einem Problem, sondern zieht daraus den Schluß, daß ein Ungläubiger keine Theologie haben könne[59]. Ganz am Anfang steht aber auch eine *kritische* Stimme — die einzige in unseren Texten. *Roland* mißt den Prinzipiencharakter der

---

[54] Sie sind ausführlich dargestellt von *A. Lang*, Prinzipienlehre, 1964. Vgl. auch o. 1.44 A. 145.

[55] L. 3 tr. 3 c. 1 q. 1 (f.131ᵛb); tr. 8 c. 8 q. 1 (f.189ᵛa).

[56] L. 4 De bapt. parvulorum q. 1 (f.254ᵛa).

[57] Zu dieser Gleichsetzung vgl. *A. Lang*, Prinzipienlehre, 1964, bes. 112—21; zum articulus fidei: *J. M. Parent*, La notion de dogme ..., 1932; *L. Hödl*, Articulus fidei, 1962.

[58] Tr. 2 c. 3: De principiis huius scientiae.

[59] F.15ᵛb31—34: Item in omni scientia cognitio principiorum necessaria est et illis incognitis alia ignorantur. Sed principia theologiae sunt articuli fidei. Ergo illis ignoratis non est scientia. Ergo infidelis non potest habere scientiam theologiae.

Glaubensartikel konsequent an der aristotelischen Forderung, daß man nur ein Erstes, das nicht wieder bewiesen werden kann, als Prinzip bezeichnen dürfe. Nun beruhen aber die Glaubensartikel auf dem Glauben, der nach Hebr. 11,1 selbst ein argumentum genannt werden kann, ihnen also als Beweisgrund vorausliegt. Die Glaubensartikel sind demnach keine Prinzipien und nicht an sich bekannt, sondern sie sind Schlüsse aus dem Glauben, ohne den sie nicht existieren[60]. Dadurch schließt Roland nicht aus, daß die Glaubensartikel den Ausgangspunkt für weitere Folgerungen in der Art wissenschaftlichen Vorgehens bilden[61]. Es soll nur gezeigt werden, daß die theoretische Formulierung von Grundsätzen nicht am Anfang des theologischen Erkenntnisweges steht, sondern bereits das Ergebnis einer auf Erfahrung begründeten Überlegung ist[62].

Rolands Kritik wird in der Folgezeit nicht aufgenommen. Der Unterschied zwischen ursprünglicher Glaubenserfahrung des einzelnen Menschen und dem in den articuli formelhaft erstarrten Glaubenswissen wird nicht mehr erörtert. Die Glaubensartikel gelten unangefochten als Prinzipien der Theologie[63]. Allerdings bleibt eine Schwierigkeit ungelöst und

---

[60] Q. 2 arg. (PM f.1ᵛb; VB f.1ᵛa): Forte dici potest, quod articuli fidei sunt principia probantia et non probata, et ita sunt principia prima. Nec hoc stare potest, quia apostolus dicit ad Hebr. 11[,1]: Fides est substantia etc., argumentum non apparentium. Et dicit ibi glossa, quod fides est [−PM] argumentum et non conclusio. Unde ipsa glossa dicit argumentum, id est probatio et ostensio. Ergo articuli sunt probati, ergo sunt conclusiones, non ergo sunt principia prima.

[61] Q. 2 crp. (PM f.1ᵛa; VB f.1ᵛa): sed aliae conclusiones exeunt ab articulis per modum scientiae vel artis.

[62] Q. 2 crp. (PM f.1ᵛa; VB f.1ᵛa): Dicimus aliquando [quod: + VB] fides est illud, quod probat articulos, quia enim fides est in corde meo. Asserunt omnes articuli esse in corde meo. Et non insunt fides et articuli [infert fides articulos (?): VB] per modum artis et complexionis, sed per modum assertionis, quam facit [fides: +PM i. m.] in anima. Unde si dicatur: resurrectio erit, quod probatur, quia Abraham credidit, numquam fides Abraham faceret me credere illud et asserere, nisi fides esset in corde meo. Et licet una sit fides in corde meo, tamen elicit ex se multos motus, qui motus sunt quasi probantes omnes articulos. Cum enim movetur fides circa istum articulum: Christus resurrexit, illo motu assero illud, et sic alio motu moveor erga alium articulum, alio erga alium. − Vgl. dazu auch aus der *Tugendlehre* CIV,5 (ed. Cortesi 321): (Nach Hinweis auf Hebr. 11,1) Ergo articuli non sunt principia nec per se nota. Auferas fidem de corde: non sunt noti illi articuli illi, qui fidem habitum non habet in anima sua; immo articuli illi videntur chimaerae cornutae, ut patet in omnibus infidelibus. CV,1 (ed. Cortesi 322): Dico, quod articulus est prima conclusio fidei, quoniam fides est argumentum et articulus est conclusio. Et hoc dictum est in principio Summae, qualiter istud sit. Vel aliter: articulus est, quod primo asseritur in corde per fidem. CV,11 (ed. Cortesi 323): Videtur, quod illud sit articulus, quoniam illud nos artat ad se credendum; praeterea videtur esse prima conclusio fidei, id est immediate exiens a fide.

[63] In ganz anderem Zusammenhang faßt *Albert* den Glaubensartikel als

hält die weitere wissenschaftstheoretische Diskussion im Gang: die Tatsache, daß die Glaubensartikel wirklich nicht an sich bekannt sind, sondern aus der christlichen Religion stammen.

6.52 Die Erörterung des Prinzipienproblems

Odo oder der *Anonymus Vat. lat. 782, f.123 f.*, dürfte der erste sein, der im besonderen Charakter der theologischen Prinzipien eine Gefährdung der Wissenschaftlichkeit der Theologie sieht. Odos Ausführungen werden von den jüngeren franziskanischen Autoren aufgenommen, im übrigen kommt aber der Einwand erst nach der Jahrhundertmitte recht zur Geltung. In der Erörterung des Prinzipienproblems können wir zwei Abschnitte unterscheiden:

1. die frühe Diskussion v. a. unter den Pariser Franziskanern, aber auch noch in den fünfziger Jahren;

2. die spätere, durch die Subalternationstheorie bestimmte Diskussion.

6.521 Frühe Diskussion

Bereits *Odo* und der *Anonymus* sehen den Kern des Prinzipienproblems in der *Gewinnung* der Prinzipien. Während die Prinzipien der übrigen Wissenschaften per se (an oder aus sich selbst) einsichtig sind, bedürfen die der Theologie einer zusätzlichen Stützung von außen[64].

Beide begegnen diesem Einwand, indem sie den vorausgesetzten allgemeinen Prinzipienbegriff kritisieren. Der *Anonymus* weist darauf hin, daß die Theologie denselben Erkenntnisweg hat wie die anderen Wissenschaften: Sie geht von gewissen Voraussetzungen aus und zieht daraus Schlüsse, die zu einer Wissenschaft gehören[65]. In der Gewinnung der Prinzipien geht sie insofern nicht anders vor als alle übrigen Wissenschaften, als auch diese ihre Prinzipien nicht wissen (scire), sondern voraussetzen müssen, ohne sie jedermann einsichtig machen zu können, und als auch

---

conclusio: Er ist ein Mittleres zwischen antecedens und consequens fidem, als solches also Folgerung aus dem antecedens (S. th. q. 5 m. 3 co. 3).

[64] *Odo* QQ. q. 1 arg. 1 (V² f.43ᵛb): omnis scientia habet aliqua principia, quae per se ipsa nota sunt, nec quaerunt fidem ab extrinseco. ... sed principia theologiae non habent fidem per se neque se ipsis offeruntur intellectui, immo requiritur exterius gratia fidei. — *Anonymus Vat. lat. 782, f. 123 f.*, q. 1 arg. 3 (f. 123ᵃa).

[65] Q. 1 crp. (f.123ᵛb): et sicut in aliis scientiis, quod ipsa principia et alia, quae sciuntur per illa, sunt in illis, ita in hac scientia principia sunt articuli fidei..., quibus suppositis addiscimus intelligere scripturas, solvere contrarietates, reddere rationes, solvere dubitationes et retundere contradictiones.

sie sich oftmals auf (menschliche) Autorität stützen müssen[66]. Allerdings bleibt ein Unterschied bestehen: Die Theologie nimmt ihre Prinzipien nicht nur teilweise, sondern vollkommen mit dem Glauben auf Grund der (göttlichen) Autorität an[67].

In derselben Absicht wie der Anonymus, jedoch mit einem feineren begrifflichen Instrumentarium, argumentiert *Odo*. Er teilt im Anschluß an *Aristoteles*[68] die wissenschaftlichen Sätze in Folgerungen und Prinzipien, letztere wieder in allgemeine (dignitates) und den einzelnen Wissenschaften eigentümliche (suppositiones sive petitiones) ein. Die allgemeinen Prinzipien der Theologie sind allen Menschen bekannt, sie bilden eine ursprüngliche Erfahrung, während ihre speziellen Prinzipien in den Glaubensartikeln bestehen[69]. Durch die Differenzierung der theologischen Prinzipien erreicht Odo, daß die der Theologie mit den übrigen Wissenschaften gemeinsame Grundlage verbreitet und die Zahl der ihr eigentümlichen Basissätze wenigstens verhältnismäßig verringert wird. Der entscheidende

---

[66] A. a. O.: Similiter est in astrologia, quia ibi supponuntur principia, scil. quod caelum sphaericum est..., quae tamen non sunt cuilibet per se nota, et per haec sciuntur alia. Item rhetorica in hiis, quae facit scire, magis acquiescit loco ab auctoritate quam alii. Si ergo in aliis scientiis supposita auctoritate est aliquid scitum, quanto magis suppositis articulis in divina scientia potuerunt [?] cetera esse scita. Ad 2: ista scientia est de scibili nec omnia, quae sunt ibi, sunt scibilia, sed quaedam credibilia, sicut in aliis scientiis acceptio principiorum non est scientia, sed intellectus.

[67] Ad 2 (Forts. des Zitats A. 66): Hoc tamen scibile non est secundum naturam, sed per adiutorium gratiae suppositis... articulis fidei. Ad 3: verum est, quod in aliis scientiis principia per se patent intellectui et in quibusdam etiam creditur auctoritati humanae..., et propter hoc recte possunt dici humanae scientiae. In hoc autem est divina, quia in hac scientia in primis principiis creditur tantum divinae auctoritati, et propter hoc est divina scientia nec potest sciri nisi ab habente fidem de deo.

[68] Vgl. Anal. post. A 2, 72a14—20 (transl. Iacobi): Immediati autem principii syllogistici positionem quidem dico, quam non est monstrare neque necesse est habere docendum aliquid, quam vero necesse est habere quodlibet docendum, dignitatem (vel maximam propositionem) ... Positionis autem quae quidem est quamlibet partium enuntiationis accipiens, ut dico esse aliquid aut non esse, suppositio est, quae vero sine hoc, definitio est (positio = θέσις, dignitas = ἀξίωμα, suppositio = ὑπόθεσις). A 10, 76a37 f. (transl. Iacobi): Sunt autem, quibus utuntur in demonstrativis scientiis, alia quidem propria uniuscuiusque scientiae, alia vero communia.

[69] QQ. q. 1 ad 1 (ed. Pergamo 22): sicut in aliis scientiis sunt principia, quae sunt omnibus nota, sicut sunt dignitates; sunt etiam suppositiones sive petitiones, quia idem sunt per essentiam, quae sunt principia illi scientiae et supponuntur in illa; sunt etiam et conclusiones; sic etiam dicendum est in theologia, quod sunt dignitates, quae omnibus sunt manifestae, scil. quod deus est summe bonus, super omnia diligendus..., et horum cognitio est scripta in corde nostro sicut et cognitio principiorum; sunt etiam suppositiones, et istae sunt articuli fidei; sunt etiam et conclusiones...

Unterschied bleibt jedoch auch so bestehen: Während in den übrigen Wissenschaften die Prinzipien der Vernunft ohne äußere Unterstützung einsichtig sind, bedürfen die speziellen Prinzipien der Theologie der Glaubensgnade als Hilfe[70].

Andere Autoren bemühen sich darum, wieder andere Gemeinsamkeiten in der Gewinnung der Prinzipien aufzuzeigen.

So weist *Thomas* im Sentenzenkommentar darauf hin, daß kein Wissenschaftler die Prinzipien seiner Wissenschaft beweisen (probare) kann, sondern höchstens verteidigen. Die Prinzipien der Theologie wie aller anderen Wissenschaften gehen aus einer Erleuchtung hervor. Freilich verfolgt Thomas den Gedanken einer solchen Evidenzerfahrung nicht weiter, so daß Theologie und übrige Wissenschaften wieder hinsichtlich ihrer Erkenntnisquelle — Glaubenslicht oder Licht des intellectus agens — geschieden sind[71].

Auch spätere Autoren gehen dem Hinweis des Thomas auf die wenigstens strukturelle Entsprechung der Prinzipiengewinnung aus der Erleuchtung nicht weiter nach, sondern begnügen sich mit der Unterscheidung theologischer und anderer Wissenschaft und der verschiedenen Personenkreise, denen ihre Prinzipien zugänglich sind[72].

---

[70] A. a. O.: Differunt tamen suppositiones illae a suppositionibus aliarum scientiarum et in aliquo conveniunt. Conveniunt enim in hoc, quod sicut in aliis scientiis suppositiones non probantur, sic et in theologia supponuntur articuli fidei; sed in hoc est differentia, quia in aliis scientiis suppositiones sunt manifestae ipsi rationi sine adminiculo extrinseco..., sed in theologia indigent adminiculo gratiae fidei.

[71] A. 3 q. 2 ad 2: ista doctrina habet pro principiis primis articulos fidei, qui per lumen fidei infusum per se noti sunt habenti fidem, sicut et principia naturaliter nobis insita per lumen intellectus agentis. Nec est mirum, si infidelibus nota non sunt, qui lumen fidei non habent, quia nec etiam principia naturaliter insita nota essent sine lumine intellectus agentis. Et ex istis principiis, non respuens communia principia, procedit ista scientia, nec habet viam ad ea probanda, sed solum ad defendendum a contradicentibus, sicut nec aliquis artifex potest probare sua principia.

[72] Vgl. *Petrus* a. 1 ad 3: Non omnis scientia procedit ex communibus principiis, quae per se nota sunt omnibus, immo ex propriis, quae solum sapientibus. Sic theologia procedit ex articulis fidei, qui per se noti sunt non omnibus, sed fidelibus.

Peckham q. 2 a. 2 c. 1 ad co. 3 unterscheidet

principia $\left[\begin{array}{l}\end{array}\right.$ quae procedunt a lumine naturali... cognita vel omnibus vel sapientibus

quaedam autem a supernaturali lumine descendunt... supernaturaliter recepta, cognita solis fidelibus

Daneben kennt er auch praeambula fidei aus natürlicher Erkenntnis. (F[2] f.4ᵛb; N f.4ᵛb).

6.522 Die Subalternationstheorie

Im Laufe der fünfziger Jahre macht *Thomas* den Versuch, das Prinzipienproblem mit Hilfe der sogenannten Subalternationstheorie[73] endgültig zu lösen.

Das Deuteschema einer Unterordnung der Theologie unter ein anderes, höheres Wissen begegnet innerhalb der theologischen Wissenschaftstheorie in verschiedenen Zusammenhängen, die sachlich streng voneinander zu scheiden sind:

1. zur Deutung des Verhältnisses von Theologie und hl. Schrift[74];
2. zur Lösung des Prinzipienproblems;
3. zur Beschreibung des Verhältnisses von Theologie und anderen Wissenschaften.

Beim letzten Punkt handelt es sich um das logische, ontologische und axiologische Verhältnis der Theologie zum Zusammenhang der Wissenschaften, also um ein weiteres Feld als bei den beiden anderen. Bereits im älteren Schema der literarischen Einleitung war nach der Einordnung eines Buches unter eine Wissenschaft gefragt worden[75]. Innerhalb der theologischen Einleitungslehre verrät bereits *Albert* im Sentenzenkommentar genaue Vorstellungen vom Subalternationsverhältnis der Wissenschaften untereinander, als er die Unterordnung der Theologie unter die Ethik ablehnt[76]. Seitdem wird das Deuteschema immer häufiger benützt[77].

Die Theorie (jedoch nicht der Begriff) der Subalternation geht auf Aussagen des *Aristoteles* zurück[78]. Er unterscheidet zwischen einem Wissen des

---

[73] Das Substantiv subalternatio findet sich in der theologischen Einleitungslehre bei *Thomas* nicht, wohl aber bei anderen Autoren (z. B. *Wilhelm von Melitona, Bonaventura, Kilwardby*) in den u. angeführten Zusammenhängen. Ich benütze den Begriff trotzdem auch für *Thomas*, da er dessen Ausführungen über scientia superior usw. treffend bezeichnet.

[74] Vgl. *Bonaventuras* Lösung u. S. 267 m. A. 31; kritische Aufnahme durch *Peckham* u. S. 172 A. 81.

[75] Meist in der Form: Cui parti philosophiae (in entsprechendem Zusammenhang auch: grammaticae, dialecticae u. ä.) supponatur. In den accessus ad auctores werden Dichtungen bestimmten Wissenschaften untergeordnet, z. B. Ovids Ars amatoria der Ethik. Die alte Frage ist noch in einer theol. Einleitungslehre des 13. Jh. gestellt, der des *Bombolognus von Bologna*, die ich hier nicht behandle (vgl. *M. Grabmann*, Die theol. Erkenntnis- und Einleitungslehre..., 1948, 246).

[76] A. 4 ad co. (3): Nec tamen sequitur, quod ipsa sit moralis philosophia vel illi subalternata. Moralis non est, quia mores non sunt ultimus finis in ea, ut habitum est; subalternata non est, quia scientia subalternata accipit principia et causas subalternantis. Sed ista scientia non accipit ab aliqua, sed propria habet principia fidei..., et ideo non accipit ab aliis, sed aliae famulantur ei.

[77] Vgl. u. 8.42.

[78] Vgl. Anal. post. A 7, 75b12—20; A 10, 76a31 ff.; A 13, 78b32—79a16: Secundum quidem igitur eandem scientiam et secundum eorundem positionem hae differentiae sunt ipsius *quia* ad eum, qui est *propter quid*, syllogismum;

Seins („quia") und einem des Grundes („propter quid"). Es handelt sich um zwei Gesichtspunkte, die einerseits innerhalb derselben Wissenschaft liegen, andererseits aber auch gerade den Unterschied zweier Wissenschaften ausmachen können. Aristoteles liefert auch das Beispiel, das von unseren Autoren immer wieder herangezogen wird: Die Optik steht zur Geometrie in dem Verhältnis, daß sie von ihr die Behandlung der Ursache entlehnt und selbst nur nach dem Faktum fragt. Die Optik steht dadurch unter (ὑπό, sub) der Geometrie, d. h. sie ist ihr im Abstraktionsgrad und damit in der Rangfolge untergeordnet.

Aus diesen Aussagen entwickelt die Wissenschaftstheorie des 13. Jh. eine Reihe von Sätzen und Distinktionen über die Möglichkeiten des Subalternationsverhältnisses zweier Wissenschaften, die weit über das von Aristoteles Angedeutete hinausgehen[79]. Zur Lösung des Prinzipienproblems genügt ein Subalternationsbegriff, der sich unmittelbar an Aristoteles anschließt: Die übergeordnete Wissenschaft stellt Sätze bereit, die die untergeordnete als Prinzipien aufnimmt, um aus ihnen Schlußfolgerungen zu ziehen, ohne sie jedoch zu hinterfragen[80].

Dieses allgemeine Schema scheint *Thomas* als erster auf das Prinzipienproblem angewandt zu haben. Er gibt — kurz zusammengefaßt — folgende Lösung:

Die Theologie ist dem Wissen Gottes und der Seligen subalterniert. Sie empfängt von diesem Wissen ihre Prinzipien in Gestalt der Glaubensartikel und zieht daraus ihre Schlüsse. Damit gewinnt die Theologie ihre Prinzipien in genau derselben Weise wie eine ganze Reihe von Wissenschaften, deren Wissenschaftlichkeit ihres Subalternationsverhältnisses zu anderen wegen niemals angezweifelt worden ist.

An Thomas können wir noch das Werden der Subalternationstheorie verfolgen[81].

---

alio autem modo differt propter quid ab ipso quia, quod est per aliam scientiam utrumque speculari. Huiusmodi autem sunt, quaecumque sic se habent ad invicem et quod alterum sub altero est, ut speculativa ad geometriam et machinativa ad stereometriam et harmonica ad arithmeticam et apparentia ad astrologicam. ... Multae enim et non sub invicem scientiarum habent sic, ut medicina ad geometriam; quod quidem enim vulnera circularia tardius sanentur, medici est scire, propter quid autem geometrae (tr. Iacobi).

[79] Vgl. dazu etwa die ausführlichen Einteilungen der subalternatio durch *Aegidius* Sent. q. 4; *Heinrich* a. 7 q. 4.

[80] Vgl. zur Verdeutlichung etwa *Albert* Met. l. 1 tr. 2 c. 2 (ed. Geyer 19): In subalternatis enim ex principiis et causis propriis scientiae subalternantis concluduntur passiones subalternatarum. Sicut patet in perspectiva et geometria ... *Thomas* Q. disp. de ver. q. 14 a. 9 ad 3: inferior sciens non dicitur de his, quae supponit, habere scientiam, sed de conclusionibus, quae ex principiis suppositis de necessitate concluduntur. Et sic fidelis potest dici habere scientiam de his, quae concluduntur ex articulis fidei.

[81] Vgl. dazu auch *M.-D. Chenu*, La théologie comme science ..., ³1957, bes.

In der theologischen Einleitungslehre des Sentenzenkommentars trägt er diese Lösung des Prinzipienproblems noch nicht vor[82], sondern weist auf das Hervorgehen aller Prinzipien aus einer Erleuchtung hin[83]. Wenn er aber an anderer Stelle betont, daß die Prinzipien der Theologie geoffenbart sind, so legt er damit bereits den Grund für die neue Lösung[84]. In der Tugendlehre wendet er das Schema der Subalternation bereits auf den Glauben an: Unser Glaube verhält sich zur göttlichen Erkenntnis so, wie der Glaube dessen, der von einer übergeordneten Wissenschaft seine Prinzipien übernimmt, zu eben dieser Wissenschaft[85]. Von hier zur Anwendung des Schemas in der theologischen Wissenschaftststheorie ist nur noch ein kleiner Schritt, den Thomas in dem kurz nach dem Sentenzenkommentar verfaßten Kommentar zu Boethius De trinitate bereits vollzieht[86]. In der Summa theologiae faßt er die Theorie noch einmal zusammen: Wie andere Wissenschaften, so geht auch die Theologie von den Prinzipien aus, die in einer höheren Wissenschaft erkannt worden sind. Sie empfängt ihre Prinzipien durch Offenbarung aus dem Wissen Gottes, an dem auch die Seligen teilhaben[87]. Thomas leitet hier aus der Geoffenbartheit der

---

71—85; ferner *J. Beumer*, Thomas von Aquin..., 1955, bes. 198—210 (Darstellung der Entwicklung); *J. A. Mourant*, Aquinas and theology, 1956 (kritisch); *C. Dumont*, La réflexion..., 1962, bes. 22—25; *M. Corbin*, La fonction et les principes..., 1967.

[82] Die Ausführungen a. 3 q. 2 ad 1 vel dicendum... bis zum Ende des Abschnitts sind offenkundig ein sekundärer Zusatz innerhalb der Antwort (ad 1) auf den Einwand wegen der particularia, während der Einwand wegen der Prinzipien (arg. 2) erst ad 2, und zwar mit ganz anderen Gründen, zurückgewiesen wird. Die Unechtheit des Stückes haben schon *M.-D. Chenu*, La théologie comme science..., ³1957, 76 mit A. 1—2, und *J. Beumer*, Ein nicht-authentischer Text..., 1958, nachgewiesen.   [83] Vgl. o. A. 71.

[84] Sent. a. 5 crp.: principia autem huius scientiae sunt per revelationem accepta.

[85] 3 Sent. d. 24 a. 2 ad 3: Fides nostra ita se habet ad rationem divinam, qua deus cognoscit, sicut se habet fides illius, qui supponit principia subalternatae scientiae a scientia subalternante, quae per propriam rationem illa probavit.

[86] Vgl. q. 2 a. 2 ad 5 (ed. Decker 89); ad 7 (89 f.); q. 5 a. 1 ad 5 (170 f.) mit Einführung einer doppelten Subalternation. — Anders dagegen q. 2 a. 3 ad 7 (ed. Decker 97): Gebrauch der Prinzipien anderer Wissenschaften in der Theologie.

[87] A. 2 crp.: duplex est scientiarum genus. Quaedam enim sunt, quae procedunt ex principiis notis lumine naturali intellectus, sicut arithmetica... Quaedam vero sunt, quae procedunt ex principiis notis lumine superioris scientiae, sicut perspectiva procedit ex principiis notificatis per geometriam... Et hoc modo sacra doctrina est scientia, quia procedit ex principiis notis lumine superioris scientiae, quae scilicet est scientia dei et beatorum. Unde sicut musica credit principia tradita sibi ab arithmetico, ita doctrina sacra credit principia revelata [sibi: +edd.] a deo.

Theologie ihre Wissenschaftlichkeit ab, wie er früher ihre Sache und ihre Einheit im Hinblick darauf bestimmte.

Seine Lösung des Prinzipienproblems wird in dem Zeitraum, den wir betrachten, von verschiedenen Autoren aufgenommen, nicht nur von Dominikanern, wie *Hannibaldus*[88] und *Romanus*[89], sondern auch von einem Franziskaner, wie *Walter*[90], dem den Franziskanern nahestehenden, aber auch manches Element anderer Theologen aufnehmenden *Anonymus des cod. Todi 39*[91] und *Aegidius*[92]. Ein wichtiges Zeugnis stellt schließlich der Zusatz in *Thomas'* Sentenzenkommentar dar, der sich auch durch die Einführung einer doppelten Subalternation als später erweist[93]. Die Kritik an Thomas' Lösung scheint erst in einem zweiten Stadium der Diskussion einzusetzen, das wir hier nicht mehr berücksichtigen.

Trotzdem möchte ich auf einige problematische Stellen in der Theorie eingehen, die auch mit anderen Problemkomplexen zusammenhängen:

---

[88] A. 1 crp.; ad 2.

[89] Tr. 2 q. 1 a. 1 ad 1 (VP f.3ᵛa): sicut inferioris scientiae principia aliquando probantur in superiori et tunc supponuntur quasi per se nota inferiori, sic principia theologiae sunt per se manifesta in cognitione divina et quasi probata. Et quia ista scientia quodam modo illi cognitioni subalternatur, ideo sufficit ei, quod sua principia ibi sint manifesta, et ea supponit quasi per se nota.

[90] Tr. 1 q. 3 a. 2 crp. (ed. Beumer 377 f.): theologia non est scientia sua principia perfecta ratione comprehendendo, sed illa supponendo a scientia superiori, scil. a scientia patriae, quae est dei et beatorum. In dieser Art Wissenschaft geht der Glaube der Einsicht voran: Nisi enim musicus crederet principia arithmeticae, non intelligeret per illa, quae vult probare in musica.

[91] Q. 1 a. 1 crp. (ed. Tavard 212,21—32). [92] Q. 5.

[93] A. 3 q. 2 ad 1: superiores scientiae sunt ex principiis per se notis, sicut geometria et huiusmodi habentia principia per se nota ... Inferiores autem scientiae, quae superioribus subalternantur, non sunt ex principiis per se notis, sed supponunt conclusiones probatas in superioribus scientiis et eis utuntur pro principiis, quae in veritate non sunt principia per se nota, sed in superioribus scientiis per principia per se nota probantur ...
Der Verfasser führt die Vorstellung einer *doppelten Subalternation* ein: einmal hinsichtlich des Gegenstandes (der näher bestimmte und damit engere Begriff ist dem weiteren untergeordnet), zum andern hinsichtlich der Erkenntnisweise (die unvollkommene ist der vollkommenen untergeordnet). In beiden Fällen empfängt die untergeordnete Wissenschaft ihre Prinzipien von der höheren. Die Theologie ist dem Wissen Gottes in zweiter Hinsicht unterstellt: Potest autem scientia aliqua esse superior alia dupliciter: vel ratione subiecti, ut geometria, quae est de magnitudine, superior est ad perspectivam, quae est de magnitudine visuali; vel ratione modi cognoscendi, et sic theologia est inferior scientia, quae est in deo. Nos enim imperfecte cognoscimus id, quod ipse perfectissime cognoscit, et sicut scientia subalternata a superiori supponit aliqua et per illa tamquam per principia procedit, sic theologia articulos fidei, quae infallibiliter sunt probati in scientia dei, supponit et eis credit et per istud procedit ad probandum ulterius illa, quae ex articulis sequuntur. Est ergo theologia scientia quasi subalternata divinae scientiae, a qua accipit principia sua.

1. Auch die Subalternation vermag nicht die Schwäche der theologischen
Prinzipien auszugleichen. Die Prinzipien einer subalternierten Wissenschaft sind nicht aus sich selbst bekannt, sondern auf Treu und Glauben
von einer übergeordneten Wissenschaft übernommen. Da ihnen die Evidenz fehlt, können sich aus ihnen nur zweitrangige, angewandte Wissenschaften entwickeln.

2. Während im Bereich der profanen Wissenschaften jedermann von
der Anwendung übernommener Prinzipien in den subalternierten Wissenschaften zu deren Prüfung in den übergeordneten Wissenschaften gelangen kann, ist dem Theologen im diesseitigen Leben ein solcher Weg versperrt. Die höhere Wissenschaft ist allein Gott und den Seligen zugänglich.

3. Zugleich wird durch den Anschluß der Theologie an das göttliche
Wissen auch wieder der allgemeine Wissenschaftsbegriff gesprengt. Denn
die Theologie ragt dadurch über alle anderen Wissenschaften empor, daß
ihre Quelle letzten Endes nicht im menschlichen Wissen liegt.

4. Was müssen wir unter einem Wissen Gottes und der Seligen verstehen und wie gelangen wir in unserem Erdenleben zu solchem Wissen?
Es zeichnet sich ja gerade dadurch vor allem anderen aus, daß es erst im
künftigen Leben unmittelbar zugänglich wird. Thomas erklärt mehrmals,
der Inhalt dieses Wissens sei uns in den Glaubensartikeln offenbart[94]. Die
Glaubensartikel sind aber nichts anderes als eine Zusammenfassung der
wesentlichen Aussagen der hl. Schrift; sie erhalten Offenbarungscharakter
nur durch ihre Abhängigkeit von der hl. Schrift. Nur durch die Vermittlung der hl. Schrift ist unser Wissen um die Theologie Gottes und der
Seligen möglich[95].

5. Damit tritt aber Thomas' Subalternationstheorie in eigentümliche
Nähe zur Deutung des Verhältnisses von hl. Schrift und Sentenzenbuch
(bzw. in den Sentenzen verkörperter Theologie) als Subalternation. *Bonaventura* unterscheidet sich darin von Thomas, daß er dieses Schema noch
nicht auf das Prinzipienproblem anwendet; aber er gibt doch bereits eine
allgemeine Erklärung für das Verhältnis von Theologie und in der hl.
Schrift geoffenbartem Wissen[96].

---

[94] Z. B. Sent. a. 5 crp. (vgl. o. A. 84); S. th. a. 2 crp.: ita doctrina sacra
credit principia revelata [sibi: +edd.] a deo.

[95] Vgl. S. th. a. 2 ad 2: (revelatio divina) supra quam fundatur sacra scriptura seu doctrina.

[96] *Bonaventura* q. 2 ad 4: liber iste ad sacram scripturam reducitur per
modum cuiusdam subalternationis...; similiter et libri doctorum, qui sunt ad
fidei defensionem.

150

Nach dem Überblick über die drei Haupteinwände gegen die Wissenschaftlichkeit der Theologie können wir nun die vorläufige Stellungnahme unserer Autoren zu dieser Frage ins Auge fassen. Ich nenne sie vorläufig, weil eine endgültige, differenzierte Aussage erst im Zusammenhang mit der Frage nach dem habitus der Theologie möglich wird.

Die bisherigen Erörterungen zeigten, daß die Theologie dem vorausgesetzten allgemeinen Wissenschaftsbegriff nur mit Einschränkungen bzw. unter gewissen Voraussetzungen genügt. Manche Autoren bemühen sich zwar, die Problemstellungen kritisch zu hinterfragen. Aber eine Lösung kommt meist dadurch zustande, daß man der Theologie ein zusätzliches Merkmal zuerkennt: ihre Inspiriertheit. Nur unter der Voraussetzung, daß sie durch Offenbarung am göttlichen Wissen teil hat, kann man ihre einzelnen Gegenstände auf ein Allgemeines hin verstehen, kann sich ihr Glaube über bloß menschlichen Glauben erheben, werden ihre Glaubensartikel den evidenten Prinzipien anderer Wissenschaften vergleichbar. Das heißt aber, die Theologie entspricht den allgemeinen Anforderungen an eine Wissenschaft nur, wenn sie andererseits den profanen Wissenschaftsbegriff sprengt. Die zweideutige Stellung der Theologie im Kreise der Wissenschaften empfinden auch unsere Autoren, ohne sich freilich den Grund dafür recht klarmachen zu können. Ihr Eindruck spricht sich aber in ihrem äußerst unsicheren Urteil über den Wissenschaftscharakter der Theologie aus.

Nur wenige Autoren nennen die Theologie ohne Vorbehalte eine Wissenschaft: allen voran *Thomas*[97] sowie *Albert* in seiner Summa[98].

Andererseits wird ihre Wissenschaftlichkeit auch nie völlig abgeleugnet und nur in den frühesten Texten, etwa von *Roland*[99] oder von *Odo* im Sentenzenkommentar[100], stark eingeschränkt, ferner von den Autoren, die in ihr ein Gesetz sehen[101]. Ein Wissenschaftscharakter zumindest in weitestem Sinne wird ihr allgemein eingeräumt, meist in Verbindung mit einer gewissen Kritik der Voraussetzungen.

Viele Autoren kommen zu dem Ergebnis, die Theologie genüge dem allgemeinen Wissenschaftsbegriff nur in einer weiten Bedeutung (large, large sumpto vocabulo, communiter u. ä.), nicht jedoch im eigentlichen Sinne (proprie, stricte u. ä.)[102].

[97] Kurz Sent. a. 3 q. 2 crp.: dicendum, quod ista doctrina scientia est; S. th. a. 2 crp.: dicendum sacram doctrinam esse scientiam.
[98] S. th. q. 1 crp.: dicendum, quod theologia verissima scientia est et, quod plus est, sapientia.
[99] Z. B. q. 2 crp. (PM f.1ʳb; VB f.1ᵛa): licet proprie loquendo non sit neque scientia neque ars, sed potius est sapientia.   [100] Q. 2 a. 2.
[101] *Anonymus Vat. lat. 782, f. 123 f.*, q. 1; *Wilhelm de la Mare* q. 1.
[102] Vgl. z. B. *Roland* q. 2 crp.: proprie loquendo (PM f.1ʳb54 f.; vgl. o. A.

Sie üben dabei z. T. auch eine mehr oder weniger deutlich ausgespro-
chene *Kritik* an dem vorausgesetzten Wissenschaftsbegriff. Einmal fassen
manche Autoren die Wissenschaft so weit, daß die oben erörterten drei
Merkmale aus den argumenta ihrer Fragen (Gegenstandsstruktur: Allgemeines; rationales Erkennen über den Glauben hinaus; an sich evidente
Prinzipien) nur noch eingeschränkte Bedeutung haben. Dabei berufen sie
sich ausdrücklich auf *Augustin*, der unter seinem weiten Wissensbegriff
neben dem Wissen in strengem Sinne sowohl sinnliche Wahrnehmung als
auch Glauben zusammenfaßt[103].

Zum andern hebt man bestimmte andere Merkmale hervor, durch die
sich die Theologie der Gesellschaft der übrigen Wissenschaften würdig
erweist, auch wenn sie ihnen in anderen Zügen nicht entspricht.

Schon *Roland* weist darauf hin, daß in der Theologie Beweise und
Schlußfolgerungen ihren Platz haben. Mag auch der Glaube die Glaubensartikel nicht eigentlich wissenschaftlich, sondern eher affektiv beweisen
(probare), so werden doch aus diesen Glaubensartikeln in wissenschaftlicher Weise Schlüsse gezogen[104]. Roland scheint sogar noch weiter zu gehen: Auch die Erkenntnis aus dem Glauben entspricht dem allgemeinen
wissenschaftlichen Vorgehen, denn sie bedeutet Einsatz von Erfahrung.

---

99); non est ars proprie vel scientia (PM f.1ᵛa21); *Anon. Vat. lat. 782, f. 123 f.*,
q. 1 crp.: non est scientia nisi large sumpto vocabulo scientiae... non est
scientia absolute ... tamen consequenter alicubi est ars, alicubi scientia (f.123ᵛ
a8 f., 12–14; ebenso 26; 29); *Odo* QQ. q. 1 crp.: nicht proprie, aber communiter ist Theologie scientia (ed. Pergamo 21); *Petrus* a. 1 crp.: large scientia, stricte et proprie sapientia; *Ulrich* tr. 2 c. 2: communiter sumpto nomine
scientiae (ed. Daguillon 30,7); u. v. a.

[103] *Kilwardby* q. 5 ad obi. (ed. Stegm. 43) stellt eine ganze Sammlung von
Augustinzitaten zusammen, aus der hervorgeht, daß der Kirchenvater unter
dem Wissensbegriff (scire) das aus innerer Erfahrung, durch die Sinne und
durch das Zeugnis anderer Empfangene zusammenschließt (z. B. Trin. 15,12,
22, in Kilwardbys leicht veränderndem Zitat: Omnia, et quae per semetipsum
et quae per sensum corporis sui et quae testimoniis aliorum percipit, humanus
animus scit). Ebenso *Walter* tr. 1 q. 3 a. 2 crp. (ed. Beumer 377, 17–23); *Peckham* q. 2 a. 2 c. 1 crp: propriissime dicitur sapientia, ... ampliato nomine potest dici scientia (unter Berufung auf Augustin) (F² f.4ᵛa–b; N. f.4ᵛa);
Romanus tr. 2 q. 1 a. 1 crp.: quando ergo dicitur, quod theologia est scientia,
intelligo accipiendo scientiam large pro [per: cod.] quacumque cognitione divina vel humana vel pro humana sola (ebenfalls unter Hinweis auf Augustin)
(VP f.3ᵛa).

[104] Q. 2 crp.: vgl. o. A. 62. Kurz nach dem obigen Zitat: haec autem non
est ars proprie vel scientia secundum quod philosophi loquuntur de arte et
scientia, sed quiddam nobilius, scil. sapientia. Sed aliae conclusiones exeunt ab
articulis per modum scientiae vel artis (PM f.1ᵛa; VB f.1ᵛa); qui enim probat conclusionem, quodammodo debellat quaestionem. Fides autem probat...,
quare propugnat quaestiones theologiae (PM f.1ᵛa; VB f.1ᵛb).

Erfahrung ist aber die Grundlage jeder Wissenschaft, da alle intellektuelle Erkenntnis aus einer zugrunde liegenden Sinneserkenntnis hervorgeht, der im Bereich der Theologie die Glaubenserfahrung entspricht[105].

Verwandte Gedanken entwickelt der *Anonymus Vat. lat. 782, f.123 f.* Einerseits berichtigt er das vorausgesetzte Verständnis der Prinzipien: auch in anderen Wissenschaften müssen Prinzipien einfach hingenommen werden[106]. Andererseits beschreibt er das Vorgehen der Theologie ähnlich wie Roland in zwei Schritten. Die Theologie findet durch den Glauben ihre Prinzipien, aus denen sie dann auf rationalem Wege Folgerungen zieht[107] — zunächst theoretische Ansichten, die anschließend zu Handlungen führen[108]. Aber obwohl die Theologie manchen wesentlichen Zug mit den übrigen Wissenschaften gemeinsam hat[109], ist sie in der Gewinnung ihrer Prinzipien so sehr von ihnen geschieden, daß sie nur im weiteren Sinne des Wortes und folgeweise Wissenschaft heißen kann[110].

Odo unterscheidet in seinen Quaestionen einen strengeren Begriff der Wissenschaft, in der die Vernunft aus eigener Kraft zur gewissen Einsicht gelangt[111], von einem weiteren, der durch die drei Merkmale: intellektuelle Erkenntnis (im Unterschied von bloß sinnlicher), Gewißheit (im Unterschied zur Meinung), keine Tugend (im Unterschied zum Glauben), gekennzeichnet ist[112].

---

[105] Q. 2 crp.: Sine experientia enim non habetur ars vel scientia, et omnis intellectiva cognitio ex praeexistenti cognitione sensitiva fit. Sicut enim qui numquam gustavit mel, numquam habet veridicam scientiam de sapore eius, et qui numquam vidit colores, numquam habet scientiam eorum, quia pereunte uno sensu perit et demonstratio, ita qui non est exercitatus in operibus fidei formatae, theologiae agnitionem non habet et tamen scit loqui de theologia. Similiter et caecus natus scit loqui de coloribus et tamen scientiam eorum non habet (PM f.1ᵛa—b; VB f.1ᵛb).

[106] Vgl. o. A. 66.   [107] Vgl. o. A. 65.

[108] Q. 2 (f.123ᵛb): tota haec scientia in ratione scientiae est in speculativo intellectu, quod videtur per hoc, quod totam suam cognitionem accipit a fide vel a rationibus consequentibus fidem, sed postea descendens dirigit in operationem.

[109] So ist z. B. die Theologie nicht einfach schlagartig da (als ein von oben eingegossener habitus), sondern entwickelt sich auf natürliche Weise durch Übung: q. 1 ad 5 (f.123ᵛa): quod haec scientia experimento indiget et tempore sicut aliae scientiae, patet ex his, qui student.   [110] Vgl. o. A. 102.

[111] Q. 1 crp. (ed. Pergamo 21): Secundum quod [scil. scientia] proprie accipitur, sic est nomen habitus habentis certitudinem, in quam potest ipsa ratio sive intellectus noster de se, et sic est nomen habitus acquisiti. Hoc modo dicta scientia dico, quod theologia non est scientia..., sed est supra omnem artem et scientiam.

[112] A. a. O.: Si autem dicatur scientia communiter omnis intellectiva cognitio certa, quae quidem non est virtus — et dico intellectivam ad differentiam sensitivae et certam ad differentiam opinionis...; quae non est virtus, dicitur ad differentiam fidei — hoc modo concedendum est, quod theologia sit scientia.

Wieder andere Autoren betonen besonders den Gebrauch von Schlußfolgerungen[113].

Durch all diese Lösungen wird der vorausgesetzte Wissenschaftsbegriff
(und daneben oft auch der Theologiebegriff) stillschweigend in den Hintergrund geschoben und durch andere Momente ergänzt.

Endlich begegnen wir auch vereinzelt einer grundsätzlichen Kritik an
der Anwendung des aristotelischen Wissenschaftsverständnisses auf die
Theologie, die über den Rahmen des zeitgenössischen Denkens hinaus-
führt.

Kilwardby trägt eine lange Reihe von Argumenten vor, darunter die
schon erwähnten Augustinzitate, die einen weiten Wissenschaftsbegriff
enthalten. Er zieht daraus die grundsätzliche Folgerung, daß Theologie
und die übrigen Wissenschaften, verkörpert in Aristoteles, jeweils verschiedene Vorstellungen von Wissenschaftlichkeit haben, die ihren verschiedenen Arbeitsbereichen entsprechen und aus denen der Theologie
nicht ihre Wissenschaftlichkeit bestritten werden darf. Die Theologie nennt
jedes geistige Erfassen Wissen, während Aristoteles darunter nur die kau-
sale Schlußfolgerung versteht[114]. Es ist nicht erlaubt, dieses auf ein bestimmtes Feld, nämlich auf den Kreis der von Menschen entwickelten Wissenschaften, beschränkte Verständnis auch der Theologie aufzuzwingen,
die auf göttlicher Inspiration beruht[115]. Kilwardby geht noch einen Schritt
weiter: Der aristotelische Wissenschaftsbegriff hat nicht einmal in den profanen Wissenschaften allgemeine Geltung. Er ist allein auf die spekulativen, auf die strengsten Wissenschaften, wie die Mathematik, zugeschnit-
ten und betrifft die praktischen Wissenschaften nicht[116]. Die Theologie

---

[113] Vgl. etwa *Hannibaldus* a. 1 crp., der neben sicherer Prinzipienerkenntnis zwingende Folgerungen aus den Prinzipien nennt (secundum quod ex aliquibus principiis necessario deducantur).

[114] Q. 5 ad 1—3 (ed. Stegm. 42): scientia aliter accipitur apud theologos et
sanctos et aliter apud Aristotelem. Theologi enim et sancti scitum dicunt omne,
quod mente cognoscitur, sive credatur sive videatur. Sed Aristoteles nihil dicit
scitum nisi conclusionem causaliter demonstratam. Et hoc requirebat necessitas doctrinae, quam docebat.

[115] A. a. O. (ed. Stegm. 42,24—43,2): In theologia igitur, quia non est facta
notitia humanae inventionis, et dico de canone Bibliae, sed divina inspiratione,
non oportet illam esse ex universalibus. ... Unde illae rationes de Aristotele
sumptae nec contingunt sacram scripturam nec usquam locum habent nisi in
scientiis humana investigatione inventis. Q. 6 crp. (ed. Stegm. 45,13—16): Sic et
in theologia se habent fides et intellectus, ut patet. Intellectus tamen et scientia demonstrativorum, opinio et fides dialecticorum non cadunt hic. (ed. Stegm.
46,4 f.): Unde patet, quod aliter iudicandum est de habitu huius scientiae et
philosophicarum.

[116] Q. 5 ad 1—3 (ed. Stegm. 43,2—7, im Anschluß an das 1. Zit. o. A. 115):
Sed nec in illis est universaliter verum, quod dicunt oppositiones. Tantum enim
in scientiis speculativis et optimis locum habent, quales sunt mathematicae, et

gehört aber, wie Kilwardby anhand einer Wissenschaftseinteilung dar-
legt, zum praktischen, genauer zum moralischen Zweig der Wissenschaften[117]. Aus diesen Darlegungen geht hervor, daß Kilwardby die Wissenschaftlichkeit der Theologie keineswegs leugnet oder auch nur einschränkt,
wie viele seiner Zeitgenossen. Er wendet sich vielmehr umgekehrt gegen
die Allgemeingültigkeit des aristotelischen Wissenschaftsbegriffes und fordert ein der Theologie wie anderen praktischen Disziplinen angemessenes
Wissenschaftsverständnis.

Ähnlich — wenn auch kürzer — verteidigt später *Peckham* die Theologie
gegen den Vorwurf, sie beruhe nur auf Meinung und nicht auf Wissenschaft: Ptolemaeus, dem das Argument entnommen ist, hat die Kriterien
der Wissenschaftlichkeit an seiner speziellen, allzu hoch eingeschätzten
Wissenschaft gewonnen[118]. Solche Äußerungen bleiben freilich vereinzelt
und werden auch nicht tiefer begründet.

Rückblickend können wir zusammenfassen:

Unsere Autoren bemühen sich durchgehend und auf verschiedenen Wegen, die Wissenschaftlichkeit der Theologie nachzuweisen:

1. Wenn sie den vorausgesetzten aristotelischen Wissenschaftsbegriff
anerkennen: indem sie die Überlegenheit der Theologie in gewisser Hinsicht so erhärten, daß dadurch ihre Mängel gegenüber anderen Wissenschaften ausgeglichen werden, oder

2. indem sie den ganzen Nachdruck auf ein Merkmal (oder mehrere)
legen, das auch die Theologie mit Sicherheit aufweist;

3. oder aber, indem sie den engeren, aristotelischen durch einen weiteren, augustinischen Wissenschaftsbegriff ersetzen.

---

non attingunt ad scientias practicas. Ipsae enim neque demonstrativae sunt
nec ex necessariis.

[117] Q. 5 crp. (ed. Stegm. 41), vgl. u. S. 238 f. A. 66.

[118] Q. 2 a. 1 c. 2 ad 6 (F² f.4ᵛa; N f.4ʳb): Ad verbum Ptolemaei dicendum [−F²], quod ipse vocat cognitionem existimationis [aesti-: N] omnem cognitionem [aestimationis: +N], quae non vallatur demonstrationibus mathe-
maticis, et ita nimis extollit suam scientiam, quam [quem: N], sicut docet Avicenna [decet actus (?): F²], sunt demonstrationes intellectuales, per quas multa
de substantiis spiritualibus concluduntur.

7. DER VOLLZUG THEOLOGISCHER ARBEIT

7.1 Einleitung

Obwohl unsere Autoren durchaus feste Vorstellungen vom Verlauf des theologischen Erkenntnisweges haben, machen sie dessen Struktur nicht als Ganzes zum Thema ihrer Fragen. Sie greifen vielmehr einzelne Gesichtspunkte, die Teilkomplexe betreffen, thematisch heraus. Schwierigkeiten für die Darstellung erwachsen daraus, daß die Fragestellung gerne an äußerlichen oder untergeordneten Gesichtspunkten anknüpft und daß einzelne Probleme unter ganz verschiedenen thematischen Fragen, z. T. sogar mehrmals in unterschiedlichen Zusammenhängen, erörtert werden. Daher versuche ich in weitgehender Anlehnung an die Themenstellung der Quellen deren Darlegungen in einer gewissen Ordnung vorzuführen. Im vorliegenden Kapitel vereinige ich drei große Teilkomplexe der Frage nach dem Vollzug wissenschaftlich theologischer Arbeit.

Bereits bei der Erörterung der Wissenschaftlichkeit der Theologie war ein grobes Schema für den theologischen Erkenntnisweg herausgearbeitet worden[1]. Danach geht die Theologie wie andere Wissenschaften in zwei Schritten vor: Zuerst erfaßt sie ihre Prinzipien, sodann zieht sie aus ihnen Schlußfolgerungen. Vor allem in diesem zweiten Schritt unterscheidet sie sich in nichts von anderen Wissenschaften. Aber die Theologie vollzieht nicht nur Schlüsse, sondern die rationale Tätigkeit erstreckt sich auch auf andere Bereiche. Unsere Autoren können zu ihrer näheren Beschreibung auf eine Reihe von auctoritates zurückgreifen[2]. Darin wird nicht nur auf Folgerungen aus dem Glauben, sondern auch auf seine Begründung und Stärkung und auf rückblickende Einsicht in den Glauben verwiesen, auf verschiedene Aufgaben der Vernunft gegenüber dem Glauben, die alle zum Wissenschaftscharakter der Theologie beitragen.

Unsere Autoren erörtern die damit verbundenen Probleme unter den Oberbegriffen der Methode (modus) bzw. (wo das causae-Schema zugrunde gelegt wird) der Form (forma, causa formalis). Freilich können auch einzelne Fragen daraus unter anderen Themen eingeordnet sein.

---

[1] Vgl. o. 6.6.

[2] Vgl. bes. Jes. 7,9 und die dadurch angeregten Formulierungen; 1. Petr. 3,15; Tit. 1,9; *Augustin* De trin. 14,1,3 u. a.

Die Verwendung des Form-Begriffes in diesem Zusammenhang verdient besondere Beachtung. Dieser Begriff hat ja in der Neuzeit aus Gründen, denen ich hier nicht nachgehen kann, eine völlige Umkehrung seiner alten Bedeutung erfahren. Heute sehen wir in der Form — so hoch wir sie auch schätzen mögen — etwas Äußerliches, dem gegenüber der Inhalt oder Stoff das eigentlich Wirkliche und Beständige ist. In der aristotelisch-scholastischen Metaphysik ist forma dagegen das Prinzip, durch dessen Hinzutreten der Stoff aus bloßer Möglichkeit zum Wirklich-Sein geführt wird. Forma ist das Prinzip, das einem Seienden erst Sein und Wirklichkeit verleiht und sichert[3].

Diese sonst in der Ontologie grundlegende Anschauung wird in der theologischen Wissenschaftstheorie allerdings nur gelegentlich ausgesprochen. *Aegidius* beruft sich ausdrücklich auf sie und behandelt demnach unter der causa formalis zunächst die Frage, ob Theologie Wissenschaft oder Weisheit sei, sodann die nach dem modus agendi[4]. Diese Anschauung steht auch — freilich unausgesprochen — hinter der Gliederung *Walters* und *Peckhams*. Der erste stellt unter diesen Gesichtspunkt die Fragen nach Wissenschaftscharakter und Einheit[5], der andere die nach Wissenschaftscharakter und Methode der Theologie[6].

Aber auch wenn unter der forma nur nach der Methode der Theologie gefragt wird, dürfen wir die Begriffe nicht vorschnell im modernen Sinne deuten. Der modus einer Sache ist ihr nicht ganz äußerlich. Wenn etwa *Alexander* fragt, an modus in sacra scriptura sit artificialis vel scientialis[7], so geht es dabei nicht um die bloße Gestalt, sondern um das Wesen der Theologie: an ihrem modus entscheidet sich ja, ob sie eine Wissenschaft ist oder nicht. Andererseits ist auch nicht zu verkennen, daß die Anwendung des forma-Begriffs auf den modus, unter dem auch rein literarische Fragen verhandelt werden, das ontologische Gewicht des Begriffes abschwächt.

Mit dem Hinweis auf die literarischen Fragen rühre ich an ein Problem, das unseren Autoren nur unvollkommen bewußt wird. Die theologi-

---

[3] Statt vieler Belege ein Lehrsatz des *Petrus Hispanus*, Summ. log. 5.26 (ed. Bocheński 51): Forma est, quae dat esse rei et conservat rem in esse.

[4] Partitio vor q. 10: restat quaerere de causa formali. Forma autem dat esse rei. Item modus agendi ad formam reducitur. Ex modo autem agendi certitudo in scientia habet esse. Igitur quantum ad causam formalem duo dubitare poterimus. Primo ex eo, quia forma dat esse, et secundum hoc quaeremus, quid sit sacra pagina, utrum sit sapientia vel scientia. Quantum ad secundum ut quantum ad modum agendi quaeremus, utrum habeat modum certiorem aliis scientiis vel incertiorem.

[5] Tr. 1 q. 3.

[6] Q. 2 (F² f.3ʳa; N f.2ᵛb): Quaeritur de forma. Et hic multiplicantur quaestiones. Forma enim intelligi potest vel modus procedendi vel genus scientiae, et quaeritur de utroque. Beide Fragen werden wieder mehrfach unterteilt.

[7] C. 4 q. 1.

sche Wissenschaftstheorie orientiert sich vorwiegend an literarischen Ge-
bilden: vor allem an der hl. Schrift, sodann auch an den Sentenzen. Schon
bei der Gegenstandsbestimmung sahen wir, wie sich die Fragen nach der
Sache der Wissenschaft und nach dem Inhalt eines Buches überschneiden.
Noch folgenreicher ist diese Unschärfe im formalen Bereich: Sie verführt
dazu, die Methode der Wissenschaft anhand literarischer Gestaltung zu betrachten. Unter dem modus sacrae scripturae können zugleich die Methode
der Theologie wie der Stil der hl. Schrift verstanden werden. Nur selten
macht man sich den Unterschied literarischer und wissenschaftstheoretischer Betrachtungsweise klar oder kritisiert gar ihre Verwechslung[8].

In der theologischen Einleitungslehre wird oft pauschal nach dem modus agendi (procedendi, tractandi u. ä.) gefragt[9]. Einige Autoren unterscheiden aber auch ausdrücklich zwischen

1. der literarischen Gestalt:
forma tractandi[10], häufiger forma tractatus[11]; und

2. der inneren (Denk- oder Argumentier-) Form:
modus docendi[12], tractandi[13], agendi[14] u. ä.

Sofern die literarische Gestalt klar von der Methode geschieden ist, wird
sie in der wissenschaftstheoretischen Erörterung nur noch beiläufig erwähnt[15]. Nur in den ohnehin vorwiegend literarisch interessierten Prologen
wird sie eingehender behandelt (Aufbau der Sentenzen)[16].

---

[8] Vgl. etwa *Hugo von St. Victor*, Didasc. 3,9 (PL 176,771 C–D): Ordo consideratur alius in disciplinis, ut si dixerim grammaticam dialectica antiquiorem
vel arithmeticam priorem musica. Alius in libris, ut si dixero Catilinarium
Iugurthino priorem. Alius in narratione, quae est in continua serie. Alius in
dispositione. Ordo in disciplinis attenditur secundum naturam, in libris secundum personam auctoris vel subiectam materiam.
Thomas erklärt im Prolog zur S. th. 1 die zeitgenössische theologische Literatur
als ungeeignet für Anfänger, weil sie nicht dem Verfahren in einer Wissenschaft folge, sondern in Auslegung von Büchern oder nach der in der Disputation gebotenen Gelegenheit vorgehe: quia ea, quae sunt necessaria talibus ad
sciendum, non traduntur secundum ordinem disciplinae, sed secundum quod
requirebat librorum expositio vel secundum quod se praebebat occasio dis-
putandi.
[9] Zu den Parallelen in der allgemeinen Einleitungsliteratur vgl. *B. Sandkühler*, Die frühen Dantekommentare, 1966, bes. 31—41.
[10] So *Kilwardby*.   [11] So *Ulrich* Prol.; *Aegidius* Prol.
[12] So *Kilwardby*.   [13] So *Ulrich* Prol.
[14] So *Aegidius* Prol.
[15] So *Kilwardby* (ed. Stegm. 27,21): Primum [scil. modus tractandi] patebit
in librorum divisione.
[16] Besonders interessant sind die Äußerungen *Ulrichs*, der im Prolog sein
eigenes Werk nach dem Schema der vier causae betrachtet. Forma tractandi ist
sein Vorgehen bei Abfassung des Werks im allgemeinen, das er im wesentlichen durch ein langes Zitat aus Ps.-Dionys beschreibt, forma tractatus die Einteilung der Summa in 8 Bücher und deren weitere Unterteilung (tr. 1 c. 1 ed.
Daguillon 4,26—6,5).

Wichtiger ist die Bestimmung der inneren Form, des theologischen Er-
kenntnisvorganges. Auch dieses Thema ist wieder nach verschiedenen Gesichtspunkten aufgegliedert in Fragen nach dem Gang wissenschaftlicher
Erkenntnis in der Theologie im einzelnen, nach der in dieser Erkenntnis erreichten Gewißheit und eigentümlicherweise wieder nach der literarischen Gestalt.

Die Frage nach der Gewißheit weist auf einen weiteren Problemkomplex hin: auf die Verifikation theologischer Aussagen. Davon handelt
die teils in andere Quaestionen einbezogene, teils thematisch gestellte
Frage, ob die Theologie spekulativ oder praktisch ist. Sie wird manchmal
mit einer anderen Frage verbunden, mit der sie in gewissem Umfang
sachlich zusammenhängt und die deshalb auch im vorstehenden Kapitel
mit betrachtet werden soll: mit der Frage nach dem Ziel der Theologie.
Wenn diese verschiedenen Gesichtspunkte des Vollzugs theologischer Erkenntnis behandelt sind, läßt sich ein abschließendes Urteil über den Wissenschaftscharakter der Theologie fällen, genauer: über den habitus, die
Seelenverfassung, die durch die Theologie im Theologen erzeugt wird.

7.2 DIE WISSENSCHAFTLICHKEIT DER THEOLOGISCHEN METHODE

7.21 Problemstellungen

Die Frage nach der Wissenschaftlichkeit der Theologie setzt sich — mit
einer Verlagerung des primären Interesses — in den Erörterungen über die
theologische Methode fort.

Im theologischen Erkenntnisgang nimmt der Glaube einen wichtigen
Platz ein. Freilich ist im 13. Jh. die Problematik des Glaubens im ganzen
weitgehend in die Tugendlehre verwiesen. Die theologische Einleitungslehre beschäftigt sich mit dem Glauben nur soweit, als er — als eine Art
Erkenntnis verstanden — ein Glied im theologischen Erkenntnisgang
bildet, um das ein guter Teil der rationalen Bemühungen in der theologischen Arbeit kreist.

Wilhelm von Auxerre schickt seiner Summa aurea noch eine Einleitung
mit den zwei thematischen Fragen nach dem Wesen des Glaubens und
nach der Funktion vernünftiger Erkenntnis in bezug auf den Glauben
voraus[17]. Sein Zeitgenosse *Roland von Cremona* widmet in der theologischen Einleitungslehre dem Glauben noch mehr Aufmerksamkeit als den
rationalen Momenten in der Theologie[18]. Aber später stehen diese im
Vordergrund; eine quaestio, die thematisch nach dem Glauben fragt, begegnet nur noch ganz vereinzelt[19].

---

[17] Quid sit fides et propter quid ad probationem fidei adducantur rationes
naturales (f.2ʳa). Schon *Wilhelm* behandelt v. a. die zweite Frage.
[18] Vgl. o. 6.6 A. 62; 104 f.   [19] *Walter* tr. 2 q. 2: utrum fides possit probari.

Das Interesse am Methodenproblem drückt sich in zwei verschiedenen Fragestellungen aus. Man kann danach fragen,

entweder, ob die Theologie einer wissenschaftlichen Methode (modus artificialis bzw. scientialis[20]) folgt[21];

oder, ob sie nach einem gewissen näher bezeichneten modus vorgeht[22].

Beide Frageweisen hängen natürlich eng zusammen, aber die Argumentation ist jeweils verschieden.

Ein weiterer Unterschied geht quer durch beide Fragestellungen hindurch. Die beigebrachten Argumente folgen unterschiedlichen Gesichtspunkten: Es geht dabei darum,

einmal, ob die Theologie *tatsächlich* eine wissenschaftliche Methode verwendet bzw. ob — anders formuliert — die theologische Methode allgemeinen wissenschaftlichen Anforderungen genügt;

zum andern, ob die Verwendung einer derartigen Methode angesichts der Gnadenlehre überhaupt *erlaubt* ist.

Während viele Autoren beide Gesichtspunkte promiscue in einer Quaestion behandeln, trennen andere sie ausdrücklich voneinander oder heben den zweiten besonders hervor: *Odo*[23], *Kilwardby*[24] und *Peckham*[25] formulieren gesonderte Fragen nach der Erlaubtheit theologischer Arbeit überhaupt[26] und einer Verwendung wissenschaftlicher Methode insbesondere. Die Doppelung der Frage nach der grundsätzlichen Möglichkeit und nach der ethisch-religiösen Relevanz wissenschaftlichen Vorgehens in der Theologie wird ferner unter zwei anderen, sachlich eng

---

[20] Ars und scientia sind — ungeachtet feinerer Differenzierungen in anderem Zusammenhang — in der vorstehenden Frage Synonyme (vgl. *M.-D. Chenu*, La théologie comme science . . ., ³1957, 40 A. 1). — Bei Differenzierungen erscheint scientia mehr als theoretische, ars mehr als praktische Vernunftbetätigung. Vgl. z. B. den *Anonymus Vat. lat. 782, f. 123 f.*, q. 1 crp. (2) (f.123ᵛa9—11): lex habet totum, quod elicit auctoritas, ars vero dirigit operationem et innititur regulis, scientia autem innititur evidenti rationi. Vgl. auch *Ps.-Robert Grosseteste* Summa philos. tr. 3 c. 7 (ed. Baur 301): scientia principaliter causas quasque suae veritatis considerat et attendit, ars vero magis modum operandi secundum veritatem traditam vel propositam. *Thomas* Met. l. 1 Nr. 34 (zu 981b25—27): scientia: habitus conclusionis ex causis inferioribus; ars: dirigit in factionibus, quae in materiam exteriorem transeunt.

[21] So *Alexander* und die *frühen Franziskaner; Kilwardby; Thomas Sent.; Albert* S. th.

[22] So z. B. modus disputatorius (*Odo* Sent. q. 2 a. 1); disputando (*Kilwardby* q. 1 a. 4); demonstrativus (*Fishacre* Nr. 15; *Rufus* c. 4; *Peckham* q. 2 a. 1 c. 1 m. 2); argumentativus (*Thomas* S. th. a. 8); argumentationis (*Albert* S. th. q. 5 m. 3); perscrutatorius et inquisitivus secretorum (*Bonaventura* q. 2); inquisitivus et ratiocinativus (*Wilhelm de la Mare* q. 4 a. 2); disputatoria inquisitio (*Odo* QQ., ed. Pergamo 8) u. a.   [23] Sent. q. 2 a. 1—2.

[24] Q. 1 a. 3 c. 1 (ed. Stegm. 25); a. 4 (ed. Stegm. 27).   [25] Q. 2 a. 1 c. 1 m. 1—2.

[26] Theologische Arbeit ist dabei von *Odo* als das Werk des Lombarden, von *Kilwardby* als ein über die hl. Schrift hinausgehendes Fragen gefaßt.

damit verbundenen Problemen besonders brennend: dem des Verhältnisses von Theologie (in dem weiten, unbestimmten Gebrauch des Wortes durch unsere Autoren) und Sentenzen und dem der Verwendung anderer Wissenschaften innerhalb der Theologie. Der innere Zusammenhang beider Probleme liegt darin, daß die gegenwärtig in den Sentenzen
bzw. den Sentenzenkommentaren betriebene Theologie sich von der hl.
Schrift als einer literarisch fixierten Gestalt vergangener Theologie vor allem durch ihre im Anschluß an andere Wissenschaften gebildete Methode
unterscheidet.

Unsere Autoren haben gerade diesen Problemzusammenhang nicht the-
matisiert, wie sie ja auch nirgends nach Wesen und Struktur der Theologie im ganzen fragen. Nur gelegentlich wird ausdrücklich und gesondert
nach der Methode der Sentenzen[27] oder nach der Möglichkeit einer Erweiterung von hl. Schrift oder Theologie insbesondere durch Übernahme
von Elementen aus anderen Wissenschaften[28] gefragt.

All diese Probleme werden — in ihrer Verflechtung kaum durchschaut —
in unterschiedlicher Ausführlichkeit und an verschiedenen Orten innerhalb
der theologischen Einleitungslehre behandelt oder auch nur angeschnitten.
Um im Rahmen der vorliegenden Arbeit wenigstens einen Überblick über
die Argumentationen geben zu können, gliedere ich die Darstellung nach
drei Gesichtspunkten:

    1. der Angemessenheit einer wissenschaftlichen Methode;

    2. ihrer Erlaubtheit;

    3. den Aufgaben einer solchen Methode in der Theologie.

Die beiden anderen oben berührten Punkte — Verwendung von Elementen aus anderen Wissenschaften und Verhältnis von Theologie und
Sentenzen — werden in späteren Kapiteln[29] noch genauer zur Sprache
kommen.

7.22 Die Angemessenheit einer wissenschaftlichen Methode

Mehrere vorwiegend frühe Autoren fragen danach, ob die Theologie
einer *wissenschaftlichen* Methode folge[30].

Diese Methode ist nach einem festen Schema durch drei Arbeitsweisen
gekennzeichnet: sie gebraucht *Definitionen, Distinktionen und syllogisti-
sche Schlußfolgerungen*[31]. Ferner bedient sich die Wissenschaft einer kla-

---

[27] *Bonaventura* q. 2; *Kilwardby* q. 2 a. 1 c. 2; *Wilhelm de la Mare* q. 4 a. 2;
Anonymus Todi 39 q. 3 a. 1.

[28] *Walter* tr. 2 q. 1 a. 1–2; *Wilhelm de la Mare* q. 5 a. 2 in 4 Teilfragen.

[29] Vgl. u. 8.5 und 10.3.   [30] Vgl. o. A. 20 f.

[31] Omnis modus scientiae est definitivus, divisivus, collectivus sagt *Alexander* c. 4 a. 1 arg. 2. Diese Formulierung findet sich auch bei den anderen Autoren, die nach der wissenschaftlichen Methode fragen. Die drei Begriffe, die

ren, eindeutigen Sprache[32]. Diesen Vorstellungen entspricht die Theologie nicht: Sie verfährt in dichterischer, erzählender Weise, indem sie geschichtliche Berichte, Beispiele, Gleichnisse u. ä. vorträgt und nicht ruhig untersucht, sondern Vorschriften, Drohungen usw. ausspricht[33]. Dazu gebraucht sie einen dunklen, rätselhaften Stil[34].

Der hier skizzierte Gegensatz wissenschaftlicher und theologischer Methode bildet allerdings ein Scheinproblem, das aus der mangelhaften Klärung des Theologiebegriffs erwächst. Der Gegensatz beruht darauf, daß den Vorstellungen von einer wissenschaftlichen Methode nicht die tatsächlich in der theologischen Arbeit gepflegten Verfahren gegenübergestellt

---

grundlegende logische Operationen bezeichnen, gehen auf *Platon* und die Alte Akademie zurück. Platon hat vor allem die Begriffe der divisio (διαίρεσις) und der Definition (definitio = ὁρισμός), *Aristoteles* den des Schlusses (collectio = συλλογισμός) geprägt. Definition und Schluß bedürfen keiner Erläuterung; διαίρεσις ist die (von Platon ursprünglich immer dichotomisch — vgl. Pol. 262e; Soph. 264d—e — vollzogene) in der Struktur des Seienden begründete Einteilung übergeordneter Begriffe in ihre Arten, dieser in Unterarten usw. (vgl. dazu Platon Phdr. 265d—266c; 270b; 273e; 277b [in Verbindung mit Definition]; Soph. 253d; 264d—e; 267d; Pol. 262a—e; u. ö.). Später wird dann zwischen verschiedenen Weisen des Teilens unterschieden (vgl. *C. Prantl*, Geschichte der Logik..., 1 (1855) v. a. 422—26; 516—18). Diese feineren Unterschiede spielen aber in unserem Zusammenhang keine Rolle. Das Schema der drei Operationen findet sich m. W. bei *Aristoteles* noch nicht. Dieser stellt nur gelegentlich zwei nebeneinander, z. B. De an. A 1, 402a19 f. ἀπόδειξις und διαίρεσις. Die ältesten Belege für das Dreierschema sind mir aus *Cicero* bekannt: Er nennt als Kennzeichen kunstgerechter Rede definire, partiri, concludere (Acad. 1,2,5); definitio, dividere und partiri, concludere (Fin. 1,7,22); öfter auch verkürzte Schemata. Die Zwischenglieder bis zum 12. und 13. Jh., in denen das Schema ganz geläufig ist, muß ich übergehen. Vgl. die Materialien und Hinweise bei *B. Sandkühler*, Die frühen Dantekommentare..., 1966, bes. 37—39, und v. a. *M.-D. Chenus* gehaltvollen Aufsatz: Collectio, collatio, 1927, der auch die beiden anderen Begriffe berücksichtigt. Vgl. auch noch *H. Lausberg*, Handbuch..., 1960, bes. § 1115 (mit weiteren Verweisen) und § 221. — Für unseren Zusammenhang ist bemerkenswert, daß schon die *Ysagoge in theologiam* aus den vierziger Jahren des 12. Jh. die drei Arbeitsweisen aus der Logik auf die theologia überträgt: Artibus namque omnibus commune esse debet subiectam artare materiam definiendo, partiendo atque conferendo. ... Ab illa itaque, quae etiam docere docet [scil. a logica], erunt nobis haec mutuanda instrumenta (ed. Landgraf 64). Danach scheint der anonyme Verfasser der Ysagoge als erster das Schema auf die theologische Methode anzuwenden. — Eine Erklärung der Begriffe gibt *Kilwardby* q. 2 a. 1 c. 2 (ed. Stegm. 28).

[32] Vgl. *Alexander* c. 4 a. 1 arg. 3: omnis modus artis et scientiae est per sermones manifestos.

[33] Vgl. *Alexander* c. 4 a. 1 arg. 1: theologicus modus est poeticus vel historialis vel parabolicus; ergo non est artificialis.

[34] Vgl. *Alexander* c. 4 a. 1 arg. 3: modus sacrae scripturae est per sermones mysticos; ergo non est artificialis vel scientialis.

werden, sondern der Stil der als Inbegriff der Theologie betrachteten hl. Schrift. Der Fehler liegt nicht etwa darin, daß *auch* nach dem Stil der Theologie gefragt wird, denn eine solche Frage könnte durchaus berechtigt auf die literarische Darstellung einer Wissenschaft abzielen. Er liegt vielmehr darin, daß die Wissenschaft als solche unbedenklich mit einem literarischen Werk verglichen wird.

Die Autoren, die — wie die frühen Franziskaner — sich keine Rechenschaft über das Verhältnis von Theologie und hl. Schrift geben, können nur schwer zu einer Lösung kommen. Sie versuchen, die Wissenschaftlichkeit des theologischen Verfahrens im Hinblick auf verschiedene andere Gesichtspunkte nachzuweisen. So meint *Alexander* unter Berufung auf Ps.-Dionys, die (hier offenbar mit der hl. Schrift gleichgesetzte) Theologie gebrauche die dichterischen (also unwissenschaftlichen) Aussagen gerade in kunstvoller (wissenschaftlicher) Weise, und zwar sowohl mit Rücksicht auf unsere beschränkte Einsicht, als auch um der Würde der Wahrheit willen, die durch ihre Einkleidung vor ungeeigneten Betrachtern verborgen werden soll[35].

Alexander gibt damit einen Schlüssel zur Lösung des Problems, der auch in Zukunft immer wieder verwandt wird. Die Wissenschaftlichkeit der theologischen Methode bemißt sich nicht einfach nach menschlichen Maßstäben, sondern danach, wie sie ihre eigentümlichen Aufgaben in möglichst angemessener Weise erfüllt[36]. Alexander begründet die besondere

---

[35] *Alexander* c. 4 a. 1 ad 1: Das Zitat: Valde artificialiter theologia poeticis sacris formationibus in non figuratis intellectibus usa est nostrum intellectum respiciens... Ex quibus verbis B. Dionysii patet, quod ratio, quare sacra scriptura valde artificialiter secundum modum poeticum tradatur, potest esse necessitas intellectus nostri, qui deficit in comprehensione divinorum; secunda est dignitas veritatis, quae debet celari hominibus malis. Zum Gebrauch des Zitats ist zweierlei anzumerken:
1. *Ps.-Dionys* meint mit theologia offenkundig die hl. Schrift, während *Alexander* (wie seine Zeitgenossen) durch dieses Wort veranlaßt wird, hl. Schrift und Theologie ineinanderfließen zu lassen.
2. *Alexander* benützt die Übersetzung des *Johannes Scotus Eriugena*, der das griechische ἀτέχνως (kunstlos, schlicht) falsch wiedergibt. Richtig hatte noch der erste Übersetzer *Hilduin* (um 832) inartificiose geschrieben; die Übersetzer des 12. und 13. Jh. folgen *Johannes Scotus*, der damit der Deutung Vorschub leistet, die schlichte Ausdrucksweise der hl. Schrift sei nicht nur sinnvoll, sondern geradezu ein Zeichen der Überlegenheit der Theologie gegenüber den anderen Wissenschaften, da sie einem göttlichen Plan folge. (Zu Text und Übersetzungen von Cael. Hier. 2,1 vgl. Dionysiaca 2,743.)
[36] C. 4 a. 1 crp.: non est modus sacrae scripturae artis vel scientiae *secundum comprehensionem rationis humanae*, sed per dispositionem divinae sapientiae ad informationem animae in iis, quae pertinent ad salutem. Der Ton liegt auf den von mir hervorgehobenen Worten! Die Theologie hat durchaus eine wissenschaftliche Methode, die aber nicht mit menschlicher Vernunft beurteilt werden darf, sondern dem göttlichen Plan entspricht.

Methode der Theologie im Hinblick auf ihre Verifikation und ihren Ursprung[37]. *Odo* folgt ihm im ersten Punkt[38], während *Kilwardby* beide Gesichtspunkte getrennt und unter Hinzufügung neuer Gedanken verfolgt[39]. *Thomas* betont hingegen, das Vorgehen jeder Wissenschaft müsse
sich nach ihren Gegenständen richten; daher gebe es keine einheitliche wissenschaftliche Methode. Er begründet von diesem Ansatz aus die verschiedenen modi von hl. Schrift und Theologie, ohne jedoch auf das grundsätzliche Verhältnis beider einzugehen[40].

In die Ausführungen über die theologische Methode fließen, oft nicht
von ihnen zu trennen, Begründungen für den dunklen, mehrdeutigen Stil
der hl. Schrift ein[41]. Sie alle haben nur ein Ziel: sie wollen nachweisen,
daß das Vorgehen in der Theologie zwar von dem anderer Wissenschaften
verschieden sein mag, ihm jedoch in keiner Weise nachsteht.

Eine zweite, größere Gruppe vorwiegend späterer Autoren faßt die

---

[37] C. 4 a. 1 ad 2: alius est modus scientiae, qui est secundum comprehensionem veritatis per humanam rationem; alius est modus scientiae secundum
affectum pietatis per divinam traditionem. Über den Gesichtspunkt der Verifikation vgl. u. 7.4; der Ursprung ist durch humana ratio bzw. divina traditio
bezeichnet.

[38] QQ. q. 6 crp. (ed. Pergamo 34): modus artificialis est dupliciter (wie
o. A. 37). Primus modus est in aliis scientiis..., sed in theologia est modus
artificialis secundo modo, quia est scientia secundum pietatem et ad informationem affectus, ideo convenit ei modus procedendi ad hunc finem, et hic est
praeceptorius, revelatorius, historialis, parabolicus et consimiles. Habent ergo
aliae scientiae modum artificialem competentem suo fini; habet nihilo minus
theologia modum non casualem, sed artificialem et valde suo fini convenien-
tem. Finis enim imponit necessitatem in iis, quae sunt ad finem.

[39] Q. 2 a. 1 c. 1 crp. (ed. Stegm. 28 f.). *Kilwardby* gliedert seine Argumentation nach den beiden Gesichtspunkten:
1. Im unterschiedlichen Ursprung (divina inspiratio — humana inventio) ist der
Gebrauch der drei Arbeitsweisen begründet. Die Theologie, die ihr Wissen unmittelbar von der prima veritas bezieht, bedarf keiner Definitionen, Distinktionen und Schlüsse. Diese sind dagegen in den auf menschlicher Vernunfterkenntnis beruhenden Wissenschaften notwendig: Die Sache einer Wissenschaft wird
durch die Distinktion erfaßt, ihre Teile und Arten (partes et species) werden
durch Definitionen bestimmt, die Schlußfolgerung endlich führt zur Erkenntnis zusammengesetzter Gebilde (complexa).
2. Unter dem Thema des finis beschreibt Kilwardby ausführlich die affektive
Verifikation in der Theologie, die er in die sittliche Praxis hineinragen läßt
(dazu u. 7.42); dadurch ist der Gebrauch von praeceptio, exhortatio u. ä. begründet.
Abschließendes Urteil: Est igitur hic modus artis, quamvis non talis, qualis in
scientiis philosophicis (ed. Stegm. 29,19 f.).

[40] Sent. a. 5 crp.: modus cuiusque scientiae debet inquiri secundum considerationem materiae; ad 1: modus artificialis dicitur, qui competit materiae; unde
modus, qui est artificialis in geometria, non est artificialis in ethica, et secundum hoc modus huius scientiae maxime artificialis est, quia maxime conveniens materiae. [41] Vgl. u. 7.25.

Merkmale der wissenschaftlichen Methode in einem oder zwei allgemeineren Begriffen zusammen und nennt sie bereits in der Themafrage: Stellt die Theologie Untersuchungen an (inquirere, perscrutari), diskutiert sie (disputare), führt sie Beweise (argumentari, demonstrare, ratiocinari)[42]?

Diese Autoren fragen nicht ausdrücklich nach der Wissenschaftlichkeit der Theologie, sei es, weil ihnen daran nicht viel liegt[43], oder weil für sie diese Frage bereits entschieden ist[44].

Wir betrachten zunächst die Lösungen, die undifferenziert von Theologie reden.

Unter ihnen lehnen mehrere frühe Stimmen den Gebrauch von Beweisen rundweg ab. So bestreitet *Odo* in seinem mehrere Jahre vor den Quaestionen liegenden Sentenzenkommentar, daß die Theologie, falls sie theologisch vorgehe, Beweise führe, da sie auf dem Glauben beruht[45].

Auch *Fishacre* spricht der Theologie die Beweisführung ab. Seine Argumentation ist von starker philosophischer Skepsis gegenüber der Möglichkeit sicherer Vernunfterkenntnis geprägt. Mag auch das Beweisverfahren in sich untrüglich sein, so hängt doch immer von unserer Einsicht das Urteil ab, ob überhaupt ein solches Verfahren vorliegt, und darin können wir uns täuschen. Jeder Beweis fordert eigentlich zu seiner Bestätigung einen neuen Beweis, und da wir keine Beweiskette ins Unendliche ziehen können, gelangen wir aus eigener Kraft nie zu sicherer Einsicht[46]. Daher verfährt die Theologie nicht mit Beweisen, sondern sie stützt sich auf einen unbedingt sicheren Grund: die hl. Schrift, deren Autor Gott ist. Die Theologie schließt sich unmittelbar an die hl. Schrift an und hat an deren Gewißheit teil[47].

---

[42] Belege s. o. A. 22. All diese Begriffe meinen ein einheitliches Verfahren.
[43] So etwa *Fishacre* oder *Richardus Rufus*.
[44] So etwa *Thomas* in der S. th.
[45] Q. 2 a. 2 Zusatzfrage (B f.2ʳb; Tr f.1ʳb): Si autem quaeratur, utrum ad theologiam aliquo modo pertineat demonstrare, dicendum, quod ad theologiam theologice procedentem non pertinet demonstrare. Ipsa enim habet fidem pro fundamento. Sed theologia [theologia autem: Tr] non theologice procedens demonstrare potest propter aliquam causarum [rationum: Tr] praedictarum.
[46] Nr. 14 (O¹ f.3ʳb; VO f.1ʳb): Quamvis enim demonstratio fallere non novit nos, tamen, quia homines sumus, falli possumus credendo esse demonstrationem, quod non est demonstratio. Et ideo ad hoc, ut certissime sciremus illam conclusionem, exigeretur non tantum, ut demonstraretur illam demonstrationem esse demonstrationem, quod non posset fieri sine aliqua demonstratione, quam esse demonstrationem iterum oporteret. Unde philosophus: discentem credere oportet [−O¹]. Ergo, quia scimus, quod decipi possumus credendo esse demonstrationem, quod non est, patet, quia nihil demonstratione potest fieri nobis tam certum, quam certum est aliud nobis, quod deus dixit, de quo constat, quod nec fallere vult nec falli potest.
[47] (Vor dem Zitat A. 46:) [Theologia] certissima: quia auctor est deus. ...

An Fishacres Lösung knüpft *Richardus Rufus* an, der aber einige neue Gedanken einführt und in seinem Urteil — wie auch auf anderen Gebieten — sehr unsicher ist. Gegen den Einsatz von Beweisen spricht vor allem, daß die Theologie von ihrer Sache allein durch den Glauben weiß. Hinter ihm steht die Autorität der hl. Schrift, die allem menschlichen Beweisen überlegen ist[48]. Trotzdem gebrauchen wir unsere Vernunft. Richardus steckt ihren Anwendungsbereich ab, indem er vier Sachgebiete unterscheidet: Auf dem Gebiet der Natur, das nach dem Kausalgesetz gestaltet ist, hat wissenschaftliches Beweisen seinen Platz; an den Wundern kann es wenigstens den natürlichen Momenten nachgehen; aber in der menschlichen Geschichte wie in der Heilsgeschichte sind keine Beweise möglich[49]. Obwohl also die menschliche Vernunft unter göttlicher Erleuchtung in gewissem Umfang zu schlüssigen Einsichten gelangen kann, hat Gott es trotzdem so eingerichtet, daß nur seiner Autorität geglaubt wird[50]. Drei-

---

Hinc patet, quod minimum et incertissimum huius scripturae verbum certius est conclusione certissimae demonstrationis. (Im Anschluß an das Zitat A. 46:) Item vis vel virtus demonstrationis certitudinem facit conclusionis. Sed in infinitum maior est virtus creatoris. Quomodo ergo non certius erit eius verbum qualibet conclusione?... Nr. 15 (a. a. O.): Hinc patet, quod haec scientia vel scriptura non est demonstrativa nec decurrit a praemissis ad conclusionem. Non enim, ut dictum est, innititur rationi, sed scriptoris auctoritati.

[48] C. 4 (O² col. 5,59—6,13): Placet etiam quibusdam, quod non sit haec doctrina demonstrativa, quia subiectum huius... non per se notum est neque per scientiam acceptum, sed sola fide assumptum. Et ideo credibilia magis sunt huius scientiae propria quam scibilia. Et ideo a credibilibus sive fide potius quam a scibilibus debet haec incohare. Credibilia autem sunt dupliciter quaedam propter rerum verisimilitudinem, quaedam propter dicentis auctoritatem. Omnis autem credibilitas in hac doctrina a dicentis auctoritate est, et ideo, cum indifferens sit dicentis auctoritas in hac scriptura, dei videlicet loquentis per os sanctorum, indifferens erit et credendorum credibilitas. Quare aeque credibilia et aeque nota erunt omnia. Demonstratio autem procedit ex magis notis ad minus nota. Ergo haec non erit demonstrativa. ... Maior est auctoritas huius scripturae quam omnis demonstratio.

[49] C. 4 (O² col. 6,14—34):

historia	scientifica demonstratio
1. naturalis ordinis	möglich
2. humanorum eventuum	non potest, quia est a voluntario principio
3. divinorum miraculorum	möglich quoad investigationem rationum naturalium ministrantium dei verbo
4. dispensatae redemptionis	omnino non potest

[50] C. 4 (O² col. 6,34—43): Et quamvis in hiis, quae dicta sunt, possit ex influentia divini luminis humana ratio in ignotorum notitiam decurrere secundum seriem syllogisticam, tamen... deus... prospexit omnibus, ut in hiis tantummodo credatur divinae auctoritati, ut meritum credulitatis praemiet munere beatitudinis et declinentur perniciosae occasiones erroneae seductionis. Nulli

mal setzt Richardus neu an, um der Beweisführung in der Theologie einen Raum zu sichern: Gott selbst könnte wenigstens den Kausalablauf erklären; die Menschen dürften doch wohl zu einer gewissen Einsicht aus dem Glauben kommen; auch in der hl. Schrift scheinen Schlüsse und Beweise vorzuliegen – aber jedesmal bricht er seine Ausführungen unentschlossen ab[51].

Auch spätere Autoren schränken die Anwendung von Beweisen ein. So räumt *Peckham* ein, daß die hl. Schrift in sich (und gewöhnlich vor unserem Blick verborgen) Argumente gebrauche[52], betont aber andererseits, daß die Theologie nach außen keine Beweise führe, und zwar aus vier Gründen[53]:

1. um ihre Autorität nicht zu schädigen;
2. um den Glauben der Einfältigen nicht zu gefährden;
3. weil die Einsichten der Theologie als einer Handlungswissenschaft

---

tamen possibile est sine lapsu erroris in hiis, quae praedicta sunt, ratiocinari, nisi ei, qui super fundamentum catholicae fidei sustentatus.

[51] C. 4 (O² col. 6,53–7,4): Potest tamen ipse [scil. deus] ipsum ordinem causalitatis, quae in rebus, et earundem appropinquationem et remotionem ad se vel a se declarare. Sed capiat, qui capere possit. Ad nos etiam, quia licet, si non crediderimus, non intelligemus, num propter hoc omnino in hiis nihil intelligemus? Sed credamus et oremus. Et forte multa intelligemus. ... [Hinweis auf biblische Belege] quare non sunt hae singulae demonstrationes? Forte plena est haec doctrina de demonstrationibus efficacissimis. Sed modo non curo.

[52] Q. 2 a. 1 c. 1 m. 2 (F² f.3ʳb; N f.3ʳa): de sacra scriptura contingit [convenit: F²] loqui dupliciter, vel quantum ad id, quod exterius praetenditur, vel quantum ad id, quod [exterius... quod: F² i. m.] interius continetur [continentur: N]. Beim ersten Punkt ist die Theologie gemeint, beim zweiten die hl. Schrift. (F² f.3ʳb; N f.3ʳb): Quod si loquamur de scriptura quantum ad id, quod interius continetur, inveniemus, quod sapientia trahitur de occultis... immo [primo: F²] necessaria argumenta non deesse, quamvis contingat [nostram: F² i. m.; N–] industriam latere. Quae quidem argumenta credo in scripturae secretario contineri [latere: N], in quod [quam: N] non intratur [intrat: N] nisi mediante fide. Non enim frustra scriptura omnem veritatem dicitur continere.

[53] Q. 2 a. 1 c. 1 m. 2 (F² f.3ʳb; N f.3ʳa–b): Quantum ad primum non deducitur [-ducit: F²] demonstrationibus propter quattuor: [1.] ne scilicet eius auctoritas elidatur...; [2.] ne fides simplicium, qui demonstrationum capaces non sunt, periclitarentur; soli enim periti possunt demonstrationibus erudiri [i. m. N]; [3.] quia nec hoc ex genere scientiae requiritur, cum sit doctrina moralis dicente Philosopho, quod in scientia morali non sunt quaerenda demonstrationes necessariae, sed persuasivae [persuasiante(s) (?): N s. l.]. Et ideo scriptura hiis deducitur, quae magis possunt informare, ut praeceptis, prohibitionibus, exemplis et documentis. Principalis enim intentio est movere affectum hominis ad bonum. [4.] Quia demonstrativa connexione numquam plene anima quietatur. Probatio: Quamvis enim demonstratio non fallat [fallit: F²] nos, tamen falli possumus [possimus in: N] credendo demonstrationem esse, quod non est demonstratio.

nicht durch zwingende Beweise, sondern durch affektive Überzeugung verifiziert werden;

4. weil ein Beweisverfahren niemals endgültige Gewißheit herbeiführen kann[54].

Die überwiegend ablehnende Haltung *Wilhelms de la Mare* ist in dessen Auffassung der Theologie als Gesetz begründet. Demnach kann man ihre Methoden in zwei Gruppen gliedern:

1. in erster Linie gebraucht sie Gebote und Verbote;

2. sekundär kommen dazu Versprechungen, Drohungen, Beispiele usw., sowie auch Schlußfolgerungen. Die Theologie verfährt allerdings seltener schließend als andere Wissenschaften[55].

Wilhelm vergleicht den modus der Theologie mit dem der anderen Wissenschaften unter den drei Gesichtspunkten ihres Ursprungs[56], ihrer Verifikation (finis)[57] und ihrer Gegenstände[58].

---

[54] Hier nimmt *Peckham* das skeptische Argument *Fishacres* auf (vgl. o. A. 46). Beachtenswert ist, daß er sich auch thematisch mit den skeptischen Einwänden gegen jede Möglichkeit wissenschaftlicher Erkenntnis auseinandersetzt (vgl. o. S. 130 f. A. 19).

[55] Q. 4 a. 1 crp. (F¹ f.6ʳa): scripturae sacrae competit modus praeceptivus et prohibitivus praecipue, quia lex est. Ceteri autem modi, scil. promissivus, comminativus, exemplificativus, exhortativus, orativus, narrativus, proprius parabolicus, ratiocinativus, secundario conveniunt ei, inquantum scil. conferunt ad legis susceptionem et susceptae [ad: + i. m.] impletionem. Dico ergo, quod haec scientia quandoque procedit ratiocinando, rarius tamen quam aliae scientiae. Cuius ratio sumitur et a parte originis et a parte finis et a parte materiae huius scientiae.

[56] A. a. O. (F¹ f.6ʳa): A parte originis secus est de ista scientia et de aliis, quia, cum duplex sit facies animae, scil. superior et inferior, secundum superiorem nata est converti ad deum ..., secundum inferiorem ad creaturas ..., secundum utrumque istarum facierum nata est anima addiscere, sed differenter: secundum superiorem immediate hauriendo a deo ..., secundum inferiorem non nisi per medium, scil. per viam sensus, memoriae et experimenti. In primo modo addiscendi ... non est necessaria regula dirigens praeservans ab errore, quia ibi non potest cadere error. In secundo vero modo addiscendi potest cadere error. ... et ideo in tali modo di[s]cendi necessaria est regula dirigens praeservans ab errore. Talis regula est via definitiva, divisiva, collectiva sive ratiocinativa... Primo modo didicerunt prophetae et alii huius (F¹ f.6ʳb) scientiae doctores, scil. per immediatam illustrationem a deo. Secundo modo mundi sapientes, doctores aliarum scientiarum. Et ideo necesse fuit illis modus ille, quem ipsi vocant artificialem, scil. divisivus et ratiocinativus, non autem istis nec huic scientiae. Et ideo modus ratiocinativus non est necessarius in hac scientia, sicut in aliis. Si quandoque tamen ratiocinando procedit, hoc non est propter eos, quibus inspiratio facta est, sed propter alios.

[57] Q. 4 a. 1 crp. (F¹ f.6ʳb): finis autem aliarum est informare aspectum, sed finis huius principaliter est movere affectum ad bene operandum et colendum. Et ideo, quia modus ille artificialis valet ad informandum aspectum, talis

In einer zweiten Quaestion fragt er nach der besonderen in den Sentenzen verfolgten Methode. Aber anders als etwa Bonaventura löst Wilhelm diese Frage nicht durch Unterscheidung von hl. Schrift und Sentenzen, sondern vom Gegenstandsbereich her. Die Methode einer Wissenschaft muß ihrer Sache entsprechen, die Sache der Theologie ist aber der Glaubensgegenstand (credibile). Unter den Glaubensgegenständen gibt es solche, die schlechterdings das vernünftige Denken übersteigen (wie etwa die Inkarnation), und andere, die ihm zugänglich sind (wie etwa Gottes Ewigkeit und Allmacht). Diesen letzteren ist ein rationales Vorgehen nicht unangemessen[59].

Albert stellt in seiner Summa nacheinander eine Frage nach der Wissenschaftlichkeit der theologischen Methode und eine nach dem Gebrauch von Beweisen. Er verneint die erste, da die Theologie als eine heilsnotwendige und praktische Wissenschaft allen Menschen zugänglich sein und deshalb einfach und anschaulich vorgehen muß[60]. Bei der zweiten Frage unterscheidet er: von der Sache der Theologie her, die in der prima veritas selbst ruht, ist eine solche Methode unangemessen, aber der Theologe, der seine Lehre etwa gegen Angriffe verteidigen muß, bedient sich ihrer[61].

Thomas tritt entschieden für ein argumentierendes Vorgehen in der Theologie ein, aber er weist ihm genau umgrenzte Aufgaben zu, die wir später noch näher betrachten werden[62]. Ich hebe jedoch schon jetzt zwei Punkte seiner Argumentation in der Summa hervor:

1. Während die Theologie darin den übrigen subalternierten Wissenschaften entspricht, daß sie ihre Prinzipien nicht beweisen, sondern nur Schlüsse aus ihnen ziehen kann, unterscheidet sie sich darin von ihnen, daß sie die Prinzipien gegen Angriffe verteidigt. Thomas begründet das

---

competit aliis scientiis. Isti autem [scil. theologiae] ille modus, qui plus valet ad movendum affectum.

[58] A. a. O.: cum ista scientia sit principaliter de operibus, quibus colitur deus, omnis autem operatio singularium est, grosso modo et exemplari procedendum est in hac scientia.

[59] Q. 4 a. 2 (F¹ f.6ᵛa).

[60] Q. 5 m. 1 crp. (= ad 1): sacra scriptura, cum sit scientia secundum pietatem et necessaria ad salutem, practica est, et quia practica est et practicae scientiae stant ad opus..., propter hoc in particularibus operibus tradita est, ut quasi exemplariter rusticam instrueret contionem. Omnibus enim necessaria est ad salutem et sapientibus et insipientibus. ... Et ideo modo, qui competit omnibus, tradi debuit. Modus autem scientialis et artis non omnibus competens est.

[61] Q. 5 m. 3 crp.: dupliciter contingit argumentari in argumentativa scientia, scil. ad positionem et ad rem. ... Dicendum ergo, quod, sicut ad positionem contingit argumentari in sacra scriptura, non autem sicut ad rem, eo, quod res tota innititur primae veritati, positionem autem defendi necesse est contra haereticos.

[62] Vgl. u. 7.24.

ausdrücklich damit, daß die Theologie keine höhere Wissenschaft über sich habe[63]. Hier durchbricht er seine eigene Subalternationstheorie: Die Verteidigung ihrer Prinzipien kann die Theologie nicht der Wissenschaft Gottes und der Seligen überlassen, denn dies gehört offenkundig in die gegenwärtig betriebene Arbeit hinein.

2. Während aus der Gleichsetzung von Theologie und hl. Schrift heraus i. a. darauf geschlossen wird, daß die Theologie keine wissenschaftliche Methode befolge, sondern eher erzählend, ermahnend usw. vorgehe, verweist Thomas für den Gebrauch von Beweisen ausdrücklich auf das Vorbild des Paulus, der 1. Kor. 15, 12 ff. aus der Auferstehung Christi die allgemeine Auferstehung ableitet[64].

Mit dieser Berufung auf die hl. Schrift steht Thomas allerdings nicht allein. Bereits *Richardus Rufus* hatte darauf hingewiesen, daß die hl. Schrift Schlüsse und Beweise enthalte, ohne freilich seinerseits aus dieser Beobachtung Folgerungen zu wagen[65]. *Walter* zitiert den von Thomas angeführten Beweis des Paulus, um einen Einwand gegen die Wissenschaftlichkeit der Theologie aus dem Wege zu räumen[66]. Auch sonst wird gelegentlich auf Begründungen und Beweise der hl. Schrift hingewiesen[67].

Eine befriedigende Antwort auf die Frage nach der Methode der Theologie können wir nur dort erwarten, wo man an der tatsächlich betriebenen theologischen Arbeit ein Urteil gewinnt. Da aber unsere Autoren nicht dazu imstande sind, konsequent auf ihr eigenes Vorgehen zu reflektieren, dürfen wir wenigstens von der Unterscheidung zwischen hl. Schrift und Sentenzen eine Klärung erhoffen[68]. Die Lösung kann nur so ausfallen, daß die hl. Schrift vorwiegend die unwissenschaftlichen modi von Erzählung, Weissagung, Gesetz usw. gebraucht, die Sentenzen dagegen die für eine Wissenschaft kennzeichnende Methode der Beweisführung.

Bereits in den vierziger Jahren spricht *Albert* in seinem Sentenzenkommentar diese Unterscheidung aus. Die Theologie hat eine doppelte Aufgabe: Ermahnung in der rechten Lehre und Widerlegung von Wider-

---

[63] A. 8 crp.: Unde sacra doctrina [scriptura: edd.], cum non habeat superiorem, disputat cum negante sua principia...

[64] A. a. O.: sicut Apostolus, I ad Cor. 15,12 sq., ex resurrectione Christi argumentatur ad resurrectionem communem probandam.

[65] Vgl. o. zu A. 51.

[66] Tr. 1 q. 3 a. 1 ad 4 (ed. Beumer 378,31—34): in hac scientia fiunt demonstrationes, ut in evangelio et epistolis Pauli et alibi... Sed pauci hoc advertunt, verbi gratia, 1. Cor. 14 [l.: 15] ex resurrectione Christi tamquam principio per se noto fideli demonstratur vel infertur resurrectio.

[67] Vgl. z. B. den *Anonymus Vat. lat. 782, f. 123 f.,* q. 2 crp. 2, f. 123ᵛa15 f.: [theologia est] scientia..., ubi apertis rationibus utitur, sicut in epistulis Pauli et aliis locis.

[68] Diese Unterscheidung wird u. 10.3 im Zusammenhang behandelt.

spruch. Die erste wird durch Auslegung gemäß dem vierfachen Sinn der hl. Schrift erfüllt, die zweite bedarf der Beweisführung. Die erste ist in der hl. Schrift enthalten, die zweite in der durch das Sentenzenbuch verkörperten Wissenschaft[69]. Auch der frühe *Anonymus Vat. lat. 2186* unterscheidet zwischen der Beispiele, Gleichnisse usw. gebrauchenden hl. Schrift und den in Schlüssen vorgehenden Sentenzen[70].

Kilwardby beschäftigt sich ausdrücklich mit der Eigenart der Sentenzen[71]. In seiner theologischen Einleitungslehre wird der Übergang von älteren zu neueren Anschauungen besonders deutlich, da sich sein Standpunkt noch nicht vollkommen abgeklärt hat. Einerseits trägt Kilwardby die alten Einwände vor und erkennt an, daß die inspirierte Theologie sich keiner Beweise bedient[72]. Er prägt sogar die bemerkenswerte Formel, die theologische Methode unterscheide sich von der Methode anderer Wissenschaften so, wie ein durch Studium erworbenes Bücherwissen von einem aus der lebendigen Erfahrung gewonnenen Wissen. Wohlgemerkt: die Theologie entspricht dem Bücherwissen, und darauf beruht ihre Überlegenheit[73]! Andererseits räumt Kilwardby den Schriften neuerer Theolo-

---

[69] A. 5 crp.: instrumentum autem duplex secundum duplicem finem doctrinae et artis, qui duplex finis promissus est in auctoritate apostoli, scil. exhortari in doctrina sana et contradicentes revincere... Inquantum autem finis est contradicentes revincere, habet alium modum. Contradicens enim non revincitur nisi duobus, scil. probatione veritatis et manifestatione erroris. Hoc autem non fit nisi per argumentationem congruam a ratione auctoritatis vel naturalis rationis vel similitudinis congruae sumptam: et sic hoc modo argumentatio talis erit instrumentum eius et ... iste modus est scientiae istius libri, alii autem modi sunt observati in biblia.

[70] Nr. 6 (ed. Bignami-Odier 148): Nach Unterscheidung zweier scientiae: prima docet, quid et quae et cuius sint credibilia et operabilia talia, secunda est movens et instruens ad operandum iuxta praecognita... Haec secunda determinatur in libris veteris et novi testamenti, post in libro sententiarum. Et quia per exempla et parabolas et monitiones et comminationes mirabilia et promissa et terrores et huiusmodi affectus et non per syllogisticas rationes, propter hoc illa pars doctrinae [d. h. die hl. Schrift] non utitur syllogismo aut demonstratione ... Andererseits: illi parti, quae traditur in libro sententiarum, competit procedere per syllogismum et demonstrationem.

[71] Q. 1 a. 4; q. 2 a. 1 c. 2: thematische Fragen zu den Sentenzen.

[72] Q. 2 a. 1 c. 1 crp. (vgl. o. A. 39); q. 5 ad 1—3 (ed. Stegm. 42): In theologia igitur, quia non est facta notitia humanae inventionis, et dico de canone bibliae, sed divina inspiratione, non oportet illam esse ex universalibus. Et quia certa est ex ipsa veritate per se, quae intra inspiravit eam, non oportet esse ex aliquibus praemissis universalibus causis vel demonstrationibus, quae nequeunt aliter se habere.

[73] Q. 2 a. 1 c. 2 crp. (ed. Stegm. 28,1—6): Duplex est modus scientiae: unus divina inspiratione, alius humana inventione. Et differunt sicut scientia a libro per studium accepta et scientia per vivam vocem impressa ... De primo modo scientiae est theologia, de secundo philosophia. Fast wörtlich wiederholt q. 5 crp. (ed. Stegm. 41,30—42,3).

gen, voran den Sentenzen des Lombarden, das Recht zum Gebrauch von
Gründen, von Definitionen, Distinktionen und Schlüssen ein, betont aber,
das geschehe nicht aus sachlicher Notwendigkeit, sondern der menschlichen
Schwäche wegen[74].

Bonaventura gibt unter allen Autoren die klarste und entschiedenste
Antwort:

1. Das Sentenzenbuch (und das heißt hier: die Theologie) geht rational
untersuchend und schlußfolgernd vor. Es hat nämlich die Förderung des
Glaubens zum Ziel, die eine dreifache rationale Aufgabe enthält[75].

2. Den wichtigsten Einwand gegen eine rationale Methode in der Theologie, den Hinweis auf die modi der hl. Schrift, räumt Bonaventura dadurch aus, daß er die Sentenzen in eine sachliche Beziehung zur hl. Schrift
setzt. Die Sentenzen und überhaupt die Theologie nachbiblischer Autoren
sind nicht ein Teil der Schrift[76], sondern stehen in einem Verhältnis der
Subalternation zu ihr[77]. Die Schrift handelt vom Glaubensgegenstand als
solchem[78], die Sentenzen vom Glaubensgegenstand, insofern er einsichtig
werden kann, d.h. sie versuchen, das von der hl. Schrift bloß dem Glauben
Dargebotene auf rationalem Wege verständlich zu machen[79].

Bonaventuras Lösung hat in der von uns betrachteten Zeit kaum gewirkt[80]. Insbesondere wird seine Anwendung des Subalternationsschemas

---

[74] Q. 1 a. 4 crp. (ed. Stegm. 27): Quamvis fides virtus secundum quod
huiusmodi non praebetur, tamen aliqua, quae creduntur, probari possunt. Et
tales rationes et disputationes utiles sunt ecclesiae ... Q. 2 a. 1 c. 2 (ed. Stegm.
29,21–30): Cum iste liber sententiarum sit pars huius scripturae, ad quid
magister utitur hic definitionibus ...? Resp.: Hoc facit non propter huius
scientiae necessitatem, sed propter aliorum infirmitatem ... Unde non facit
hoc, quia ille modus sit necessarius sacrae scripturae, sed nobis.

[75] Q. 2 crp.: modus perscrutatorius convenit huic doctrinae sive libro. Cum
enim finis imponat necessitatem his, quae sunt ad finem ..., sic iste liber,
quia est ad promotionem fidei, habet modum inquisitivum. Modus enim ratiocinativus sive inquisitivus valet ad fidei promotionem, et hoc tripliciter ...
(Die drei rationalen Funktionen werden u. 7.24 dargestellt.)

[76] So bezeichnet sie etwa *Kilwardby* q. 2 a. 1 c. 2 quaestio, o. A. 74.

[77] Q. 2 ad 4: liber iste ad sacram scripturam reducitur per modum cuiusdam
subalternationis, non partis principalis; similiter et libri doctorum, qui sunt ad
fidei defensionem.

[78] Q. 2 ad 4: sacra scriptura est de credibili ut credibili; in der vorigen
quaestio (q. 1 ad 5.6) sagt *Bonaventura*: credibile ... secundum quod super
rationem veritatis addit rationem auctoritatis, pertinet ad doctrinam sacrae
scripturae.

[79] Q. 2 ad 4: hic est de credibili ut facto intelligibili; vgl. q. 1 crp.: credibile, prout tamen credibile transit in rationem intelligibilis, et hoc per additionem rationis; q. 1 ad 5.6: (credibile) secundum quod supra rationem veritatis
et auctoritatis addit rationem probabilitatis.

[80] Nur der *Anonymus Todi 39* nimmt sie voll auf (ed. Tavard 225,5–27)
und fügt verschiedene selbständige Gedanken an (225,28–226,10).

nicht übernommen[81]. Es scheint mir aber durchaus möglich, daß Thomas durch diese Lösung zu seinem Gebrauch des Schemas angeregt worden ist. Im übrigen zieht *Thomas* im Sentenzenkommentar auch den Unterschied von hl. Schrift und Sentenzen in Betracht, allerdings ganz kurz. Er betont hier, wie wir bereits sahen, daß sich die Methode einer Wissenschaft nach ihren Gegenständen richtet. Ein Argumentieren ist der Theologie aus zwei Anlässen angemessen: wenn sie sich mit Irrtümern auseinandersetzt und wenn sie sich in Quaestionen um die Erkenntnis der in der hl. Schrift enthaltenen Wahrheit bemüht. Letzteres geschieht v. a. in den Schriften der Theologen und besonders in dem aus ihnen zusammengestellten Sentenzenbuch[82].

In der Folgezeit kehren die meisten Autoren wieder zu einem undifferenzierten Theologiebegriff zurück. Selbst dort, wo man die Methode der Sentenzen gegen die der hl. Schrift abgrenzt, kann man noch mit den alten Argumenten operieren[83].

7.23 Die Erlaubtheit einer wissenschaftlichen Methode[84]

Die ethischen und religiösen Verflechtungen wissenschaftlicher Arbeit in der Theologie bilden einen Komplex sachlich zusammenhängender, von unseren Autoren aber an verschiedenen Stellen behandelter *Probleme*. Wir können dabei trennen: Die Fragen

---

[81] Das Subalternationsschema wird in der Folgezeit 1. zur Lösung des Prinzipienproblems, 2. zur Beschreibung des Verhältnisses von Theologie und anderen Wissenschaften verwandt.
Den Gebrauch durch *Bonaventura* scheint *Peckham* zu kritisieren (q. 2 a. 1 c. 1 m. 1 ad 2, F² f.3ʳb; N f.3ʳa): veritatem habet [scil. Bonaventuras Lösung] in scientiis, quarum una alteri subalternatur, quod non est in proposito, quoniam subiectum scientiae subalternatae addit super subiectum subalternantis secundum rem ... verum autem intelligibile non addit super verum credibile secundum rem, sed tantum per modum tractandi vel intelligendi. Quamvis pro tanto liber iste habeat modum subalternationis, quia innititur scripturae testimoniis, sed secundum veritatem non est dicenda scientia alia a scriptura sacra, sed quaedam explicatio [explanatio: N] eorum, quae in scriptura sacra continentur.
[82] A. 5 crp.: ... ad destructionem errorum, quod sine argumentis fieri non potest ... Proceditur tertio ad contemplationem veritatis in quaestionibus sacrae scripturae; et ad hoc oportet modum etiam esse argumentativum, quod praecipue servatur in originalibus sanctorum et in isto libro, qui quasi ex ipsis conflatur.
[83] Vgl. *Wilhelm de la Mare*, der stark von *Bonaventura* beeinflußt ist, die Methodenfrage auch unter Verweis auf das credibile als die Sache der Theologie löst, aber allein vom Gegenstandsbereich her, nicht durch Unterscheidung von hl. Schrift und Sentenzen (vgl. o. zu A. 59).
[84] Vgl. dazu *M. Grabmann*, Die theol. Erkenntnis- und Einleitungslehre ..., 1948, 111–23.

1. nach der Erlaubtheit einer wissenschaftlichen Methode im engeren Sinne;

2. nach der Erlaubtheit des Gebrauchs von Elementen anderer Wissenschaften in der Theologie;

3. nach der Erlaubtheit eines Fortschreitens über die in der hl. Schrift enthaltene Grundform von Theologie hinaus;

4. nach dem grundsätzlichen Verhältnis von Autorität und Vernunft;

5. nach dem Zusammenhang theologischer Arbeit mit dem Leben und Glauben des Theologen.

Die innere Verbindung dieser Fragen ist dadurch gegeben, daß die Theologie über den Rahmen einer bloßen Wiederholung überlieferter Aussagen, über eine Reproduktion von hl. Schrift und Vätersentenzen hinausgeht zu selbst verantworteten, rational durchgeführten und überprüfbaren Begründungen und Folgerungen. Sobald die Theologie das sichere Gehege von der Tradition vorgezeichneter Arbeitsweisen verläßt, steht sie immer in der Gefahr, zu irren oder in irgendeiner Weise Gott vorzugreifen und dadurch das Heil zu verfehlen.

Unsere Autoren erörtern die genannten Fragen, die alle um das Verhältnis der Theologie zum Heil des Theologen kreisen, in verschiedenen Zusammenhängen, auf die ich auch an verschiedenen Stellen eingehen werde. Der Gebrauch profanen Wissens in der Theologie wird im folgenden Kapitel[85] berücksichtigt. Der Zusammenhang theologischer Arbeit mit dem Leben des Theologen bildet oft besonders aktuelle Probleme und wird daher gerne in der disputatio de quolibet diskutiert. Er kommt erst spät in das Blickfeld der Theologen, noch später als thematische Frage in die theologische Einleitungslehre, und soll im Kapitel über das Subjekt der Theologie kurz gestreift werden[86]. Besonders schwer ist es, den Ort in der theologischen Wissenschaftstheorie zu bestimmen, an dem das Verhältnis von Autorität und Vernunft (auctoritas — ratio) erörtert wird. Schon immer hat die Forschung in diesem Verhältnis ein (wenn nicht das) Grundproblem der Scholastik gesehen[87]. Auch wir sind bisher immer wieder auf Fragestellungen gestoßen, in denen eine Spannung zwischen autoritativ vorgegebenen Aussagen und selbständiger Reflexion zutage trat. Wider alles Erwarten wird dieses Verhältnis in den Anfängen der theologischen Wissenschaftstheorie jedoch nicht thematisch erörtert. Selbst innerhalb anderer Fragestellungen kommt zwar das Verhältnis von Vernunft und hl. Schrift, Offenbarung, Glaube zur Sprache, aber nur selten das von Vernunft und auctoritas[88]. Thematisch wird es wohl erstmals zu Ende unseres Zeitabschnitts, in einer Quaestio de quolibet des Thomas von Aquin von

---

[85] Vgl. v. a. 8.5.   [86] U. 9.1.

[87] Vgl. *M. Grabmann*, Schol. Methode, bes. 1 (1909) 1—37.

[88] V. a. in Gestalt eines von *Boethius* geprägten Satzes, der locus ab auctoritate sei am schwächsten. Vgl. u. S. 254 A. 30 f.

1271 erörtert[89] und findet dann durch Heinrich von Gent Eingang in die theologische Einleitungslehre[90]. Da es bei dieser Frage im Grunde um das Subjekt der Theologie geht, werde ich ihr im übernächsten Kapitel einen kurzen Abschnitt widmen[91].

Im vorliegenden Zusammenhang stehen zwei Sachverhalte zur Erörterung: die seltener gestellte Frage, ob die Theologie überhaupt über die hl. Schrift hinausgehen dürfe[92], und der nicht nur thematisch[93], sondern sehr häufig in der Diskussion um die Wissenschaftlichkeit der Theologie im allgemeinen und ihrer Methode im besonderen formulierte Einwand gegen den Gebrauch von Gründen und Beweisen. In ihrer Argumentation berühren sich beide so eng, daß ich sie im folgenden zusammenfasse.

Gegen das Unternehmen der Theologie steht eine ganze Reihe von auctoritates, die von unseren Autoren in ungeregelter Auswahl vorgetragen werden. Sie enthalten

1. das grundsätzliche Verbot, die Überlieferung, das Übernatürliche, Geheime zu untersuchen[94];

2. die Warnung, daß der durch menschliche Erfahrung unterstützte Glaube seine Verdienstlichkeit verliere[95].

Diesen Einwänden trägt man in ganz einmütiger Haltung dadurch Rechnung, daß man aus ihnen gewisse *Grenzen für den selbständigen Gebrauch der Vernunft* innerhalb der Theologie ableitet:

Die Theologie darf dem natürlichen Streben nach Wissenserweiterung nachgeben, darf fragen und untersuchen, — aber sie darf nicht über eine bestimmte Grenze, nicht über ein gesetztes Maß, hinausgehen; sie darf nicht unbesonnen, neugierig, vermessen verfahren[96];

---

[89] Quodl. 4 q. 9 a. 3 (= Nr. 18). Vgl. u. 9.3.

[90] In drei Fragen zur auctoritas der hl. Schrift bzw. der Theologie (a. 10 q. 1–3). Vgl. u. 9.3.

[91] Auch *Heinrich* fragt nach der auctoritas im Anschluß an die Erörterung über den auctor (causa efficiens).

[92] So *Odo* Sent. q. 1; *Kilwardby* q. 1 a. 3 c. 1.

[93] So *Thomas* Trin. q. 2 a. 1; *Peckham* q. 2 a. 1 c. 1 m. 1.

[94] Jes. 40,23: Qui [scil. deus] dat secretorum scrutatores quasi non sint; Prov. 25,27: qui scrutator est maiestatis, opprimetur a gloria; Eccli. 3,22: Altiora te ne quaesieris. Ps.-*Dionys*, Cael. Hier. 15,9 (Dionysiaca 2,1039; transl. Io. Scoti Eriug.): super nos secretum silentio honorificantes; *Io. Damasc.* Fid. orth. 1,1 (in *Odos* Zitat Sent. q. 1 arg. 5, B f.2ʳa; Tr f.1ʳb): quae tradita sunt nobis per legem et prophetas et apostolos, veneremur et cognoscamus nihil ultra hoc inquirentes.

[95] Dafür werden v. a. zwei Argumente stehend: Aus *Gregors d. Gr.* Satz Hom. 26 (PL 76,1197 C): sciendum nobis est, quod divina operatio, si ratione comprehenditur, non est admirabilis, nec fides habet meritum, cui humana ratio praebet experimentum, wird das zweite Glied zitiert (fides non habet meritum ...). Ferner *Ambrosius* De fide 2,13,84 (PL 16,570 D): Aufer hinc argumenta, ubi fides quaeritur ..., zitiert: tolle argumentum ...

[96] Vgl. z. B. *Odo* Sent. q. 1 ad 2 (B f.2ʳa–b; Tr f.1ᵛa): licet non expediat

sie darf über das in der hl. Schrift Enthaltene hinausgehen, — aber sie darf dabei nicht Gegensätzliches behandeln und nicht zu widersprechenden Ergebnissen gelangen[97];

sie darf rational vorgehen und Argumente gebrauchen, — aber sie darf dabei nicht nach Beweisen für den Glauben suchen, die diesen überflüssig machen sollen. Die Verdienstlichkeit des Glaubens geht nur dann verloren, wenn man ihn selbständig erzeugen möchte, nicht, wenn man ihn durch Gründe verteidigt und stützt[98].

Keiner unserer Autoren möchte mit religiösen Gründen alle rationalen Elemente aus der Theologie verbannen. Man möchte vielmehr den Vernunftgebrauch auf bestimmte Funktionen einschränken, da andere Erfordernisse — v. a. die Aufstellung von Prinzipien — bereits durch Gottes gnadenhafte Einwirkung erfüllt sind. Für das Zusammenspiel natürlicher und gnadenhafter Kräfte in der Erkenntnis wie im ganzen Seinsbereich greift *Thomas* einen in die Alte Kirche zurückreichenden, von *Bonaventura*

---

tibi altiora te quaerere, ultra videlicet quam debes, tamen altius te quaerere non est contrarium modo inquisitionis. Immo naturaliter anima habet inquirere altius, ut in nobiliori se perficiatur; q. 1 crp. (B f.2^{r}a; Tr f.1^{r}b): omnes istae auctoritates generaliter loquuntur contra temerarie inquirentes et qui excedunt modum humanum inquirendo, non contra inquirentes, prout debent. (Vgl. auch noch o. A. 45.) — *Bonaventura* q. 2 ad 1—3: omnes illae auctoritates intelliguntur de perscrutatione curiosa, non de perscrutatione studiosa.

[97] Vgl. z. B. *Odo*, der die Grenze genau bestimmt, Sent. q. 1 ad 5 (B f. 2^{r}b; Tr f.1^{v}a): Ad auctoritatem Damasceni dicendum, quod illud, quod dicit: nihil ultra haec inquirentes, sic intelligendum est: nihil ultra, id est nihil aliud, id est nihil [id est nihil: B; vel melius: Tr] diversum vel [nihil: +Tr] contrarium. Simile [similiter: Tr] Gal. 1(,9): si quis vobis evangelizaverit praeter id, quod accepistis, anathema sit. Praeter id, id est: diversum ab eo. — *Kilwardby* q. 1 a. 3 c. 1 (ed. Stegm. 25,23—25): Non debemus inquirere aliud, id est contrarium, sed eorum, quae ibi sunt, intellectum et expositionem. — *Walter* tr. 2 q. 1 a. 1 ad co. (PN f.112^{v}b): non addes aliquid contrarium vel simile veritatis corruptum nec auferes, quod tollit intellectum perfectionem. Potest tamen addi, quod intus latet, et auferri, cum allegatur, quod ad propositum necessarium non videtur. — *Petrus* a. 6 ad 2: Ultra scripturam sacram esse dicitur, quod ibidem nec expresse nec implicite continetur sive quod ei adversatur, non quod consonat.

[98] Vgl. z. B. *Odo* Sent. q. 2 a. 1 crp.; ad 1 (B f.2^{v}a; Tr f.1^{v}a); ad 2 (a. a. O.): argumenta non tollunt meritum, quia... fides non innititur ipsis, quod si faceret, tunc tolleretur ei meritum; vgl. ferner ad 3 (a. a. O.). — *Petrus* a. 6 ad 3: Ad faciendam fidem ratio cessare debet, quia excludit meritum, sed non ad declarandam et defendendam; ad 4 (Arg. Gregors): Loquitur de experimento et ratione faciente fidem, non de adminiculante et adiuvante. — *Thomas* S. th. a. 8 ad 1 (Arg. Ambros.): licet argumenta rationis humanae non habeant locum ad probandum, quae fidei sunt, tamen ex articulis fidei haec doctrina ad alia argumentatur; ad 2 (Arg. Gregors): utitur tamen sacra doctrina etiam ratione humana, non quidem ad probandum fidem, quia per hoc tolleretur meritum fidei, sed ad manifestandum aliqua alia, quae traduntur in hac doctrina.

176

in anderem Zusammenhang wohl erstmals formulierten Gedanken[99] auf und führt ihn zuerst in seinem Kommentar zu De trinitate in die theologische Wissenschaftstheorie ein:

Wie die Gnade den natürlichen Zustand nicht zerstört, sondern vollendet, so verwirft die gnadenhafte Erkenntnis (d. h. die christliche Glaubenserkenntnis) nicht die natürliche (d. h. die vor- und außerchristliche) Erkenntnis, sondern baut auf ihr auf und vollendet sie[100].

Die natürliche Erkenntnis ist unvollständig und bedarf der Ergänzung, aber ihr Wert liegt darin, daß sie der gnadenhaften Erkenntnis dient. Durch diese allgemeine Bestimmung ist bereits auch der Grund für eine Beschreibung des Verhältnisses der Theologie zu den anderen Wissenschaften gelegt[101].

Mehrere Autoren umgrenzen die Bedingungen näher, unter denen erlaubtes oder unangemessenes Vorgehen in der Theologie steht. Ich führe drei derartige Überlegungen an:

Walter nennt drei Weisen, auf die man über die hl. Schrift hinausgehen (ihr etwas hinzufügen) kann:

1. durch Ergänzung eines Mangels; dies ist aber unmöglich, da der hl. Schrift nichts fehlt;

2. durch Auslegung eines verborgenen Sinnes: allein dies ist erlaubt, aber auch nur dem Fachmann;

3. durch Hineinlegen eines Sinnes, der besser paßt: dies ist verboten, da es zum Häretiker macht[102].

---

[99] Zur Geschichte dieses Gedankens vgl. *J. Beumer*, Gratia supponit naturam, 1939 (zur Scholastik 393—406); *B. Stoeckle*, »Gratia supponit naturam«, 1962 (vorwiegend systematisch; zur Geschichte 32—103 [Väterzeit], 103—23 [Scholastik, d. h. Bonaventura und Thomas]). — *Bonaventura* formuliert das Prinzip erstmals, 2 Sent. d. 9 a. un. q. 9 ad 2: non oportet ordinem gratiae praesupponere ordinem in natura, quamvis gratia praesupponat naturam, sicut accidens praesupponit subiectum.

[100] *Thomas* Trin. q. 2 a. 3 crp. 1 (ed. Decker 94): dona gratiarum hoc modo naturae adduntur, quod eam non tollunt, sed magis perficiunt; unde et lumen fidei, quod nobis gratis infunditur, non destruit lumen naturalis rationis divinitus nobis inditum. S. th. a. 8 ad 2: Cum enim gratia non tollat naturam, sed perficiat, oportet, quod naturalis ratio subserviat fidei; sicut et naturalis inclinatio voluntatis obsequitur caritati. Dasselbe Verhältnis besteht auch im Bereich des Gesetzes, S. th. 1—2 q. 99 a. 2 ad 1: Sicut enim gratia praesupponit naturam, ita oportet, quod lex divina praesupponat legem naturalem. Thomas greift auf dieses Prinzip an vielen Stellen zurück.

[101] Darauf verweist *Thomas* sogleich S. th. a. 8 ad 2: inde est, quod etiam auctoritatibus philosophorum sacra doctrina utitur, ubi per rationem naturalem veritatem cognoscere potuerunt.

[102] Tr. 2 q. 1 a. 1 (PN f.112^{v}a—b): aliquid addere sacrae scripturae potest intelligi tripliciter: vel supplendo, quod habere debet et non habet, vel exponendo, id est extra ponendo manifestius sensum, qui in ea latet, vel imponendo scripturae sacrae sensum, qui magis placet. Primum fieri non potest, quia sa-

Thomas beschreibt drei Fehlermöglichkeiten in der Anwendung der Vernunft in der Theologie:

1. aus Täuschung über das Erreichbare;
2. durch Umkehrung des Erkenntnisvorgangs (die Vernunft wird dem Glauben vorangestellt);
3. aus Täuschung über die eigenen Kräfte[103].

Peckham scheidet in ausführlichen Distinktionen von der Theologie aus:

1. ungeeignete Personen — ungeeignet sowohl aus Mangel an Fähigkeit als auch wegen ungenügender sittlicher Integrität;
2. ungeeignete Methoden: einmal den aus Ungläubigkeit entspringenden Versuch, den Glauben durch Erkenntnis zu begründen, zum andern die unbesonnene Neugierde, die Grenzen des Glaubens zu überschreiten und das Unerkennbare zu erkennen[104].

7.24 Die Aufgaben einer rationalen Methode in der Theologie

Wir sind bisher immer wieder auf Aussagen über den Gebrauch der Vernunft in der Theologie gestoßen. Nachdem wir im vorigen Abschnitt die Abgrenzung gegen unzulässige Anwendung rationaler Methoden betrachtet haben, sollen nun deren Aufgaben im Gang theologischer Erkenntnis zusammengefaßt werden.

Der feste Punkt im theologischen Erkenntnisgang ist der *Glaube*. Er umgreift mit unerschütterlicher Gewißheit die Prinzipien der Theologie, die Glaubensartikel. Alle rationalen Momente im Vollzug theologischer Arbeit stehen in einer Beziehung zu ihm, die durch die theologische Wissenschaftstheorie näher bestimmt wird. Wir müssen hier die vielen Fragen übergehen, die weit in die Lehre vom Glauben innerhalb der Tugendlehre hineinreichen und dadurch auch mit anderen Teilen der materialen Dogmatik zusammenhängen, und uns ganz auf die Äußerungen in der theologischen Einleitungslehre beschränken, können jedoch über die themati-

---

crae scripturae nihil deest... secundum licet et expedit non cuilibet, sed scienti..., tertium non licet, quia facit et fecit haereticos.

[103] Q. 2 a. 1 crp. 2 (ed. Decker 82 f.): Tripliciter tamen contingit in hoc peccare. Primo ex praesumptione, qua scil. aliquis sic ea scrutatur quasi ea perfecte comprehensurus ... Secundo ex hoc, quod in his, quae sunt fidei, ratio praecedit fidem, non fides rationem... Tertio ultra modum suae capacitatis ad divinorum perscrutationem se ingerendo.

[104] Q. 2 a. 1 c. 1 m. 1 crp. (F² f.3ʳa; N f.2ᵛb f.): Inquirentes enim quidam sunt inepti, et hoc dupliciter contingit: vel ex ineptitudine [corr. ex »inepti«: F²] naturali vel morali... Similiter in modis inquirendi est differentia. Quaedam enim est inquisitio curiosa, quaedam religiosa. Curiosa est vel proveniens ex impietate vel infidelitate, qua non credunt, ut intelligant, sed intelligere gestiunt, ut credant... vel est proveniens ex temeritate volentium mensuram fidei excedere [extendere: F²] et impenetrabilia penetrare.

178

schen Fragen zur Methode noch einmal auf die Erörterung der Wissenschaftlichkeit zurückgreifen.

Die *Vernunfttätigkeit* kann in unterschiedlicher Beziehung zum Glauben stehen: sie kann ihm vorangehen, an seiner Entstehung und seinem Vollzug beteiligt sein oder ihm nachfolgen.

Vor dem Glauben liegen alle „natürlichen" („philosophischen") Erkenntnisse, auch die natürliche Gotteserkenntnis. Sie werden in unserem Zusammenhang jedoch kaum erörtert und nur gelegentlich anläßlich des Prinzipienproblems erwähnt[105].

Wichtiger ist die Frage, inwiefern die Vernunft am *Zustandekommen des Glaubens* mitwirkt. Im allgemeinen stellen unsere Autoren jede Möglichkeit in Abrede, auf rationalem Wege den Glauben zu beweisen (probare) oder zu erzeugen (facere)[106]. Gelegentlich begegnen wir jedoch auch Äußerungen, die von einem „Glaubensbeweis" reden.

So gebraucht *Odo* im Sentenzenkommentar die Formulierung probatio fidei[107], aber er präzisiert sie sogleich und beschränkt sie auf eine dreifache, auf den schon bestehenden Glauben zurückgewandte Aufgabe: die rationale Argumentation soll den Glauben stärken, verteidigen und einsichtig machen[108]. Probatio fidei bedeutet bei Odo also offenbar nicht Beweis im Sinne schlußfolgernder Ableitung, sondern Festigung und Sicherung des Glaubens, der selbst unmittelbar auf der ersten Wahrheit beruht[109]. In demselben Sinne ist wohl auch *Kilwardbys* Feststellung zu verstehen, der Glaube als Tugend lasse sich nicht beweisen (probare), dagegen einige Glaubensgegenstände, und solche Begründungen seien in der schon von Odo genannten dreifachen Hinsicht nützlich[110].

---

[105] So teilt *Odo* die wissenschaftlichen Sätze auch der Theologie in dignitates (= principia omnibus nota), suppositiones sive petitiones (= articuli fidei) und conclusiones ein (QQ., o. S. 143 A. 69 zit.); die dignitates sind dem Glauben vorausgehende theologische Vernunfterkenntnisse. *Ulrich* unterscheidet (nach dem Vorbild *Philipps des Kanzlers, Alexanders, Bonaventuras*, die aber nicht in wissenschaftstheoretischem Zusammenhang davon handeln) zwischen antecedentia articulos (d. h. aus der Vernunft erkannten Prinzipien), den articuli und conclusiones (tr. 2 c. 3 ed. Daguillon 34). Ebenso *Albert* S. th. q. 4 crp.; q. 5 m. 3 co. 3. — Vgl. dazu *A. Lang*, Die Entfaltung des apologetischen Problems..., 1962, bes. 92—109.

[106] Vgl. o. A. 98.

[107] Q. 2 a. 1 crp. (B f.2^{v}a; Tr f.1^{v}a): ad probationem fidei utile est adducere rationes et argumenta.

[108] Im Anschluß an das Zitat A. 107: et hoc propter tres rationes: [1.] ... ad augmentationem fidei... [2.] ut melius sciamus et possumus confundere haereticos... [3.] ut melius, quae credimus, intelligamus.

[109] Der Glaube beruht auf der unmittelbar erfaßten ersten Wahrheit: licet enim fides innitatur primae veritati propter se, non propter rationes (a. a. O. crp., ebenso ad 1, ad 2); er wird nicht durch Beweise erzeugt: fides non generatur ex argumentis (a. a. O. ad 3).

[110] Q. 1 a. 4 crp. (zit. o. A. 74).

Weiter scheinen sich Ulrich und Romanus zu wagen. Nach *Ulrich* werden die Glaubensartikel aus den ihnen vorangehenden allgemeinsten und ersten Sätzen bewiesen (probare) — unter Mitwirkung des Glaubens[111]. *Romanus* bemerkt, wenn man einen Artikel bejahe und einen anderen ablehne, so könne der abgelehnte aus dem bejahten Artikel bewiesen werden[112].

Walter handelt als einziger unter unseren Autoren in einer thematischen quaestio vom Glaubensbeweis[113]. Er unterscheidet dabei zwischen den beiden Bedeutungen von fides: dem Glaubenshabitus und dem Glaubensgegenstand. Zu beiden führen Beweise hin:

1. Sie können

a) auf den Glaubenshabitus vorbereiten (Wunder, Beispiele, usw.);

b) ihn erzeugen (das ist aber nur bei intellektuellen habitus möglich, nicht bei theologischen Tugenden!);

c) ihn stärken und verteidigen.

2. a) Die Glaubensartikel werden als materiale Glaubensgegenstände (als Artikel des Symbols) durch einen formalen Glaubensgegenstand bewiesen: durch die prima veritas.

b) Deren Glaubwürdigkeit kann ebenfalls bewiesen werden, nicht aber ihre Inhalte.

Nach diesen Ausführungen räumt Walter ein, daß auch einige Glaubens-

---

[111] Tr. 2 c. 3 (ed. Daguillon 34): ... quaedam antecedentia articulos, quae sunt universalissima principia et prima huius scientiae, per quae omnes articuli et omnia alia in hac scientia probantur, et illa sunt nobis per se nota etiam sine fide...; [articuli] per supradicta principia [scil. antecedentia] probantur fide cooperante...; quia articuli immediate probantur per supradicta principia prima et vera (Z. 1—4; 15; 19—21). Anschließend betont *Ulrich* aber: Sic ergo patet, quod articuli sunt principia, quae super primam veritatem fundantur (Z. 23 f.).

[112] Tr. 1 q. 4 ad 1 (VP f.3ʳb): Verum est tamen, quod, si aliquis aliquid principium fidei concedit et alium articulum negat, ex illo articulo, quem concedit adversarius, unde probat theologus articulum, qui negatur.

[113] Tr. 2 q. 2 crp. (PN f.113ʳb): fides dicitur dupliciter, scil. habitus, quo creditur, et ipsum, quod creditur, scil. fidei articulus. Fidem autem primo modo dictam probari potest intelligi tripliciter: vel probatione, qua homo ad huiusmodi habitum fidei habendum disponitur, vel probatione, qua habitus fidei generatur, vel probatione, qua habitus iam adeptus roboretur vel defendatur ... Si autem sit quaestio de fide, quae est id, quod creditur, scil. articulus, hoc est dupliciter, quia vel hoc intelligitur de articulo vel obiecto fidei materiali vel formali. Materiale obiectum voco articulos in symbolo positos, qui probantur obiecto formali. Verbi gratia: quod deus pater sit omnipotens, probatur per obiectum formale, quod est prima veritas, quae hoc testatur, cui innititur fidelis propter se. Obiectum vero formale, id est ratio credendi, quoad aliquid probari potest, quoad aliquid non. Nam quod innitendum sit primae veritati, potest probari, sed quod prima veritas testetur deum esse patrem et omnipotentem et huiusmodi, sufficienter probari non potest.

artikel rational bewiesen werden können. Allerdings werden sie dadurch noch nicht zu Glaubensgegenständen[114].

Aus den angeführten Äußerungen geht hervor, daß keiner unserer Autoren meint, den Glaubensakt oder -habitus als solche rational herleiten zu können. Es scheint ihnen nur z. T. möglich, einzelne Prinzipien teils auseinander, teils auch aus an sich bekannten allgemeinsten Sätzen zu beweisen. Walter und Ulrich wagen sich dabei besonders weit vor.

Ein Beweis der Prinzipien widerspricht freilich durchaus der aristotelischen Lehre, nach der die speziellen Prinzipien einzelner Wissenschaften keineswegs aus den allgemeinen bewiesen werden können. Beide sind gleichermaßen erste, unableitbare Grundsätze, die nur durch Allgemeinheitsgrad und Geltungsbereich voneinander verschieden sind. Auf ihre Ursprünglichkeit weist auch schon *Thomas* im Sentenzenkommentar hin[115].

Nach dem Glauben und auf Grund des Glaubens kann die Vernunft in doppelter Weise wirksam werden. Sie kann

1. rückwärts gewandt nach *Einsicht* in den bereits vollzogenen Glaubensakt und seine Inhalte (intellectus, intelligentia fidei) streben;

2. vorwärts gewandt aus dem Glauben und seinen Inhalten, die als etwas Gegebenes feststehen, *Schlußfolgerungen* (rationes consequentes, conclusiones) ziehen.

Damit sind zwei verschiedene Weisen des Vernunftgebrauchs beschrieben, mit denen die Theologie nach Anerkennung der grundlegenden Glaubenswahrheiten zu weiteren Einsichten fortschreiten kann. Sie werden in der Sekundärliteratur gewöhnlich als Glaubensverständnis und Glaubenswissenschaft oder Konklusionstheologie unterschieden und gerne mehr oder weniger schroff einander entgegengesetzt[116]. Bei den Autoren des 13. Jh. ist dieser Punkt freilich keineswegs so stark hervorgehoben, wie die von systematischem Interesse geleitete katholische Sekundärliteratur oft vermuten lassen könnte. Unsere Autoren scheinen ihn noch nicht als Problem empfunden zu haben; zudem äußern sie sich in der theologischen Einleitungslehre darüber so knapp, daß unserer Interpretation enge Grenzen gesetzt sind.

---

[114] A. a. O. (PN f.113ʳb—ᵛa): Non nego tamen, quin aliqui articuli secundum id, quod sunt, possunt rationibus probari, quod et aliqui philosophi fecerunt. Non tamen secundum quod probantur et homo rationibus innititur, sunt obiectum fidei.

[115] A. 3 q. 2 ad 2: Et ex istis principiis, non respuens communia principia, procedit ista scientia, nec habet viam ad ea probanda, sed solum ad defendendum a contradicentibus, sicut nec aliquis artifex potest probare sua principia.

[116] Vgl. dazu etwa die (allerdings auf Thomas beschränkte, historisch unergiebige) Arbeit von *P. Wyser*, Theologie als Wissenschaft, 1938, die energisch für eine Konklusionstheologie eintritt, und *J. Beumers* auch historisch wertvolle Untersuchung: Theologie als Glaubensverständnis, 1953, sowie seine Aufsätze.

Vorweg sind zwei Feststellungen möglich:

1. Einsicht in den Glauben und Schlüsse aus dem Glauben sind zwei mögliche Weisen des Vernunftgebrauchs, die von unseren Autoren nicht als widersprüchlich empfunden werden. Daher kann derselbe Autor beide als Aufgaben der Theologie erwähnen[117].

2. Andererseits fällt auf, daß an beiden Weisen verschieden starkes Interesse besteht. Während die Franziskaner gerne von der Einsicht in den Glauben reden, heben Thomas und von im beeinflußte Theologen häufiger das Schließen aus den Glaubensartikeln hervor.

Was heißt intellectus fidei?

Auf keinen Fall meint dieser Begriff Herleitung und argumentierende Erzeugung des Glaubens. Unsere Autoren berufen sich allgemein auf Jes. 7, 9[118], wonach in der Theologie — gerade im Gegensatz zu den übrigen Wissenschaften — der Glaube *vor* der Einsicht steht. Intellectus fidei kann daher nicht Vorbereitung und Begründung des Glaubens sein, sondern nur der rückwärts gewandte Versuch, den vor aller Erkenntnis und unabhängig von ihr bestehenden Glauben möglichst einsichtig zu machen[119]. Über den Vorgang der Einsicht in den Glauben äußern sich unsere Texte nicht im einzelnen, so daß wir uns mit allgemeinen Feststellungen begnügen müssen. Aber ein Blick auf *Bonaventuras* Formulierungen kann vielleicht zur Verdeutlichung beitragen. Von vornherein steht fest, daß der Glaube der prima veritas nicht aus Vernunftgründen, sondern um ihrer selbst willen zustimmt[120]. Die Liebe zu dem Geglaubten treibt ihn jedoch dazu an, dies noch genauer kennenzulernen: er sucht nach Gründen, die das Geglaubte einsichtig[121], wahrscheinlich[122] machen, die es sichern[123]. Solche

---

[117] Vgl. z. B. *Odo* QQ., q. 1 ad 1 (o. S. 143 A. 69): conclusiones; ad 3 (ed. Pergamo 342): [theologia] non solum est ad generandum fidem, sed etiam scientiam; sed primo fidem, postea scientiam, sicut dicitur Is. 7,9: Nisi credideritis, non intelligetis; Sent. q. 1 ad 3 (B f.2ʳb; Tr f.1ᵛa): licet non sit necesse homini maiora se quaerere, tamen potest ei esse utile ad multa, sicut ad intelligentiam fidei et quaedam alia. — Daneben *Thomas* Sent. a. 3 q. 1 crp.: Die Theologie ist sapientia. Sed sapientia ... considerat conclusiones et principia, et ideo sapientia est scientia et intellectus, cum scientia sit de conclusionibus et intellectus de principiis.

[118] In der v. a. durch *Augustins* Ep. 120 verbreiteten Lesung der Septuaginta (zit. o. A. 117). Augustin vergleicht diese Übersetzung und die der Vulgata (... non permanebitis) in De doctr. chr. 2,12,17 miteinander.

[119] Vgl. dazu *Alexander* c. 1 ad 3; ad 4 (o. S. 138 A. 50); *Odo* (o. A. 117); *Wilhelm von Melitona* q. 2 ad 2 (ed. Pergamo 343); *Hannibaldus* a. 1 ad 2; *Wilhelm de la Mare* q. 1 ad 2 (F¹ f.3ʳa).

[120] Q. 1 ad 5.6: credibile ..., secundum quod habet in se rationem primae veritatis, cui fides assentit propter se et super omnia, pertinet ad habitum fidei.

[121] Q. 2 ad 6: sed quando fides non assentit propter rationem, sed propter amorem eius, cui assentit, desiderat habere rationes, tunc non evacuat ratio humana meritum, sed auget solatium; q. 1 crp.: credibile, prout tamen credibile transit in rationem intelligibilis, et hoc per additionem rationis; q. 2 ad 4: hic

Einsicht in das Geglaubte ist freilich dem Menschen in seinem irdischen Leben nicht vollkommen erreichbar; sie wird erst im zukünftigen Leben vollendet werden. Unsere Autoren bedienen sich hier eines Deuteschemas, auf das ich bei der Behandlung des Zieles der Theologie noch kurz eingehen werde[124].

Neben das rückblickende Glaubensverständnis tritt ein Verfahren, das aus den Glaubensartikeln Folgerungen zieht. Es ist freilich bemerkenswert, daß unsere Autoren nicht immer ganz so scharf zwischen Einsicht in den Glauben und darauf aufbauendem Wissen unterscheiden, wie moderne Betrachter oft meinen[125]. Allerdings ist deutlich, daß sie die Schlußfolgerungen (conclusiones) aus dem Glauben als eine selbständige Aufgabe des Vernunftgebrauches in der Theologie ansehen.

Aus der Reihe von Texten, die im Zusammenhang der Wissenschaftsproblematik wie der Methodenfragen von weiterführenden Schlüssen reden[126], hebe ich hier nur die Äußerungen des *Thomas* hervor. Darin können wir einen bemerkenswerten Wandel feststellen. Im Sentenzenkommentar faßt er unter dem Begriff der Weisheit zwei Aufgaben der Theologie zusammen: Wissen durch Schlußfolgerungen (conclusiones) und Einsicht in die Prinzipien[127]. Er schließt sich damit dem Sprachgebrauch der älteren Generation (Roland, Odo u. a.) an. Auch im Kommentar zu De trinitate teilt er die wissenschaftlichen Sätze noch in Prinzipien und conclusiones ein[128] und nennt ausdrücklich die Einsicht in den Glaubens-

---

est de credibili ut facto intelligibili; ad 5: fides enim elevat ad assentiendum, scientia et intellectus elevant ad ea, quae credita sunt, intelligendum.

[122] Q. 1 ad 5.6: secundum quod supra rationem veritatis et auctoritatis addit rationem probabilitatis, pertinet ad considerationem praesentis libri.

[123] Forts. des Zitats A. 122: in quo ponuntur rationes probantes fidem nostram. Nach dem ganzen Kontext kann man hier probare nur als nachträgliche Absicherung des Glaubens verstehen, nicht als Beweis.

[124] Vgl. u. 7.31 A. 159–62.

[125] Vgl. z. B. *Odo* QQ., q. 1 ad 3 (zit. o. A. 117): Die Theologie erzeugt primo fidem, postea scientiam, was durch Jes. 7,9 begründet wird. *Wilhelm von Melitona* q. 2 ad 2 (ed. Pergamo 343) im Anschluß an Odo: sacra scriptura, quae est credibilium, est ad generandam fidem primo ..., postmodum est ad generandam scientiam vel intellectum iuxta illud Is. 7,9.

[126] Vgl. *Roland* q. 2 crp. (o. S. 151 A. 104); *Anonymus Vat. lat. 782, f. 123 f.*, q. 1 ad 1 (f.123ʳb): non ex solis articulis sciuntur sequentia, sed per rationes multas consequentes; q. 2 crp. (f.123ʳa): modus agendi unus, scil. per articulos fidei et rationes consequentes; ad 5 (f.123ʳb): [theologia] totam suam cognitionem accipit a fide vel a rationibus consequentibus fidem; *Odo* QQ., q. 1 ad 1 (o. S. 143 A. 69).

[127] A. 3 q. 1 crp. (zit. o. A. 117); dazu q. 3 crp.: ratio manuducta per fidem excrescit in hoc, ut ipsa credibilia plenius comprehendat, et tunc ipsa quodammodo intelligit.

[128] Vgl. q. 2 a. 2 crp. 1 (ed. Decker 86); ad 4 (ed. Decker 88): in qualibet scientia sunt aliqua quasi principia et aliqua quasi conclusiones; ad 5–7 (a. a. O. 89).

inhalt als Ziel des Glaubens[129]. Anders in der Summa: Hier geht er nicht mehr auf die Möglichkeit eines Glaubensverständnisses ein, sondern lehnt nur schroff jeden Beweis des Glaubens aus Vernunftgründen ab[130]. Die Vernunft hat in der Theologie eine Aufgabe darin, daß sie von den Glaubensartikeln zu anderen Erkenntnissen hinführt[131]. Es ist bemerkenswert und läßt meines Erachtens auf bewußte Abgrenzung gegen Vorgänger und Zeitgenossen schließen, daß Thomas einerseits den abgelehnten Glaubensbeweis (einen Beweis im strengen Sinne) als probare bezeichnet, andererseits im vorliegenden Zusammenhang auffällig den Begriff conclusio meidet.

Mit dieser Strenge hat Thomas unter unseren Autoren, auch bei seinen Schülern und Nachfolgern, keine Schule gemacht[132].

Neben dem umstrittenen Glaubensverständnis und den allgemein anerkannten Folgerungen aus den Prinzipien hat die Vernunft in der Theologie noch mehrere auf den schon bestehenden Glauben bezügliche Aufgaben, die von unseren Autoren teils einzeln, teils in einem Schema vereinigt beschrieben werden.

Vor allem muß der Glaube gegen die Angriffe der Ungläubigen verteidigt werden, die — wenn überhaupt — nur rationalen Argumenten zugänglich sind. Diese Aufgabe wird seit den Anfängen wissenschaftstheoretischer Reflexion auf die Theologie hervorgehoben[133]. Auch hier fallen die bereits erwähnten Äußerungen des *Thomas* auf, der dadurch seine Subalternationstheorie durchbricht, daß er der Theologie im Unterschied zu allen anderen subalternierten Wissenschaften die Verteidigung ihrer

---

[129] Q. 2 a. 2 ad 7 (ed. Decker 89 f.): ... sed finis fidei est nobis, ut perveniamus ad intelligendum, quae credimus, sicut si inferior sciens addiscat superioris scientis scientiam, et tunc fient ei intellecta vel scita, quae prius erant tantummodo credita.

[130] A. 8 crp.: haec doctrina non argumentatur ad sua principia probanda, quae sunt articuli fidei; ad 1: licet argumenta rationis humanae non habeant locum ad probandum, quae fidei sunt; ad 2: utitur tamen sacra doctrina etiam ratione humana, non quidem ad probandum fidem.

[131] A. 8 crp.: ex eis procedit ad aliquid aliud ostendendum; ad 1: ex articulis fidei haec doctrina ad alia argumentatur; ad 2: ad manifestandum aliqua alia, quae traduntur in hac doctrina.

[132] Vgl. *Hannibaldus* a. 1 crp.: Zwei Elemente der Wissenschaft, principia und conclusiones (aliquae ex principiis deducuntur); *Romanus* tr. 1 q. 4 ad 1 (VP f.3ʳb): et ista principalia sua, quae sunt articuli fidei, supponit et contra negantem omnia sua principia probare non potest [posset: VP]. Sed ex ipsis principiis conclusiones aliquas vi argumentationis elicit; tr. 2 q. 1 a. 1 ad 3 (Glaubensverständnis); ad 4 (conclusiones).

[133] Vgl. neben den u. A. 135—43 angeführten Belegen für Schemata noch den *Anonymus Vat. lat. 782, f. 123 f.,* q. 1 ad 6 co. (f.123ʳa): licet debeamus reddere rationem de fide, non tamen fides subest rationi, sed subservit ei et natura et ratio, ut per illa defendatur; *Petrus* a. 6 ad 3 (declarare — defendere); *Albert* S. th. q. 5 m. 3 crp. (zit. o. A. 61).

184

eigenen Prinzipien zugesteht[134]. Neben der apologetischen Funktion werden gelegentlich auch noch einzelne oder mehrere andere genannt[135]. Zur Beschreibung des Vernunftgebrauchs in der Theologie verwenden unsere Autoren *Schemata*, die sie z. T. aus der Tradition übernommen oder weiterentwickelt haben[136].

Bereits die frühen Sentenzenglossen des *Petrus Comestor* und des *Ps.-Petrus von Poitiers* begründen die Gestaltung des Sentenzenwerks des Petrus Lombardus mit der Rücksicht auf die drei Arten von Menschen: Der Magister will durch sein Werk Ungläubige oder Glaubensgegner widerlegen, ängstliche Theologen stärken und träge Gläubige aufmuntern[137].

Sie können damit auf ältere Dreierschemata zurückgreifen, etwa das eines dreifachen Nutzens der Schriftlektüre in der Einleitung der Sententiae Varsavienses (entstanden in den zwanziger oder dreißiger Jahren des 12. Jh.)[138] oder das einer dreifachen Rechenschaftsablegung (nach 1. Petr. 3, 15) in Hugos von St. Victor (gest. 1141) Didascalion[139].

---

[134] Vgl. o. 7.22 A. 63.

[135] Vgl. etwa *Petrus* a. 6 ad 4 (adminiculare — adiuvare); das Schema in *Thomas* Sent. a. 5 crp.: Ex istis autem principiis ad tria proceditur in sacra scriptura:
[1.] ad destructionem errorum;
[2.] ad instructionem morum;
[3.] ad contemplationem veritatis in quaestionibus sacrae scripturae.
Noch umfangreicher ist die Liste des *Anonymus Vat. lat. 782, f. 123 f.*, q. 1 crp. (f.123ʳb):
[1.] intelligere scripturas;
[2.] solvere contrarietates [= innere Widersprüche];
[3.] reddere rationes;
[4.] solvere dubitationes et
[5.] retundere contradicentes.

[136] V. a. verweist man gerne auf *Augustins* Formulierung De trin. 14,1,3: non utique quidquid sciri ab homine potest in rebus humanis... huic scientiae tribuens, sed illud tantummodo, quo fides saluberrima... gignitur, nutritur, defenditur, roboratur. — Vgl. auch die o. S. 29 A. 70 (unter b) erwähnten Ausführungen *Bernhards von Clairvaux*.

[137] *Petrus Manducator* (ed. R.-M. Martin, Notes..., 1931, 61): Propter haec tria genera hominum Magister... hoc breve opus de multis collegit, ut auctoritatibus patrum blasphemos confutaret, doctores refugientes operis brevitate revocaret, pigros operis levitate et facilitate ex[c]itaret. Ebenso *Ps.-Petrus von Poitiers* (a. a. O. 63 f.). Zu einem Viererschema erweitert in der 4. Glosse des *cod. Neapel B. Naz. VII C 14* (ed. A. M. Landgraf, Recherches..., 1931, 356): ut haereticos confutaret, ut voluntarios in proposito confirmaret et perterritos operis brevitate revocaret, pigros et desides facilitate incitaret.

[138] Legenda est igitur omnibus divina scriptura, [1.] rudibus, ut instruantur; [2.] provectis, ut exerceantur; [3.] errantibus in via, ut reficiantur. (F. Stegmüller, Sententiae Varsavienses, 1942, 317.)

[139] Didasc. 5,10 (PL 176, 798 C): ut... parati sint omni poscenti reddere rationem de ea fide, in qua positi sunt, ut videlicet [1.] inimicos veritatis for-

Wilhelm von Auxerre formuliert dann in der Einleitung seiner Summa aurea im Anschluß an die frühen Sentenzenglossen ein Schema, das — mit Änderungen der Formulierung, aber ohne sachliche Abweichung — in die theologische Wissenschaftstheorie übernommen wird: Die Vernunft hat die dreifache Aufgabe,

1. den Glauben der Gläubigen zu mehren und zu stärken;
2. den Glauben gegen seine Gegner zu verteidigen;
3. die Einfältigen oder Glaubensschwachen in ihrem Glauben zu fördern[140].

Gelegentlich wird das Schema auf zwei Glieder (negative und positive Funktion der Vernunft) vereinfacht[141] oder auch durch weitere Unterteilung der Menschenarten auf vier Glieder erweitert[142].

Ganz vereinzelt wendet *Thomas* das Dreierschema auf den Gebrauch der Philosophie in der Theologie an. Er bestimmt ihre Funktion nicht im Hinblick auf die Menschen, sondern auf die Gegenstände, um die es geht:

---

titer destruant; [2.] minus eruditos doceant; [3.] ipsi perfectius viam veritatis agnoscant et altius dei secreta intelligentes arctius ament.

[140] *Wilhelm von Auxerre* Summa aurea Prol. (f.2^{r}a): Triplici ratione ostenditur fides:
[1.] quia rationes naturales in fidelibus augmentant fidem et confirmant...;
[2.] defensio fidei contra haereticos;
[3.] promotio simplicium ad veram fidem.
In der theol. Einleitungslehre u. a. bei *Odo* Sent. q. 2 a. 1 crp. (B f.2^{v}a; Tr f.1^{v}a): [1.] ad augmentationem fidei; [2.] ut melius sciamus et possimus [possumus: B] confundere haereticos; [3.] ut melius, quae credimus, intelligamus. — *Kilwardby* q. 2 a. 1 c. 2 crp. (ed. Stegm. 29,26—29; in Anschluß an das Zitat o. A. 74): propter aliorum infirmitatem, videlicet, ut affectus infirmorum iuvetur et roboretur fidelium et informetur affectus perversorum saltem mediante aspectus illuminatione.
Bonaventura q. 2 crp.:
[1.] ad confundendum adversarios;
[2.] ad fovendum infirmos;
[3.] ad delectandum perfectos.
Zur Geschichte des Schemas vgl. auch *A. Lang*, Die Entfaltung des apologetischen Problems..., 1962, 53—55; ders., Prinzipienlehre, 1964, 139—41.

[141] Vgl. *Kilwardby* q. 1 a. 2 c. 4 (ed. Stegm. 25,6 f.): Systematische Gliederung der Theologenschriften propter utilitatem ecclesiae et haereticorum confutationem; *Thomas* Sent. a. 5 ad 4: argumenta tolluntur ad probationem articulorum fidei; sed ad defensionem fidei et inventionem veritatis in quaestionibus ex principiis fidei oportet argumentis uti; *Albert* Sent. a. 5 crp.: exhortari in doctrina sana et contradicentes revincere.

[142] *Kilwardby* (der also ein zwei-, drei- und viergliedriges Schema bietet) q. 1 a. 4 crp. (ed. Stegm. 27,12—16): tales rationes et disputationes utiles sunt ecclesiae, tum propter fideles, et hoc ad augendam eorum fidem et ad creditorum intelligentiam, tum propter infideles sive pertinaces revincendos sive non pertinaces ad fidem trahendos.

1. zum Beweis der natürlichen Voraussetzungen des Glaubens;
2. zur gleichnishaften Beschreibung des Geglaubten;
3. zur Abwehr falscher oder unnötiger Aussagen[143].

7.25 Hermeneutisch-literarische Probleme

Innerhalb der theologischen Einleitungslehre finden wir auch häufig selbständige Erörterungen über den Stil der hl. Schrift und über Fragen des Schriftverständnisses[144]. Aber auch bei verschiedenen Autoren, die keine solchen thematischen Fragen stellen[145], sind Erwägungen über den biblischen Stil in die Diskussion über Wissenschaftlichkeit und Methode der Theologie eingedrungen. Die Einbeziehung dieser Probleme in die theologische Wissenschaftstheorie hat ihren sachlichen Grund in der Tatsache, daß alle theologische Arbeit in enger Beziehung zur hl. Schrift steht. Freilich ist diese Beziehung nicht, wie der Theologiebegriff und viele Äußerungen unserer Autoren vorauszusetzen scheinen, die einer Identität oder eines Teiles zum Ganzen. Die rechte Erfassung des Verhältnisses von Theologie und hl. Schrift ist eine der wichtigsten Aufgaben wissenschaftstheoretischer Reflexion, die sich über die ganze theologische Einleitungslehre hinzieht.

Die Fragen nach dem Stil der hl. Schrift und nach den Schriftsinnen (Einer oder mehrere? Wieviele? Beruht der Literalsinn auf Wahrheit?) tragen zur Klärung dieser Aufgabe nichts bei, da sie sich weitgehend in technischen Darlegungen erschöpfen. Wir können sie daher hier übergehen und werfen nur noch einen Blick auf die Begründung des eigentümlich biblischen Stils. Bereits *Alexander* zieht ja die Wissenschaftlichkeit der Theologie durch einen Hinweis auf den dunklen bzw. dichterischen und damit unwissenschaftlichen Stil der hl. Schrift in Frage[146]. Alexander löst das Problem, indem er in dem biblischen Stil eine kunstvolle (d. h. wissenschaftliche) Planung Gottes am Werke sieht[147]. So wird auch von den übrigen Autoren der biblische Stil nicht etwa durch grundsätzliche

---

[143] Trin. q. 2 a. 3 crp. 3 (ed. Decker 94 f.): Sic ergo in sacra doctrina philosophia possumus tripliciter uti:
[1.] ad demonstrandum ea, quae sunt praeambula fidei;
[2.] ad notificandum per aliquas similitudines ea, quae sunt fidei;
[3.] ad resistendum his, quae contra fidem dicuntur sive ostendendo ea esse falsa sive ostendendo ea non esse necessaria.

[144] Mehrfach wird auch die Frage nach dem Verhältnis von Altem und Neuem Testament gestellt: *Odo* QQ. q. 9 (ed. Pergamo 40); *Wilhelm von Melitona* q. 7 (a. a. O. 324 f.); q. 14 (a. a. O. 333); *V¹* q. 12 (a. a. O. 359 f.); *Heinrich* a. 8 q. 5.

[145] Sie fehlen ganz bei *Roland*; *Anonymus Vat. lat 782, f. 123 f.; Anonymus Vat. lat. 2186; Odo Sent.;* den *drei Oxforder Theologen; Bonaventura; Thomas Sent.; Petrus; Walter; Romanus; Aegidius.*

[146] Vgl. o. A. 33—34.   [147] Vgl. o. A. 35.

Unterscheidung von wissenschaftlicher Methode und literarischer Darstellung oder wissenschaftlicher und religiöser Darstellung o. ä. erklärt, sondern aus einer Reihe ganz verschiedenartiger, immer jedoch unter einem sinnreichen Plan stehender Konvenienzgründe.

7.3 DAS ZIEL DER THEOLOGISCHEN ARBEIT

7.31 Problemstellungen

Die Frage nach dem Ziel der Theologie begegnet uns neben der nach ihrem Gegenstand bereits in der frühesten Quelle, einer Quaestion des *cod. Douai 434* vom Beginn der dreißiger Jahre des 13. Jh.[148]. Sie hat Vorbilder in der ganzen Einleitungsliteratur älterer und jüngerer Zeit[149].

Unter dem Oberbegriff des finis oder der causa finalis werden ganz verschiedene Themen erörtert:

1. das Ziel im engeren Sinne[150];
2. Nutzen und Notwendigkeit[151];
3. die Frage, ob die Theologie spekulativ oder praktisch ist[152];
4. die Rangordnung der Wissenschaften[153];
5. der Wissenschaftscharakter der Theologie[154].

Andererseits ist das wichtigste der soeben genannten Themen, die Frage, ob die Theologie spekulativ oder praktisch ist, häufiger in andere Zusammenhänge eingeordnet, wie

1. in die Erörterung des Wissenschaftscharakters[155];
2. unter die causa materialis[156];

oder aber ganz isoliert gestellt[157].

---

[148] In der großen q. 18 De fine theologiae secundum magistrum Willermum (*cod. Douai 434*, f.15ʳa—16ʳa), deren Verfasser nicht genauer bestimmbar ist.

[149] In den älteren Schemata Fragen nach finis, opus, officium, intentio, utilitas (vgl. *R. W. Hunt*, The introductions..., 1948, z. B. 95 f., 97, 111); in jüngeren literarischen Einleitungen nach der causa finalis. Die philosophische Einleitung behandelt das Thema seltener; sie fragt v. a., ob die Philosophie (bzw. philosophische Disziplin) spekulativ oder praktisch ist.

[150] So von *Odo* Sent. q. 3; *Wilhelm de la Mare* q. 5, der einen finis esse (= finis i. e. S.) vom finis fieri (= Abgeschlossenheit, Vollendung) unterscheidet.

[151] *Fishacre; Kilwardby; Peckham.*   [152] *Bonaventura; Walter; Romanus.*

[153] *Fishacre; Albert* Sent.   [154] *Walter.*

[155] *Alexander* c. 1 (nicht thematisch); *Thomas* Sent. a. 3; *Hannibaldus* a. 3; *Peckham* q. 2 a. 2.

[156] *Fishacre* Nr. 20 (nicht thematisch); *Albert* S. th. q. 3 m. 3.

[157] *Odo* Sent.; *Albert* Sent.; *Wilhelm von Melitona*; *V¹*; *Petrus*; *Thomas* S. th.; *Wilhelm de la Mare.*

Der Zielbegriff enthält eine Fülle von Einzelproblemen, zu deren Lösung unsere Autoren mehrere grundsätzliche Begriffsklärungen und Differenzierungen vortragen:

1. Das Ziel ist der Abschluß einer in der Zeit verlaufenden Handlungsreihe. Da nun diese Reihe entweder bis zu ihrem Ende ablaufen oder vorher an beliebiger Stelle unterbrochen werden kann, unterscheiden unsere Texte zwischen dem einen *Endziel* und unterschiedlichen *Nah- und Fernzielen*. Zwischen den einzelnen Zielen besteht z. T. ein hierarchisches Verhältnis[158].

2. Der Ort dieser Ziele innerhalb oder außerhalb des menschlichen Lebens wird genauer bestimmt. Das Endziel kann erst im Leben nach dem Tode, nach der Rückkehr in die himmlische Heimat, erreicht werden. In diesem Leben ist nur eine vorläufige Erfüllung möglich[159]. Diese Unterscheidung geht auf die uralte, von Platon erstmals philosophisch durchreflektierte Anschauung zurück, nach der unsere Seele durch die Geburt in die materielle Welt hineingebunden und dadurch in ihrem Erkenntnisvermögen stark beschränkt wird. Tiefere und endlich vollkommene Erkenntnis wird erst dann möglich, wenn die Seele im Tode ihre Loslösung vom Irdischen vollendet und an ihren himmlischen Ursprungsort zurückkehrt[160].

Die theologische Wissenschaftstheorie übernimmt das Schema einer *unvollkommenen irdischen* und einer *vollkommenen jenseitigen* Erreichung des Ziels aus der Lehre von der Gotteserkenntnis und überträgt es auf die Theologie im allgemeinen[161]. Vollkommene Gotteserkenntnis und eine ihr

---

[158] Z. B. *cod. Douai 434*, q. de fine:

finis $\left[\begin{array}{l}\text{propinquus}\\\text{remotus}\end{array}\right.$ (Nr. 4, f.15^{r}b47; 13, f.15^{v}a44; u. ö.)

finis $\left[\begin{array}{l}\text{proprius}\\\text{ulterior}\end{array}\right.$ (Nr. 4, f.15^{r}b50 f.)

[159] Z. B. *cod. Douai 434*, q. de fine:

finis $\left[\begin{array}{l}\text{viae, in via}\\\text{patriae, in patria}\end{array}\right.$ (Nr. 18, f.15^{v}b7 f.)

[160] Ich kann hier den Weg dieser Anschauung von ihren Anfängen bis ins 13. Jh. nicht näher darstellen. Für Platon verweise ich v. a. auf Phaidon, Politeia, Phaidros; auf die Lehren von der Wiedererinnerung und Wiedergeburt, vom Aufstieg zum Ideenreich und vom Leben des Philosophen. Diese Anschauungen werden der christlichen Theologie durch mittleren Platonismus, Neuplatonismus und Gnosis vermittelt. Sie verbinden sich mit den alten religiösen Vorstellungen vom Sündenfall bzw. Abfall des Menschen oder der Seele von der göttlichen Sphäre. Unsere Autoren können auch auf Schriftstellen zurückgreifen. V. a. zitieren sie 1. Kor. 13,12: Videmus nunc per speculum in aenigmate, tunc autem facie ad faciem ...

[161] Vgl. z. B. *Odo* Sent. q. 1 arg. 4 (B f.2^{r}a; Tr 1^{r}b): opes divinae cognitionis haberi non possunt in via; immo illud erit praemium in patria; aufgenommen ad 4 (B f.2^{r}b; Tr f.1^{v}a); *Wilhelm von Melitona* q. 6 crp. (ed. Per-

entsprechende Theologie haben nur Gott selbst und die Seligen, die bereits aus dem irdischen Leben in die Heimat zurückgekehrt sind[162].

3. Jede Tätigkeit hat ein doppeltes Ziel: einen *Ziel-Zustand* und einen *Ziel-Gegenstand*[163].

Sie strebt einerseits zu einem zu erreichenden vollkommenen Zustand hin (etwa der vollkommenen Erkenntnis, Fertigkeit o. ä.), andererseits zu einem Gegenstand, der vom — als passiv gedachten — Erkennen erfaßt oder vom — als aktiv verstandenen — Erkennen oder Herstellen erzeugt werden muß. Unsere Autoren nennen den Ziel-Gegenstand das äußere, den Ziel-Zustand das innere Ziel einer Tätigkeit[164]. Freilich ist ihnen der Unterschied nicht immer klar vor Augen, so daß wir gelegentlich auf terminologische Unstimmigkeiten stoßen.

Die Frage nach dem Ziel ragt unter diesen beiden Gesichtspunkten tief in zwei andere Komplexe hinein:

a) in die Bestimmung des Gegenstandes, bei der vielfach ausdrücklich danach gefragt wird, ob der Gegenstand der Theologie zugleich ihr Ziel sein kann[165];

b) in die Bestimmung des von der Theologie erzeugten habitus[166].

Das Ziel der Theologie kann aber auch außerhalb der Theologie, d. h. außerhalb der Arbeit des Theologen, liegen: es kann ein Nutzen für andere sein[167].

---

gamo 324); bei der Einteilung des Glaubensverständnisses q. 2 Nr. IV ad 2 (ed. Pergamo 343): primum incomplete in via, secundum complete in patria; *Fishacre* Nr. 25 (O¹ f.4ʳb); *Albert* Sent. a. 4 arg. 2: perfectio huius scientiae est contemplatio dei in patria; ergo scientia, quae est in via, licet imperfectius, est ad idem; *Thomas* Sent. a. 1 crp.; usw.

[162] Vgl. die Annahme einer scientia dei et beatorum in *Thomas'* Subalternationstheorie (o. S. 147 A. 87).

[163] Diese Unterscheidung trifft schon *Aristoteles* EN A 1, 1094a3—5 (Übers. nach Thomas Expos., l. 1 lect. 1):

$$\text{fines} \left[\begin{array}{l} \text{operationes} \\ \text{opera} \end{array} \right.$$

Sie wird aufgenommen von *Heinrich* a. 19 q. 1 ad 2 H. Vgl. *Thomas* S. th. 1—2 q. 13 a. 4 crp.: Finis autem vel est actio vel res aliqua.

[164] Z. B. cod. Douai 434, q. de fine, Nr. 19 (f.15ʳb10): est finis intra et extra; V¹ q. 4 crp. (ed. Pergamo 352): finis ... extra est deus sive Christus ad salutem omni credenti; der finis intra ist die caritas, die an der Spitze einer Folge von Zielen steht: est ergo timor finis locutionis et est principium observationis mandatorum, cuius observationis caritas est finis.

[165] Vgl. o. 4.44.   [166] Vgl. u. 7.6.

[167] Einige Äußerungen werden sogleich u. 7.32 angeführt. Unter die Bestimmung des Nutzens der Theologie können wir auch die Beschreibung der Aufgaben des Vernunftgebrauchs in der Theologie rechnen, denn eines ihrer wesentlichen Momente ist die Rationalität ihres Vorgehens. Vgl. o. 7.24, bes. *Kilwardbys* Formulierungen A. 141 f. *Wilhelm de la Mare* erklärt die causa finalis der Sentenzen durch das Dreierschema (Prol., F¹ f.1ʳb):

Unsere Autoren argumentieren mit dem Zielbegriff und seinen Differenzierungen unter den verschiedensten Gesichtspunkten, so daß es unmöglich ist, alle Äußerungen im einzelnen vorzuführen. Ich fasse daher zunächst einige wichtige Beispiele für die Zielbestimmung zusammen und gehe dann zur Verifikationsfrage über, unter der die Problematik des Zieles verengt weitergeführt wird.

7.32 Zielbestimmungen

Bereits die quaestio de fine des *cod. Douai 434* stellt eine Fülle von Zielbestimmungen zusammen, die auch z. T. in ein Verhältnis zueinander gesetzt werden.

Als Ziel-Gegenstand nennt sie Gott[168].

Weit mehr Aufmerksamkeit widmet sie aber den durch die Theologie geschaffenen Seelenzuständen (Affekten oder Tugenden). Sie nennt als solche Gottesfurcht und -liebe[169], Wahrheit und Gerechtigkeit[170], die auch in eine Rangordnung gesetzt werden:

Nahziel: Erkennen;

Fernziel: Leben gemäß der Erkenntnis[171].

Immer wieder betont der Verfasser, daß der Glaube zum Werk führt, im Werk endet und vollendet wird[172]. Dieses Ziel wird auch näher als Gerechtigkeit[173] oder Rechtfertigung[174] bezeichnet. Freilich bezieht es sich nur auf dieses Leben; die Theologie aber weist darüber hinaus, so daß wir ein doppeltes Ziel annehmen können:

in diesem Leben: Rechtfertigung;

im Jenseits: Seligkeit[175].

[1.] confunduntur adversarii;

[2.] roborantur infirmi in fide;

[3.] delectantur in fide robusti.

[168] V. a. Nr. 13 (f.15ʳa40—46): deus finis remotus est aliarum scientiarum, sed propinquus finis theologiae (45 f.).

[169] Nr. 2 (f.15ʳb30—33): timor et amor duo sunt fines, et est timor finis a quo..., amor finis ad quem; vgl. Nr. 17 (f.15ʳb1).

[170] Nr. 3 (f.15ʳb35—43): ergo idem est iustitia et veritas, sed veritas respicit sermonem, iustitia opus, et sic non sunt diversi fines in essentia, sed unus et idem (41—43).

[171] Nr. 4 (f.15ʳb43—52): proprius finis theologiae est cognoscere, ulterior autem finis est vivere secundum cognitum (50 f.).

[172] Nr. 5 (f.15ʳb52—ᵛa3): ergo theologia incohatur in fide et cognitione et perficitur in operatione vel in operativa; Nr. 6—7 (f.15ᵛa3—13); 9—10 (f.15ᵛa 18—26); 15—16 (f.15ᵛa48—ᵛb1).

[173] Iustitia Nr. 11 (f.15ᵛa30).

[174] Iustificatio Nr. 18 (f.15ᵛb8); 22 (f.15ᵛb31).

[175] Nr. 18 (f.15ᵛb8f.): in via finis essentialis et propinquus et proprius iustificatio, in patria beatitudo. Et eadem beatitudo est finis remotus perfectionis viae.

Endlich wird das Ziel der Theologie auch als eine Aufgabe für den Theologen beschrieben: er soll zuerst sich selbst, sodann andere Menschen erbauen[176].

Die im cod. Douai genannten Ziele finden wir zum größten Teil in *Odos* Sentenzenkommentar wieder, der sie in einem sorgfältig gegliederten Schema zueinander in Beziehung bringt. Das letzte Ziel der Theologie ist Gott, die Zwischenziele sind in der Ewigkeit die Seligkeit, in diesem Leben die Gottesfurcht der Anfänger, die über die Gerechtigkeit und ihre Werke bei den Fortgeschrittenen zur Liebe der Vollkommenen führt[177].

Unter den Quaestionenreihen der frühen Franziskaner enthält erstmals die des *Anonymus V¹* eine selbständige Frage nach dem Ziel, deren Lösung inhaltlich der Odos nahesteht, jedoch anders aufgebaut ist. Darin werden als Ziel-Gegenstand Gott oder Christus, als Ziel-Zustand die Stufenfolge von Gottesfurcht — Befolgung der Gebote — Liebe aufgeführt[178].

Wilhelm von Melitona unterscheidet in seiner von keinem Zeitgenossen, sondern von Zacharias Chrysopolitanus (einem Prämonstratenser des 12. Jh.[179]) abhängigen Frage nach dem finis zwischen einem jenseitigen: der Schau Gottes oder dem ewigen Leben, und einem irdischen: dem durch die Liebe wirkenden Glauben[180]. Wilhelm behandelt übrigens in einer selbständigen quaestio auch das Ziel von Neuem und Altem Testament[181].

Eine ganze Stufenfolge von Zielen stellt *Kilwardby* auf[182]:

1. Unterhalb des eigentlichen Zieles stehen gewisse Teilziele, wie die Erkenntnis der Güte Gottes durch sein Erlösungswerk, die Berufung der Heiden u. ä.[183]

---

[176] Nr. 8 (f.15ᵛa17f.): ergo aedificare primo in se, post in aliis, finis est doctrinae theologicae; Nr. 29 (f.16ʳa3f.): aedificare in se et aliis est proprius actus theologiae, et ad hoc intendere debet doctor.

[177] Q. 3 ad 1–4 (B f.2ᵛb; Tr f.1ᵛb; ed. Amorós 277): proprie est unicus finis ultimus, scil. deus, sed sunt fines sive termini intermedii plures, sine quibus non est devenire ad illum. Horum unus est in patria, scil. beatitudo creata ..., alii autem sunt in via, et hoc quoad statum incipientium, et sic timor est finis; vel [aut: Tr] quoad statum proficientium, et sic ipsa [—Tr] iustitia vel opera iustitiae sunt finis; vel quoad statum perfectorum, et sic caritas est finis.

[178] Q. 4 crp. (ed. Pergamo 352): Est ergo timor finis locutionis et est principium observationis mandatorum, cuius observationis caritas est finis ... [caritas] est tamen sicut finis intra; finis enim extra est deus sive Christus ad salutem omni credenti.

[179] Vgl. Pergamo 319.

[180] Q. 6 crp. (ed. Pergamo 324): [finis] patriae: visio dei sive vita aeterna; finis viae est exercitium sacramentorum in fide Christi et dilectione sive in fide operante per dilectionem.

[181] Q. 7 (ed. Pergamo 324 f.).

[182] Q. 4 (ed. Stegm. 34–39); vgl. darin bes. 35,26—36,3; 37,20—38,4; 39,2—10.

[183] A. a. O. 37,30—38,2: alii [fines] particulares: notitia bonitatis dei per opera recreationis, vocatio gentium et huiusmodi.

2. Das eigentliche Ziel der Theologie besteht in einer dreigestuften Hinführung des Menschen zum Heil[184]:

a) seiner Unterweisung[185];

b) seiner Gerechtmachung durch Entzündung von Gottesliebe, Welthaß und Gehorsam gegen Gott[186];

c) seiner Verherrlichung durch Schau und Genuß Gottes, durch Vereinigung des rationalen Teiles im Menschen mit Gott[187].

3. Das allerletzte Ziel ist die Vollendung des Alls durch Vereinigung der vernünftigen Schöpfung mit Gott[188].

Weitere Beispiele für eine abgestufte Ordnung von Zielen: *Petrus von Tarantasia* beschreibt einen vierfachen Nutzen der Sentenzen und der ganzen Theologie in Anlehnung an 2. Tim. 3, 16:

1. Sie vermitteln die Kenntnis der Glaubensinhalte;

2. sie führen zur Einsicht in das Geglaubte;

3. sie machen zur Verteidigung des Glaubens und des Glaubensverständnisses fähig;

4. sie verhelfen endlich zur Verifikation des Geglaubten und Verstandenen[189].

Auch *Albert* gliedert in seiner Summa das Ziel im Subjekt in drei Stufen:

---

[184] A. a. O. 37,25—30: hominis instructio, iustificatio et beatificatio... et omnino hominis consummatio in gloria.

[185] A. a. O. 35,19—27: necessaria fuit homini scientia ipsum in his omnibus instruens et informans... sic igitur utilis et necessaria est sacra scriptura ad instruendum hominem super salute sua.

[186] A. a. O. 35,28—30: quia cognitio ordinatur ad opus, ideo ulteriorem habet utilitatem, scil. ut in homine accendatur amor dei et odium mundi et divina oboedientia.

[187] A. a. O. 35,32—36,2: habet adhuc ulteriorem utilitatem, dei aeternam visionem et fruitionem; 37,26—30; 38,17: hominis glorificatio; 39,2—4: Finis autem actionis erit coniunctio hominis electi cum deo in angelica societate per gratiam et gloriam. Diese Vereinigung ist zugleich die Sache der Theologie (vgl. o. S. 102 A. 101).

[188] A. a. O. 38,3 f.: Ulterior autem adhuc finis et omnino ultimus videtur esse universi consummatio.

[189] Prol. (S. 2): quadruplex finis sive utilitas huius operis, immo totius theologicae facultatis:

[1.] ut caelestia noverimus per fidei auctoritatem (= docere);

[2.] ut credita intelligamus per rationem (= arguere);

[3.] ut credita et intellecta principia fidei contra fidei adversarios defendamus per rationem probabilem (= corripere);

[4.] ultimus finis: ut circa eadem caelestia credita et intellecta afficiamur per mentis devotionem (= erudire in iustitia).

1. Kenntnis;
2. Erfüllung des Glücks in der Kontemplation;
3. ewige Seligkeit in der ersten Wahrheit[190].

Diese Gliederungen der Ziele stellen zugleich Grundschemata für den Vollzug theologischer Arbeit dar[191]. Bei aller Verschiedenheit im einzelnen gehen sie allgemein aus von intellektueller Aneignung des Heilswissens (wozu auch der Glaubensvorgang gerechnet werden kann) und führen über dessen Verifikation zur Vollendung in der Seligkeit. Unsere Autoren unterscheiden offenkundig nicht zwischen theologischer Wissenschaft und christlicher Religion. Die theologische Arbeit geht nicht nur von religiösen Voraussetzungen aus, sondern hat auch unmittelbar religiöse Ziele[192].

Aus der Erörterung des Zieles greife ich noch zwei Einzelheiten heraus. Einige Autoren äußern sich auch über das *Ziel der Sentenzen*. So redet *Petrus* in der oben[193] angeführten Stelle seines Prologs vom Ziel der Sentenzen, das mit dem Ziel der gesamten Theologie identisch ist. *Wilhelm de la Mare* sagt ganz beiläufig, das Ziel der Sentenzen stimme mit dem der sacra scriptura (womit nach dem Kontext wohl die hl. Schrift gemeint ist) überein[194].

Dagegen urteilt *Kilwardby* differenzierter. Die Sentenzen haben zwar dasselbe allgemeine Ziel wie die ganze Theologie; sie verfolgen daneben aber auch noch ein doppeltes besonderes Ziel, und zwar

1. den Nutzen für die Studenten, denen sie eine handliche Zusammenstellung der Vätersentenzen bieten;
2. den Nutzen für die Kirche in ihrer positiven und negativen Funktion: zur Stärkung der Wahrheit und Überwindung des Irrtums[195].

Wilhelm de la Mare gliedert seine Frage nach der causa finalis einem

---

[190] Q. 6 ad co.: Finis autem in sciente potius finis est studii quam scientiae. Et ille triplex est...:
[1.] ut habeatur notitia theologicorum;
[2.] ut ex hoc quis perfectus sit ad actus felicitatis contemplativae;
[3.] ut ex hoc per habitum beatitudinis creatae beatitudinem increatam in prima veritate consequatur.
[191] Auch unter diesem Gesichtspunkt ist die Darstellung der Zielbestimmungen im vorstehenden Kapitel gerechtfertigt.
[192] Vgl. dazu das o. 6.1 Ausgeführte.
[193] A. 189.
[194] Q. 2 crp. (F¹ f.3ʳb): doctrina libri sententiarum convenit cum sacra scriptura in fine, sicut expositoria ipsius.
[195] Q. 4 (ed. Stegm. 38,19–30): doctrinae libri sententiarum est unus finis communis totius sacrae scripturae... Alius est finis sibi specialis. Et hic duplex, scil. utilitas studiosorum scholasticorum primo et immediate, sed non principaliter, scil. ut haberent sententias patrum in quodam facili et evidenti compendio. Item utilitas totius ecclesiae secundo et mediate, sed non principaliter, ut scil. exaltetur veritas catholica et convincatur error. Vgl. auch o. A. 141.

doppelten Verständnis des finis-Begriffes entsprechend in zwei Teile. Er fragt einmal nach dem finis esse, dem Ziel theologischer Arbeit in dem bisher gemeinten Sinne, das wieder in ein inneres und äußeres Ziel aufgegliedert ist, zum andern nach dem finis fieri, worunter er die Abgeschlossenheit oder Vollkommenheit versteht[196]. Unter diesem Gesichtspunkt untersucht er dann das auch von *Walter* formulierte Problem, ob die Theologie (in Gestalt der hl. Schrift) in sich abgeschlossen ist oder ob Hinzufügungen (insbesondere von Elementen anderer Wissenschaften) zu ihren Aussagen erlaubt sind[197]. In der materialen Bestimmung des Zieles i. e. S. geht Wilhelm von seiner Auffassung der Theologie als Gesetz aus, weicht aber im Ergebnis nicht von dem ab, was wir bisher kennengelernt haben[198].

7.4 Das Verifikationsproblem[199]

7.41 Problemstellungen

Eine wichtige Stellung innerhalb der theologischen Einleitungslehre hat die Frage inne: utrum theologia sit speculativa (theoretica, theorica) an practica. Sie wird häufig thematisch gestellt, ragt aber auch als nicht thematisiertes Problem tief in die Erörterung über Wissenschaftscharakter, Gewißheit und Verhältnis der Theologie zu anderen Wissenschaften hinein. Zudem setzt sie die Bestimmung des Ziel-Zustandes fort.

Die Behandlung dieser Frage beruht auf mehreren Voraussetzungen:

1. Daß die Theologie als Wissenschaft auf Erkenntnis ausgeht, ist selbstverständlich. Die Frage stellt also nicht eine Alternative zwischen Erkennen und Handeln o. ä. auf[200], sondern zielt darauf, ob sich die Theolo-

---

[196] Q. 5 (F¹ f.6ᵛa): quaeritur de causa finali sacrae scripturae, quae duplex est secundum quod duplex est finis, scil. finis sui esse et finis sui fieri. Finis sui esse est illud, propter quod facta est scriptura. Finis fieri scripturae est conveniens terminatio sive clausio eius in suis partibus...; q. 5 a. 2 (F¹ f.7ʳa): quaeritur de fine fieri ipsius scripturae, qui est clausio eius in suis partibus, sicut in clausione partium domus terminatur fieri ipsius domus.

[197] *Walter* tr. 2 q. 1. Vgl. o. A. 102.

[198] Q. 5 a. 1 crp. (F¹ f.7ʳa); neben anderen Formulierungen z. B. Christus est finis legis sicut dominus, propter quem data et servanda est lex, caritas sicut perfectio propinqua acquirenda per legem, vita aeterna sicut perfectio ultima acquirenda per legem.

[199] Dazu E. *Krebs*, Theologie und Wissenschaft..., 1912, 85*—93* (Materialsammlung); 60—69 (Darstellung); M. *Grabmann*, De quaestione: „Utrum theologia sit scientia speculativa an practica"..., 1932 (kleine Zitatesammlung); L. *Amorós*, La teología como ciencia práctica en la escuela franciscana..., 1934 (mit Edition von 8 qq.); J. *Friederichs*, Die Theologie als spekulative und praktische Wissenschaft..., 1940, v. a. 43—62.

[200] Eine solche Alternative stellt nur der *Anonymus Vat. lat. 782*, F. 123 f.,

gie *nur* als Erkennen vollzieht und darin vollendet oder ob sie darüber hinaus noch andere Seelenkräfte anspricht.

2. Man kann die Frage als ein Problem der Wissenschaftssystematik auffassen, das einerseits durch Einordnung der Theologie in eine allgemeine Wissenschaftseinteilung[201], andererseits durch Unterteilung der Theologie selbst[202] gelöst wird. Für die Einordnung in den Kreis der Wissenschaften hat die Tradition bereits ein allgemein bekanntes Schema bereitgestellt: In der durch Boethius überlieferten aristotelischen Wissenschaftseinteilung wird die theologia neben Mathematik und Physik unter die spekulativen Wissenschaften gerechnet[203].

3. Eine Parallele zur aristotelischen Einteilung in spekulative und praktische Wissenschaften liegt in der Unterscheidung von contemplatio und actio vor, die vor allem im Mönchtum ihren Sitz hat[204].

4. Für die innere Gliederung der Theologie bieten sich aus dem 12. Jh. ebenfalls verschiedene Schemata an, v. a. die als Einteilung der theologischen Gegenstände in Glaube und Sitten formulierte Gliederung in Dogmatik und Ethik[205].

Der Kern dieser gesamten Problematik ist ein Moment aus dem Vollzug theologischer Arbeit: das *Verifikationsproblem*. Ich verwende den wohl erst im 12. Jh. entstandenen[206], vielleicht in Anlehnung an ältere Wortbildun-

---

auf: q. 5 (f.124ʳa) in einer auf das Subjekt gerichteten Fragestellung. Crp. (a. a. O.): Dupliciter cognoscuntur divina, virtute scil. et scientia. Qui autem habet caritatem, cognoscit eam virtute, quia de necessitate [-ti: cod.] habet fidem et etiam experientiam maiorem. Sed non cognoscit eam per scientiam, nisi eruditus sit in scientia.

[201] So wird sie von dem von mir nicht berücksichtigten *Bombolognus von Bologna* aufgefaßt, der als einziger unter den Autoren unseres Zeitraums die alte Frage der Einleitungsliteratur aufgreift: cui parti philosophiae supponatur. (Vgl. M. Grabmann, Die theol. Erkenntnis- und Einleitungslehre..., 1948, 246.)

[202] So von dem *Anonymus Vat. lat. 2186*, der das Problem unter den Fragen nach den partes der Theologie (Nr. 5) und ihrem Verhältnis zueinander (Nr. 6) behandelt; oder von *Fishacre*, der es unter das Thema der divisio ... huius scientiae stellt (Nr. 25).

[203] Vgl. o. 2.22.

[204] Zur contemplatio usw. im Mönchtum vgl. *J. Leclercq*, Wissenschaft und Gottverlangen, 1963 (frz. 1957); ders., Études sur le vocabulaire monastique... 1961; ders., Otia monastica, 1963. Zur Gleichsetzung von contemplatio und speculatio vgl. auch *M.-D. Chenu*, La théologie au XIIᵉ siècle, ²1966, bes. 306 f.

[205] Vgl. o. S. 114 f.

[206] Den Schöpfer des Wortes kann ich nicht angeben. Auf keinen Fall scheint es *Boethius* zu sein. Die Ausgabe einer Übersetzung der aristotelischen Topik unter seinem Namen bei Migne, PL 64, 909–1008, in der ἀληθεύεσθαι mehrfach mit verificari wiedergegeben ist (vgl. 951 B–C mit Top. Δ 5, 127a9–17; 959 Cff.

196

gen²⁰⁷ in der Übersetzerschule von Toledo geschaffenen²⁰⁸ und im 13. Jh. als Verb wie als Substantiv schon völlig geläufigen²⁰⁹ Begriff der Verifikation, um Ausweis und Bewährung von Wahrheit zu bezeichnen. In jedem Erkenntnisvollzug und damit in jeder Wissenschaft geht es um die Wahrheit von Aussagen. Unter Verifikation verstehe ich die Art und Weise, in der eine Aussage sich als wahr erweist, sich bewährt und dadurch gewiß wird. Das Verifikationsproblem steht in engem Zusammenhang mit der Gewißheitsfrage²¹⁰.

---

mit Top. E 4, 132a31ff.), enthält einen von *Faber Stapulensis* bearbeiteten und stark veränderten Text nach den Ausgaben Basel 1547 und 1570 (erstmals Paris 1503) (L. Minio-Paluello in Aristoteles Latinus V [1969] XXIV). *Boethius* selbst übersetzt nach der auf den Hss. beruhenden Ausgabe des Aristoteles Latinus V ἀληθεύεσθαι durchweg mit verum esse (vgl. z. B. 66,1; 81,19—25; 87,11—13; 93,15).

²⁰⁷ Zahlreiche, v. a. im Zusammenhang mit der Übersetzung des *Ps.-Dionys* (z. T. schon im 9. Jh. von *Hilduin*) neu gebildete Verben auf -ficare stellt *A. Pattin*, Notes ..., 1963, 206*—209*, zusammen.

²⁰⁸ Auffallend häufig begegnen Verb und Substantiv in Übersetzungen aus dem Arabischen. So z. B. in *Gerhards von Cremona* Übersetzung von *Alfarabis* De scientiis (ed. A. Gonzalez Palencia ²1953); vgl. etwa: Et illa quidem erit dispositio nostra in eo, cuius verificationem quaerimus apud alios, nam nos non verificamus sententiam apud alios nisi cum rebus et viis similibus illis, quibus verificamus eam apud nos (130). Verificare kann geradezu zum Beweisen im Gegensatz zur Widerlegung werden: ad verificandam sententiam suam et destruendam sententiam adversarii sui (131). Vgl. weiter *Avicenna* Met. tr. 1 c. 1 (f.70ᵃ B): [Metaphysica] facit acquirere verificationem principiorum ceterarum scientiarum; *Averroes* Epit. in Met. (in: Aristoteles Opera 8, f.357ʳ C): non est scientiae particularis verificare sua principia ..., sed hoc est artis universalis. In dem durch Avicenna und Averroes angeschnittenen Zusammenhang findet sich der Begriff dann auch in der theol. Wissenschaftstheorie des 13. Jh. Vgl. *Peckham* q. 2 a. 2 c. 1 crp. (F² f.4ᵛa; N f.4ʳa) unter Berufung auf Avicenna; c. 2 ad 3 (ed. Amorós 283,31 f.); *Aegidius* Sent. q. 4 crp. (f.4ʳa16 f.).

²⁰⁹ Vgl. z. B. *Thomas* S. th. 1 q. 23 a. 3 ad 2: verificatur dictum prophetae, scil.... (Zitat); 3 q. 75 a. 8 crp.: cum dicitur... (Zitat), verificatur...; hic modus loquendi verificatur...; 1 q. 39 a. 1 arg. 2: affirmatio et negatio simul et semel non verificantur de eodem; u. v. a. Immer handelt es sich darum, daß eine Aussage sich als wahr erweist, mit Anspruch auf Geltung gesagt werden kann u. ä. Daher kann verificare auch den Beweis bezeichnen.

²¹⁰ Aristoteles und die in den vorigen Anm. zitierten Autoren beschränken den Gebrauch des Begriffes auf den sprachlich-logischen Bereich. Ich verwende ihn in weiterem Sinne, da sich die Wahrheit von Aussagen nach der im folgenden darzustellenden Ansicht unserer Autoren nicht nur in sprachlichen Gleichungen und in Syllogismen, sondern entscheidend in einem den ganzen Menschen erfassenden Vorgang erweist (sei er nun mehr als theoretisch oder mehr als praktisch verstanden). — Auf die ideengeschichtlichen Hintergründe und den Sitz des Problems in der Wirklichkeitserfahrung kann ich im Rahmen dieser Arbeit nicht eingehen. Hier müßte die ganze Problematik des Verhältnisses von Theorie und Praxis, der Lebensideale (vita contemplativa — activa), des Verhältnisses von Intellekt und Wille u. a. einbezogen werden, worüber seit der Antike eine unübersehbare Literatur vorliegt.

Um die Anwendung des Verifikationsbegriffs auf die vorstehende Frage zu erläutern und zu begründen, greife ich auf *Alexanders* Ausführungen vor. Alexander stellt noch nicht thematisch die Frage, ob die Theologie eine spekulative oder praktische Wissenschaft ist, aber er trägt diese Unterscheidung unter anderer Fragestellung als Lösung vor und prägt dabei Formulierungen, die in der Folgezeit oft wiederholt werden.

Jede Tätigkeit ist auf einen Ziel-Gegenstand gerichtet, jedes Erkennen auf eine Wahrheit. Diese kann zweifache Gestalt haben:

a) als verum ut verum, d. h. als bloße Wahrheit, die sich selbst genügt und nicht über sich hinausweist;

b) als verum ut bonum, d. h. als Wahrheit, die über sich selbst hinaus auf Vollendung in einem höheren, letzten Ziel hinstrebt[211].

Diese beiden verschiedenen Gestalten der Wahrheit bewähren sich auf unterschiedliche Weise, in unterschiedlicher Verifikation:

a) das bloße verum (die bloß wahre Aussage) bewährt sich in der sinnlichen und intellektuellen Aufnahme, indem es die Vernunftkräfte zu seiner Anerkennung zwingt;

b) das über sich hinaus weisende verum erweist sich als wahre Aussage in der affektiven Aneignung, indem es sich in der Erfahrung, im Lebensvollzug, bewährt[212].

Nach der Art der in ihnen vollzogenen Verifikation unterteilt Alexander nun die Wissenschaften in spekulative und praktische[213]. An seinen Ausführungen zeigt sich noch ganz deutlich der Kern unserer Fragestellung als das Verifikationsproblem.

Es ist klar, daß sich das Problem der Verifikation theologischer Aussagen jeder umfassenden wissenschaftstheoretischen Besinnung auf die Theologie stellen muß, auch wenn sie nicht ausdrücklich danach fragt. Bereits die frühesten Zeugnisse aus den dreißiger Jahren nehmen dazu Stellung. Die thematische Frage danach begegnet erstmals in *Alberts* Sentenzenkommentar.

Bei der Lösung des Problems werden verschiedene Auffassungen vorgetragen, nach denen sich die Verifikation in vorwiegend praktischer oder affektiver oder spekulativer Weise vollzieht. Da die praktische und die affektive Verifikation aufs engste miteinander zusammenhängen, werde ich sie in einem Abschnitt gemeinsam behandeln. Neben Autoren, die die Theologie entschieden eine praktische, affektive oder spekulative Wissen-

---

[211] C. 2 ad obi.: verum ut verum — verum ut bonum; c. 4 a. 2 ad 2: veritas ut veritas — veritas ut bonitas; c. 1 crp.

[212] Vgl. u. A. 227.

[213] C. 2 ad obi.: In aliis vero scientiis, speculativis scil., est acceptio veri ut veri et etiam boni ut veri; in practicis autem moralibus, etsi sit acceptio veri ut boni, non tamen ut boni gratuiti, sed moralis. Über die Bedeutung dieser Differenzierung s. u. 7.42; 8.2.

schaft nennen, stehen mehrere, die keine ganz klare Haltung einnehmen, sondern zwei Weisen der Verifikation nebeneinander anerkennen, wobei sie bald der einen, bald der anderen mehr Gewicht beilegen[214]. Eine besonders eigenwillige Lösung bietet *Fishacre*, der die zwei Weisen den zwei Bereichen theologischer Arbeit zuordnet. In der Diskussion der vorstehenden Fragen können wir eine besonders starke Scheidung der Auffassungen in Gruppen beobachten. Alle frühen Autoren, mit besonderem Nachdruck die Franziskaner, betonen den praktischen Charakter der Theologie[215], *Albert* und sein Schüler *Ulrich* nennen sie eine affektive Wissenschaft, während wir entschiedene Stellungnahmen für ihren spekulativen Charakter erst in der 2. Hälfte des Jahrhunderts und nur bei wenigen Autoren antreffen.

7.42 Theologie als affektive und praktische Wissenschaft

Roland geht auf das Verifikationsproblem ein, als er die Entstehung der Glaubensartikel aus dem Glauben beschreibt[216]. Er nennt dabei die articuli Schlußfolgerungen, die vom Glauben bewiesen werden[217]. Seine weiteren Ausführungen zeigen aber, daß er diesen Beweisvorgang nicht als logischen Syllogismus versteht, wie das weitergehende Schließen aus den Glaubensartikeln[218]. Vielmehr sind zugleich mit dem Glauben im menschlichen Herzen auch gewisse Glaubensinhalte gesetzt — nicht durch ein wissenschaftliches Verfahren, sondern durch den Akt der Zustimmung. Der Glaube an einen wesentlichen Artikel erzeugt Regungen im Herzen, aus denen wieder neue Glaubensaussagen hervorgehen[219]. Aber allein der verwirklichte Glaube (fides formata) hat diese Kraft; allein er vermag die Wahrheit der Glaubensartikel durch Erfahrung zu verifizieren[220]. Roland

---

[214] Zwei Möglichkeiten räumen *Petrus, Hannibaldus, Walter, Peckham, Romanus* und *Aegidius* ein. *Petrus* und *Peckham* reden von einem habitus medius. Besonders unentschieden ist *Walter*, der beide Lösungen zur Auswahl nebeneinanderstellt.

[215] Bereits die etwa 1285—90 entstandene Liste von Lehrdifferenzen nennt als zweiten Punkt neben der Gegenstandsfrage das vorstehende Problem und weist auf die einheitliche Stellungnahme der Franziskaner hin: Quando quaeritur, utrum theologia sit speculativa vel practica, dicunt minores, quod principalius est practica quam speculativa. (A. Dondaine, Un catalogue de dissensions doctrinales . . ., 1938, 378.)

[216] Vgl. o. S. 140 f.; 151 f.   [217] Vgl. o. S. 141 A. 60; 62.

[218] Vgl. o. S. 151 A. 104.   [219] Vgl. o. S. 141 A. 60.

[220] Q. 2 crp. (PM f.1ᵛa; VB f.1ᵛb): Et est notandum, quod sola fides formata est huiusmodi argumentum. Fides enim informis non est ut granum sinapis, quia non fervet, sed potius ut granum lactucae, quod dormire facit. Fides autem, ut dictum est, sic arguit omnia, et tamen quandoque [quondam: VB] dormitat. Et vix in actu potest habere assertionem, sicut aliquis aliquando habet propositiones, ex quibus posset syllogizare, sed nescit illas ordinare.

gebraucht zwar noch nicht die später schulmäßig verwandten Begriffe, aber er weist deutlich auf die Anschauung hin, die später von affektivem oder praktischem Charakter der Theologie redet. Er beschreibt auch eindrucksvoll die Rolle der Erfahrung im Vollzug theologischer Arbeit.

Die noch vor Rolands Summa geschriebene Quaestio de fine theologiae des *cod. Douai 434* enthält bereits eine ganze Reihe von Materialien zur Diskussion des vorliegenden Problems. Sie beschreibt die Verifikation theologischer Aussagen in verschiedenen Distinktionen des finis auf zweifache Weise:

a) durch affektives Erfassen:

Theologie strebt nicht nach bloßem Erkennen, sondern nach Lust im Erkennen oder Liebe zum Erkannten[221]. Das reine Betrachten (contemplatio) Gottes und der Welt genügt der Theologie noch nicht, da auch der Heide und der Ungläubige dies erreichen. Theologie zielt auf ein Erkennen ihres Gegenstandes als eines Ersehnten oder Geliebten und vollendet sich im Affekt[222].

b) durch Handeln:

Häufiger noch sind die Äußerungen, nach denen sich die Theologie erst in der Praxis bewährt. Theologie hat zwei Ziele: ihr Nahziel ist das Erkennen, ihr Fernziel ein Leben gemäß der Erkenntnis[223]. Theologie beginnt in Glaube und Erkenntnis und vollendet sich über die affektive Aneignung im Handeln[224]. Damit ist ganz konkret die sittliche Praxis gemeint, wie ja auch die Theologie als eine höhere Ethik (neben der philosophischen Ethik) bezeichnet werden kann[225].

Ipsa tamen fides, quantum in se est, potest arguere... Ergo nesciunt theologiam, qui non habent fidem formatam. Concedo de plano. Sine experientia enim non habetur... (Forts.: o. S. 152 A. 105). Fides formata ist der durch die Erfahrung, zu der auch die Werke (opera: im Zitat S. 152 A. 105) gehören, verwirklichte Glaube. (Über die Wirklichkeit schaffende Funktion der forma vgl. die kurzen Bemerkungen o. S. 156 mit A. 3 f.)

[221] Nr. 10 (f.15ᵛa23—25): finis in omni motu [est: +s.l.] illud, quo acquisito quiescit, qui movetur in illo, cum propter illud movetur, et hoc non est cognitio in theologia, sed delectatio in cognito vel amor cogniti. Vgl. auch Nr. 17 (f.15ᵛb1): amor dei est summa ars.

[222] Nr. 12 (f.15ᵛa31—40): theologia dividitur in contemplativam et activam... Sol.: Contemplatio, secundum quod circa deum vel mundum ut cognitum simpliciter tendit, ad theologiam non pertinent quoad finem, quia hoc habet paganus et infidelis, sed secundum quod est in eum ut desideratum, ut amatum, ut dilectum. Hic fidelis est, et sic finis contemplativae in affectu perficitur [corr. ex: percipitur], quod concedimus.

[223] Nr. 4 (vgl. o. A. 171).   [224] Nr. 5 (vgl. o. A. 172).

[225] Nr. 6 (f.15ᵛa3—6); Nr. 7 (f.15ᵛa6—13): perfectio theologiae in operatione est (11); Nr. 9 (f.15ᵛa18—23): scientia simplicis notitiae finis theologiae non est, sed scientia approbationis, quae movet ad opera; Nr. 15 (f.15ᵛ a48—51): dicitur in morali philosophia: scrutamur non, ut sciamus, sed ut boni fiamus... et si ita est in morali inferiori, ut finis sit, quod simus iusti, multo

In dieser Quaestion finden wir also bereits die beiden Stufen der Verifikation theologischer Aussagen nebeneinander vor, nach denen die Theologie in der Folgezeit eine praktische Wissenschaft genannt werden kann: Die Wahrheit theologischer Aussagen erweist sich demnach:

a) in einer über das bloße Erkennen hinausführenden affektiven Aneignung;

b) durch tätige Verwirklichung des Erkannten im guten Handeln.

Alexander geht auf das Verifikationsproblem noch nicht thematisch ein, sondern berührt es mehrfach in anderem Zusammenhang: bei der Frage nach der Wissenschaftlichkeit der Theologie, zur Deutung des Verhältnisses von Theologie und anderen Wissenschaften, zur Erklärung von Methode und Gewißheitsgrad der Theologie — und zwar stets in der Abgrenzung gegenüber anderen Wissenschaften. Während diese auf bloße Wahrheiten ausgehen[226], während ihre Aussagen — in Definitionen, Distinktionen und Schlußfolgerungen gekleidet — allein die Erkenntniskräfte ansprechen und dabei eine Spekulation, Einsicht und Schauen entsprechende Gewißheit erreichen, hat die Theologie mit einer über sich hinausweisenden Wahrheit zu tun, die sich bewährt, indem sie die Affekte anspricht, durch Furcht und Liebe zum Guten hin bewegt und eine Gewißheit aus Erfahrung schafft[227]. Alexander bietet eine ganze Sammlung von

---

magis in morali summa et superiori, quod concedimus; Nr. 16 (f.15ᵛa52 bis 15ᵛb1).

[226] Die philosophische Ethik hat auch mit einem verum ut bonum zu tun, allerdings ut bonum morale, während das bonum der Theologie ein bonum gratuitum ist (vgl. o. A. 213). Im übrigen geht Alexander auf die Unterscheidung nicht näher ein.

[227] Ich stelle die wichtigsten Formulierungen zusammen:

	aliae scientiae	Theologie
c. 2 ad obi.	verum ut verum	verum ut bonum morale gratuitum
c. 1 crp.	scientia perficiens cognitionem sec. veritatem	scientia movens affectionem ad bonitatem
	... ut cognitio sec. visum perficiens cognitionem sec. viam artis et ratiocinationis	... ut cognitio sec. affectum perficit animam sec. affectionem, movendo ad bonum per principia timoris et amoris
c. 2 co. f	traduntur sec. ordinem ratiocinationis a principiis ad conclusiones, quibus doceatur intellectus, non moveatur affectus	traditur sec. ordinem informationis practicae principiorum ad operationes, ut moveatur affectus sec. timorem et amorem
c. 4 a. 1 crp.	modus ... artis vel scientiae sec. comprehensionem rationis humanae	per dispositionem divinae sapientiae ad informationem animae in iis, quae pertinent ad salutem
ad 2	sec. comprehensionem veritatis humanam rationem	persec. affectum pietatis per divinam traditionem

Begriffen, die in der Folgezeit immer wiederkehren, die er aber innerhalb der theologischen Einleitungslehre nicht näher erklärt[228]. Obwohl er gelegentlich einen Begriff gebraucht, der ein äußeres Handeln anzudeuten scheint[229], verlegt Alexander die Verifikation der theologischen Aussagen weitgehend in den innersubjektiven Bereich.

Albert stellt in seinem Sentenzenkommentar als erster ausdrücklich die Frage, ob die Theologie spekulativ oder praktisch ist. Seine Lösung hält sich noch ganz im Rahmen von Alexanders Argumentation. Anders als die übrigen Wissenschaften unterscheidet die Theologie nicht nur zwischen einem Wahren und einem Guten, sondern sie kennt auch eine Wahrheit, die vom Guten untrennbar ist[230]. Diese wird nicht bloß intellektuell aufgenommen, sondern durch den Affekt angeeignet. Daher nennt Albert die Theologie eine *affektive* Wissenschaft[231]. Albert wendet sich

	modus definitivus, divisivus, collectivus	modus praeceptivus, exemplificativus, exhortativus, revelativus, orativus, quia ii modi competunt affectui pietatis
	informare intellectum solum ad cognoscendam veritatem	informare affectum sec. pietatem
c. 4 a. 2		
co.	per modum visus	per modum gustus
crp.	certitudo speculationis	certitudo experientiae
	certitudo sec. intellectum	certitudo sec. affectum
	quoad speculationem intellectus, quae est per modum visus	quoad affectum ... per modum gustus
ad 1	certititudo speculationis	certitudo affectionis

[228] *E. Gössmann* ist in ihrem Buche: Metaphysik und Heilsgeschichte, 1964, besonders auch dem Gebrauch dieser Begriffe in der theol. Einleitungslehre wie in der folgenden materialen Dogmatik Alexanders nachgegangen. Vgl. das Register ihres Buches s. v. affectus, experientia spiritualis, Gewißheit, gustus spiritualis.

[229] Vgl. o. A. 227 c. 2 co. f (operationes).

[230] A. 4 crp.: [veritas,] quae non sequestratur a ratione boni ...; philosophi non tractaverunt huiusmodi scientiam, sed diviserunt unam ad verum, quod est in rebus [Real-, Naturwissenschaft], aliam autem ad bonum, quod est in ipsis [Ethik].

[231] A. 4 crp.: Veritatis autem, quae secundum pietatem est, sunt duo: unum scil. secundum pietatem cultus dei ..., alterum autem est finis intentionis, et hic est coniungi intellectu et affectu et substantia cum eo, quod colitur, prout est finis beatificans, et ideo ista scientia proprie est affectiva, id est veritatis, quae non sequestratur a ratione boni ...; ad 2: non quaeritur cognitio ad veritatem per intellectum tantum, sed per affectum et substantiam, et ideo non est intellectiva, sed affectiva, quia intellectus ordinatur ad affectum ut ad finem.

[232] A. 4 ad 3: qui a quibusdam finis vocatur ultimus, veritas est affectiva beatificans; finis autem citra illum est, ut boni fiamus. Nec tamen sequitur,

aber auch scharf dagegen, die Theologie mit der Ethik gleichzusetzen oder ihr unterzuordnen: das Handeln ist nicht ihr letztes Ziel[232]. Aus seiner (freilich nur ganz kurzen) Polemik können wir vielleicht darauf schließen, daß zu Beginn der vierziger Jahre in Paris bereits eine Diskussion darüber im Gange ist, ob die innersubjektive Verifikation ausreichend ist oder ob sich die Wahrheit der Theologie erst in äußeren Werken bewährt. Diese letztere Auffassung wird bei den Franziskanern herrschend, während Alberts Anschauung von der Theologie als einer affektiven Wissenschaft im ursprünglichen Sinne nur noch bei seinem Schüler *Ulrich* weiterlebt[233].

Unter den Franziskanern scheint schon *Odo* in seinem Sentenzenkommentar, der noch vor dem Alberts liegt, die Bewährung der Theologie ins äußere Handeln zu verlegen. Dies können wir seiner oben erwähnten Bestimmung des Ziel-Zustandes entnehmen[234]. In seinen Quaestionen verfolgt er diese Lösung weiter: Einmal beschreibt er mit Alexanders Begriffen die affektive Aneignung theologischer Aussagen[235], daneben betont er aber auch, daß die Theologie über die Erkenntnis hinaus zum Werk führt und deshalb eine praktische Wissenschaft genannt werden muß[236]. *Wilhelm von Melitona* faßt beide Stufen in eine Distinktion zusammen: Die Theologie ist praktisch hinsichtlich

a) ihres inneren Zieles: der affektiven Aufnahme;

---

quod ipsa sit moralis philosophia vel illi subalternata: moralis non est, quia mores non sunt ultimus finis in ea, ut habitum est; subalternata non est... Albert wendet sich hier zwar gegen eine Verbindung der Theologie mit der philosophischen Ethik, aber der Nachdruck seiner Abgrenzung richtet sich im ersten Punkt nicht gegen die Philosophie, sondern gegen die Ethik.

[233] *Ulrich* tr. 2 c. 4 (ed. Daguillon 36 f.): finis huius scientiae est cognitio sui subiecti... Ipsum autem subiectum, cum sit deus, inquantum est summum bonum, quod est ultimus finis omnium, non sufficienter cognoscitur sola speculatione sine affectione, quia bonum, quod non amatur, nemo potest perfecte cognoscere... Patet ergo, quod finis huius scientiae est notitia affectiva secundum affectum fruitionis dei. Später greift noch einmal *Aegidius* die Lösung *Alberts* auf: theologia nec speculativa nec practica proprie dici debet, sed affectiva; aber wenn er sich zwischen der spekulativen und der praktischen Deutung entscheiden muß, zieht er die erstere vor (q. 13 crp.). (Zu *Aegidius* vgl. auch u. A. 273—75.) *Albert* selbst schließt sich in seiner Summa später den Franziskanern an (vgl. u. A. 249).

[234] Vgl. o. A. 177. Ähnlich *V¹*: vgl. o. A. 178.

[235] Q. 5 ad 3—5 (ed. Amorós 276): Theologiae... intentio non sistit solum in informatione intellectus, sed ulterius ordinatur ad perfectionem affectus... Unde acceptio fidei non sistit in pura cognitione; similiter nec aliquid intellectus sacrae scripturae; similiter etiam cognitio scientiarum illarum ordinatur ad sapientiam, in qua est sapor et gustus in affectu, et sic patet responsio ad illud.

[236] Q. 5 crp. (ed. Amorós 276; auch Pergamo 33): Quoniam igitur theologia secundum suum finem non sistit in pura cognitione, sed ulterius ordinat ad opus, ideo dicendum est, quod haec scientia sit practica.

b) ihres äußeren Zieles, der handelnden Verwirklichung in den drei Bereichen individuellen, familiären und staatlichen Lebens[237].

Für die bisher genannten Weisen der Verifikation prägt endlich *Bonaventura* ein später mehrfach übernommenes Schema. Danach vollendet sich unsere Einsicht in einem dreifachen Wissen:

a) Im spekulativen Wissen bleibt die Einsicht bei sich selbst;

b) im praktischen (ethischen) führt sie zum äußeren Werk;

c) in einer mittleren Weise zwischen spekulativem und praktischem Wissen bewährt sie sich im Affekt[238].

Dieses von Bonaventura sehr knapp formulierte Schema wird mit verdeutlichenden Zusätzen und unter genauerer Bezeichnung des entsprechenden Wissenschaftscharakters von *Petrus*[239], *Walter*[240], *Peckham*[241] und im Anschluß an diesen vom *Anonymus Todi 39*[242] übernommen.

Nicht so einmütig folgen die genannten Autoren *Bonaventuras* Einordnung der Theologie in dieses Schema. Bonaventura sagt, die Theologie führe zur contemplatio wie zur sittlichen Besserung des Menschen, hauptsächlich aber zur letzteren. Kurz gesagt: die Theologie bewährt sich in der Ethik[243]. *Petrus* und *Peckham* schreiben ihr die „mittlere Weise" zu, aber nur Peckham stimmt Bonaventura im Nachsatz darin zu, daß die Theologie hauptsächlich praktisch sei[244]. *Walter* verzichtet ausdrücklich auf eine

---

[237] Q. 15 crp. (ed Pergamo 334): est practica, inquantum consideratur habito respectu ad finem intra, qui est scire, quae traduntur in ea, quia est ad commotionem affectus, scil. ad amorem vel timorem; similiter quantum ad finem extra, quia finis extra non est scire, sed conformiter imitari. (Im folgenden sind die drei Bereiche der Ethik aufgeführt.)

[238] Q. 3 crp.: perfectibile a scientia est intellectus noster. ... Extenditur autem intellectus per modum dictantis et regulantis. Secundum hunc triplicem statum, quia errare potest, habet triplicem habitum directivum. Nam si consideremus intellectum in se, sic est proprie speculativus et perficitur ab habitu, qui est contemplationis gratia, qui dicitur scientia speculativa. Si autem consideremus ipsum ut natum extendi ad opus, sic perficitur ab habitu, qui est, ut boni fiamus, et hic est scientia practica sive moralis. Si autem medio modo consideretur ut natus extendi ad affectum, sic perficitur ab habitu medio inter pure speculativum et practicum, qui complectitur utrumque.

[239] A. 4 crp. Er nennt die drei Arten scientia, ars, sapientia.

[240] Tr. 1 q. 4 a. 1 (ed. Amorós 279 f.; Beumer 380 f.).

[241] Q. 2 a. 2 c. 2 crp. (ed. Amorós 282 f.). Dem habitus pure practicus entspricht die scientia moralis.

[242] Q. 4 a. 1 (ed. Tavard 231 f.).

[243] Q. 3 crp.: Unde hic est contemplationis gratia et ut boni fiamus, principaliter tamen, ut boni fiamus. Talis est cognitio tradita in hoc libro. Dazu ad 2.3.

[244] *Peckham* q. 2 a. 2 c. 2 crp. (ed. Amorós 283): Theologia igitur nec est habitus pure speculativus nec pure practicus, sed inter utrumque medius... Principaliter tamen inter practicas debet computari.

Entscheidung zwischen dem Schema Bonaventuras und einer Betonung des spekulativen Charakters; er stellt das Urteil dem Leser anheim[245].

Besonders entschieden tritt *Kilwardby* für den praktischen Charakter der Theologie ein. Er behandelt das Problem allerdings nicht in einer selbständigen Frage, sondern in anderen Zusammenhängen.

a) Anläßlich der Frage nach der Wissenschaftlichkeit der theologischen Methode beschreibt er v. a. mit Begriffen Alexanders die affektive Verifikation in der Theologie[246], ähnlich bei Erörterung des Gewißheitsproblems[247].

b) Neuartig und ohne Nachahmung geblieben ist Kilwardbys Gedanke, den Charakter der Theologie durch Einordnung in eine Wissenschaftseinteilung darzustellen. Im Gegensatz zu der durch Boethius überlieferten aristotelischen Dreiteilung der spekulativen Wissenschaften ordnet Kilwardby die Theologie in den Zweig der Handlungswissenschaften ein. Danach geht die Theologie in der theologischen Ethik auf [248].

Albert verzichtet in seiner Summa auf die früher von ihm geprägte Bezeichnung der Theologie als affektive Wissenschaft. Er nennt sie jetzt praktisch und sieht ihre Bewährung ganz im tugendhaften Werk[249].

Am entschiedensten tritt wohl *Wilhelm de la Mare* für den praktischen Charakter der Theologie ein. Da sie eigentlich Gesetz ist, bestehen ihre Aussagen in Vorschriften (Geboten, Verboten usw.), die sich nur in der Ausführung bewähren können[250].

Der vorstehende Überblick zeigt, daß v. a. die franziskanischen Autoren die Verifikation theologischer Aussagen zunächst in der affektiven Aneignung sehen, daß sie sie aber schon früh aus dem innersubjektiven Bereich

---

[245] Tr. 1 q. 4 a. 1 (ed. Amorós 280; Beumer 381 [nach ihm das Zitat]): Quae autem harum opinionum sit verior, iudicet lector.

[246] Q. 2 a. 1 c. 1 crp. (ed. Stegm. 29): Est enim scientia ut scientia solum intendens rerum notitiam; et haec est philosophica. Et est scientia ut sapientia intendens amorem veri boni et cultum dei ... Prima nihil habet facere nisi illuminare solum aspectum et ipsum certificare. Secunda habet praeparare affectionem et accendere affectum in consensum summi veri per se et amorem summi boni.

[247] Q. 2 a. 2 crp. (ed. Stegm. 31,10—15): Est scientia notitiae simplicis tantum, quae radicatur in consensu aspectus nudi ad ratiocinationem aliquam vel visionem; et est scientia notitiae amantis, quae radicatur in consensu affectus per amorem rectum; ferner 31,30—32,12.

[248] Q. 5 crp. (ed. Stegm. 41): u. S. 238 f. A. 66.

[249] Q. 3 m. 3 crp.: in veritate sacra scriptura practica est et stat in opere virtutis vel theologicae vel cardinalis.

[250] Q. 2 crp. (F¹ f.3ʳb): potest [dici: +s.l.], quod theologia, cum sit lex, et omnis lex practica est, quod theologia est scientia practica, quia omnis lex aliquod opus praecipit. Et quia doctrina libri sententiarum convenit cum sacra scriptura in fine, sicut expositoria ipsius, ideo est doctrina sive scientia practica sicut illa, quam exponit.

heraus in das Handeln verlegen. In Kilwardbys Wissenschaftseinteilung und bei Wilhelm de la Mare vollendet sich die Theologie schließlich in der Ethik[251].

Unter den Argumenten, die von den Vertretern dieser Lösung entkräftet werden müssen, verdienen zwei noch eine kurze Betrachtung:

a) Der Einwand, der aus der Zuweisung der theologia zu den spekulativen Wissenschaften in Boethius' Wissenschaftseinteilung erwächst, wird dadurch ausgeräumt, daß die von Boethius gemeinte theologia (richtig) als Metaphysik erklärt wird[252]. Anders differenziert *Peckham*: Die Betrachtung Gottes an und für sich geschieht in der Spekulation, aber insofern man ihn als Ziel und Gnadengrund behandelt, gehört er in eine praktische Wissenschaft[253].

b) Mehrfach wird ein Argument angeführt, das die Wissenschaft nach ihren Ziel-Gegenständen einteilt: Spekulative Wissenschaft handelt von vorgegebenen, unserer Einwirkung entzogenen Gegenständen, die unser Erkennen einholen muß; praktische Wissenschaft dagegen von solchen, die unser Erkennen oder Handeln erst erzeugen muß. Da uns die Gegenstände der Theologie vorgegeben sind, kann diese nur eine spekulative Wissenschaft sein[254].

Auf diesen Einwand antwortet nur *Wilhelm de la Mare* ausdrücklich, indem er am Beispiel der Medizin zeigt, daß die praktischen Wissenschaften nicht nur von unseren Werken, sondern auch von unserer Tätigkeit handeln[255].

---

[251] Vgl. dazu eine Äußerung des *Petrus Hispanus* in seinem Kommentar zu De anima (ed. Alonso 76): Sed consideratio istorum spectat ad theologiam vel moralem. Ergo anima separata potius est de consideratione moralis scientiae vel theologiae quam metaphysicae. (Auch dieses Zitat zeigt, wie wichtig eine Untersuchung des Theologieverständnisses in der philosophischen Literatur wäre.)

[252] *Odo* QQ. q. 5 ad 1 (ed. Amorós 276). *Wilhelm de la Mare* verweist dafür auf *Hugos* Unterscheidung (vgl. u. S. 231 f. A. 34): q. 2 ad 2 (F¹ f.3ʳb–3ᵛa).

[253] Q. 2 a. 2 c. 2 ad 2 (ed. Amorós 283): Aliter dicendum, quod consideratio de deo secundum se et absolute, inquantum est principium naturarum, pertinet ad speculationem; sed consideratio de deo sub ratione finis, inquantum est principium omnium gratiarum, pertinet ad [gratiam: +F², ed.] practicam.

[254] *Bonaventura* q. 3 co. 3: omnis scientia, quae est, ut boni fiamus, est practica; sed omnis talis est de his, quae sunt ab opere nostro. Sed haec non est de his, quae sunt ab opere nostro, sed a deo; ergo... Ebenso *Walter*; *Albert* S. th.; *Wilhelm de la Mare*.

[255] Q. 2 ad 1 (F¹ f.3ᵛb): omnia, de quibus determinant scientiae practicae, vel sunt ab opere nostro vel aliqua relatione referuntur ad opus nostrum, et propter opus nostrum determinatur de illis. ... similiter in medicina... similiter determinat theologia de deo propter actum colendi ipsum, credendi et sperandi in eum.

7.43 Theologie als spekulative Wissenschaft

Gegen die vorherrschende Anschauung wenden sich in der zweiten Hälfte des Jahrhunderts nur wenige Autoren.

So schlägt *Thomas* schon in seinem Sentenzenkommentar einen anderen Weg ein. Er setzt zwar wie Bonaventura einige Jahre zuvor voraus, daß sich die Theologie sowohl im rechten Handeln als auch in der Betrachtung der Wahrheit verwirklicht[256]. Aber er beurteilt die beiden Weisen der Verifikation anders als der Franziskaner. Das letzte Ziel des menschlichen Lebens und damit auch der Theologie ist die Gottesschau im künftigen Leben; daher ist die Theologie hauptsächlich spekulativ[257].

Thomas' Lösung hat selbst bei den Dominikanern keine durchschlagende Wirkung. *Petrus* und *Hannibaldus* begnügen sich damit, der Theologie spekulativen und praktischen Charakter zuzuschreiben[258]. Erst *Romanus* und *Aegidius* betonen die spekulative Seite etwas stärker[259].

Eine grundsätzliche Kritik an dem von Thomas vorausgesetzten Sprachgebrauch übt *Peckham*: Er bestreitet die Gleichsetzung der Distiktionen kontemplativer und aktiver bzw. spekulativer und praktischer Wissenschaft. Kontemplative und aktive Wissenschaft verifizieren ihre Aussagen im Verhalten — die erste gegenüber Gott, die zweite gegenüber den Menschen. Die spekulative Wissenschaft hat demgegenüber gar keine primäre Beziehung zum Handeln[260].

Thomas geht auf die Frage noch einmal in seiner Summa ein. Die Theologie betrachtet dieselben Gegenstände, die auch in den verschiedenen profanen Disziplinen ihren Ort haben, unter dem einenden Gesichtspunkt, inwiefern sie durch göttliche Offenbarung erkennbar sind[261]. Dadurch

---

[256] A. 3 q. 1 crp.: ista scientia, quamvis sit una, tamen perfecta est et sufficiens ad omnem humanam perfectionem... Unde perficit hominem et in operatione recta et quantum ad contemplationem veritatis: unde quantum ad quid practica est et etiam speculativa.

[257] A. 1 crp.: omnes, qui recte senserunt, posuerunt finem humanae vitae dei contemplationem; a. 3 q. 1 crp. (Forts. des Zitats A. 256): Sed quia scientia omnis principaliter pensanda est ex fine, finis autem ultimus istius doctrinae est contemplatio primae veritatis in patria, ideo principaliter speculativa est.

[258] *Petrus* a. 4 crp.; *Hannibaldus* (nur beiläufig) a. 3 ad 3.

[259] S. u. 7.44.

[260] Q. 2 a. 2 c. 2 ad 4 (ed. Amorós 283 f.): non est eadem divisio speculativae et practicae, quae est per contemplativam et activam. Contemplativa enim [N; vero: F², ed.] est, quae principaliter exerceri [N; exercitium: F², ed.] habet circa [N; contra: F²; erga: ed.] verum ut [et: N] bonum desiderabile, scil. deum; activa vero, quae exercet se principaliter in operibus pietatis ad proximum propter deum. Et ita tam activa quam contemplativa circa virtutis perfectionem negotiatur. Non sic est de speculativa et practica, quoniam speculativa considerat illa, quae ad operationem non ordinantur principaliter.

[261] Über diesen Gesichtspunkt vgl. o. S. 110 f.; 123.

kommen der Theologie in einer Wissenschaft zugleich spekulativer und praktischer Charakter zu. Da sie aber in erster Linie von religiösen Gegenständen handelt, von menschlichen Handlungen dagegen erst sekundär, insofern sie nämlich zur Gotteserkenntnis hinführen, ist sie vorwiegend spekulativ[262].

Thomas löst das vorliegende Problem nicht mehr durch eine Analyse des Vollzugs theologischer Arbeit, sondern durch einen Hinweis auf ihre Gegenstände. Natürlich bestimmen die Gegenstände die ihnen entsprechende Methode; aber es ist auffällig, daß Thomas hier wie in anderem Zusammenhang (bei den anschließend erörterten Problemen der Gewißheit und des habitus) nicht zu der von den Franziskanern so ausführlich vorgetragenen Beschreibung der Verifikationsweisen Stellung nimmt.

Am nachdrücklichsten setzt sich *Heinrich* für den spekulativen Charakter der Theologie ein[263]. Vorweg lehnt er die verbreitete Meinung ab, die Theologie sei teils spekulativ, teils praktisch. Da alle anderen Wissenschaften auf sie bezogen sind, kann sie nur ein einziges Ziel haben[264]. Dieses Ziel wird allein in der Spekulation erreicht, so daß die Theologie schlechthin spekulativ genannt werden muß[265].

Es ist auf den ersten Blick erstaunlich, daß gerade Heinrich und Thomas, die sich in ihrer allgemeinen Erkenntnislehre so stark voneinander unterscheiden, in der Lösung des Verifikationsproblems gegen alle übri-

---

[262] S. th. a. 4 crp.: sacra doctrina ... una existens se extendit ad ea, quae pertinent ad diversas scientias philosophicas propter rationem formalem [communem: Leonina], quam in diversis attendit: [scilicet: +edd.] prout sunt divino lumine cognoscibilia. Unde licet in scientiis philosophicis alia sit speculativa et alia practica, sacra tamen doctrina comprehendit sub se utramque, sicut et deus eadem scientia se cognoscit et ea, quae facit. Magis tamen est speculativa quam practica, quia principalius agit de rebus divinis quam de actibus humanis, de quibus agit secundum quod per eos ordinatur homo ad perfectam dei cognitionem, in qua aeterna beatitudo consistit.

[263] A. 8 q. 3.

[264] Opiniones aliquorum, S: dicunt, quod est sicut media participans naturam utriusque, partim practica, partim speculativa, quia finis eius et est veritas fidei et est bonitas morum, et est simul ad illuminandum intellectum in fide ad cognitionem veri et ad inflammandum affectum in caritate ad amorem boni, et ita est ad fidem instruendam et ad opera fidei exercenda. Quod non potest stare. Cum enim haec scientia sit utilissima inter scientias huius vitae, ad quam et ad cuius finem omnes aliae et fines earum reducuntur ..., finis autem ultimus diversorum ordinatorum ad idem semper debet esse unus et idem, vel, si plures sint, oportet, quod semper unus ordinetur ad alterum, ut sic sit unicus principalis. Unicus ergo finis principalis necessario debet poni huius scientiae, non duo aeque principales. Non igitur debet simul haec scientia dici theorica et practica, sed alterum solum vel principaliter.

[265] Crp. T: Nec est igitur huius scientiae duplex finis, sed unicus, nec practicus, sed speculativus, ad quem ordinatur omnis finis practicus. Simpliciter ergo debet dici haec scientia speculativa et non practica.

gen Autoren übereinstimmen. Beide lehnen es ab, die Bewährung der Theologie in das äußere sittliche Werk zu setzen und dadurch die Theologie mit der Ethik zu identifizieren[266]. Allerdings argumentiert Thomas in der Summa ganz anders als Heinrich (während er ihm in seiner früheren Äußerung im Sentenzenkommentar nahesteht). Der späte Thomas beachtet allein den Gegenstand, während er die Verifikation ganz außer acht läßt. Anders Heinrich: Nach ihm kann sich die Theologie durchaus mit ethischen Themen beschäftigen; wichtig ist nur, daß sie ihre Bestätigung nicht in der Ethik sucht. Heinrich scheidet also nicht das Handeln aus dem Vollzug theologischer Arbeit aus, sondern er kehrt die Richtung dieses Vollzugs um. Hatten die Franziskaner eine über das bloße Erkennen hinausreichende Bewährung theologischer Aussagen im Affekt und schließlich im äußeren Werk gefordert, so setzt Heinrich umgekehrt das Werk als Voraussetzung für das höchste Ziel der Theologie: die Erkenntnis der Wahrheit; denn alles Handeln führt auf das Erkennen hin und dient ihm, indem es das innere, geistige Auge des Menschen heilt und ihm zur Ruhe der Schau verhilft[267]. Heinrich beschreibt die Bestätigung der Wahrheit nicht nur durch den Intellekt, sondern auch in der affektiven Vereinigung mit dem Guten, d. h. in der religiösen Erfahrung, nicht im äußeren Werk. Er lehnt es jedoch ab, die Theologie eine affektive Wissenschaft zu nennen, denn ihr Name muß sich nach ihrer inneren Bewährung in der Wahrheitserkenntnis richten[268].

---

[266] Dies hat für Heinrich schon *E. Dwyer*, Die Wissenschaftslehre..., 1933, 77—80, klar herausgestellt.

[267] Opp. aliqu., S: Nunc autem indubitanter constat, quod melior est ex se veri cognitio quam boni operatio, quia non attenditur in moribus operatio boni nisi ut serenetur oculus mentis sedatis passionibus et fiat clarior in speculatione veri... Operatio igitur boni ad hoc est, ut oculus mentis sanus fiat et in speculando opus sanitatis agat, ut primo speculando per fidem, intantum proficiat, ut credita intelligat, quantum possibile est in praesenti, et tunc deinde in futuro credita et intellecta facie ad faciem videat... Crp. T: Sic ista scientia licet aliquo modo respiciat opus, quia tamen propter speculationem, simpliciter debet dici speculativa. Est enim in ea labor operis propter quietem speculationis ... quod in ista scientia est actionis, ordinatur ad illud, quod in ea est speculationis... in ea per illa, quae sunt purae speculationis, diriguntur illa, quae sunt actionis. Ad 1 V: non respicit opus nisi propter speculationem.

[268] Ad 3 Z: non solum illuminat intellectum in cognitione veri, sed ulterius inflammat affectum in fruitionem boni — bono se uniendo, non se ad aliquod bonum operandum ulterius extendendo... Denominatio enim scientiae debet esse a fine suo intra, in quo stat ipsa cognitio intra limites suos. Nunc autem illud, quod est in affectione sequens huius scientiae speculationem, finis extra se est; sed ipsa speculatio, quae stat in cognitione veri in intellectu, est finis eius intra se, ut scientia est. Et ideo simpliciter et absolute verius debet dici speculativa quam practica aut affectiva.

7.44 Theologie als spekulative und praktische Wissenschaft

Die Autoren der zweiten Jahrhunderthälfte bezeichnen die Theologie gerne als eine zugleich spekulative und praktische Wissenschaft. Sie übernehmen dabei oft das von Bonaventura geprägte Schema, ohne sachlich Neues hinzuzufügen[269]. Wir können uns daher mit einem Blick auf die originelleren Äußerungen des Romanus, Aegidius und v. a. Fishacres begnügen.

Romanus nennt die Theologie im Hinblick auf ihren Gegenstand und auf ihr Subjekt zugleich spekulativ und praktisch[270] und verteidigt diese Doppelung durch den Hinweis, daß eine Erkenntnis auf um so mehr Ziele ausgehe, je vollkommener sie ist[271]. Daneben räumt er jedoch ein, die Theologie könne auch bloßer Spekulation oder ethischer Unterweisung wegen betrieben werden. Die jeweilige Absicht geht aus der angewandten Methode hervor. Wenn nun eine Wissenschaft Definitionen, Distinktionen und Beweise verwendet — und dies trifft auf die Sentenzen zu —, so strebt sie offenbar nach Wahrheitserkenntnis und ist spekulativ[272]. Es verdient Beachtung, daß Romanus als einziger unter unseren Autoren zur Lösung des Verifikationsproblems auf die tatsächlich in der Theologie (in Gestalt der Sentenzen) gebrauchte Methode verweist, obwohl er daraus keinen Schluß auf die Theologie im ganzen zu ziehen wagt.

Auch Aegidius betont, die Theologie könne verschiedene Ziele haben, die allerdings in einer Folge stehen müssen[273]. Das höchste Ziel ist nach

---

[269] Vgl. o. A. 214; 239—45; 258.

[270] Tr. 1 q. 1 crp. (VP f.2ʳa—b): dico, quod est speculativa et practica, quod cuilibet patere potest, quia et veritatem divinorum inquirit, quod pertinet ad speculativam, et mores instruit, quod pertinet ad activam. Quod ut plenius pateat, advertendum est, quod scientia dicitur speculativa vel practica aliquando a parte scibilis, de quo in scientia agitur, aliquando a parte ipsius considerantis vel scientis.

[271] Tr. 1 q. 1 ad obi. (VP f.2ᵛa): et si quaeris, unde est hoc, quod, cum aliae scientiae vel sunt speculativae solum vel practicae solum, ista est speculativa et practica, patet solutio: quia hoc est ex ratione suae perfectionis, quia, sicut cognoscens quanto perfectior tanto universaliora principia habet, sic cognito, quanto perfectior est, tanto se ad plures fines potest extendere.

[272] Tr. 1 q. 1 crp. (VP f.2ᵛb): Non nego tamen, quin theologia ... possit ab aliquo propter solam speculationem intendi, ab alio vero propter morum instructionem solum. Quid autem principalius intendatur, et modo procedendi potest cognosci, ut, quando in scientia principaliter proceditur definiendo, dividendo et arguendo, satis videtur, quod contemplatio veritatis principaliter intendatur et erit scientia speculativa ... Et quia hoc videtur principaliter intendere magister in libro isto, quidquid sit de theologia in se, liber iste potius ad speculationem pertinere videtur.

[273] Q. 13 crp.: non est inconveniens eiusdem rei diversos esse fines, si unus ad alium ordinatur ... ille, ad quem alii ordinantur, dicitur finis ultimus. Die Ziele der Theologie sind: bona operatio, speculatio, dilectio.

ihm die Liebe zu Gott und dem Nächsten; demnach nennt er die Theologie im eigentlichen Sinne affektiv[274]. Wenn man aber nur zwischen ihrer Auffassung als einer spekulativen oder praktischen Wissenschaft entscheiden kann, so muß man die erstere wählen, denn die Theologie bewährt sich eher in der Schau Gottes als im Handeln[275].

Ohne Parallele steht schließlich *Fishacres* Lösung da. Fishacre redet zunächst allgemein von den beiden Weisen der Verifikation[276]. Er beschreibt sie mit den von Alexander geprägten Begriffen, wobei er die affektive Bewährung sogleich in die Sittlichkeit verlegt[277]. Damit geht er nicht über die Ausführungen seiner Zeitgenossen hinaus. Neu ist jedoch, daß er beide Weisen der Verifikation gleichberechtigt nebeneinander den beiden zu seiner Zeit üblichen Arten theologischer Arbeit zuordnet: Die Kommentierung der hl. Schrift bewährt sich in der Praxis, durch ethische Unterweisung; die Problemdiskussion, wie sie in den Sentenzen vorliegt, in der Spekulation, d. h. in der Erörterung schwieriger Fragen über die Glaubensartikel[278].

---

[274] A. a. O.: principalis enim finis in sacra pagina intentus est inducere homines ad dei et proximi dilectionem... theologia nec speculativa nec practica proprie dici debet, sed affectiva.

[275] A. a. O.: Si tamen quaereretur, utrum sit magis practica quam speculativa vel e converso, responderi debet, quod magis est speculativa quam practica, quia visio divina magis principaliter respicit habitudinem, ad quam ordinatur omnis nostra cognitio et potissime sacra pagina, quam faciat operatio.

[276] Nr. 20 (O¹ f.4ʳa): [haec scientia] inquantum speculativa est, docet et notificat hoc unum... sed quia non tantum stat in cognitione subiecti, sed extenditur ad praxim...

[277] Nr. 25 (O¹ f.4ʳb): haec scientia ... habet partes duas: una est de unitate affectus cum summa bonitate, et alia est de unitate aspectus cum summa veritate. Unitatem autem affectus cum summa bonitate in via concomitatur immediate... sanctitas morum, in patria vero fruitio omnium bonorum.

[278] A. a. O.: huius scientiae pars illa, quae est de unione affectus cum summa bonitate in via, insistit moribus instruendis, pars vero alia, quae est de unione aspectus et summae veritatis in via, quaestionibus difficilibus circa articulos fidei discutiendis ... Utraque fateor harum partium in sacro scripturae sacrae canone, sed indistincte, continetur. Verumtamen tantum altera pars, scil. de moribus instruendis, a magistris modernis, cum leguntur sancti libri, docetur. Alia tamquam difficilior disputationi reservatur. Haec autem pars difficilior de canone sanctarum scripturarum excerpta in isto libro, qui sententiarum dicitur, ponitur.

7.5 Die von der Theologie erreichte Gewissheit[279]

Die Frage nach der von der Theologie erreichten Gewißheit wird nur von einem Teil unserer Autoren thematisch gestellt[280], von den meisten übrigen in anderen Zusammenhängen mit beantwortet. Diese Frage begleitet ja immer die Überlegungen über den Vollzug theologischer Arbeit. Alle Erkenntnis bewährt sich darin, daß sie Gewißheit schafft. Besonders wichtig ist dieser Gesichtspunkt in der Theologie, da Glaubens- und Heilsgewißheit zu den Daseinsbedingungen der Religion gehören und deshalb der religiöse Mensch auch in der wissenschaftlichen Reflexion auf seine Erfahrung nach gewisser Erkenntnis strebt.

Die Gewißheit theologischer Erkenntnis wird wie ihre Wissenschaftlichkeit durch einen Vergleich mit anderen Wissenschaften in Frage gezogen. Unsere Autoren nennen dafür im wesentlichen drei Argumente[281]:

1. Die Theologie beruht auf dem Glauben;

2. ihre Prinzipien sind nicht aus sich selbst bekannt, sondern durch Glauben, durch äußere Autorität vorgegeben[282];

3. ihr Stil ist mehrdeutig und dunkel.

Unsere Autoren sind fast einstimmig der Meinung, daß die Theologie eine Gewißheit schafft, die sich mit der anderer Wissenschaften messen kann und sie sogar noch übertrifft. Die Begründung dafür kann allerdings auf unterschiedlichen Wegen gegeben werden: unter den Gesichtspunkten von Verifikation, Quelle und Gegenstand der Erkenntnis.

In *Alexanders* Ausführungen zum Gewißheitsproblem steht der Gesichtspunkt der Verifikation, dem er überhaupt in seiner Analyse des theologischen Erkenntnisganges so große Aufmerksamkeit widmet, ganz im

---

[279] Vgl. *K. Heim*, Das Gewißheitsproblem..., 1911; für Thomas: *H. Lang*, Die Lehre des hl. Thomas..., 1929.

[280] Erstmals von *Alexander*, dann in den Quaestionen der *frühen Franziskaner*, von *Kilwardby, Ulrich, Romanus, Albert* S. th., *Heinrich, Aegidius*.

[281] Ich belege das durch *Alexanders* Ausführungen, die auch in der Folgezeit immer wiederholt werden (c. 4 a. 2):
1. cum certior sit intellectus quam fides;
2. certior est scientia, quae procedit ex principiis per se manifestis intellectui, quam illa, quae procedit ex principiis occultis intellectui... haec autem ex occultis intellectui, quia ex principiis fidei;
3. certior est modus in illa scientia, quae traditur ex sermonibus propriis, quam in illa, quae procedit ex sermonibus transumptis;
4. certior est, quae per univoca et simpliciter dicta tractatur, quam quae per aequivoca et multipliciter dicta, quia ex iis dubia sententia generatur.

[282] Durch *Ulrich* (*Thomas* in anderem Zusammenhang) wird ein Argument aus *Boethius* eingeführt. In *Thomas'* Formulierung S. th. a. 8 arg. 2: locus ab auctoritate est infirmissimus secundum Boethium (vgl. *Boethius* De diff. top. l. 3 [PL 64, 1199 C]: Restat is locus, quem extrinsecus dixit assumi. Hic iudicio nititur et auctoriate et totus probabilis est, nihil continens necessarium). Ebenso *Ulrich* tr. 2 c. 9 (ed. Daguillon 54,3–5); *Albert* S. th. q. 5 m. 2 arg. 4.

Mittelpunkt[283]. Die Aussagen der Theologie bewähren sich in Erfahrung, Affekt, Gefühl und schaffen dadurch größere Gewißheit als die anderer Wissenschaften, die bei Spekulation, Einsicht und Anschauung stehen bleiben[284]. Sie setzen allerdings im Subjekt eine entsprechende Empfänglichkeit voraus: Nur im geistigen Menschen kann die Theologie so überlegene Gewißheit schaffen; den sinnlichen Menschen, der nur aus der Sinneserfahrung Erkenntnis gewinnt, vermag sie nicht zu überzeugen. Ihm sagt die verbergende Rede, in der theologisches Wissen überliefert wird, nichts aus[285]. Er kann auch in der hl. Schrift nur einen — den wörtlichen — Sinn erkennen, während sich dem geistigen Menschen der mehrfache Schriftsinn öffnet, ohne ihn zu verwirren[286].

Odo nimmt in seinen Quaestionen Alexanders Lösung auf, erweitert und differenziert sie jedoch wesentlich, indem er erstmals die Gesichtspunkte des Gegenstandes und der Erkenntnisquelle berücksichtigt. Er spielt auch nicht mehr eine Art der Verifikation gegen die andere aus, sondern sucht in beiden die Möglichkeit der Gewißheit abzuwägen. Durch affektive Verifikation schafft die Theologie nur für den geistigen Menschen Gewißheit[287]. Im Bereich spekulativer Verifikation sind jedoch vier Gesichtspunkte zu unterscheiden:

1. Hinsichtlich ihrer Methode sind die anderen Wissenschaften gewisser, weil sie durch zwingende Gründe den Intellekt zur Zustimmung bewegen[288].

Unter den übrigen drei Gesichtspunkten ist aber die Theologie allen anderen überlegen:

2. hinsichtlich ihrer Sache;

3. durch ihre Quelle;

4. durch eine dieser Quelle entsprechende Aufnahmefähigkeit des Menschen[289].

---

[283] Alexander nennt auch schon die Inspiration unter den Argumenten contra; aber er verwertet diesen Gesichtspunkt bei der Lösung noch nicht.

[284] Vgl. die Belege o. A. 227.

[285] C. 4 a. 2 crp.: certior est homini spirituali, quamvis incertior animali; ad 3: est certitudo animali homini, qui non habet notitiam nisi experimento sensibilium; et est certitudo homini spirituali, qui habet spiritum ad contemplationem divinorum. Animali ergo homini non est certus modus per mysticas locutiones, quamvis sit certus homini spirituali.

[286] C. 4 a. 2 ad 4.

[287] Q. 7 crp. (ed. Pergamo 37): Certitudo experientiae sive gustus est dupliciter: vel quantum ad gustum spiritualem vel carnalem ... loquendo de certitudine experientiae quantum ad gustum spiritualem certior est theologia; quantum vero ad carnalem minus certa.

[288] A. a. O.: quantum ad modum tradendi dicendum, quod aliae scientiae sunt certiores, quia sunt per rationes necessarias et inevitabiles, quibus necesse est intellectum assentire simpliciter loquendo.

[289] A. a. O.: certior est theologia, quia de certiori subiecto et a certiori auc-

Die beiden ersten Gesichtspunkte gehen nach Odo auf Aristoteles zurück; die beiden letzten verlassen die Ebene philosophischer Diskussion[290].
Odo stellt bereits sämtliche wichtigen Gesichtspunkte für die Lösung der
Gewißheitsfrage zusammen. Die späteren Autoren nehmen sie auf, aber
sie verteilen die Akzente unterschiedlich. Die frühen Franziskaner knüpfen bei Alexander und Odo an[291], und auch *Kilwardby* übernimmt weitgehend deren Formulierungen[292]. Er beschreibt ausführlich die Überlegenheit der Theologie in diesem Punkt gegenüber allen anderen Wissenschaften durch ihre Quelle[293], v. a. aber durch die Art ihrer Verifikation[294].
Auch *Peckham* verweist an verschiedenen Stellen auf beide Momente[295].

---

tore et propter dispositionem fidei, quae praeexigitur, quae etiam reddit omnia
certa, quae ibi dicuntur... Certitudo auctoris, quae est summa veritas, consideratur in hac scientia, quae quia est infallibilis, locus ab auctoritate in hac
scientia est peroptimus. In aliis omnibus, quae sunt ab humana ratione, locus
ab auctoritate est debilis et inartificialis... Similiter dicimus de dispositione,
quia ad hanc scientiam praeexigitur lumen fidei vel informis vel formatae,
quod non fit in aliis, quae dispositio certificat omnia in scientia ista, quia nihil
certius homini sua fide. (Durch diese Quelle und die ihr entsprechende Aufnahme im Menschen wird auch die theologische Methode sicher:) Modus ergo
theologiae, etsi non videatur esse certus, tamen certus est per comparationem
ad hominem illuminatum, quia videt id, quod intrinsecus latet sub sermone.

[290] A. a. O.: Certitudo speculationis dicitur maior secundum Philosophum
dupliciter: aut quia de certiori subiecto aut quia certiori modo tradita. Sed nos
addimus duos modos, scil. aut quia a certiori auctore aut ratione dispositionis
in addiscente... Sed notandum, quod licet addamus duos modos certitudinis
ultra Philosophum, tamen ipse non fuit insufficiens, quia modi isti excedunt
considerationem philosophicam.

[291] *V¹* q. 6 (ed. Pergamo 353 f.) weitgehend nach Alexander; *Wilhelm von
Melitona* q. 8 (ed. Pergamo 325 f.) nach Alexander und (Lösung ganz) nach
Odo.

[292] Die Argumente (ed. Stegm. 30 f.) stammen unmittelbar von Alexander;
auch die Lösung gebraucht seine und Odos Begriffe.

[293] Q. 2 a. 2 (ed. Stegm. 31,18—22): Certior est, quia hic novimus testimoniis omni exceptione maioribus, quia haec secunda scientia [scil. theologia]
prodiit immediate ab auctoritate primae veritatis, quae omnino nequit mentiri
nec falsum dicere, in mentes fidelium per inspirationem.

[294] Q. 2 a. 2 (ed. Stegm. 31,10—17): Est scientia notitiae simplicis tantum,
quae radicatur in consensu aspectus nudi ad ratiocinationem aliquam vel visionem, et est scientia notitiae amantis, quae radicatur in consensu affectus per amorem rectum... Et haec secunda facit habitum firmiorem quam prima, quia maior
est adhaesio... in hac quam in illa. (31,28—32,2) Et principia fidei licet cre-
dantur, firmiora sunt et certiora principiis demonstrationum. Ista enim non
tangunt nisi nudum aspectum, ut dixi; sed illic est tactus affectus gustans et
adhaerens per amorem ipsius veritatis propter se. Similiter, quamvis sint in
sacra scriptura sermones figurativi et quasi multipliciter dicti, nihilominus
certi sunt notitiae amanti.

[295] Q. 2 a. 1 c. 1 m. 1 ad 3 (F² f.3ʳb; N f.3ʳa): ea, quae fidei sunt, certa
sunt [—F²] certitudine [propter certitudinem: F²] adhaesionis, non speculationis;
m. 2 ad obi. (F² f.3ʳb; N f.3ʳb): duplex est certitudo, scil. animalis et spiri-

In einem bemerkenswerten Vergleich führt er die Gewißheit aus der Verifikation auf den Erkenntnisgrund zurück: Die affektive Gewißheit ist um so viel größer als die spekulative, wie ein Blinder, der sich auf einen Wegekundigen stützt, sicherer geht als ein Sehender, der des Weges unkundig ist[296]. In diesem Bilde spricht sich das ganze Vertrauen der Zeit auf die äußere Autorität aus, das auch Kilwardby zu dem Urteil veranlaßt hat, die Theologie sei den anderen Wissenschaften so überlegen wie durch Studium erworbenes Bücherwissen einem aus der lebendigen Erfahrung gewonnenen Wissen[297].

Andere Autoren verzichten ganz darauf, mit der Verifikation zu argumentieren, und rücken die Quelle theologischer Erkenntnis in den Mittelpunkt.

So begründet *Fishacre* die unübertroffene Gewißheit der Theologie aus der Autorschaft Gottes und versucht demgegenüber in scharfsinniger Verwendung skeptischer Argumente die Unmöglichkeit einer Gewißheit aus rationaler Beweisführung aufzuzeigen[298].

Auch *Thomas* folgert die überlegene Gewißheit der Theologie nur noch aus ihrem Ursprung. Im Sentenzenkommentar erklärt er, daß nur der vom Menschen erworbene Glaube (d. h. die durch Gründe gestützte Meinung) dem sicheren Wissen unterlegen ist. Der eingegossene Glaube schafft größere Gewißheit, und wenn eine Erkenntnis aus dem Glauben mangelhaft ist, so nicht durch einen Mangel des Gegenstandes, sondern durch das Unvermögen des erkennenden Subjekts[299]. Noch deutlicher formuliert er diese Anschauung in der Summa, wo er der Verifikation gar keine Beachtung mehr schenkt: Die Theologie hat ihre Gewißheit aus der

---

tualis: intellectus oriens ex persuasione, affectus proveniens ex degustatione; q. 2 a. 2 c. 1 crp. (F² f.4ᵛa; N f.4ᵛa): [theologiae] certitudo est altissima, a lumine scil. supernaturali fidei; ad 3 (F² f.4ᵛb; N f.4ᵛa): fides certitudine speculationis est infra scientiam, certitudine [spec. ... cert.: F² i. m.] adhaesionis supra. Peckham setzt dabei die Glaubensgewißheit und die von der Theologie geschaffene Gewißheit weitgehend gleich.

[296] Q. 2 a. 2 c. 1 ad 3 (F² f.4ᵛb; N f.4ᵛa): certitudo adhaesionis provenit ex virtute theologica coniungente mentem summae veritati [trinitati: N] infallibiliter, et haec certitudo maior est prima [scil. cert. speculationis] incomparabiliter, quia certius graditur caecus innitens ductui [F² i. m.] hominis deviare non valentis quam viae ignarus gradiens oculis apertis.

[297] O. A. 73.

[298] Nr. 14 (O¹ f.3ᵛb): [Theologia] certissima: quia auctor est deus (vgl. o. A. 46 f.).

[299] Sent. a. 3 q. 3 crp.: quod obicitur, quod non est certissimus aliquis in ista doctrina, dicimus, quod falsum est. Magis enim fidelis et firmius assentit his, quae sunt fidei, quam etiam primis principiis rationis. Et quod dicitur, quod fides est infra scientiam, non loquitur de fide infusa, sed de fide acquisita, quae est opinio fortificata rationibus... ista principia supra rationem sunt, et ideo humana ratio ipsa perfecte capere non valet; et sic fit quaedam defectiva cognitio, non ex defectu certitudinis cognitorum, sed ex defectu cognoscentis.

Inspiration, die nicht fehl gehen kann[300]. Zweifel entsteht nicht aus sachlicher Unsicherheit, sondern aus der Schwäche unseres Intellekts[301].

Auch in dieser ausschließlichen Betonung der Inspiriertheit der Theologie zur Sicherung ihrer Gewißheit, die in seiner Auffassung des Verifikationsproblems begründet ist, findet Thomas unter den späteren Dominikanern keine Nachfolge. So stellt zwar *Romanus* dieses Moment in den Vordergrund[302], aber er weist daneben auch auf die affektive Gewißheit in der Theologie hin[303]. Gegen Ende unseres Zeitraums wird die Begründung der theologischen Gewißheit wieder mannigfacher. Jetzt wird auch die Bedeutung des Gegenstandes stärker hervorgehoben[304].

Aegidius begründet die Gewißheit der Theologie unter den drei Gesichtspunkten

1. ihrer Gegenstände;
2. ihrer Quelle;
3. ihrer Verifikation[305].

Heinrich endlich gestaltet aus vorwiegend bekannten Elementen eine sehr ins einzelne gehende Lösung, die sich auf die zwei grundlegenden Momente des Erkenntnisvorgangs: auf den Gegenstand und das erkennende Subjekt, stützt.

1. Vom Gegenstand her betrachtet, erreicht die Theologie die größte

---

[300] S. th. a. 5 crp.: haec scientia alias speculativas scientias excedit. Secundum certitudinem quidem, quia aliae scientiae certitudinem habent ex naturali lumine rationis humanae, quae potest errare; haec autem scientia [—edd.] certitudinem habet ex lumine divinae scientiae, quae decipi non potest.

[301] A. 5 ad 1: dubitatio, quae accidit in aliquibus circa articulos fidei, non est propter incertitudinem rei, sed propter debilitatem intellectus humani.

[302] Tr. 1 q. 4 crp. (VP f.3ᵛb): Haec scientia modo certitudinali procedit, quia modo certissimo innititur, scil. inspirationi divinae.

[303] Tr. 2 q. 1 a. 2 ad 1 (VP f.3ᵛb): Die Theologie hat wie andere Wissenschaften certitudo cognitionis und, wo diese fehlt, certitudo adhaesionis.

[304] So von *Ulrich* tr. 2 c. 7 (ed. Daguillon 46,13 f.): Certa quidem est in se propter stabilitatem sui subiecti, quod deus est. *Ulrich* wie *Albert* S. th. q. 5 m. 2 führen eine ganze Reihe von Argumenten vor, ohne eine selbständige Lösung zu bieten.

[305] Q. 11 crp.: certitudo in scientia tripliciter potest accipi: primo ex ipsis rebus, de quibus considerat; secundo ex lumine, cui innititur; tertio ex proportione scientiae ad scientes.
1. Hinsichtlich ihrer Gegenstände schafft die Theologie besonders große Gewißheit:
a) quia ista scientia est maxime de principiis, quia est de deo ..., und scientia de principiis est certior;
b) damit handelt sie auch von Abstraktem;
c) zugleich von den Ursachen (propter quod), nicht nur von Fakten (quia).
2. ex lumine, cui innititur: ... certissimo lumini innititur, et ideo nihil homo certius tenet, quam quod fide apprehendit.
3. in comparatione ad scientes: durch certitudo adhaesionis ist sie gewisser, dagegen nicht durch certitudo speculationis.

Gewißheit, weil sie vom Gewissesten handelt: von Gott als der ersten Ursache[306].

2. Wenn wir aber das Subjekt ins Auge fassen, so erweist sich die Lösung als wesentlich schwieriger.

a) Hinsichtlich der Sicherheit, die wir über die Wahrheit des in der Theologie Behandelten erlangen, ist diese allen anderen Wissenschaften überlegen. Es handelt sich hier um Gewißheit aus affektiver Verifikation[307].

b) Hinsichtlich ihrer inneren Evidenz ist wieder zu unterscheiden:

α) Insofern die Theologie den Glaubensgegenstand als solchen aufnimmt, erreicht sie nur beschränkte Evidenz. Dieser Mangel liegt allein an der Unfähigkeit des Subjekts[308].

β) Insofern der Glaubensgegenstand jedoch in der Theologie einsichtig wird, ist in bestimmtem Umfang eine Gewißheit erreichbar:

α') Wenn sich der Gegenstand dem Subjekt unmittelbar darbietet — anders betrachtet: wenn der durch das Glaubenslicht von irdischen Belastungen gereinigte und gnadenhaft erleuchtete Intellekt den Gegenstand erfaßt, dann erzeugt er gewissere Einsicht als irgendeine andere Wissenschaft[309]. Solche Einsicht ist freilich nur Sache weniger hervorragender Geister, da sie sich den schwierigsten Gegenständen zuwendet[310].

---

[306] A. 7 q. 2 crp. L: Quantum est ex parte rei scitae, dicendum, quod huiusmodi scientiae maxima est certitudo, quia res scita in ea firmissima et certissima est in sua veritate, quia aut est ipsa veritas prima aut innitens firmitati et auctoritati veritatis primae. Cum enim secundum ordinem causarum semper maior certitudo est in causa prima et ex ipsa..., necessarium est dicere, quod, quantum est ex parte rei scitae, ista scientia est certissima, quia est maxime primorum principiorum scientia.

[307] A. a. O. N: Ex parte vero scientis dupliciter contingit scientiae certitudo. Uno modo ex parte securitatis de veritate eorum, quae continet haec scientia; alio modo ex parte evidentiae in notitia veritatis... Primo modo adhuc ista scientia est certissima scientiarum, quia per habitum fidei securior est fidelis de veritate huius scientiae..., quam sit philosophus de primis principiis scientiarum speculativarum ex habitu de eis acquisito. Et appellatur haec securitas certitudo adhaesionis, quae bene potest esse sine omni clara et evidenti notitia.

[308] A. a. O. N—O: possumus loqui de certitudine huius scientiae, inquantum scitur ex ea credibile sub forma credibilis aut sub forma intelligibilis. Primo modo ista scientia non est certissima ex rei scitae evidendita, quia enim credibile sub forma credibilis semper habet notitiae obscuritatem in aenigmate, non potest habere talem evidentiam, qualem habent intellecta lumine naturalis rationis in aliis scientiis.

[309] A. a. O. Q: ubi se ipsam res evidenter manifestat, minime potest esse deceptio... Loquendo ergo de certitudine ex rei evidentia in se dicendum, quod ista scientia intellectui depurato a peccatorum maculis et nebulis phantasmatum per lumen fidei et super hoc illustrato dono et lumine intellectus, quo credibilia fiunt ei intelligibilia cum manuductione fidei et rationum adiutorio ex rebus naturalibus, bene contingit, quod homini sic disposito in vita ista scientia ista sit certissima et certior, quam sit aliqua alia scientia.

[310] A. a. O. R: Sed iste modus sciendi ex ista scientia paucorum est et viro-

β') Insofern sich der Betrachter jedoch dem Gegenstand nur durch eine Vermittlung nähern kann — wie man z. B. die Winkelsumme im Dreieck nur durch sichtbare Konstruktion dieser Figur bestimmen kann —, ist die Gewißheit seiner Erkenntnis nur von der unmittelbaren Einsicht in die Sache erbettelt und daher von geringerem Rang[311].

Nach dieser sorgfältigen Abwägung der Möglichkeiten urteilt Heinrich abschließend, die Theologie schaffe durch ihre Gegenstände wie durch die Erleuchtung des Subjekts größere Gewißheit als die anderen Wissenschaften[312]. Dabei handelt es sich aber nicht um zwei unabhängig nebeneinander wirkende Momente. Das Subjekt hat keine selbständige Funktion. Allein der Gegenstand erzeugt die Gewißheit, indem er im Subjekt eine ihm angemessene Aufnahmebereitschaft und schließlich eine entsprechende Aufnahme schafft[313].

7.6 ABSCHLIESSENDES URTEIL ÜBER DEN WISSENSCHAFTSCHARAKTER DER THEOLOGIE

7.61 Einleitung

Nach dem Überblick über die Hauptprobleme des theologischen Erkenntnisweges können wir auf die bisher nur vorläufig beantwortete Frage nach dem Wissenschaftscharakter der Theologie abschließend zurückkom-

---

rum eminentissimorum, quia est maxime primorum et universalium remotorum a nobis et ideo difficillimorum ad cognoscendum.

[311] A. a. O. P—Q: Unde, quia sic ex evidentia rei abstracta non potest homo scire veritates conclusionum rerum naturalium, requirit medium, per quod iudicet notitiam earum evidentem. — R: isto modo sciendi ista scientia non est certissima, sed multo sunt certiores philosophicae et maxime mathematicae. Sed ista certitudo, cum sit mendicata ab alio, illa autem prior habetur a natura rei, ista, quae est per medium, est certitudo secundum quid respectu illius, quae fit ex natura rei in se.

[312] A. a. O. R: ideo simpliciter et absolute dicendum, quod ista est certissima scientiarum, quia est de rebus certissimis in sua veritate et ex parte scientis securissima et evidentissima viro spirituali lumine intellectuali illustrato, prout homini in vita ista est possibile.

[313] A. a. O. K: ab eodem causatur scientia de aliquo et scientiae certitudo, scil. veritate ipsius rei scitae ... quanto est res scita certior et firmior in sua veritate, tanto certior et firmior nata est de ea haberi scientia. (Dahinter steht ein bestimmtes Wahrheitsverständnis:) Cum igitur veritas sit quaedam adaequatio rei et intellectus et quasi mensura utriusque, comparata ad utrumque certitudo scientiae potest iudicari vel ex parte rei scitae vel ex parte scientis. Vgl. a. 6 q. 2 crp. N: scientia non dicitur sapientia ex certitudine causarum, quas considerat, certitudine dico considerata ex parte scientis, quae causatur ex evidentia sibi facta apud intellectum de re scita, sed certitudine considerata ex parte rei scitae.

men. Sie wird von unseren Autoren z. T. bei der allgemeinen Erörterung der Wissenschaftlichkeit der Theologie, oft aber auch unter selbständigen Fragestellungen, wie der nach der Art von Wissenschaft (genus scientiae)[314], nach der von der Theologie geschaffenen Seelenverfassung (habitus)[315] oder — bereits inhaltlich präzisiert — nach ihrer Bestimmung als Weisheit[316] behandelt.

Die theologische Wissenschaftstheorie des 13. Jh. erfaßt ihren Gegenstand unter der Frage nach dem Wissenschaftscharakter nicht als ein kulturelles Gebilde (als organisierte Gesamtheit von Fragestellungen, Methoden und Erkenntnissen oder als Wissenschaftsbetrieb o. ä.), sondern als Vorgang oder Zustand der Erkenntnis. Sie bedient sich dabei einer auf *Aristoteles* zurückgehenden Psychologie[317]. Danach sind die aktuellen Tätigkeiten des Menschen (operationes, actus secundi) in einer inneren Verfassung, in Zuständen oder Fertigkeiten der Seele (habitus, actus primi) begründet[318], die ihrerseits wieder auf den Kräften oder Vermögen der Seele (potentiae animae) beruhen[319]. Sitz aller Seelenvermögen[320] ist die eine, einheitliche Seele in jedem Menschen[321], ein unkörperliches, für sich selbst bestehendes Wesen[322].

Der habitus wird nach Aristoteles als eine Befindlichkeit oder eine Verfassung beschrieben, gemäß der etwas (gut oder schlecht) eingerichtet ist, in der Psychologie: gemäß der wir (gut oder schlecht) gegenüber den Affekten und auf Handlungen hin ausgebildet sind[323]. Unsere habitus können demnach in gute (Tugenden) und schlechte (Laster) eingeteilt werden[324]. Zu den Tugenden zählen auch Glaube, Einsicht, Wissen und andere Gestalten der Erkenntnis. Bei der abschließenden Beurteilung des Wissenschaftscharakters der Theologie bemühen sich unsere Autoren um die möglichst genaue Bestimmung des von der Theologie geschaffenen habitus.

---

[314] Vgl. *Petrus* a. 1; *Peckham* q. 2 a. 2; *Wilhelm de la Mare* q. 1.

[315] Vgl. *Odo* Sent. q. 2 a. 2; *Kilwardby* q. 6.

[316] Vgl. A. 326 f.

[317] Ich referiere im folgenden ganz kurz nach der leicht zugänglichen S. th. des *Thomas*. Dabei führe ich nur einige grundlegende Vorstellungen an, die (mit Ausnahme der A. 321 genannten) Allgemeingut der Zeit sind.

[318] Vgl. 1—2 q. 49.   [319] Vgl. 1—2 q. 50; q. 56.

[320] Vgl. 1 q. 77.   [321] Vgl. 1 q. 76 a. 3.   [322] Vgl. 1 q. 75.

[323] Vgl. Met. Δ 20, 1022b10—12 (Übers. nach Thomas S. th. 1—2 q. 49 a. 1 crp.): habitus dicitur dispositio, secundum quam bene vel male disponitur dispositum et aut secundum se aut ad aliud, ut sanitas habitus quidam est; EN B 4, 1105b25 f. (nach Thomas S. th. 1 q. 83 a. 2 crp.): habitus dicuntur, secundum quos nos habemus ad passiones vel ad actus bene vel male.

[324] Vgl. 1—2 q. 54 a. 3; q. 55 introd.

7.62 Theologie als Weisheit

Schon die früheste theologische Einleitungslehre gibt der Theologie den Namen der Weisheit. Für *Roland* ist sie nicht eigentlich eine Wissenschaft (scientia oder ars), sondern etwas Bedeutenderes: sapientia[325].

Dieser Begriff, der eine Fülle von Merkmalen umfaßt, wird in der Folgezeit zur stehenden Bezeichnung für den eigentlichen Charakter der Theologie. Er dringt in die Formulierung von Quaestionen ein, wenn gefragt wird, ob die Theologie Wissenschaft oder Weisheit sei[326] oder ob sie überhaupt Weisheit genannt werden dürfe[327], aber er wird auch in anderen Zusammenhängen immer wieder gebraucht.

Das abschließende Urteil über die Theologie als Weisheit kann bei ganz verschiedenen Auffassungen über ihre Wissenschaftlichkeit bestehen:

1. Autoren, die die Theologie als Wissenschaft in einem weiten, alle intellektuellen habitus in sich fassenden Sinne verstehen[328], nennen sie im eigentlichen, strengen Sinne eine Weisheit[329].

2. Aber auch dort, wo der Wissenschaftsbegriff enger gefaßt wird, kann die Theologie als Wissenschaft und als Weisheit zugleich bezeichnet werden. So unterscheidet *Thomas* im Sentenzenkommentar drei spekulative habitus, die alle in der Theologie anzutreffen sind: Die Theologie ist als höchste unter allen Wissenschaften Weisheit; da sie aber Prinzipien wie Schlüsse betrachtet, ist sie zugleich Einsicht in diese Prinzipien und schlußfolgernde Wissenschaft[330]. Auch in der Summa hält Thomas — ohne die Differenzierung des Sentenzenkommentars — an der gleichberechtigten Bezeichnung der Theologie als Wissenschaft und Weisheit fest[331].

Diese beiden Bezeichnungen bilden keinen Gegensatz; wenn sie nicht in unbestimmter Weise einander gleichgesetzt werden[332], so erscheint Wis-

---

[325] Q. 2 crp. (PM f. 1ʳb; VB f. 1ᵛa): sacra scriptura habet subiectum, licet proprie loquendo non sit neque scientia neque ars, sed potius est sapientia et finis aliarum scientiarum; (PM f. 1ᵛa; VB f. 1ᵛa): haec autem non est ars proprie vel scientia secundum quod philosophi loquuntur de arte et scientia, sed quiddam nobilius, scil. sapientia. ... ipsa dicitur sapientia habito respectu ad primam radicem. Unde beatus Gregorius appellat fidem sapientiam, fortasse, quia est quoddam principium huius sapientiae primae.

[326] Z. B. *Walter* tr. 1 q. 4 a. 2; *Peckham* q. 2 a. 2 c. 1.

[327] Z. B. *Thomas* Sent. a. 3 q. 3; *Petrus* a. 1.

[328] Vgl. o. S. 150 f., bes. A. 102 f.

[329] Vgl. etwa *Albert* Sent. a. 4 ad 1: ista scientia principalissime dicitur sapientia; *Petrus* a. 1 crp.: Dico ergo, quod theologia large potest dici scientia, sed stricte et proprie sapientia; *Peckham* q. 2 a. 2 c. 1 crp. (F² f.4ᵛa—b; N f.4ᵛa): propriissime dicitur sapientia, tamen [est: +F²] ampliato nomine potest dici scientia. Vgl. auch *Romanus* tr. 2 q. 1 a. 2 (Zusatzfrage; VP f.3ᵛb15—22).

[330] A. 3 q. 1 crp.: Sed sapientia... considerat conclusiones et principia, et ideo sapientia est scientia et intellectus, cum scientia sit de conclusionibus et intellectus de principiis. [331] A. 6.

[332] Vgl. dazu auch *Kilwardby* q. 6 crp. (ed. Stegm. 45,20—24): Et quia

senschaft als das genus, unter das die Weisheit als eine (oder genauer: als die höchste) ihrer species fällt[333] (seltener gilt das umgekehrte Verhältnis[334]).

Der Begriff der Weisheit[335] ist dadurch besonders gehaltvoll, daß er weit in die vorwissenschaftliche, insbesondere in die religiöse Sphäre hinabreicht und von hier in die philosophische und theologische Reflexion übernommen wurde, die ihn mit zahlreichen neuen Bestimmungen anreicherte. Unseren Autoren begegnet er gleichermaßen häufig und bedeutungsvoll in den beiden großen Traditionsströmen, die zur theologischen Wissenschaftstheorie Materialien beisteuern:

einmal in der antiken Philosophie, aus der in unserem Zusammenhang besonders das von Aristoteles zu Anfang der Metaphysik gezeichnete Bild des Weisen wichtig wird;

zum andern in der biblischen Tradition, v. a. in der Weisheitsliteratur und bei Paulus.

Seit alter Zeit wird die Weisheit im Rahmen der Lehre von den sieben Gaben des heiligen Geistes behandelt[336]. Unter diesem Thema hat ihr

---

nomen sapientiae accipitur pro scientia et e converso, ut docet Augustinus De trin. 13 cap. 44, propterea communis habitus totius theologiae potest dici scientia; potest etiam dici sapientia. Tamen potissime dicitur sapientia.

[333] *Thomas* Trin. q. 2 a. 2 ad 1 (ed. Decker 87,24—88,7): sapientia non dividitur contra scientiam, sicut oppositum contra suum oppositum, sed quia se habet ex additione ad scientiam ... Et secundum hoc scientia dividitur contra sapientiam sicut proprium contra definitionem. Vgl. auch S. th. 1—2 q. 57 a. 2 ad 1: sapientia est quaedam scientia, inquantum habet id, quod est commune omnibus scientiis ... Sed quia habet aliquid proprium supra alias scientias..., ideo habet rationem perfectioris virtutis quam scientia. *Hannibaldus* a. 1 ad 4: Nach Augustin sind scientia und sapientia zu trennen, nach Aristoteles ist die sapientia eine Art der scientia. *Albert* S. th. q. 1 crp.: talem scientiam vocat [scil. Aristoteles] sapientiam.

[334] In dem o. A. 330 zitierten Beleg.

[335] Eine umfassende Darstellung zum Thema ist mir nicht bekannt. Vgl. die knappen Skizzen von *W. Gent*, Der Begriff des Weisen, 1966; *F. Sakaguchi*, Der Begriff der Weisheit..., 1968, 11—18; ferner die Spezialliteratur zum antiken Weisheitsbegriff, zur alttestamentlichen Weisheitsliteratur, zu Augustin, zum Mönchtum (vgl. o. A. 204) usw.

[336] Nach *Jes. 11,2—3* sollen auf dem Reis, das aus der Wurzel Jesse hervorgehen wird, sieben Gestalten des Geistes Gottes ruhen. Diese Weissagung wird in der Alten Kirche dahingehend ausgelegt, daß 1. der hl. Geist in Christus als eine Siebenheit von Gaben wirksam sei und daß 2. Christus diesen siebenfältigen Geist an die Gläubigen weitergebe. Damit ist Anlaß zu ausführlicher Erörterung der Wirkung dieser Gaben im Menschen gegeben und, da vier davon Weisen der Erkenntnis sind, zur Reflexion auf die Gestalt christlicher Erkenntnis. Neben fortitudo, pietas und timor domini zählen zu den Gaben des hl. Geistes: sapientia, intellectus, consilium und scientia, die in der Auslegungsgeschichte dieses klassischen Belegs immer wieder gegeneinander und auch gegen andere christliche Existenzformen abgegrenzt werden. In der sich im 12.

auch Petrus Lombardus einen festen Platz innerhalb der Dogmatik gegeben[337].

Die wichtigsten Merkmale der Weisheit hat bereits *Aristoteles* ausführlich dargelegt[338]. Sie zeichnet sich aus

1. durch ihre Gegenstände, denn sie handelt von allem, von Schwieri-
gem und insbesondere von den Prinzipien;

2. durch ihre Methode, denn sie ist besonders genau;

3. durch ihr Verhältnis zu den anderen Wissenschaften, denn sie beherrscht diese.

Dazu treten einige Formulierungen *Augustins*[339].

Unsere Autoren sehen diese Bestimmungen durch die Theologie erfüllt.
Sie führen nicht alle einzelnen Momente zusammen und gleichrangig an,
sondern wählen meist das eine oder andere aus und erweitern es durch besondere Kennzeichen der Theologie. Demnach ist die Theologie Weisheit
hinsichtlich[340]

1. ihres Gegenstandes:

Sie handelt vom höchsten Prinzip, nämlich von Gott als der obersten
Ursache[341], in Augustins Begriff: vom Ewigen[342].

Jh. ausbildenden Systematik werden die sieben Gaben in die Tugendlehre verwiesen. Sie erscheinen in den Einleitungslehren nicht; aber ihre Erörterung
hat auch für die theol. Wissenschaftstheorie mancherlei Materialien bereitgestellt. Zur Auslegung in der Alten Kirche: *A. Mitterer*, Die sieben Gaben...,
1925; *K. Schlütz*, Isaias 11,2 ..., 1932; in der Scholastik: *O. Lottin*, Les dons
du Saint-Esprit..., 1949.

[337] Über das Verhältnis sapientia — scientia: l. 3 d. 35 c. 1, auch c. 2, mit
mehreren Augustin-Zitaten.

[338] Das Folgende nach Met. A 2, 982a6—19, dazu A 1, 981b28—982a2
(Übers.: Thomas Met. l. 1 lect. 2); EN Z 7, 1141a9—b3 (Übers.: Thomas Eth.
l. 6 lect. 5—6 text. 841—47) zusammengefaßt.

[339] Vgl. etwa De trin.

	sapientia	scientia
12,14,22:	aeternorum contemplatio	— actio, qua bene utimur temporalibus rebus
12,15,25:	aeternorum rerum cognitio intellectualis	— temporalium rerum cognitio rationalis
13, 1, 1:	... contemplandis aeternis rebus ... sola cognitione	— in temporalibus rebus non sola cognitio, verum et actio
14, 1, 3:	rerum divinarum scientia	— rerum humanarum scientia

Dazu *É. Gilson*, Introduction ..., ⁴1969; auch *M. Schmaus*, Die psychologische
Trinitätslehre ..., 1927, bes. 285—91.

[340] Im folgenden biete ich nur eine Auswahl wichtiger Gesichtspunkte, die
sich — auch aus anderen Problemkreisen — noch vermehren ließe.

[341] So *Alexander* c. 1 crp.; *Thomas* Sent. a. 3 q. 1 crp. (altissimae causae);
u. a. *Peckham* q. 2 a. 2 c. 1 crp. (F² f.4ᵛa; N f.4ᵛa): subiectum est dignis-
simum, scil. bonum salutare.

[342] So *Kilwardby* q. 6 crp. (ed. Stegm. 45).

2. ihres Erkenntnisvollzuges:

a) Sie empfängt ihr Wissen durch Inspiration[343];

b) sie erreicht dadurch höchste Gewißheit[344];

c) sie verifiziert ihre Aussagen auf affektivem Wege[345].

3. ihres Verhältnisses zu den anderen Wissenschaften:

Aus der Sicht des Theologen nimmt die Theologie gegenüber allen anderen Wissenschaften die Stellung ein, die aus der Sicht des Philosophen die Metaphysik innerhalb der Philosophie innehat. Sie beurteilt die anderen Wissenschaften und richtet sie auf ein Ziel hin aus; sie hat daher den höchsten Rang[346].

Alexander beschreibt das Verhältnis der Theologie zur Metaphysik und den übrigen Wissenschaften in einem für die Folgezeit wichtigen Schema: Durch ihren gemeinsamen Gegenstand, Gott als erste Ursache, sind Theologie und Metaphysik Weisheit; aber nur die erstere ist — durch ihre affektive Verifikation — Weisheit im eigentlichen Sinne. Die Metaphysik, die sich in der bloßen Erkenntnis bewährt, ist daneben Weisheit nach Art von Wissenschaft; die anderen Disziplinen, die sich nur mit Verursachtem beschäftigen und sich nur im Erkennen vollziehen, sind schlechthin Wissenschaften[347].

Doch damit greifen wir schon auf einen Problemkreis vor, der erst im folgenden Kapitel ausführlicher zur Sprache kommen soll. Die Auffassung der Theologie als Weisheit, d. h. als vollkommenstes Wissen, wird eben von unseren Autoren sehr eng mit ihrer Abgrenzung gegenüber anderen Wissenschaften verknüpft[348].

---

[343] *Thomas* S. th. a. 6 crp.; *Walter* tr. 1 q. 4 a. 2 crp.; u. a.

[344] *Walter* tr. 1 q. 4 a. 2 crp.; vgl. überhaupt die ganze Diskussion über das Gewißheitsproblem.

[345] *Alexander* c. 1 crp.: ut cognitio secundum gustum, et ideo debet dici sapientia a sapore affectionis; *Peckham* q. 2 a. 2 c. 1 crp. (F² f.4ᵛa; N. f. 4ᵛa): sapientia = quasi sapida scientia; u. a.

[346] *Thomas* Sent. a. 3 q. 1 crp.: [ista scientia] est sapientia eo, quod altissimas causas considerat et est sicut caput et principalis et ordinatrix omnium scientiarum; *Romanus* tr. 2 q. 1 a. 2 crp. (VP f.3ᵛa—b): sapiens enim circa altissima versatur et alios ad finem dirigit; u. a. Vgl. u. 8.42.

[347] C. 1 crp.: Nomen ergo scientiae appropriatur scientiae causatorum, nomen vero sapientiae scientiae causae causarum... Theologia igitur, quae perficit animam secundum affectionem, movendo ad bonum per principia timoris et amoris, proprie et principaliter est sapientia. Prima philosophia, quae est theologia philosophorum, quae est de causa causarum, sed ut perficiens cognitionem secundum viam artis et ratiocinationis, minus proprie dicitur sapientia. Ceterae vero scientiae, quae sunt de causis consequentibus et causatis, non debent dici sapientiae, sed scientiae.

[348] *Ulrich* gibt die ausführlichste Darstellung der Theologie als Weisheit (tr. 2 c. 5—6). Er zählt in engem Anschluß an *Aristoteles* 12 Merkmale auf, von denen die meisten das Verhältnis der Theologie zu den anderen Wissenschaften betreffen.

7.63 Andere Lösungen

Der Begriff der Weisheit wird nirgends kritisiert; die meisten Autoren scheinen der Meinung zu sein, daß durch ihn der Wissenschaftscharakter der Theologie am besten getroffen wird. Nur gelegentlich werden daneben noch andere Lösungen genannt. Ohne Parallele sind *Odos* Darlegungen im Sentenzenkommentar. Odo weist zunächst drei Möglichkeiten zurück. Theologie ist

1. nicht Glaube, weil dieser aus Inspiration oder aus dem Hören der Predigt folgt;

2. nicht Wissenschaft, weil diese kausal (von der Ursache zur Wirkung) fortschreitet;

3. auch nicht Wissenschaft a posteriori, d. h. Herleitung der Ursache aus der Wirkung, weil diese rein intellektuell verfährt[349].

Vielmehr erzeugt die Theologie den habitus der Einsicht (intelligentia), die sich vor der schlußfolgernden Wissenschaft durch einen edleren Gegenstand und einen edleren Ursprung, allerdings nicht durch eine edlere Methode, auszeichnet. Jedoch führt auch die Einsicht zur affektiven Bewährung[350].

In den Quaestionen erschließt *Odo* aus dem Schema theologischer Sätze, das wir anläßlich des Prinzipienproblems bereits kennengelernt haben[351], vier verschiedene habitus der Theologie. Es entsprechen

der Annahme von ⌈ allgemein bekannten Sätzen: Weisheit
　　　　　　　 ⌊ Prinzipien der Theologie: Glaube

Schlüssen aus ⌈ allgemein bekannten Sätzen: Wissenschaft schlechthin
　　　　　　 ⌊ Prinzipien der Theologie: Glaubenswissenschaft[352].

---

[349] Q. 2 a. 2 (B f.2ᵛa; Tr f.1ᵛa): fides non, quia ipsa est [sit: Tr] ex inspiratione vel ex auditu simplicis praedicationis, quia innititur [primae: +Tr] veritati propter se. Item scientia non, quia scientia est per causam ... Si dicatur, quod est scientia a posteriori sicut in demonstratione, quia [quae: +B] procedit ab effectu ad causam, hoc non videtur. Scientia enim [quia scientia: Tr] illa est ad perficiendum intellectum, haec autem magis [ista autem est: Tr] ad perficiendum affectum.

[350] A. a. O. (B f.2ᵛa; Tr f.1ᵛa−b): habitus, qui ex huiusmodi ratiocinationibus [rationibus: Tr] relinquitur in nobis, intelligentia est et est nobilior habitus quam scientia per demonstrationem habita; nobilior dico, quia de nobiliori re et quia a nobiliori dante sive faciente eam in nobis, illa tamen scientia nobilior est, quia nobiliori modo habita. Non enim contingit hic ita [−Tr] demonstrare de necessitate sicut in demonstrativis scientiis ... etsi intelligentia primo perficiat intellectum, tamen consequenter perficit et [−Tr] affectum.

[351] Vgl. o. S. 143, A. 69.

[352] Q. 1 ad 1 (ed. Pergamo 22):

1. quantum ad acceptionem illarum dignitatum, quae menti　　　sapientia
　 hominum sunt impressae:

2. ratione cognitionis illarum suppositionum:　　　　　　　acceptio fidei

Auch *Kilwardby* schreibt der Theologie gleichzeitig mehrere habitus zu:
1. Glauben, der philosophischem Wissen überlegen ist, weil er der prima veritas aus Liebe anhängt;
2. Einsicht in den Glauben;
3. Wissenschaft im weiteren Sinne;
4. Weisheit[353].

Von allen bisher betrachteten Anschauungen verschieden ist die Lösung, die in der Theologie ein *Gesetz* sieht. Sie beschreibt nicht einen in der Seele erzeugten habitus, sondern die objektive Gestalt der Theologie.

Bereits der *Anonymus Vat. lat. 782, f. 123ʳ f.*, sagt nach längeren Ausführungen über die Wissenschaftlichkeit der Theologie[354] ohne nähere Erklärung, sie sei eigentlich zunächst göttliches Gesetz, das vom Glauben aufgenommen werde, und erst in der Folge Anleitung zum Handeln (ars) oder Wissenschaft (scientia)[355]. Erst gegen Ende des von uns betrachteten Zeitraums, durch *Wilhelm de la Mare*, wird die Auffassung der Theologie als eines Gesetzes zum Angelpunkt der ganzen theologischen Wissenschaftstheorie gemacht. Im Unterschied zur Wissenschaft, die eine Fülle von Wahrheiten zusammenfaßt, enthält das Gesetz Vorschriften[356]. Wilhelms Ausführungen zeigen deutlich, daß er primär nicht die Theologie, sondern die hl. Schrift beschreiben will, und wenn er von der Theologie im weiten Sinne redet, so orientiert er sich doch immer an der Schrift: im Blick auf sie kann er auch der Theologie ein gewisses Maß an wissenschaftlicher Methode nicht absprechen[357]. Der Name einer Wissenschaft

---

3. quantum ad conclusiones ex illis principiis illatas: scientia
4. quantum ad conclusiones consequentes ex illis suppositionibus: scientia fidei

[353] Q. 6 (ed. Stegm. 44 f.): Videtur igitur, quod nullum unum habitum faciat, sed vel diversos vel nullum. In his, quae tradit testimonio scripti vel verbi sine ratiocinatione vel visione, facit fidem... In eisdem autem prius creditis, cum postea affert rationem, facit intellectum sive intelligentiam... Scientia autem, ut est communis habitus fidei et visioni apud Augustinum, cadit hic, et sapientia similiter, quia haec scientia tangit tam res humanas quam divinas, tam temporales quam aeternas. (Forts. o. A. 332.)   [354] Vgl. o. S. 152 A. 106—110.

[355] Q. 1 crp. 2 (f.123ᵛa): haec tota scientia divina lex est, et omnia, quae ibi sunt, creduntur, et sic divina scientia non est scientia absolute, sed est divina scientia, quae primo deo attendit, non rationi. Tamen consequenter alicubi est ars, alicubi scientia. Ars, ubi docet operari et modum operandi, scientia vero, ubi apertis rationibus utitur, sicut in epistulis Pauli et aliis locis. Die letzteren Hinweise zeigen, daß der Anonymus Theologie und hl. Schrift gleichsetzt.

[356] Q. 3 a. 1 crp. (F¹ f.5ʳa): sacra scriptura proprie loquendo non est scientia, sed lex et per modum legis. Tamen sancti doctores confundunt ista vocabula. Et est differentia inter scientiam et legem, quia scientia, prout idem est, quod disciplina, est continentia sive aggregatio multarum veritatum, lex autem est continentia sive aggregatio multorum praeceptorum. Unde scientia est enuntiativa, lex autem imperativa et prohibitiva. Ebenso q. 1 crp. (F¹ f.2ᵛb).

[357] Q. 1 crp. (F¹ f.2ᵛb): Alii tamen volunt dicere, quod proprie est scientia

kommt jedoch nur den Sentenzen des Petrus Lombardus zu, die eine Gesetzesauslegung und Erklärung schwieriger Probleme der hl. Schrift darstellen[358]. Von der Gleichsetzung der Theologie mit der hl. Schrift und
ihrer Auffassung als Gesetz her sind alle weiteren Bestimmungen in Wilhelms Wissenschaftstheorie verständlich: Die Theologie erzeugt den habitus des Glaubens, nicht der Wissenschaft[359]; ihre Sache ist die Gottesverehrung[360], ihr Ziel-Zustand Liebe und geistliches Leben[361], ihre Methode
sind Gebot und Verbot[362], sie bewährt sich unter Bewegung des Affekts im
sittlichen Werk[363].

Die Lösung Wilhelms beeindruckt durch ihre Geschlossenheit. Obwohl
dieser Autor — vierzig Jahre nach den ältesten erhaltenen Zeugnissen
wissenschaftstheoretischer Reflexion auf die Theologie — die theologische
Wissenschaft noch an ihrer Idealgestalt, der hl. Schrift, betrachtet, vermag er doch auch die Eigenart der in den Sentenzen verkörperten Theologie zu erfassen. Die Sentenzen haben dieselbe Sache[364] und dasselbe Ziel,
damit auch dieselbe Verifikation[365], wie die in der hl. Schrift enthaltene
Theologie. Sie unterscheiden sich von ihr jedoch in einem wesentlichen
Punkt: im Wissenschaftscharakter.

---

et modo scientiali, id est ratiocinativo, in pluribus procedit. Unde epistulae
Pauli plenae sunt efficacissimis rationibus. Est etiam demonstrativa haec scientia in aliquibus suis partibus... (Verweis auf Jes. 53,7). Man beachte, wie hier
von der hl. Schrift als einer Wissenschaft die Rede ist!

[358] Q. 3 a. 2 (F¹ f.5ᵛb): videtur, quod differant sicut lex et scientia sive lex
et legis expositio, quia Magister nihil aliud facit nisi exponere et solvere difficiles quaestiones utriusque testamenti... De eodem ergo, de quo est sacra
scriptura per modum legis, de eodem est praesens doctrina per modum scientiae
sive per modum expositionis.

[359] Q. 1 ad 3 (F¹ f.3ʳa–b): [sed ista habitum fidei: i. m.] ideo generat,
quia est lex docens cultum divinum. Deus autem colitur fide sicut et aliis virtutibus.

[360] Vgl. o. S. 112 A. 136 f. [361] Vgl. o. S. 194 A. 198.
[362] Vgl. o. S. 167 A. 55. [363] Vgl. o. S. 204 A. 250.
[364] Vgl. o. S. 114 A. 141. [365] Vgl. o. S. 204 A. 250.

8. DAS VERHÄLTNIS DER THEOLOGIE ZU DEN ANDEREN WISSENSCHAFTEN UND DIE NOTWENDIGKEIT EINER SELBSTÄNDIGEN THEOLOGIE

8.1 PROBLEMSTELLUNGEN

Bei der bisherigen Analyse sind wir immer wieder auf Äußerungen über das Verhältnis der Theologie zu den anderen Wissenschaften gestoßen. Dieses Thema durchzieht die ganze theologische Wissenschaftstheorie. Einerseits muß die Theologie ihr Heimatrecht im Kreise der Wissenschaften und in der neu entstandenen Universität dadurch nachweisen, daß sie gewissen allgemeinen Bedingungen von Wissenschaftlichkeit genügt. Andererseits muß sie verschiedene bei diesem Nachweis zutage tretende Mängel durch Hinweis auf ihre Vorzüge ausgleichen und darüber hinaus das aus ihrer religiösen Grundlage erwachsene Überlegenheitsbewußtsein zu verteidigen suchen. Sie trägt damit auch ihrer ganz konkreten Lage im Geistesleben des 13. Jh. Rechnung, als durch wachsendes Selbstgefühl und Unabhängigkeit der anderen Wissenschaften, insbesondere aber der Metaphysik, die mit denselben Namen wie die Theologie bezeichnet werden kann und wichtige Merkmale mit ihr teilt, gefährliche Konkurrenzsituationen entstehen[1].

Angesichts der Wichtigkeit des Themas begnügen sich unsere Autoren nicht damit, das Verhältnis der Theologie zu den anderen Disziplinen[2] im Rahmen der bisher von uns betrachteten Fragestellungen zu behandeln, sondern sie widmen ihm darüber hinaus großenteils ausführliche thematische Untersuchungen.

Die Themafragen können allerdings ganz unterschiedlich formuliert werden, wie etwa

---

[1] Vgl. o. 2.37.

[2] Man redet von aliae scientiae (facultates) u. ä., von philosophia, philosophicae scientiae (disciplinae) u. ä. im allgemeinen Sinne von Wissenschaften (zu dieser weiten Bedeutung vgl. o. 2.37). — Die gelegentliche Rede von physicae scientiae o. ä. (z. B. Thomas Sent. a. 1: videtur, quod praeter physicas disciplinas nulla sit homini doctrina necessaria) beruht auf einer falschen Auflösung der Abbreviatur phy^{ca} (phi^{ca}) für philosophica, einem Fehler, der wohl schon auf mittelalterliche Abschreiber zurückgeht.

allgemein nach dem Verhältnis von Theologie und anderen Wissenschaften[3];

spezieller nach ihrer Unterscheidung[4];

nach der Rangstellung der Theologie unter den Wissenschaften[5];

nach dem Gebrauch einzelner Wissenschaften in der Theologie[6] u. a.

Ich werde im folgenden die Darstellung nach einigen großen Problemstellungen gliedern:

— Besteht überhaupt ein Unterschied zwischen der Theologie und den übrigen Wissenschaften (v. a. der Metaphysik)?

— In welcher ontologischen und wertmäßigen Ordnung stehen Theologie und andere Disziplinen innerhalb des Wissenschaftsgebäudes?

— Welche Dienste leisten sich Theologie und andere Diszplinen gegenseitig?

In engstem Zusammenhang mit der ersten dieser Fragen steht eine weitere: die nach der Notwendigkeit einer selbständigen Theologie. Dieses Problem könnte in verschiedener Hinsicht erörtert werden: gegenüber dem Glauben des einzelnen Christen, der Predigt, der kirchlichen Lehre, gegenüber fixierten Äußerungen vergangener Theologie, Lehre usw. Tatsächlich wird aber unter dem Thema der Notwendigkeit, das von Fishacre in die Diskussion eingeführt und besonders von den Dominikanern aufgenommen wird, stets die Notwendigkeit einer christlichen Theologie neben natürlicher Gotteserkenntnis bzw. Metaphysik dargelegt. Deshalb muß dieses Problem im vorstehenden Kapitel, und zwar — der besonderen Fragerichtung unserer Autoren wegen — in einem selbständigen Abschnitt, behandelt werden.

8.2 Die Unterschiedenheit der Theologie von den anderen Wissenschaften

Zunächst stellen einige Autoren die Frage, ob die Theologie sich überhaupt grundlegend von anderen Wissenschaften unterscheide oder ob sie nicht vielmehr in und unter ihnen enthalten sei. Für diese Annahme werden einige Gemeinsamkeiten ins Feld geführt:

1. die Quelle: denn alle Wahrheit stammt von Gott[7];

---

[3] *Roland* q. 3; *Kilwardby* q. 7; u. a.

[4] *Alexander* c. 2; *Odo* QQ. q. 2; u. a.

[5] *Thomas* S. th. a. 5; *Aegidius* q. 4—7; u. a.

[6] *Walter* tr. 2 q. 1 a. 2; *Wilhelm de la Mare* q. 5 a. 2.

[7] Dafür liegen zahlreiche Bibelstellen bereit. Vgl. Eccli. 1,1: Omnis sapientia a domino deo est...; Röm. 1,19; 1. Kor. 12,3; Jak. 1,5; (nach Alexander c. 2 arg. 1;3;4; Odo QQ. q. 2 arg. 6; usw.). Dazu Väterzitate, wie das vielzitierte Wort *Augustins* De doctr. chr. 2,42,63: quidquid homo extra didicerit, si noxium est, ibi damnatur; si utile est, ibi invenitur.

15*

2. das Ziel: denn jede rechte Wissenschaft führt zu Gott hin[8];

3. die Gegenstände: denn die Theologie behandelt zahlreiche Dinge, die auch unter andere Wissenschaften fallen[9].

Schwieriger als die allgemeine Unterscheidung der Theologie von den profanen Wissenschaften ist ihre Abgrenzung gegen die Metaphysik. Diese hat denselben Gegenstand wie die Theologie, nämlich Gott[10]; daher trägt sie auch denselben Namen (theologia, scientia divina)[11]; sie hat denselben Wissenschaftscharakter: sie ist Weisheit[12]. Die Abgrenzung der Theologie gegenüber der Metaphysik, die vom 12. Jh. nicht geleistet wurde[13] und auch noch im 13. Jh. nicht leichtfällt[14], ist eine der wichtigsten Aufgaben, die der frühen theologischen Wissenschaftstheorie gestellt sind. Sie wird übrigens nicht nur innerhalb der Theologie in Angriff genommen, sondern auch von seiten der Philosophie[15].

---

[8] Vgl. *Odo* QQ. q. 2 arg. 9 (V² f.45ᵛb).

[9] Vgl. *Albert* S. th. q. 4 arg. 5: agit... de moralibus, intelligibilibus, naturalibus et multis disciplinalibus in mensuris templi et numeris musicis, quos ponit.

[10] *Alexander* c. 2 arg. 2: [theologica scientia] dicitur divina, quia est de deo, et secundum hoc philosophia prima est divina et theologica, quia est de deo; usw.

[11] Vgl. z. B. u. A. 33.

[12] Genauer: Die theol. Wissenschaftstheorie bedient sich der von Aristoteles geprägten Charakteristik der Metaphysik als Weisheit zur Beschreibung der Theologie. Vgl. o. 7.6. Vgl. auch z. B. *Peckham* q. 2 a. 2 c. 1 crp. (F¹ f.4ᵛa; N f.4ᵛa), der die drei Gesichtspunkte, unter denen nach Avicenna die Weisheit hervorragt, von der Metaphysik auf die Theologie überträgt: in certitudine, in subiecti dignitate et in considerationis generalitate.

[13] Zwei typische Belege dafür, wie die Gleichheit des Namens zur Gleichsetzung von Metaphysik und Theologie führt:
1. *Dominicus Gundissalinus* teilt zu Beginn seiner allgemeinen Wissenschaftslehre die honesta scientia in scientia divina und humana ein. Dabei wird die scientia divina als das von Gott eingegebene Wissen bestimmt, wie es sich im Alten und Neuen Testament vorfindet (ed. Baur 5,5—8). Bei der Behandlung der einzelnen Teile der Wissenschaft erscheint dann aber unter demselben Namen die Metaphysik (35,9—43,3).
2. In der *Ysagoge in theologiam* scheinen die Grenzen ganz zu verschwimmen. Die Einleitung redet von der Theologie z. T. mit den der Beschreibung der Metaphysik entnommenen Begriffen (ed. Landgraf 63,3); aber sie erweitert den Kreis ihrer Gegenstände sogleich auf den ganzen Bereich der materialen Dogmatik (Gott, Engel, Menschen; deren Schöpfung, Fall, Erlösung: 63,5 f.; 64,2—5), hat also sichtlich die Theologie im Auge. Im folgenden wird diese Theologie aber genau in das boethianische Schema an den Platz der Metaphysik eingefügt.

[14] So kann z. B. *Thomas* in einem Zusammenhang, der sich auf die Metaphysik im Schema der spekulativen Wissenschaften bezieht, auch von der scientia divina in der hl. Schrift reden (vgl. De trin. q. 6 a. 2 arg. 1; ad 1 (ed. Decker 213; 217).

[15] So beschreibt *Siger von Brabant* in seinen Quaestiones super metaphysi-

Unsere Autoren sind sich vollkommen darüber einig, daß sich die Theologie von allen anderen Wissenschaften, auch von der Metaphysik, unterscheidet. Verschieden sind nur die Ausführlichkeit und die Begriffe, mit denen sie diesen Unterschied beschreiben. Daher kann ich mich darauf beschränken, die wichtigsten Punkte, die genannt werden, mit einigen kennzeichnenden Belegen zusammenzustellen[16]:

1. Erkenntnisquelle:

Die Theologie empfängt ihre Erkenntnisse (oder wenigstens ihre Prinzipien) durch Offenbarung (Inspiration, gnadenhafte Erleuchtung); die anderen Wissenschaften erwerben sie durch menschliche Bemühung (mit Hilfe der natürlichen Erleuchtung)[17].

2. Erkenntnisverfahren und Stil:

Die Theologie bedient sich übernatürlicher Methoden und eines absichtlich dunklen Stils; die anderen Wissenschaften natürlicher und klarer Verfahren[18]. In beiden verläuft der Erkenntnisweg umgekehrt[19].

---

cam unter der Frage: Qualiter differat scientia theologia, quam prae manibus habemus, quae est pars philosophiae, et scientia theologia, quae non est pars philosophiae, sed est sacra scriptura, nam utraque dicuntur theologia. Quomodo ergo differunt? (W. Dunphy — A. Maurer, A promising new discovery . . ., 1967, 366) den Unterschied ausführlich in sechs Punkten.

[16] Ausführliche Zusammenstellung der wichtigsten Unterschiede bei *Kilwardby* q. 2 a. 1 c. 1 (ed. Stegm. 27—29); q. 2 a. 2 (31 f.); q. 7 (48—50): differt haec ab aliis in sensualitate, in habitu, quem facit, in auctore, subiecto, forma et fine (48,9—11).

[17] Vgl. etwa den *Anonymus Vat. lat. 782, f. 123 f.*, q.1 crp. 2; ad 3; *Odo* QQ. q. 2 crp. (ed. Pergamo 25): in inveniendo, quia aliae inventae sunt per humanam industriam, haec autem per inspirationem; ad 5 (eigentlich 5—8) (ed. Pergamo 26 f.):

aliae: gratis inditum a natura   (revelatio) per lumen ⌈ naturae
Theologie: gratis superadditum   ⌊ gratiae

Kilwardby an den o. A. 16 angef. Stellen, dazu q. 5 ad 1—3 (ed. Stegm. 42); *Thomas* Sent. a. 3 q. 1 crp.; usw. Vgl. auch *Siger* (ed. Dunphy — Maurer a. a. O. 367).

[18] Vgl. *Anonymus Vat. lat. 2186* q. 1 (ed. Bignami — Odier 143): secundum ductum naturalem procedit traditio philosophica, secundum ductum gratuitum procedit ratio humana in traditione scientiae catholicae; *Odo* QQ. q. 2 crp. (ed. Pergamo 25): aliae per rationes humanas, haec autem per rationes supra humanam intelligentiam; zur Methode i. a. vgl. o. v. a. 7.22.

[19] *Alexander* c. 1 ad 4: hic ipsum credere introducit ipsum intelligere; in aliis vero ipsum intelligere introducit ipsum credere; *Thomas* Trin. Prol. 1 (ed. Decker 45 f.): diverso ordine hinc inde proceditur. Philosophi enim, qui naturalis cognitionis ordinem sequuntur, praeordinant scientiam de creaturis scientiae divinae, scil. naturalem metaphysicae. Sed apud theologos proceditur e converso, ut creatoris consideratio considerationem praeveniat creaturae. Vgl. auch q. 2 a. 2 crp. 2 (ed. Decker 87).

3. Verifikation:

Während die anderen Wissenschaften bei intellektueller Verifikation stehen bleiben, bewährt sich die Theologie darüber hinaus auch affektiv[20].

4. Gewißheit:

Die Herkunft theologischer Erkenntnis aus der Offenbarung und (bzw. oder) ihre affektive Verifikation schafft größere Gewißheit als die bloße Erkenntnis in anderen Wissenschaften[21].

5. Gegenstand:

a) Die Theologie handelt von Gott[22], die anderen Wissenschaften (außer der Metaphysik) von den Geschöpfen[23].

b) Schwieriger ist unter diesem Gesichtspunkt die Abgrenzung gegenüber der Metaphysik:

α) Man greift auf einen der übrigen Gesichtspunkte zurück: Die Theologie handelt von Gott in anderer Weise als die Metaphysik[24].

β) Gott tritt in unterschiedlicher Gestalt in Erscheinung: Die Metaphysik sieht ihn nur als erste Ursache, als Schöpfer, die Theologie darüber hinaus als Erlöser und Erneuerer der alten, durch den Fall verdorbenen Schöpfungsordnung[25].

γ) Endlich nimmt die theologische Wissenschaftstheorie auch von der zeitgenössischen Diskussion um den Gegenstand der Metaphysik Kenntnis[26]. In der Artistenfakultät wird die Frage erörtert, ob Gott[27] oder das Seiende als solches (ens commune)[28] Sache der Metaphysik sei. Bereits

---

[20] Vgl. *Alexander* c. 2 ad obi. u. ö. Vgl. o. 7.42; auch unter dem Thema des finis.

[21] Vgl. o. 7.5.

[22] Dies wird in dem vorliegenden Zusammenhang allgemein vorausgesetzt. Die Behandlung dieser Frage greift also nicht auf die vielfältigen gleichzeitigen Versuche zur Lösung des Gegenstandsproblems zurück.

[23] Vgl. *Alexander* c. 1 crp.: scientia causae causarum — causatorum; *Odo* QQ. q. 2 crp. (ed. Pergamo 25): theologia est de deo, aliae vero sunt de creaturis; usw.

[24] Vgl. *Alexander* c. 1 crp.; *Odo* QQ. q. 2 crp. (ed. Pergamo 25): aliter.

[25] Vgl. *Alexander* c. 2 ad obi.: de deo dicitur esse ista scientia et non sicut aliae scientiae, velut prima philosophia, quia non agunt de deo secundum mysterium trinitatis vel secundum sacramentum humanae reparationis; *Odo* QQ. q. 2 ad 5 (ed. Pergamo 26): metaphysica est de deo inquantum est causa producens omnia et terminans omnia quantum ad opus conditionis; theologia autem principaliter est quantum ad opera reparationis... Et quod est de operibus conditionis et lapsu hominis, hoc est ex consequenti.

[26] Eingehend untersucht von *A. Zimmermann*, Ontologie oder Metaphysik?, 1965. — Die Diskussion bewegt sich natürlich nicht nur zwischen diesen beiden Möglichkeiten und ist überhaupt viel verwickelter, als ich hier in der gebotenen Kürze andeuten kann.

[27] Dies die Lösung des *Averroes*; vgl. Zimmermann a. a. O. 116 f.

[28] Dies die Lösung *Avicennas*; vgl. Zimmermann a. a. O. 108—14.

Odo (in den Quaestionen) muß diese Diskussion kennen, da er der Sache der Theologie (Gott) drei Gegenstände der Metaphysik entgegenhält (Seiendes, Substanz, Gott), von denen er das Seiende die Sache der Metaphysik nennt[29].

Albert, der selbst aktiv an der philosophischen Diskussion teilnimmt und dabei mit Entschiedenheit die Annahme Gottes als der Sache der Metaphysik zugunsten des Seienden ablehnt[30], benützt diese Lösung, um auch in seiner theologischen Wissenschaftstheorie klar zwischen den Gegenständen der Theologie und der übrigen Wissenschaften zu scheiden[31].

Die Unterscheidung schlägt sich schließlich auch im Sprachgebrauch nieder:

a) *Alexander* prägt ein Schema, nach dem nur die Theologie im vollen Sinne Weisheit, die Metaphysik Weisheit nach Art von Wissenschaft, die übrigen Disziplinen aber bloß Wissenschaften sind[32].

b) Die unreflektierte und undifferenzierte Verwendung des Begriffes theologia geht zurück. In der philosophischen Literatur scheinen andere Bezeichnungen für die Metaphysik an Bedeutung zu gewinnen[33]. Andererseits unterscheidet man nun genauer zwischen der theologia, die ein Teil der Philosophie ist, und der eigentlichen (christlichen) Theologie[34].

---

[29] Q. 3 ad c (richtig: ad I): Ad illud, quod obicitur, quod deus est subiectum, concedendum est, quod verum est...; non tamen propter illud, quod arguitur, scil. quia est subiectum in metaphysica, quia forte non est in metaphysica subiectum deus, sed ens. Tamen potest dici subiectum tripliciter: aut [1.] de quo et de cuius partibus est tota scientia probando passiones de partibus subiecti, aut [2.] in quo radicantur omnia, quae determinantur in scientia, aut [3.] ad quod reducuntur. Primo modo in prima philosophia subiectum est ens, secundo modo substantia, tertio modo est subiectum deus; tamen subiectum secundum propriam acceptionem dicitur primo modo (ed. Pergamo 27 f.).

[30] In der kurz nach 1262/63 verfaßten Metaphysik tr. 1 c. 2 erwägt *Albert* die drei Vorschläge: causa (prima), deus et divina und ens — z. T. mit Argumenten, die denen der theolog. Wissenschaftstheorie entsprechen — und entscheidet sich für den dritten: Ideo cum omnibus Peripateticis vera dicentibus dicendum videtur, quod ens est subiectum inquantum ens et ea, quae sequuntur ens, inquantum est ens, et non, inquantum hoc ens, sunt passiones eius (Opera XVI ed. Geyer 3,51—54).

[31] S. th. q. 4 crp.: in aliis scientiis subiectum est ens vel pars entis a natura vel a nobis causatum... In theologia autem subiectum est fruibile vel relatum ad ipsum per modum signi vel utilis.

[32] Vgl. o. S. 222.

[33] *Thomas* nennt drei Namen der Metaphysik (1 Met. Prol.): theologia — metaphysica — prima philosophia; *Roger Bacon* zählt eine längere Reihe auf: divina scientia, sapientia, (prima) philosophia, metaphysica u. ä., aber nicht theologia (Quaestiones alterae..., Opp. hact. ined. 11,30 f.).

[34] Vgl. *Alexander* c. 1 crp.: theologia — prima philosophia, quae est theologia philosophorum; *Thomas* Trin. q. 5 a. 4 crp. Nr. 4 (ed. Decker 195): Sic ergo theologia sive scientia divina est duplex: ... theologia, quam philosophi prosequuntur, quae alio nomine metaphysica dicitur ... theologia, quae

8.3 Die Notwendigkeit einer selbständigen Theologie

Der Nachweis einer grundlegenden Unterschiedenheit der Theologie von den anderen Wissenschaften bildet die Voraussetzung für die Frage nach der Notwendigkeit einer solchen selbständigen Theologie. Diese Frage ist durch jenen Nachweis nicht überflüssig gemacht; denn es wäre denkbar, daß die Theologie lediglich einen entbehrlichen Zusatz zum Kreise der anderen Wissenschaften — etwa eine Verdoppelung der Metaphysik unter anderen Gesichtspunkten — darstellte. Tatsächlich hat die Philosophie vor und unabhängig von der Theologie eine Fülle von Erkenntnissen über Gegenstände der Theologie gewonnen — nicht nur von solchen, die, wie etwa die Lehre von der Ewigkeit der Welt oder von der Einheit des Intellekts, zu den Aussagen der hl. Schrift und der Glaubensartikel in Gegensatz stehen, sondern auch von solchen, v. a. aus dem Bereich der Gotteslehre, die von der Theologie seit ihren Anfängen bereitwillig aufgenommen wurden und ganz wesentlich zur Ausgestaltung der christlichen Dogmatik beigetragen haben. Im 13. Jh. ist das Selbstbewußtsein der Philosophen so sehr erstarkt, daß sie (nach den Aussagen der Verurteilung von 1277) die Notwendigkeit der Theologie zu vollkommener Erkenntnis anzweifeln[35].

---

in sacra scriptura traditur; theologia philosophica — theologia sacrae scripturae; *Thomas* S. th. a. 1 ad 2: theologia, quae ad sacram doctrinam pertinet — theologia, quae pars philosophiae ponitur. Vgl. ferner *Sigers* Formulierungen o. A. 15.

Mehrfach greift man auf *Hugos von St. Victor* Unterscheidung zwischen einer theologia mundana (huius mundi) und einer theologia divina (In Hier. Cael. ..., PL 175,926 D—927 A) zurück: So der *Anonymus Vat. lat. 782, f. 123 f.*, q. 4 bereits in der Fragestellung; (f.124ʳa): [Hugo] mundanam dicit, quae procedit per simulacra naturae, divinam, quae per simulacra gratiae;

Petrus a.4 ad 1:   a.5 crp.:

theologia ⎡ mundana (= metaphysica)   theologia ⎡ mundana
         ⎣ ecclesiastica   ⎣ divina

Wilhelm de la Mare q. 2 ad 2 (F¹ f.3ʳb—4ᵛa):

scriptura divina, hoc est theologia ⎡ una gentilium (= metaphysica)
                                     ⎣ altera ecclesiastica

Es ist bemerkenswert, daß ich weder im 12. noch im 13. Jh. einen Beleg für die durch das varronisch-augustinische Schema (vgl. o. 2.22) und durch das ganz geläufige Reden von cognitio naturalis, rationes naturales usw. in bezug auf Gott nahegelegte Formulierung „theologia naturalis" gefunden habe. Der Grund dieser Meidung liegt wohl darin, daß das Wort naturalis im wissenschaftstheoretischen Zusammenhang so eng mit dem Begriff der scientia naturalis (= Physik) verknüpft ist, daß eine Verbindung „theologia naturalis" einfach als unmöglich empfunden wird.

[35] Vgl. Chartularium 1,543—55 (Nr. 473), Satz 145: Quod nulla quaestio est disputabilis per rationem, quam philosophus non debeat disputare et determinare...; Satz 211: Quod intellectus noster per sua naturalia potest pertin-

In dieser Lage müssen die Theologen die Notwendigkeit ihrer Arbeit auch wissenschaftstheoretisch begründen. Dafür begnügt man sich nur gelegentlich mit dem Schluß aus der Unterschiedenheit der Theologie von den anderen Wissenschaften auf ihre Heilsnotwendigkeit[36]. Häufiger stellt man die thematische Frage nach der Notwendigkeit. Das Problem scheint sich allerdings erst mit der Zuspitzung des Konflikts zwischen Theologen und Philosophen nach der Jahrhundertmitte unausweichlich aufgedrängt zu haben. Deshalb begegnen wir der Frage — mit einer Ausnahme — erst in der zweiten Hälfte des 13. Jh.[37].

Fishacre fragt als erster thematisch nach der Notwendigkeit der Theologie und begründet sie in einem ausführlichen Gedankengang. Jeder Mensch hat das angeborene Verlangen, schlechthin alles zu wissen. Das gesamte Wissen ist im Geiste Gottes gleichsam wie in einem Buche[38] enthalten. Nun ist aber der Mensch in seinem gegenwärtigen Zustand unfähig, in dieses Buch, das Gott selbst ist, Einblick zu nehmen. Wenn sein natürliches Streben nicht sinnlos sein soll, so muß daher alles Wissen in einem ihm zugänglichen Buche festgehalten sein. Und da alle Erkenntnis mit der sinnlichen Wahrnehmung anfängt, die im Sehen und im Hören besteht, sind eine das Hören ansprechende Lehre und sichtbare Beispiele nötig. Wie sich die Astronomie auf ihre Instrumente und den Almagest des Ptolemaeus stützt, so gewinnt die Theologie ihre Erkenntnis z. T. aus der Schöpfung, aber nur mit Hilfe eines Buches: der hl. Schrift. Die Philosophen, die nur das Buch der Schöpfung lesen, sind dadurch Irrtümern ausgesetzt. Zu sicherer Erkenntnis befähigt allein die hl. Schrift[39].

---

gere ad cognitionem primae causae; v. a. Satz 153: Quod nihil plus scitur propter scire theologiam.

[36] *Albert* S. th. q. 4 ad 5: Ex his [d. h. gewissen Unterschieden] ulterius patet, quod haec scientia non superfluit, sed valde necessaria est ad salutem.

[37] Nach *Fishacre* stellen die Frage: *Thomas* Sent.; *Petrus*; *Ulrich*; *Peckham*; *Thomas* S. th.; *Romanus*; *Heinrich*; *Aegidius*; die *Anonymi Todi* 39 (nach Petrus, Peckham, Thomas) und *Vat. lat.* 2186 (Einfluß Fishacres?). (Die Ausführungen Heinrichs und Aegidius' werde ich im folgenden nicht berücksichtigen.)

[38] Beatus liber (O¹ f.3ʳa38); liber vitae (O¹ f.3ʳb8). Zum Bilde des Buches vgl. u. 9.2.

[39] Nr. 3—4 (O¹ f.3ʳa f.): Innatum est homini desiderium sciendi, non tantum hoc vel illud, sed simpliciter... Sed omnia scripta sunt in mente divina. Quid ergo necesse est homini desideranti scire omnia nisi in illum beatum librum inspicere? ... Aut igitur frustra nobis innatum fuisset desiderium sciendi omnia aut oportuit scribi omnia in aliquo libro et quidem non unico, sed duplici. (Nr. 4) Omnis enim nostra cognitio intellectualis incipit a sensu. Unde Philosophus: ,deficiente sensu necesse est scientiam deficere' et hoc: ,non ab unico sensu incipit nostra cognitio, sed duplici, scil. auditu et visu' ... Ad hoc enim, ut occulta sufficienter fiant manifesta, exigitur doctrina audibilis et exemplum visibile ... Sicut ergo sapientia astrorum tota quidem in corporibus

Wir begegnen hier bereits bei Fishacre dem Gedanken, dem später *Kilwardby* die schon erwähnte Formulierung gibt: Durch Studium erworbenes Bücherwissen ist einem aus der lebendigen Erfahrung gewonnenen Wissen überlegen[40].

Es entspricht dieser Haltung, wenn etwa *Peckham* meint, Gottes Reden in der menschlichen Seele reiche nicht zur Ausrichtung auf das übernatürliche Ziel aus; dazu sei die hl. Schrift nötig[41].

Während Fishacre die Notwendigkeit der hl. Schrift mit der Unsicherheit natürlicher Erkenntnis begründet, führt *Kilwardby* als Argument die inhaltliche Unzulänglichkeit einer Gotteserkenntnis aus der Welt an. Sie vermag Gott nicht als Erlöser zu zeigen und läßt dadurch die Forderung nach einer zusätzlichen Unterweisung über das Heilsnotwendige offen[42]. Ähnlich führt *Petrus* den inhaltlichen Mangel der Philosophie ins Feld, die Gott nur als Ausgangspunkt des Seins, nicht als sein letztes Ziel erkennt[43].

Thomas stellt im Sentenzenkommentar wie in der Summa die Frage nach der Notwendigkeit der Theologie an die Spitze seiner Einleitungs-

---

caelestibus est excellentissime, sed ibi nos latet, tota insuper in scriptura, ut forte in Almagesto Ptolemaei, tota insuper instrumentis ligneis tamquam in exemplo, et ibi quidem ignobilissime, et scriptura quidem et exempla illa non sunt nisi ad manifestandum illam, quae est in corporibus caelestibus — exempla quidem per visum, scriptura per auditum —, sic illa quidem sapientia (f.3ʳb) omnium principaliter et excellentissime est in libro vitae, sed ibi ratione dicta nos latet, est et tota in scriptura sacra et tota in universa creatura. Et utraque harum necessaria est ad manifestationem illius in libro vitae, scriptura quid per auditum et universitas creaturae tamquam exemplum per visum . . . Sicut ergo non sciuntur occulta astrorum per exempla sine scriptura, sic nec sapientia hic [l.: haec?] in mente divina cognoscetur per universitatem creaturarum sine sacra scriptura. Et ideo in libro creaturae tantum studentes philosophi nec mirum erraverunt nescientes, quod in creatura, cuius esset exemplum in creatore. Sic ergo patet sacrae scripturae necessitas.

[40] Vgl. o. S. 170 A. 73.

[41] Q. 3 ad 1 (F² f.5ᵛa; N f.5ʳb): deus dicitur loqui interius in anima, quia illuminat ad cognoscendum ea, quae sunt naturaliter cognita, sed illa [ista: s. l. corr. ex: ita F²] non sufficiunt ad ordinandum in finem, quia finis hominis supernaturalis est. Praeterea quamvis interius loquatur deus, non tamen omnes interiori locutioni attendunt, qui exterius insensibilia defluxerunt. Et ideo necessarium fuit homini, ut, quod habet interius scriptum, sed oblitteratur [oblectatum: N] exterius, praesentaretur sibi scriptum.

[42] Q. 4 crp. (ed. Stegm. 35,19—27): Quamvis mundus ostenderet deum esse quaerendum, non tamen evidenter ostendit mediatorem. Propter quod necessaria fuit homini scientia ipsum in his omnibus instruens et informans, ut sciret homo, quomodo tenderet ad salutem . . . Sic igitur utilis et necessaria est sacra scriptura ad instruendum hominem super salute sua.

[43] A. 5 crp.: Scientia quidem theologica mundana agit de entibus, ut exeunt ab uno ente semper actu, scil. deo; sed theologia divina, prout redeunt in ipsum, ut in finem suum.

lehre. Im älteren Werk unterscheidet er zwei Weisen der Betrachtung Gottes: eine auf dem Weg über die Geschöpfe, die schon in diesem Leben möglich ist, und eine unmittelbare Wesensschau, die eigentlich dem jenseitigen Leben vorbehalten scheint. Und doch kann der Mensch auch jetzt schon zu ihr gelangen, und zwar durch eine inspirierte Erkenntnis: die Theologie[44]. In der Summa begründet Thomas die Notwendigkeit der Theologie zweifach:

Einmal, der Mensch ist auf ein Ziel hingeordnet, das seine natürliche Fassungskraft übersteigt. Damit er aber überhaupt handeln kann, muß er sein Ziel kennen, auf das er alle untergeordneten Absichten ausrichten muß. Folglich ist ihm eine vorgängige, geoffenbarte Unterweisung darüber zum Heil notwendig.

Zum andern bedarf er aber auch in dem natürlicher Erkenntnis zugänglichen Bereich einer Offenbarung. Da nur wenige Menschen mit Hilfe ihrer Vernunft unter Schwierigkeiten zu wahrer Gotteserkenntnis gelangen können, von der doch das ganze Heil abhängt, ist eine Offenbarung in Gestalt der Theologie notwendig[45].

Besonders eingehend begründet auch *Ulrich* die Notwendigkeit einer selbständigen Theologie. Um sie nachzuweisen, schickt er seiner theologischen Einleitungslehre eine ausführliche Erörterung über Möglichkeit und Grenzen natürlicher Gotteserkenntnis voraus[46]. Das natürliche Erkenntnisvermögen vermag auf verschiedenen Wegen das Dasein Gottes[47] sowie eine Reihe von Eigenschaften[48] zu erfassen; doch darüber hinaus sind ihm enge Grenzen gesetzt: Unerreichbar sind ihm das Wesen Gottes sowie das,

---

[44] A. 1 crp.: Contemplatio autem dei est duplex: una per creaturas, quae imperfecta est ...; est alia dei contemplatio, qua videtur immediate per suam essentiam, et haec perfecta est, quae erit in patria et est homini possibilis secundum fidei suppositionem. Unde oportet, ut ea, quae sunt ad finem, proportionentur fini, quatenus homo manuducatur ad illam contemplationem in statu viae per cognitionem non a creaturis sumptam, sed immediate ex divino lumine inspiratam; et haec est doctrina theologiae.

[45] A. 1 crp.: [1.] quia homo ordinatur a deo [ad deum sicut: edd.] ad quendam finem, qui comprehensionem rationis excedit... Finem autem oportet esse praecognitum hominibus, qui suas intentiones et actiones debent ordinare in finem. Unde necessarium fuit homini ad salutem, quod ei nota fierent quaedam per revelationem divinam, quae rationem humanam excedunt. [2.] Ad ea etiam, quae de deo ratione humana investigari possunt, necessarium fuit hominem instrui revelatione divina, quia veritas de deo per rationem investigata a paucis et per longum tempus et cum admixtione multorum errorum homini proveniret, a cuius tamen veritatis cognitione dependet tota hominis salus, quae in deo est. Ut igitur salus hominibus et communius [convenientius: edd.] et securius [certius: edd.] proveniat, necessarium fuit, quod de divinis per divinam revelationem instruantur. Necessarium igitur fuit, etiam [— edd.] praeter philosophicas disciplinas, quae per rationem investigantur, sacram doctrinam per revelationem haberi.

[46] Tr. 1 c. 2—8.   [47] Tr. 1 c. 3—7 zählt Ulrich fünf viae auf.   [48] Tr. 1 c. 8.

was in den Bereich reinen Glaubens fällt, weil es im geschöpflichen Bereich kein Abbild hat[49]. Da nun aber Gotteserkenntnis das Ziel des Menschen ist, in dem allein sein natürliches Verlangen nach Wissen zur Ruhe kommt, ist eine Erleuchtung notwendig, die ihn zur vollen und irrtumslosen Erkenntnis führt[50]. Solche Offenbarung haben einst die Väter, Propheten und Apostel empfangen, von denen wir sie wieder übernehmen[51].

War bisher die Notwendigkeit der Theologie durch die Mängel natürlicher Gotteserkenntnis begründet worden, so nennt *Peckham* drei Ziele, die eine Theologie erforderlich machen: Gottesverehrung, Wahrheitserkenntnis und rechtes Handeln[52].

Alle bisher zitierten Autoren fordern eine selbständige Theologie im Hinblick auf das beschränkte menschliche Erkenntnisvermögen[53]. *Romanus* zieht jedoch die Konsequenz aus der Annahme, daß die Theologie sich spekulativ und praktisch bewährt: Sie ist nicht nur notwendig, um uns unser übernatürliches Ziel zu zeigen, sondern auch, um die aus unseren Sünden erwachsenden Hindernisse auf dem Weg zum Ziel zu beseitigen[54].

Wenn wir auf die Äußerungen zum Thema zurückblicken, so kommen wir zu dem bemerkenswerten Ergebnis, daß unsere Autoren die Notwendigkeit der Theologie durchweg nicht als Notwendigkeit einer theologischen Wissenschaft, sondern als die einer übernatürlichen Mitteilung (Inspiration, Offenbarung) heilsnotwendigen Wissens darlegen. Diese Mitteilung kann nur in der hl. Schrift vorliegen; deshalb wird auch gerne die

---

[49] Tr. 1 c. 2: quid est (ed. Daguillon 7,25); sicuti est (7,30); quae purae fidei sunt, ita, quod simile non habent in creatura (8,3 f.); tr. 2 c. 1 (27,7–10): ea, quae substantiam dicunt... parum est, quod de eis naturaliter cognoscitur et exili modo cognoscendi et a paucis.

[50] Tr. 2 c. 1 (ed. Daguillon 29,6–12): Cum ergo sapientia, qua cognoscitur deus, sit finis hominis, in quo solo quietatur naturale desiderium..., illa scientia prae omnibus necessaria est homini..., quae deum facit cognoscibilem omnibus et omnia notificat, quae intellectus secundum statum viae capere potest, et hoc per medium certissimum; hoc autem est sacra scriptura sola, inquantum est divinitus inspirata.

[51] A. a. O. (29,18–20): Unde patres et prophetae et apostoli ipsam revelationem per se acceperunt, et nos inferiores ab eis per doctrinam accipere oportet.

[52] Q. 3 crp. (F² f.5ʳb; N f.5ʳb): scriptura sacra necessaria est homini propter tria in genere: ut scil. elevatur ad cultum maiestatis, ut instruatur ad cognitionem veritatis, ut dirigatur ad conformitatem bonitatis summae per mores honestatis. In his tribus deficiunt humanae traditiones [condiciones: N].

[53] Das gilt auch von *Peckham*. Obwohl er (o. A. 52) neben dem instruere das elevare und dirigere nennt, faßt er am Schluß zusammen (a. a. O.): necessaria igitur [ergo: N] erat scriptura sacra divinitus inspirata, in qua docetur ritus colendi, modus sciendi, immo credendi, et norma vivendi.

[54] Tr. 2 q. 2 crp. (VP f.3ʳb): necessaria est theologia, quae finem supernaturalem nobis ostendit, inquantum est speculativa, et impedimenta peccatorum tollit, inquantum est practica.

Notwendigkeit einer geschrieben vorliegenden Offenbarung betont. Und da manche Autoren nicht merklich über das Verhältnis von Theologie und hl. Schrift nachdenken, sondern eine problemlose Kontinuität oder sogar Identität zwischen beiden voraussetzen, können sie meinen, mit dem Hinweis auf das Bedürfnis nach einer übernatürlichen Ergänzung des natürlichen Wissens die Notwendigkeit der Theologie bewiesen zu haben. Besonders kraß fällt dieses Verfahren in der Summa des Thomas in die Augen, wo neben den übrigen Disziplinen eine inspirierte Theologie gefordert wird.

Aber auch die Autoren, die ausdrücklich auf das Verhältnis der hl. Schrift zu der in den Sentenzen verkörperten Theologie reflektieren, fragen dabei nicht nach der Notwendigkeit, sondern nur nach der Erlaubtheit[55] oder dem Nutzen[56] einer solchen Theologie. Der Gedanke, die theologische Wissenschaft könnte notwendig sein, um einen Mangel der hl. Schrift zu ergänzen, wird — sofern er überhaupt erwähnt wird — sofort nachdrücklich zurückgewiesen[57].

8.4 Die Stellung der Theologie im Kreise der Wissenschaften

8.41 Theologie in Wissenschaftseinteilungen

In der philosophischen Wissenschaftseinteilung des Mittelalters hat die theologia (= Metaphysik) einen festen Platz als eine der drei spekulativen Wissenschaften. Dieses aristotelisch-boethianische Schema wird v. a. in der allgemeinen Wissenschaftslehre und in den Kommentaren zu Boethius De trinitate überliefert. Die großen Wissenschaftslehren des *Dominicus Gundissalinus* im 12. und *Kilwardbys* im 13. Jh. scheiden die christliche Theologie von vornherein aus ihrer Betrachtung aus[58]. In den so häufigen wissenschaftstheoretischen Einleitungen und Wissenschaftsgliederungen ist die Theologie kaum berücksichtigt[59], und wenn sie einmal in das Schema der spekulativen Wissenschaften eingeordnet wird, so ist sie nicht klar von der Metaphysik unterschieden[60]. Dasselbe gilt von den zahlreichen Boethius-Kommentaren des 12. Jh. Die Reihe der Kommentare zu De trinitate reißt im 13. Jh. fast ganz ab[61]. Nur einer — der bedeutendste unter ih-

---

[55] Vgl. o. 7.23. [56] Vgl. o. S. 171 A. 74; S. 193 f. A. 195.
[57] Vgl. o. S. 171 A. 74. Besonders heftig *Richardus Rufus* u. S. 266.
[58] Vgl. o. S. 73 A. 96; auch S. 48 A. 136.
[59] Vgl. o. S. 48 A. 137.
[60] So in der *Ysagoge in theologiam*; vgl. o. A. 13.
[61] Vgl. *M. Grabmann*, Die theol. Erkenntnis- und Einleitungslehre..., 1948, 1—32, der auch auf einen zweiten, nur handschriftlich erhaltenen Kommentar aus dem 13. Jh. hinweist (14 f.).

nen —, der des *Thomas von Aquin*, nimmt das boethianische Schema zum Anlaß, um die Theologie von der Metaphysik zu trennen[62].

Es ist daher nicht erstaunlich, daß die Autoren der frühen theologischen Einleitungslehren fast ganz auf den Gebrauch der Wissenschaftseinteilung verzichten, obwohl sie das älteste und eindeutigste Mittel darstellt, durch das die Stellung einer Wissenschaft zu den übrigen Disziplinen beschrieben werden kann. Nur bei den Oxforder Theologen begegnen wir solchen Einordnungsversuchen, die allerdings nicht auf Vorbilder in der allgemeinen Wissenschaftslehre zurückgehen.

So schickt *Fishacre* seiner Betrachtung der Theologie einen kurzen Prolog voraus, in dem er — ohne konkret auf die vorhandenen Disziplinen einzugehen — alles Wissen nach einem groben Schema in eine höhere (desursum) und eine niedere (deorsum) Wissenschaft gliedert, die jeweils wieder dreigeteilt sind. In dieser Einteilung stehen sich Theologie und übrige Wissenschaften fremd gegenüber[63].

Viel konkreter ist *Kilwardbys* Gliederung[64]. Er scheidet zuoberst spekulative und aktive Wissenschaft, die aktive in Anleitung zur Behebung körperlicher und seelischer Mängel, die letztere wieder in philosophische und theologische Ethik. Dabei läßt er — seiner Auffassung von der Bewährung theologischer Aussagen entsprechend[65] — die Theologie ganz in der Ethik aufgehen, wobei Ethik freilich sowohl das Verhalten gegenüber dem Nächsten (aktiver Teil der Theologie) als auch das gegenüber Gott (kontemplativer Teil) umfaßt[66].

---

[62] Vgl. o. S. 231 f.

[63] Nr. 1—2 (O¹ f.3ʳa). Ich fasse in ein Schema zusammen:

```
                        ┌─ in libro vitae (in mente divina)
          ┌─ desursum ──┼─ in libro scripturae
          │             └─ in libro creaturae
scientia ─┤
          │             ┌─ terrena   : lucrativae terrenarum
          └─ deorsum  ──┼─ animalis  : philosophicae
                        └─ diabolica : haereticae, magicae
```

De hac ergo, non ut scripta est in mente divina nec ut scripta est in creatura, sed secundum quod scripta est in sacra scriptura, intendimus. In libro enim vitae legunt beati spiritus in caelo, in libro creaturae legit Adam ante peccatum in paradiso, in libro vero scripturae legendum nobis est in hoc exilio. De hac ergo, quae desursum est, sapientia, secundum quod scripta est in sacra scriptura, intendimus.

[64] Daneben bietet er allerdings auch noch eine einfache Unterteilung nach dem Ursprung des Wissens (vgl. o. S. 170 A. 73), ohne aber daraus eine Wissenschaftseinteilung zu entwickeln.

[65] Vgl. o. S. 204.   [66] Q. 5 crp. (ed. Stegm. 41): Ich gebe nur ein Schema:

8.42 Logisches, ontologisches und Rangverhältnis

Einige Autoren stellen schon früh die Frage nach dem logischen oder ontologischen Verhältnis der Theologie zu den übrigen Wissenschaften. Sie greifen damit auf die alte Frage der literarischen Einleitung zurück: cui parti philosophiae supponatur[67]? *Alexander* und nach ihm *Kilwardby* formulieren drei Möglichkeiten, wie die Theologie zu den übrigen Diszplinen stehen kann: sie kann sie in sich enthalten, kann selbst in oder unter ihnen enthalten sein und kann schließlich ohne ein logisches oder ontologisches Abhängigkeitsverhältnis gleichberechtigt neben ihnen stehen[68].

Während *Alexander* sich nur kurz gegen eine Gleichsetzung wie gegen eine Unterordnung der Theologie unter die anderen wendet, auf die dritte Möglichkeit aber gar nicht eingeht[69], schließt *Kilwardby* ein Subalternationsverhältnis nach beiden Seiten aus[70]. Er räumt nur eine begrenzte Übereinstimmung mit der ganzen Philosophie in dem gemeinsamen Ziel einer Vervollkommnung der menschlichen Vernunft und mit Metaphysik und Ethik im besonderen durch gemeinsame Gegenstände ein[71], weist

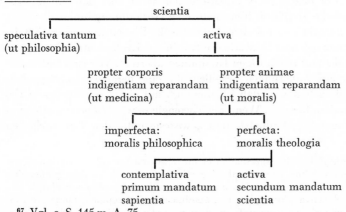

[67] Vgl. o. S. 145 m. A. 75.

[68] *Alexander* c. 2: quaeritur de distinctione doctrinae sacrae ab aliis scientiis. Quaeritur ergo, si doctrina theologiae sit sicut una aliarum scientiarum vel comprehendat ipsas vel comprehendatur in illis, ut alicui parti philosophiae supponatur; *Kilwardby* q. 7 (ed. Stegm. 46,6—8): quaeritur de comparatione huius scientiae ad alias: an contineatur in illis aut sit continens eas aut neutro modo.

[69] C. 2 crp.: theologia non est sicut alia scientia nec connumerabitur inter alias, ut alicui parti philosophiae supponatur.

[70] Q. 7 (ed. Stegm. 46,17—24): Quod neutro modo, videtur per diversitatem subiecti huius et cuiuslibet alterius scientiae. Neque enim praedicatur de aliquo aliorum nec e concerso. Et nec descendit ostensio demonstrationis ab ista in aliquam aliarum nec e converso. Respondeo: Non est hic continentia subalternationis, sed continentia principalitatis et famulatus est hic.

[71] Q. 7 crp. (ed. Stegm. 47): haec [scil. theologia] convenientiam habet

aber anschließend ausführlich die zahlreichen Differenzen nach, die Theologie und andere Wissenschaften in jeder denkbaren Hinsicht trennen[72].

Von unseren frühen Autoren wird das logische oder ontologische Verhältnis nicht genauer diskutiert; aber wenn sie sich kurz darüber äußern, so lehnen sie allgemein ein Subordinationsverhältnis in jeder Richtung ab[73]. In der Abneigung gegen jeden Versuch, die Theologie in eine innere Beziehung zu anderen Wissenschaften zu setzen, mag denn auch der Verzicht auf ihre Einordnung in eine Wissenschaftseinteilung begründet sein. Erst am Ende des von uns betrachteten Zeitraums erörtern *Aegidius* und vor allem *Heinrich* eine solche Beziehung sehr eingehend und auch in thematischen Fragen nach den Möglichkeiten einer Subalternation[74]. Ihre Ausführungen übertreffen die knappen Bemerkungen ihrer Vorgänger so sehr an Tiefe und Umfang, daß ich sie im Rahmen dieser Arbeit nicht mehr berücksichtigen kann.

Die größte Aufmerksamkeit unserer Theologen, die ja von einem unmittelbar religiösen Interesse an der Überlegenheit ihrer eigenen Arbeit geleitet sind, gilt dem Range der Theologie neben den anderen Wissenschaften. Bereits der Begriff einer Subalternation weist über das rein logische oder ontologische Verhältnis hinaus auf eine Wertordnung hin.

Darüber herrscht nun bei allen Autoren volle Übereinstimmung, daß die Theologie trotz gewisser Schwächen (etwa in der Evidenz ihrer Prinzipien) an Wert und Rang alle übrigen Dizsiplinen überragt. Wir sind bisher immer wieder auf Äußerungen gestoßen, die eine derartige Überlegenheit der Theologie betonen, so daß ich nur noch auf einige abschließende Urteile hinzuweisen brauche. Wenn die Theologie — wie *Fishacre* ausführt — die vollkommenste, geordnetste und gewisseste unter den Wissenschaften

---

quandam cum philosophia speculativa et maxime cum metaphysica et quandam cum activa et maxime cum morali sive ethica. Cum omni autem philosophia convenit in hoc ... Nec tamen haec continetur sub philosophia speculativa nec sub ethica vel activa philosophia nec omnino sub philosophica. Diese Ausführungen stehen nicht in Gegensatz zu dem o. A. 66 angeführten Schema. Dort wird die Theologie nicht der philosophischen Ethik unterstellt, sondern einem gemeinsamen Oberbegriff, dem keine konkrete Einzelwissenschaft entspricht.

[72] Zusammengefaßt (a. a. O. 48,9—11): differt haec ab aliis in sensualitate, in habitu, quem facit, in auctore, subiecto, forma et fine.

[73] Schon *Albert* Sent. a. 4 ad 3 lehnt die Unterordnung der Theologie unter die philosophische Ethik ab: subalternata non est, quia scientia subalternata accipit principia et causas subalternantis. Sed ista scientia non accipit ab aliqua, sed propria habet principia fidei et proprias causas ..., et ideo non accipit ab aliis, sed aliae famulantur ei.

Ulrich tr. 2 c. 4 (ed. Daguillon 36,19—27): Non est ergo haec scientia de ratione vel de genere alicuius alterius scientiae, ... propter quod nulli aliarum subalternatur nec in genere nec in specie nec etiam aliqua aliarum ei subalternatur.

[74] *Heinrich* a. 7 mit 13 qq.; *Aegidius* qq. 4—7, q. 9.

ist[75], wenn sie nach ihrer Quelle, ihrer Sache und ihrem Ziel alle anderen an Würde übertrifft[76], dann kann sie schlechthin die edelste unter ihnen genannt werden[77].

Von *Roland* an beschreiben unsere Autoren die Theologie einmütig mit dem alten, durch Gen. 16, 1 f. angeregten Bilde[78] der Herrin, der die anderen Wissenschaften als Mägde dienen[79]. Die Herrenrolle der Theologie besteht in einer doppelten Funktion:

1. Die Theologie beherrscht die anderen Wissenschaften;
2. sie benützt sie für ihre eigenen Aufgaben[80].

Daher müssen wir im folgenden einerseits den Gebrauch anderer Disziplinen im Dienste der Theologie, andererseits aber auch deren (viel seltener erörterte) Herrschaftsfunktion gegenüber jenen ins Auge fassen.

8.5 Der Gebrauch der anderen Wissenschaften in der Theologie

8.51 Allgemeine Ausführungen

Roland widmet die größere Hälfte seiner theologischen Einleitungslehre dem vorstehenden Thema. Zunächst gibt er eine allgemeine Begründung in den traditionalen Formeln. Nach Prov. 9, 1 sind die sieben artes liberales ebensoviele Säulen der Theologie, obwohl diese andererseits von den

---

[75] Nr. 12 (O¹ f.3ʳb9 f.): Hinc [d. h. aus der Autorschaft Gottes] patent tria, scil. quod haec est perfectissima, ordinatissima et certissima. (Näher ausgeführt Nr. 12–14.)

[76] Vgl. *Thomas* S. th. a. 5 crp.: dignior.

[77] *Romanus* zeigt an allen vier causae auf, wie die Theologie nobilissima ist (tr. 2 q. 3 a. 2 crp., VP f.4ʳa).   [78] Vgl. o. S. 51.

[79] Aus der großen Zahl von Belegen in den folgenden Anmerkungen nur eine kleine Auswahl. — Besonders ausführlich beschreibt *Fishacre* das Verhältnis: (Nr. 6) In deo enim — quis dubitat? — sunt omnia ... sed universitas creaturae est unicum perfectum exemplum omnium, quae sunt in mente illius artificis, alioquin mundus non esset perfectus ... (Nr. 7) Hinc statim patet, quod omnes aliae scientiae sunt huius pedissequae et ancillae. Cum enim singulae sint de singulis universi partibus, totum autem universum se habet ad hanc sicut exemplum ad scientiam, cuius est exemplum, patet, quod omnes aliae laborant ad declarationem exemplorum huius scientiae (O¹ f.3ʳb). *Romanus* tr. 2 q. 3 a. 2 crp. (VP f.4ʳa): sicut domina servitio ancillae utitur, sic ista scientiarum saecularium ministerio adiuvatur.

[80] *Thomas* Sent. a. 1 crp. schließt aus der Notwendigkeit einer inspirierten Theologie zweierlei: [1.] ista scientia imperat omnibus aliis scientiis tamquam principalis; [2.] ipsa utitur in obsequium sui omnibus aliis scientiis quasi vasallis; ... theologia debet omnibus aliis scientiis imperare et uti his, quae in eis traduntur. *Kilwardby* q. 7 crp. (ed. Stegm. 46,22–24) faßt das in der kurzen Formel zusammen: Non est hic continentia subalternationis, sed continentia principalitatis et famulatus est hic.

Philosophen Königin aller Wissenschaften genannt wird. Der Gebrauch dieser Disziplinen läßt sich aus Lev. 7, 24 rechtfertigen, wo den Israeliten die Benützung von Aasfett erlaubt wird; aber dennoch müssen sie nach Augustin von der Schwelle gewiesen werden[81].

Hier sind in knapper, noch sehr unzusammenhängender Weise die wichtigsten Gedanken der Zeit nebeneinandergestellt. Beim Durchdenken des Verhältnisses begegnen sich immer zwei einander widerstreitende Momente:

Einmal, einerseits ist die Theologie Herrin der anderen Wissenschaften, andererseits bedarf sie ihrer geradezu notwendig und wird dadurch von ihnen abhängig;

zum andern, die Theologie schwankt zwischen Gebrauch und mißtrauischer Zurückweisung der fremden Wissenschaften.

Die Problematik dieses Verhältnisses beschreibt *Fishacre* genauer und so lebhaft, daß wir aus seinen Darlegungen noch die Leidenschaftlichkeit der zeitgenössischen Diskussion heraushören können. Für die Theologie sind die übrigen Wissenschaften nicht nur nützlich, sondern geradezu notwendig. Wie niemand das Schlafzimmer der Herrin betreten kann, der sich nicht zuvor mit ihrer Magd eingelassen hat, so ist eine fruchtbare theologische Arbeit nur möglich, wenn man vorher alle oder wenigstens einen großen Teil der anderen Wissenschaften kennengelernt hat[82]. Fishacre warnt nun aber auch vor dem entgegengesetzten Fehler, vor dem allzulangen und ausschließlichen Umgang mit den Mägden, denn ein solcher macht am Ende zeugungsunfähig, d. h. untauglich dazu, in der Theologie noch etwas zu leisten[83].

---

[81] Q. 3 (PM f.1ᵛb; VB f.1ᵛb): Dicitur in Proverbiis, quod sapientia excidit sibi columnas septem, id est septem artes liberales. Sed non congrue dicuntur artes columnae theologiae, nam [tamen: PM] philosophi appellaverunt eam reginam omnium scientiarum ... Item in Levitico dicitur, quod filii Israel habebant sibi adipem [so auch Vulg.; pinguedinem: PM] morticini in varios usus. Et glossa exponit, quod pinguedo morticini est scientia philosophica, quae valde necessaria est theologiae.

[82] Nr. 8 (O¹ f.3ʳb–3ᵛa) (Fortsetzung des Zitats A. 79): Hinc insuper patet, quod accedentem ad hanc oportet alias praecognoscere vel universaliter omnes vel pro magna parte. Alioquin ignorabit exempla huius scientiae. Non enim aggreditur quis ad hanc dominam (VO; doctrinam: O¹), maxime ad secretum cubiculi eius, nisi prius familiaris fiat ancillis hostiariis, quae eum introducant. Unde Gal. 4 [,22]: Abraham duos filios habuit, unum de ancilla et alterum de libera. Notatur, quod prius de ancilla, postea de libera ... (3ᵛa) Quod si aliquis quasi furtim intrans ad dominam non allocutus ancillas vi conatur eam opprimere, quamvis quidem vi eam cognoverit, tamen generare non potuit, id est docere ... Sic ergo tibi cuilibet ignoranti alias scientias dicit haec scientia, quod Sarai dixit Abrahae Gen. 16 [,2 f.]: Ecce conclusit me dominus, ne parerem. Ingredere ad ancillam meam, si forte saltem ex ea suscipiam liberos.

[83] Nr. 9 (O¹ f.3ᵛa): Sed fateor, mirabile est de quibusdam hodie, qui tantum

Während Fishacre sich hier ganz auf die allegorische Auslegung von auctoritates beschränkt, führen andere Autoren sachliche Argumente für den Gebrauch der Wissenschaften ins Feld. Ich greife einige Äußerungen heraus:

So rechtfertigt *Thomas* in seinem Boethius-Kommentar eingehend sowohl den Vernunftgebrauch im allgemeinen als auch die Benützung der anderen Wissenschaften (philosophia) in der Theologie[84]. Da ich schon in einem früheren Kapitel auf diese Darlegungen eingegangen bin, genügen hier kurze Hinweise. Da die gnadenhafte Erkenntnis die natürliche nicht aufhebt, sondern auf ihr aufbaut, darf auch die Theologie vor- und außertheologische Einsichten verwenden[85]. Diesen Gebrauch faßt Thomas in das von Wilhelm von Auxerre für den Dienst der Vernunft an der Theologie geprägte Schema[86]. Durch eine doppelte Irrtumsmöglichkeit sind ihm jedoch Schranken gesetzt: Es ist falsch, die Philosophie gegen den Glauben zu gebrauchen, und ebenso falsch, den Bereich des Glaubens durch die von der Philosophie gesetzten Grenzen einzuschließen[87].

Ganz ähnlich antworten *Walter*[88] und *Wilhelm de la Mare*[89] auf die Frage, ob die Theologie Elemente aus der Philosophie heranziehen dürfe: Die Philosophie darf in die Theologie aufgenommen werden, insofern sie ihr dient und sich in den ihr gesetzten Grenzen hält. Sie ist sogar dazu geeignet, der Theologie einen Rat zu geben; ihr Zeugnis ist — als Zeugnis des Gegners — besonders wertvoll[90].

Bei all diesen Überlegungen stehen freilich zwei Voraussetzungen immer schon fest:

Einmal, der Gebrauch fremder Wissenschaften (wie überhaupt rationaler Argumentation[91]) ist nie in einem Bedürfnis der Theologie, sondern in einem Mangel des erkennenden Subjekts begründet[92].

---

delectantur in amplexibus vilis pedissequae, quod non curant de domina, quamvis sit inaestimabilis pulchritudinis ... Hii sunt, qui vix, cum caligant oculi, a saecularibus scientiis, hoc est a sinu ancillarum, avelluntur et tunc se amplexibus dominae offerunt, cum prae senectute generare nequeunt ... Sic procul dubio tales theologiam non cognoscent, qui usque ad senectutem alias scientias nimis scrutantur.

[84] Q. 2 a. 3. [85] Vgl. o. S. 176 A. 100 f. [86] Vgl. o. S. 186 A. 143.

[87] Q. 2 a. 3 crp. 4 (ed. Decker 95): Tamen utentes philosophia in sacra doctrina possunt dupliciter errare. Uno modo in hoc, quod utantur his, quae sunt contra fidem ... Alio modo, ut ea, quae sunt fidei, includantur sub metis philosophiae, ut scil., si aliquis credere nolit nisi quod per philosophiam haberi potest, cum e converso philosophia sit ad metas fidei redigenda.

[88] Tr. 2 q. 1 a. 2. [89] Q. 5 a. 2 c. 3.

[90] *Walter* tr. 2 q. 1 a. 2 crp. (PN f.112ᵛb—113ʳa; To f.4ᵛb—ᵛa): Adducitur etiam [—To] ad consilium dandum nec dedignatur ab ea consilium accipere. Scit [scitur: To] enim omne bonum et verum consilium a deo esse ... Tertio adducitur in testimonium. Validum enim est testimonium adversarii.

[91] Vgl. *Kilwardby* o. S. 171 A. 74.

[92] Vgl. *Thomas* S. th. a. 5 ad 2: haec scientia accipere potest aliquid a phi-

Zum andern, eine Kritik der Theologie durch andere Disziplinen wird
— wenn sie überhaupt erwähnt wird — von vornherein verworfen[93].

8.52 Der Dienst der einzelnen Wissenschaften

Einige Autoren begnügen sich nicht mit diesen allgemeinen Ausführungen, sondern fragen danach, welche unter den Einzelwissenschaften
für die Theologie besonders wichtig sind.

Roland gibt nach seiner kurzen Einleitung, in der er Logik und Medizin für besonders notwendig erklärt[94], eine sorgfältige Prüfung der Verwendung sämtlicher sieben artes liberales. Dabei trägt er viele Beispiele für
den Gebrauch der in der Artistenfakultät erworbenen Kenntnisse im Dienste der Schriftauslegung vor. Das Interesse Rolands scheint dabei freilich
weniger den grundsätzlichen wissenschaftstheoretischen Problemen als den
konkreten Inhalten der einzelnen Wissenschaften zu gelten, v. a. denen
der Naturwissenschaften, wie es sich ja in seinem ganzen Werk wider-
spiegelt[95]. Bezeichnend dafür ist, daß er dem Quadrivium dreimal soviel
Raum widmet wie dem Trivium[96] und daß er dabei wiederum Musik und
Astronomie besonders ausführlich behandelt. Alle artes dienen der Theologie als ihrer Herrin[97].

---

losophicis disciplinis non, quod ex necessitate eis indigeat, sed ad maiorem
manifestationem eorum, quae in hac scientia traduntur... non accipit ab aliis
scientiis tamquam a superioribus, sed utitur eis tamquam inferioribus et ancillis, sicut architectonicae utuntur subministrantibus, ut civilis militari. Et hoc
ipsum, quod sic utitur eis, non est propter defectum vel insufficientiam eius,
sed propter defectum intellectus nostri.

[93] Vgl. *Thomas* o. A. 87.

[94] Q. 3 (PM f.1ᵛb; VB f.1ᵛb) (Fortsetzung des Zitats A. 81): scientia philosophica, quae valde necessaria est theologiae, maxime logica et medicina...
logica valet ei quantum ad formam, medicina quantum ad materiam. — Es ist
bemerkenswert, daß *Roland* diese beiden Disziplinen auch an ganz anderer
Stelle hervorhebt: in seinem Hiobkommentar (zu Hiob 13,2): In hoc significa-
tur, quod doctor theologiae non debeat fieri publicus, nisi competenter in
philosophia fuit instructus, in logica maxime, ne decipiatur argumentorum
fallacia..., et medicina, propter allegorias et moralitates ex rerum proprie-
tatibus assumptas (A. Dondaine, Un commentaire scripturaire..., 1941, 128).

[95] Vgl. *E. Filthaut*, Roland von Cremona..., 1936, bes. 16—18.

[96] Im cod. PM ist das Trivium auf 38, das Quadrivium auf 127 Zeilen behandelt.

[97] Vgl. q. 3 (a. a. O.): indiget grammatica, ut ipsa theologia possit ad alios
promulgari... [logica] vera ergo argumenta, quae fiunt in theologia, approbat,
falsa autem reprobat et liberat dominam suam ab omni strepitu falsorum argumentorum ... Quod autem arithmetica obsequatur dominae suae ... De musica nulla est dubitatio, quin et sacra scriptura vocet eam tamquam famulam
ad suum obsequium... Obsequium etiam astronomiae advocat sibi sacra scriptura... Geometria etiam sibi [l.: ei] servit...

Während sich *Peckham* in einer kurzen Bemerkung damit begnügt, den Dienst der artes auf die Erläuterung des Wortsinnes (Trivium) und des geistlichen Sinnes (Quadrivium) aufzuteilen[98], gibt *Wilhelm de la Mare* eine detaillierte Beurteilung des Wertes der einzelnen Disziplinen[99]. Vorweg scheint es, daß die Logik, da sie zur Erklärung der ganzen Schrift beiträgt, mehr Bedeutung hat als etwa die Fächer des Quadriviums, die nur zur Erhellung einzelner Teile dienen. Wilhelm gibt dann aber auch noch eine differenziertere Antwort, indem er drei Wissenschaften heraushebt, die der Theologie besonders nützlich sind:

1. die Logik zur Lösung von Problemen;
2. die Arithmetik zur Sacherkenntnis;
3. die Grammatik zur Behandlung der sprachlichen Phänomene[100].

8.6 Der Dienst der Theologie an den anderen Wissenschaften

Alle weltlichen Wissenschaften dienen der Theologie. Aber dies heißt nicht, daß die Theologie ihre Dienerinnen einseitig ausbeute, ohne ihnen wiederum zu nützen. Wie jeder rechte Herr dient auch die Theologie ihren Untergebenen — freilich in der spezifischen Weise, die ihre Stellung mit sich bringt[101]. Ihr Dienst wird allerdings nur von wenigen Autoren erwähnt. So betont der *Anonymus Vat. lat. 2186*, daß die Theologie den anderen Wissenschaften notwendig ist, da allein durch sie erkannt wird, was in ihnen zum Heile dient[102].

Vor allem kommt der Theologie die Aufgabe zu, über die anderen Wissenschaften zu urteilen. Sie kann nicht etwa deren Prinzipien beweisen — damit wäre ja ein Subalternationsverhältnis gegeben —, aber sie beurteilt

---

[98] Q. 1 a. 1 ad 6 (F² f.2ᵛb; N f.2ᵛb): theologiae [—cae: F²] ministerialis est omnis scientia: sensui historico famulantur triviales scientiae, sensui mystico omnes aliae.

[99] Q. 5 a. 2 c. 4 (F¹ f.8ᵛa): quaeritur, quae philosophia plus valet ad expositionem sacrae scripturae. Et videtur, quod logica, quia nulla alia valet ad totam scripturam, sed ad aliquam sui partem.

[100] A. a. O. (F¹ f.8ᵛb f.): [1.] [logica] plurimum valet ad omnia genera quaestionum, quae in libris sanctis sunt penetranda et dissolvenda; [2.] quantum ad res cognoscendas plus iuvat arithmetica, quia plus de numero quam de alia re... tractatur in litteris sacris...; [3.] quantum vero ad signa cognoscenda plus valet grammatica, quae docet cognitionem vocum sive signorum et temporum sive figurarum.

[101] Vgl. *Heinrich* a. 8 q. 1 crp. B: Improprie autem sumendo utile ista scientia utilis est aliis, sicut dominans est servienti et regens ad id, quod regitur; ad 3 E: ad modum, quo dominus est utilis servo.

[102] Nr. 2 (ed. Bignami-Odier 145): Est etiam necessaria propter aliquas scientias, quia per eam cognoscitur, quod est in aliis utile ad salutem.

sie[103], wie ihr überhaupt das Urteil über Wert und Unwert der von anderen Wissenschaften gewonnenen Erkenntnisse zusteht[104].

---

[103] *Thomas* S. th. a. 6 ad 2: non pertinet ad eam probare principia aliarum
scientiarum, sed solum iudicare de eis. Quidquid enim in aliis scientiis invenitur veritati huius doctrinae [scientiae: edd.] repugnans, totum condemnatur ut
falsum.

[104] Vgl. *Fishacre* Nr. 5 (O¹ f.3ʳb): Berufung auf *Augustin*, De doctr. chr.
2,42,63, zit. o. A. 7. *Walter* sieht einen Grund dafür, daß philosophia in der
Theologie herangezogen wird, in deren iudicium über alles Wissen (ebenfalls
unter Berufung auf *Augustin*) (tr. 2 q. 1 a. 2 crp., PN f.113ʳa; To f.4ʳa).

9. DAS SUBJEKT DER THEOLOGIE

9.1 Problemstellung

Die thematische Frage nach dem Subjekt der Theologie wird nur von einem Teil der Autoren gestellt, und zwar v. a. von all denen, die ihre theologische Einleitungslehre nach dem Schema der vier causae gliedern[1]. Im Rahmen dieses Schemas wird das Subjekt als Wirkursache (causa efficiens) oder Urheber (auctor) bezeichnet. In einem Text, der die Frage ohne Anregung durch das Schema stellt, ist das Subjekt nach seinen Funktionen als Lehrer und Lernender aufgegliedert[2].

Die Fragestellung wird erst durch die Verwendung des causae-Schemas gebräuchlich und bleibt in unserem Zeitraum immer am Rande der Diskussion. Erst *Heinrich* räumt ihr in seiner theologischen Einleitungslehre eine zentrale Stelle ein: In 5 (von 15) Artikeln mit 23 (von 78) Quaestionen fragt er thematisch nach dem Subjekt und den Bedingungen, unter denen es steht, aber auch in den übrigen Teilen, die weitgehend dem Vollzug theologischer Arbeit gewidmet sind, kreist seine Darstellung um diesen Kernpunkt, neben dem etwa die alten Grundfragen nach Gegenständen und Sache oder nach der Wissenschaftlichkeit der Theologie stark zurücktreten. Obwohl sich Heinrich in der Auffassung von der Rolle des Subjekts von seinen Zeitgenossen nicht wesentlich unterscheidet[3], erhält seine theologische Wissenschaftstheorie durch diese Akzentverschiebung ganz andere Proportionen. Ich kann daher im Rahmen dieser Arbeit nicht mehr auf Heinrich eingehen.

Um das Subjekt kreist freilich ein großer Teil der Überlegungen unserer Autoren, auch wenn sie nicht thematisch danach fragen. Da sie ihre eigene Arbeit nicht in ihrer geschichtlichen und kulturellen Verflochtenheit betrachten, sondern bloß als Vorgang in der weitgehend auf Erkenntnis eingeengten Erfahrung oder als literarisches Phänomen, handeln sie schon immer vom Subjekt, auch wenn sie dessen Rolle — wie wir schon mehrfach beobachten konnten und im folgenden noch genauer sehen werden —

---

[1] Von *Fishacre; Bonaventura; Kilwardby; Walter; Peckham; Romanus; Heinrich; Aegidius.* Die q. 5 des *Anonymus Vat. lat. 782, f., 123 f.,* geht auf Erkenntnisweg und bes. Verifikation. — Dazu kommen mehrfach Äußerungen in den Prologen.

[2] *Hannibaldus* a. 5—6.   [3] Vgl. etwa o. S. 109 f.; 217.

stark einschränken. Es ist übrigens eigentümlich, daß die theologische Wissenschaftstheorie erst durch die thematische Frage nach dem Subjekt auf die geschichtliche und institutionelle Bedingtheit theologischer Arbeit hingeführt wird[4].

Auf solche Gedanken stoßen wir in unseren Texten allerdings noch kaum. In ihnen geht es zunächst um die Herausarbeitung eines selbständigen Theologiebegriffes. Gerade durch die Frage nach dem Subjekt werden manche Theologen zu einer Unterscheidung zwischen der gegenwärtig betriebenen und einer früheren Theologie geführt, auch wenn die letztere als ideal und repräsentativ für alle Theologie angesehen und nachträglich wieder mit der eigenen Arbeit gleichgesetzt wird.

9.2 DIE ALLGEMEINE FRAGE NACH DEM URHEBER DER THEOLOGIE

Mit der Frage nach dem auctor[5] oder der causa efficiens steht die theologische Wissenschaftstheorie in der Tradition der allgemeinen Einleitungsliteratur, v. a. der literarischen Einleitung. Seit den Anfängen einer kunstmäßigen Literaturbetrachtung geht eine der wichtigsten Fragen auf den Verfasser[6]; im Rahmen des causae-Schemas wird dieser als Wirkursache des Buches aufgefaßt. Die allgemeine Wissenschaftslehre des 12. Jh. kann daneben auch nach dem Wissenschaftler fragen; ihr Interesse an diesem Punkt ist allerdings ganz gering[7]. Die Wissenschaftslehre des 13. Jh.[8] wie die philosophische Einleitung zu Kommentaren scheinen das Thema zu übergehen. Allein die literarischen Einleitungen, die nach dem causae-Schema verfahren, sind gezwungen, nach dem auctor zu fragen. Aber diese Frage wird gelegentlich sogar ausdrücklich für unnötig erklärt: Für die Geltung einer Wissenschaft ist es gleichgültig, welche Person darüber geschrieben hat[9]. Es ist für die Anschauung der Zeit bezeichnend, daß

---

[4] So fragt erstmals *Heinrich* nach Erörterungen über den auctor nach der auctoritas von Kirche und hl. Schrift (a. 10 q. 1–2).

[5] Dazu *M.-D. Chenu*, Auctor, Actor, Autor, 1927.

[6] Vgl. *R. W. Hunt*, The Introductions..., 1948: persona; vita (94); nomen auctoris u. ä. (95 f.).

[7] Vgl. *Dominicus Gundissalinus* De div. philos., z. B. bei der scientia naturalis: Artifex est demonstrator (ed. Baur 34,6); bei der scientia divina (= Metaphysik): Artifex vero theologus sive philosophus divinus (38,6).

[8] Vgl. die knappen Mitteilungen von *L. Baur*, Dominicus Gundissalinus..., 1903, 369–75.

[9] Vgl. die Einleitung eines Kommentars zu dem *Gilbert Porreta* zugeschriebenen Liber sex principiorum aus dem 13. Jh. (M. Grabmann, Kommentare zur aristotelischen Logik..., 1938, 188): Causae, ut idem Philosophus vult, sunt IIII, scil. efficiens, formalis, materialis et finalis. Huius autem libri causa efficiens quidam dicunt, quod fuit Aristoteles... Alii... Sed de causa efficiente

sie nicht grundsätzlich zwischen der Wissenschaft und dem ihr zugrunde liegenden Buch unterscheidet, sondern daß sie gerade auf eine solche Unterscheidung verzichtet, indem sie die mit der Person eines Verfassers verbundenen individuellen Momente aus ihrer Betrachtung ausschließt.

Wir sind bisher immer wieder darauf gestoßen, daß die theologische Wissenschaftstheorie ihren Gegenstand als ein literarisches Erzeugnis behandelt. Dahinter stehen zwei Voraussetzungen: der auf die Antike zurückgehende Buchvergleich und der mittelalterliche Wissenschaftsbetrieb.

Einmal, das Mittelalter pflegt eine ganz ausgedehnte Buchmetaphorik[10]. Das menschliche Herz, der menschliche Geist werden mit einem Buch, einem Schriftstück oder einer Schreibtafel verglichen[11]. Aber auch Dinge und Sachverhalte, die vor Augen liegen und so gewissermaßen mit den Augen gelesen werden können, erhalten diesen Namen: Buch der Natur, Buch der Schöpfung.

Zum andern, alle schulmäßige Wissenschaft besteht in der Auslegung von Büchern. Zwar kennt auch das 13. Jh. Experimente, aber im Lehrbetrieb der Universität haben sie i. a. keinen Platz. Wie die Theologie auf der hl. Schrift beruht, so alle anderen Disziplinen auf ihren Büchern. Aber sie beruhen nicht nur darauf, sondern sie sind geradezu in ihnen verkörpert: die Metaphysik, die Ethik oder die Ökonomik in den gleichnamigen Werken des Aristoteles, und so auch die Theologie in der Bibel, die einerseits noch im 12. Jh. den Namen theologia tragen konnte, andererseits seit Ende dieses bzw. seit Beginn des folgenden Jahrhunderts ihre alten Namen sacra pagina bzw. sacra scriptura der theologischen Wissenschaft

---

non curamus. Nam quicumque fecerit, scientia non minus valet. Ich füge hier noch einen Beleg aus dem 14. Jh. an, der bereits ein fortgeschrittenes Problembewußtsein verrät. Aus einem *anonymen* Kommentar zur Philosophia pauperum, geschrieben zwischen 1346 und 1367, teilt M. Grabmann, Die Philosophia pauperum..., 1918, 40 f., einen kleinen Ausschnitt mit: Causa efficiens dicitur communiter, quod fuerit Albertus, ubi nota: proprie loquendo Albertus non est causa efficiens alicuius scientiae iam existentis, cum quaelibet scientia iam existens sit acquisita in anima scientis Alberto non existente. Sed intentio auctoris est in tali modo loquendi, quod Albertus fuerat collector alicuius summae, ex qua multi libri sunt scripti usque ad tempus nostrum, quibus libris nos utimur tamquam instrumentis ad generandam scientiam in intellectu nostro, et debet concedi, quod Albertus vel alius auctor iam mortuus fuerat causa efficiens scientiae alicuius pro nunc existentis. Hoc est valde large, quia potest esse causa remota et instrumentalis secundum intellectum expressum.

[10] Dazu allgemein *E. R. Curtius*, Europäische Literatur..., ²1954, Kap. 16: Das Buch als Symbol; speziell: *J. Leclercq*, Aspects spirituels..., 1964 (liber conscientiae, cordis, experientiae); *W. Rauch*, Das Buch Gottes. Eine systematische Untersuchung des Buchbegriffes bei Bonaventura, 1961.

[11] Daher auch das Bild vom menschlichen Geist vor aller Erfahrung als einer tabula rasa. Vgl. z. B. *Aegidius* q. 12 crp.: intellectus noster in sui primordio est sicut tabula rasa, in qua nihil est pictum. Ideo principia sunt a nobis acquisita via sensus, memoriae et experientiae.

leiht[12]. Wie hoch man das geschriebene Buch neben der lebendigen Erfahrung einschätzt, zeigen die schon erwähnten Äußerungen Fishacres und Kilwardbys[13].

Gerade *Fishacre* bedient sich eines ausgedehnten Buchvergleiches: Alles Wissen ruht im Geiste Gottes wie in einem Buche: dem Buch des Lebens, das aber erst den Seligen im Jenseits offenstehen wird. Gott hat sein Wissen auch in die Welt geschickt: Im Buch der Schöpfung las Adam vor dem Fall. Da uns auch dieses verschlossen ist, sind wir ganz auf das dritte Buch angewiesen, in dem uns Gott alles notwendige Wissen kundtut: auf die hl. Schrift[14].

Jede einzelne Wissenschaft ist in *einem* ihr zugehörenden und sie verkörpernden Buche[15] beschlossen und wird im Lehrbetrieb der Universität durch Auslegung dieses Buches, „ihres Textes", entfaltet[16]. Allein die Theologie ist seit den zwanziger Jahren des 13. Jh. in der besonderen Lage, durch *zwei* selbständige Werke dargestellt zu sein, die sich trotz aller Gemeinsamkeiten in unübersehbarer Weise voneinander unterscheiden und auch ganz verschiedenartige Weisen der Auslegung, d. h. des konkreten Wissenschaftsbetriebs, hervorrufen. Die Theologie, auf die wir in diesem irdischen Leben angewiesen sind, ist nun nicht mehr nur im Buch der Schrift, sondern auch im Sentenzenbuch verkörpert. Die theologische Wissenschaftstheorie kann dementsprechend nicht nur nach dem Verfasser der hl. Schrift, sondern muß auch nach dem der Sentenzen fragen, wenn sie die causa efficiens der Theologie ins Auge faßt[17].

Aus den Titeln der einzelnen biblischen Schriften[18] wie aus den Bemerkungen des Petrus Lombardus im Prolog seiner Sentenzen[19] könnte man schließen, diese Bücher seien von Menschen verfaßt.

---

[12] Vgl. o. 2.26. — Übrigens kann auch die profane Wissenschaft so genannt werden. Vgl. z. B. S. 16 A. 20 (saecularis scriptura, *Abaelard*).

[13] Vgl. o. S. 170 A. 73; 233 f. A. 39.

[14] Vgl. o. S. 238 A. 63, anschließend S. 233 f. A. 39; ferner *Peckham* q. 4 a. 1 ad 1 (F² f.5ᵛa; N f.5ᵛa): sapientia dei scribitur in triplici libro: in libro vitae, in libro creaturae, in libro scripturae. In libro vitae legunt feliciter viventes, qui inaccessibilis est nostrae infirmitati. In secundo legerunt philosophi, sed tamen, quia in vanitate studuerunt, evanuerunt. Unde hic liber insufficiens est nostrae caecitati. Tertius, scripturae sacrae scil., proportionalis est nostrae infirmitati, quodammodo ex illis duobus conflatus.

[15] Darunter kann auch eine Schriftengruppe verstanden sein, etwa die Vetus oder Nova logica oder die hl. Schrift mitsamt den Vätern (vgl. o. S. 35 A. 98).

[16] Vgl. *Roger Bacon*, Opus minus (ed. Brewer) 329: Nam omnis alia facultas utitur textu suo, et legitur textus in scholis, quia statuto textu suo solum statuuntur omnia, quae pertinent ad facultatem.

[17] Selbständige Frage: *Peckham* q. 4 a. 2; daneben Äußerungen v. a. in den Prologen von *Kilwardby*; *Walter*; *Peckham*; *Wilhelm de la Mare*; *Aegidius*.

[18] Vgl. z. B. *Kilwardby* q. 3 (ed. Stegm. 32,16—18).

[19] Vgl. z. B. *Bonaventura* q. 4 co. 2.

Hinsichtlich der hl. Schrift ist die Antwort auf dieses Argument eindeutig: Ihr auctor kann allein Gott sein; er wirkt durch die biblischen Schriftsteller, die er als seine Werkzeuge benützt. Dementsprechend nennt man allein Gott den Urheber der Theologie im ganzen. Menschen und auch Engel können nur Schreiber, Verbreiter oder Sammler theologischen Wissens sein[20].

Schwieriger und unsicherer ist ein Urteil über die Sentenzen. Nur wenige Autoren sprechen dem Lombarden voll und rund die Verfasserschaft zu. So *Bonaventura*, der die Tätigkeit eines Büchermachers sehr fein differenziert:

Scriptor und compilator schreiben Fremdes nieder;

— der erste ohne Zusätze oder Änderungen, der zweite unter Zusammenfügung des Materials.

Commentator und auctor schreiben Fremdes und Eigenes auf;

— der erste Fremdes, das er durch eigene Gedanken erläutert, der zweite Eigenes, das er durch fremde Gedanken bestätigt.

Petrus Lombardus entspricht nach Bonaventura ganz den beschriebenen Bedingungen eines auctor[21].

Walter übernimmt Bonaventuras Schema[22], bietet daneben aber zwei weitere Differenzierungen, in denen er einmal eine doppelte Autorschaft

---

[20] Vgl. *Fishacre* Nr. 10–11 (O¹ f.3ᵛa–b): 1. Da in der hl. Schrift alle Wahrheit, d. h. unendlich viele Wahrheiten, enthalten ist, können weder ein Mensch noch ein Engel ihr auctor sein; 2. wie nur Gott auctor des liber creaturae sein kann, so auch des liber scripturae: Licet ergo aliquid sacrae scripturae videatur Moyses scripsisse, aliquid similiter prophetae, aliquid evangelistae, aliquid apostoli; tamen non ipsi, sed deus per eos et scripsit et locutus est tamquam principalis efficiens per instrumentum. — *Richardus Rufus* c. 3 (O² col. 5): Est autem deus auctor, ut dixi, et nulla creatura. Inventio enim naturalis ingenii, quod naturae est, non transcendit. Ergo ad id, quod mere gratiae est, pertingere nequit. — *Kilwardby* q. 3 (ed. Stegm. 33,9–12): Ergo solus deus auctor est, et hoc concedendum. Angeli autem et homines sunt huius doctrinae promulgatores vel scriptores vel etiam compilatores, ut magister sententiarum.

[21] Q. 4 crp.: Quadruplex est modus faciendi librum:

[1.] Aliquis enim scribit aliena nihil addendo vel mutando; et iste mere dicitur scriptor.

[2.] Aliquis scribit aliena addendo, sed non de suo; et iste compilator dicitur.

[3.] Aliquis scribit et aliena et sua, sed aliena tamquam principalia et sua tamquam annexa ad evidentiam; et iste dicitur commentator, non auctor.

[4.] Aliquis scribit et sua et aliena, sed sua tamquam principalia, aliena tamquam annexa ad confirmationem; et talis debet dici auctor.

Talis fuit Magister, qui sententias suas ponit et patrum sententiis confirmat. Unde vere debet dici auctor huius libri.

Vgl. *Peckham* im Prol. (F² f.2ᵣa; N f.2ᵣa); *Wilhelm de la Mare* im Prol. (F¹ f.1ᵣa), der die Funktionen des Lombarden als Lehrer der Theologie und als Bischof getrennt beschreibt.

[22] Q. 1 crp. (ed. Beumer 371,11–27).

annimmt[23], das andere Mal sogar nach dem Vorbild des *Petrus von Tarantasia* die Wirkursache der Theologie, der hl. Schrift und der Sentenzen vierfach einteilt[24]. All diese[25] gröberen und feineren Unterscheidungen verfolgen den Zweck, zwei widerstrebende Forderungen möglichst weitgehend miteinander auszugleichen: sie sollen die Rolle der an der Theologie beteiligten Menschen gerecht darstellen, ohne die umfassende Wirksamkeit Gottes einzuengen.

Die Auffassung von Gott als dem alleinigen Urheber und Inhaber aller Wahrheit und allen Wissens, insbesondere aber des theologischen Wissens, die vor allem Fishacre mit Hilfe der Buchmetaphorik so anschaulich wiedergibt, die aber hinter den Aussagen fast aller genannten Autoren steht, bestimmt deren Theologieverständnis in verschiedener Hinsicht.

Da der Mensch nicht aus eigener Kraft zu dem in Gott ruhenden Wissen vordringen kann, teilt Gott es ihm von sich aus mit: durch Eingebung bzw. Offenbarung. *Thomas*, der seine ganze theologische Wissenschaftstheorie von diesem Kerngedanken aus aufbaut, nennt die Theologie geradezu einen Abdruck des göttlichen Wissens im Menschen[26]. Wie sich

---

[23] Q. 1 ad 1 (ed. Beumer 371,28—31): deus et huius libri et libri Iob et omnium aliorum, in quibus est veritas, fuit auctor primus et principalis et generalis, a quo non denominatur liber nisi nomine generali, sed cuiuslibet libri et istius est auctor immediatus et proximus et specialis, cui liber inscribitur.

[24] *Petrus* Prol.:
[1.] Causa enim prima et principalis deus est, intellectum compilatoris sicut et cuiuslibet artificis illustrando et affectum movendo ad operandum.
[2.] causa secundaria et remota prophetae et apostoli et alii auctores sacri canonis materiam et fundamentum operis, scil. scripturae sacrae verba, ministrando.
[3.] causa propinqua, sed non immediata, expositores catholici, Hieronymus, Augustinus et ceteri, materiam praeparando et quasi poliendo, id est, sacrae scripturae verba exponendo.
[4.] causa vero proxima et immediata magister Petrus Lombardus, doctor theologiae, postmodum episcopus Parisiensis, formam ultimam et complementum introducendo, id est volumen compilando. ...
quia omnis causa primaria plus est influens in suum causatum quam secundaria ..., ideo deo tribuimus principaliter efficaciam huius operis.
Ähnlich *Walter* Prol. (PN f. 110ʳb—ᵛa).

[25] Vgl. auch die Zweigliederung bei *Aegidius* Prol. und v. a. *Kilwardbys* Ausführungen, nach denen der Lombarde nur Sammler und Redaktor ist: Prol. (ed. Stegm. 8,14 f.): Licet igitur huius libri possit dici Magister compilator vel promulgator, auctor tamen debet dici deus; dazu q. 3 (ed. Stegm. 34,3—6): Nota quoque, quod licet veritatis traditae in sententiis deus auctor sit, compilationis tamen efficiens vel auctor, secundum quod compilatio est, bene et vere dicitur Magister.

[26] S. th. a. 3 ad 2: velut quaedam impressio divinae scientiae; ebenso *Albert* S. th. Prol.: [theologia] facta est etiam in nobis alio quodam superiori eam efficiente. Est enim impressio quaedam et sigillatio divinae sapientiae in nobis.

diese Eingebung der Theologie vollzieht, wird nirgends genauer beschrieben und nur einmal kurz angedeutet. *Ulrich*, der im Prolog seiner Summa die vier causae seines eigenen Werkes aufzählt, nennt als Wirkursache nicht sich selbst, sondern den Gottesgeist, der in ihm spricht[27]. Nach den Äußerungen der übrigen Autoren müssen wir aber annehmen, daß sie der hl. Schrift die Rolle des Vermittlers zuschreiben. Da die Theologie sich in weitgehender Kontinuität und sogar Identität mit der hl. Schrift sieht, deren Inspiriertheit von niemand angezweifelt wird, kann sie sich selbst als inspiriert verstehen. Daraus folgen dann verschiedene Züge, die wir bereits kennengelernt haben: Sie heben die Theologie aus dem Kreis der anderen Wissenschaften heraus.

9.5 Autorität und Vernunft[28]

Es scheint mir angebracht, hier wenigstens ganz kurz einen Blick auf die Stellung dieser beiden Begriffe in den Anfängen der theologischen Wissenschaftstheorie zu werfen. M. Grabmann hat auctoritas und ratio als die „beiden treibenden Kräfte des Scholastizismus"[29] bezeichnet. Auctoritas ist die Würde und Kraft, die einem auctor und damit insbesondere auch dessen Aussagen innewohnt und der die ratio als die natürliche Erkenntniskraft aller Menschen gegenübersteht.

Die zwischen beiden Phänomenen bestehende Spannung wird auch in unseren Texten erörtert, wenn etwa über den Unterschied zwischen der hl. Schrift und den Sentenzen des Petrus Lombardus bzw. anderen Schriften jüngerer Theologen oder über den Gebrauch außertheologischen Wissens in der Theologie nachgedacht wird. Aber die grundsätzliche Frage nach dem Verhältnis von auctoritas und ratio wird erst am Ende unseres Zeitraums zum Thema selbständiger Untersuchung gemacht und dringt erst durch Heinrich in die theologische Einleitungslehre ein. Ich werde des-

---

[27] Tr. 1 c. 1 (ed. Daguillon 4,16—20): Efficiens quoque causa est spiritus patris, qui loquitur in nobis... Unde nos nihil esse cognoscimus nisi ineptum huius spiritus instrumentum... Diese Äußerung bleibt so formelhaft, daß wir daraus nicht schließen dürfen, der Verfasser verbinde allgemeinere Anschauungen (etwa von einer speziellen theologischen Erleuchtung) damit.

[28] Zu auctoritas: *I. de Varenne*, Convenationes I. Auctoritas, 1964; zum lateinischen Sprachgebrauch bis Augustin einschließlich: *K.-H. Lütcke*, „Auctoritas" bei Augustin, 1968; für Thomas: *M.-D. Philippe*, Reverentissime exponens frater Thomas, 1965, mit großer Bibliographie (240 A. 1); bes. gehaltvoll *U. Horst*, Das Wesen der „auctoritas" nach Thomas von Aquin, 1962; für Bonaventura: *J. Ratzinger*, Wesen und Weisen der auctoritas..., 1960 (aus dem ganzen Werk; die theol. Einleitungslehre der Sent. geht nicht auf das Problem ein). — Zu ratio vgl. *G.-E. Demers*, Les divers sens du mot „ratio" ...., 1932.

[29] Schol. Methode 2 (1911) 55.

halb im folgenden nur kurz auf drei Stellen eingehen, an denen das Begriffspaar zur Sprache kommt.

In der theologischen Einleitungslehre vor Heinrich hat der Begriff nur
einen festen Ort: in einem Einwand, der unter Berufung auf *Boethius*[30]
gegen die Gewißheit theologischer Aussagen bzw. gegen die Wissenschaftlichkeit der theologischen Methode vorgetragen wird. Danach ist
das Argument, das sich auf auctoritas stützt, am schwächsten[31]. Aber bereits *Odo* hat diesen Einwand zurückgewiesen: Zwar ist das Argument aus
der auctoritas in den anderen Wissenschaften, die auf menschlicher Vernunft beruhen, nur schwach, da eben hier die auctoritas im Rahmen der
irrtumsfähigen Vernunft bleibt; aber in der unfehlbaren Theologie ist die
Berufung auf auctoritas am gewichtigsten[32]. Diese Lösung wird in der
Folgezeit wiederholt: Die Berufung auf auctoritas ist der Theologie gerade eigentümlich, da sie ihre Prinzipien durch Offenbarung empfängt
und sich deshalb auf die auctoritas der Offenbarungsempfänger stützen
muß. Eben diese auctoritas ist größer als jene, die auf menschlicher Vernunft beruht[33].

Thomas fügt seinem Hinweis auf die Stärke des Arguments aus der
auctoritas sogleich eine Rechtfertigung des Vernunftgebrauchs in der
Theologie an. Wir haben seine Darlegungen bereits unter den Themen
der Erlaubtheit einer rationalen Methode und des Gebrauchs von Elementen der anderen Wissenschaften kennengelernt[34]. Die oben darge-
stellten Äußerungen unserer Autoren über Angemessenheit, Erlaubtheit

---

[30] Vgl. De diff. top. 3 (PL 64,1199 C—D): Restat is locus, quem extrinsecus
dixit assumi. Hic iudicio nititur et auctoritate et totus probabilis est, nihil
continens necessarium. ... hic etiam inartificialis et artis expers vocatur.

[31] Gegen Gewißheit: *Albert* S. th. q. 5 m. 2 arg. 4; gegen wissenschaftliche
Methode *Ulrich* tr. 2 c. 9; *Thomas* S. th. a. 8 arg. 2: locus ab auctoritate est
infirmissimus.

[32] *Odo* QQ. q. 7 (Gewißheit) crp. (ed. Pergamo 37): Nam certitudo auctoris,
quae est summa veritas, consideratur in hac scientia. Quae quia est infallibilis,
locus ab auctoritate in hac scientia est peroptimus; in aliis omnibus, quae sunt
ab humana ratione, locus ab auctoritate est debilis et inartificialis, quia ratio
humana errori subiecta est etiam non volens.

[33] *Thomas* S. th. a. 8 ad 2: argumentari ex auctoritate est maxime proprium
huius doctrinae eo, quod principia huius doctrinae per revelationem habentur,
et sic oportet, quod credatur auctoritati eorum, quibus revelatio facta est. Nec
hoc derogat dignitati huius doctrinae. Nam licet locus ab auctoritate, quae
fundatur super ratione humana, sit infirmissimus, locus tamen ab auctoritate,
quae fundatur super revelatione divina, est efficacissimus. *Ulrich* tr. 2 c. 9 (ed.
Daguillon 54,3—11). *Albert* S. th. q. 5 m. 2 ad 4: in theologia locus ab auctoritate est ab inspiratione spiritus veritatis.

[34] Vgl. o. S. 176; 243; dazu S. th. a. 8 ad 2: inde est, quod etiam auctoritatibus
philosophorum sacra doctrina utitur, ubi per rationem naturalem veritatem
cognoscere potuerunt.

und Aufgaben einer rationalen Methode in der Theologie[35] bestimmen
zugleich das Verhältnis von auctoritas und ratio, auch wenn der erstere
Begriff nicht gebraucht wird. Daß die Theologie auf der Grundlage von
auctoritas (der hl. Schrift) beruht, ist allgemein vorausgesetzt. Problematisch ist nur, ob und in welcher Weise sie zusätzlich auf die ratio zurückgreifen darf.

Die wenigen Äußerungen, die ausdrücklich von auctoritas reden — wie
vor allem die des Thomas —, zeigen nun auch ein weiteres: Es geht bei
der Diskussion um das Begriffspaar gar nicht um die grundsätzliche Frage,
welche Stellung überhaupt Autorität, d. h. nicht mehr hinterfragbare und
nachprüfbare, weil Wissen und Gewissen des einzelnen Menschen transzendierende Aussagen und Gebote, innerhalb des menschlichen Erfahrungszusammenhangs und insbesondere gegenüber seinen rationalen
Kräften einnimmt. Auch die allen Menschen zugänglichen Vernunftaussagen können auctoritates genannt werden[36]. Insofern das Begriffspaar
auctoritas — ratio für unsere Autoren ein Problem anzeigt, ist es das des
Verhältnisses von als nicht mehr hinterfragbar verstandenen theologischen
Aussagen und von der Theologie unabhängiger Vernunft[37].

Thomas behandelt dies thematisch in einer kurzen quaestio quodlibetalis von 1271: In welchem Verhältnis stehen bei der Diskussion eines theologischen Problems auctoritates und reine Vernunftgründe zueinander[38]?
Er unterscheidet bei der Lösung zwei Aufgaben einer disputatio:

1. Zur Beseitigung des Zweifels, ob eine Aussage gilt, muß man jeweils
auf die (biblischen) auctoritates zurückgreifen, die auch der Diskussionspartner anerkennt. Falls er alle ablehnt, darf man auch bei Vernunftgründen seine Zuflucht suchen.

2. Wenn jedoch nicht eine Aussage als wahr erwiesen, sondern — weil
schon anerkannt — nur einsichtig gemacht werden soll, dann sind rationale Überlegungen angebracht. Andernfalls — und hier sieht Thomas das

---

[35] Vgl. o. 7.22—7.24.
[36] Und zwar auctoritates philosophorum, o. A. 34.
[37] Der Begriff auctoritates erhält über die Bedeutung verbindlicher Kraft
hinaus den (in der Pluralform eindeutig faßbaren) Sinn: Aussage eines auctors
mit auctoritas. *Thomas* stellt eine Rangfolge von auctoritates auf (S. th. a. 8
ad 2):

Herkunft	Gebrauch
1. auctoritates philosophorum	quasi extranea argumenta et probabilia
2. auctoritates aliorum doctorum ecclesiae	quasi arguendo ex propriis, sed probabiliter
3. auctoritates canonicae scripturae	proprie, ex necessitate argumentando

[38] Quodl. 4 q. 9 a. 3 (= Nr. 18): Videtur, quod magister determinans quaestiones theologicas magis debeat uti auctoritatibus quam rationibus.

Problem schon tiefer — vermittelt der Lehrer zwar Gewißheit, aber sein Hörer geht ohne Einsicht und daher „leer" fort[39].

In den siebziger Jahren führt *Heinrich* die Problemstellung in die theologische Einleitungslehre ein und fragt in drei Quaestionen nach dem Verhältnis der auctoritas der hl. Schrift einmal zur auctoritas der Kirche, zum andern zur bloßen Vernunft[40]. Mit diesen Fragen, die erstmals auch die Kirche in die wissenschaftstheoretische Reflexion mit einbeziehen, geht Heinrich bereits weit über die Diskussionsebene hinaus, auf der die Anfänge der theologischen Wissenschaftstheorie liegen. Ich begnüge mich daher mit wenigen Hinweisen. Grundsätzlich stimmen sowohl hl. Schrift und Kirche (wenigstens in Glaubensfragen) als auch Glaube (bzw. auctoritas) und rechtgeleitete Vernunft (recta ratio) stets überein[41]. Trotzdem sind immer wieder gelegentliche Konflikte zwischen ihnen möglich, deren Lösung Heinrich sehr sorgfältig und jeweils unter Hinblick auf den Glaubensgegenstand und das glaubende Subjekt erwägt. Es ist bemerkenswert, daß Heinrich als erster und einziger der von uns betrachteten Autoren in seiner theologischen Einleitungslehre auf das in der Sekundärliteratur so viel verhandelte[42] Problem der doppelten Wahrheit eingeht — freilich ohne diesen Begriff zu verwenden[43] —: was in der Theologie als wahr erkannt ist, kann auch nach dem Urteil der Vernunft niemals falsch sein, da alle Wahrheit in sich übereinstimmt[44]. Wenn Konflikte zwischen

---

[39] A. a. O. (am Ende): alioquin, si nudis auctoritatibus magister quaestionem determinet, certificabitur quidem auditor, quod ita est, sed nihil scientiae vel intellectus acquiret et vacuus abscedet.

[40] A. 10 q. 1: arguitur, quod auctoritati ecclesiae magis est credendum quam auctoritati huius scripturae; q. 2: arguitur, quod plus credendum est auctoritati huius scientiae quam rationi naturali; q. 3: arguitur, quod auctoritas huius scientiae possit esse contraria rationi.

[41] A. 10 q. 1 crp. B: In eis autem, quae sunt fidei, ita est, quod ecclesia et sacra scriptura in omnibus concordant; q. 2 crp. L: cum sint circa idem recta ratio et fides, omnino concordant et ambobus rationabile est credere.

[42] Vgl. *F. van Steenberghen*, La philosophie au XIIIe siècle, 1966, v. a. 389, 397; der mit anderen Forschern das Vorhandensein einer derartigen Lehre im 13. Jh. verneint.

[43] Der Ausdruck geht auf *Stephan Tempiers* Verurteilung von 1277 zurück: Chartularium 1,543: Dicunt enim ea esse vera secundum philosophiam, sed non secundum fidem catholicam, *quasi sint duae contrariae veritates*, et quasi contra veritatem sacrae scripturae sit veritas in dictis gentilium damnatorum ...

[44] A. 10 q. 3 crp. B: Supposito etiam ex supra determinatis in quaestione, an veritas huius scientiae contrarietur veritati alicuius alterius scientiae, quod quaecumque vera sunt iudicio et auctoritate huius scientiae, falsa nullo modo esse possunt iudicio rectae rationis et naturalis ... absolute dicendum, quod auctoritati huius scripturae ratio nullo modo potest esse contraria, immo omnis ratio recta ei consonat, quia vera [vero: ed.] omnia consonant ...

Vernunft und auctoritas entstehen, so haben sie immer in einem Mangel des erkennenden Subjekts ihren Grund[45].

9.4 Der Theologe als Subjekt der Theologie

Die Frage nach dem auctor der Theologie als die nach dem Verfasser der hl. Schrift bzw. der Sentenzen verrät ein vorwiegend rückwärts gewandtes Interesse, das durch feste Formeln rasch befriedigt werden kann. Anders die Frage nach der Stellung des Theologen innerhalb der von ihm betriebenen Wissenschaft und ganz allgemein in den Lebensbezügen. Dieser Problemkomplex bleibt jedoch — trotz früher Reflexionen der Oxforder Theologen — immer am Rande des Gesichtskreises. Erst seit der zweiten Hälfte der sechziger Jahre dringen in wachsendem Umfang konkrete und auch wohl aktuelle Fragestellungen unter die Themen der disputatio de quolibet ein[46]: Ist Unbildung des Klerus Sünde[47]? Hat das Studium oder haben Predigt bzw. Seelsorge Vorrang[48]? Darf man nach Lehrbefugnis streben, und ist der Verzicht darauf verdienstlich[49]? Ist das Ruhmstreben bei der Lehrtätigkeit oder das Streben nach Verdienst durch Predigen Sünde[50]? In diesen und ähnlichen Fragen spricht sich das große Problem der Verantwortung des Menschen für seinen Beruf aus. Freilich ist die theologische Wissenschaftstheorie, soweit sie sich in den geschlossenen Einleitungslehren darbietet, von all diesen Fragen unberührt. Erst *Heinrich* bezieht den Theologen sehr stark in seine Überlegungen ein. Vor

---

[45] Vgl. a. 10 q. 2 crp. L: si forte per nostram ignorantiam vel intellectus debilitatem aliquando discordare videantur; q. 3 crp. B: si ea, quae sunt huius scientiae, ab aliquo falsa esse creduntur et censentur, hoc est per errorem iudicii et defectum rationis rectae; ad 1 C: ad primum in oppositum, quod auctoritas huius scientiae et ratio suadent contraria, dicendum, quod non est verum nisi de ratione erronea.

[46] Repertorium der Quodlibeta: *P. Glorieux*, La littérature quodlibétique..., 1925—35; Auswertung des Materials, durchweg aus späterer Zeit bis ins 14. Jh. hinein, durch *J. Leclercq*, La théologie comme science d'après la littérature quodlibétique, 1939; *ders.*, Le magistère du prédicateur..., 1946; v. a. aber *ders.*, L'idéal du théologien..., 1947; jeweils mit reichem Textmaterial.

[47] Ca. 1266/67 *Eustachius* Quodl. 3,19 (ed. Leclercq, L'idéal..., 127 f.); vgl. *Thomas* Quodl. 3 q. 4 a. 2 (= Nr. 10) von 1270; *Nicolaus von Pressoir* Quodl. 1,6 von 1273: Si praelatus carens scientia sacrarum litterarum debeat consecrari.

[48] Ca. 1267 *Gerhard von Abbeville* Quodl. 10,1 (ed. Leclercq, L'idéal..., 128 f.); 1269 *ders.*, Quodl. 14,2; 1269 *Thomas* Quodl. 1 q. 7 a. 2 (= Nr. 14); 1276 *Heinrich* Quodl. 1,35: Utrum melius est manere in studio seu scholis, spe plus proficiendi, quam ire ad animas, intentione salutem eis procurandi.

[49] 1270 *Thomas* Quodl. 3 q. 4 a. 2 (= Nr. 10); 1277 *Heinrich* Quodl. 2,12.

[50] 1276 *Heinrich* Quodl. 1,34; 1282 *ders.*, Quodl. 7,19.

ihm haben sich aber immerhin mehrere Autoren in kürzeren Äußerungen mit dem Theologen befaßt.

Fishacre macht wohl als erster die Rolle des Theologen zum Thema, wenn er nach Bestimmung des auctors der Theologie danach fragt, welcher Empfänger einer derartigen Quelle entspricht. Seine Antwort erschöpft sich freilich in einer kleinen Sammlung von Bibel- und Väterzitaten, die einige Merkmale eines aufmerksamen, willigen Hörers beschreiben[51]. Fishacre geht damit noch nicht über das hinaus, was in den Antrittsvorlesungen der Baccalare und der Magistri gerne über die rechte Haltung des Theologen gesagt wird und auch in manche Prologe vor theologischen Einleitungslehren einfließt[52].

Im Prolog seines Sentenzenkommentars geht auch *Richardus Rufus* sehr ausführlich auf unser Thema ein. Aus dem Motto Mk. 12, 42 von der armen Witwe mit den zwei Pfennigen[53] entwickelt er zunächst eine Deutung seines eigenen Werkes (es soll zur Auslegung der hl. Schrift beitragen)[54] und anschließend die Beschreibung der Seele eines wissenschaftlichen Theologen[55]. Der Theologe kann in zwei Verfassungen betrachtet werden: als Anfänger (Hörer) wie als Fortgeschrittener (Gelehrter)[56]. Der Anfänger muß sich gegen drei Hindernisse (Beunruhigung durch die Welt; körperliche Lust; Hochmut des Herzens) wehren durch Rückzug aus der Welt und Konzentration auf das Notwendige, Mäßigung und wahre Demut[57].

---

[51] Nr. 16 (O¹ f.3ᵛb): Quod si tantus est huius sapientiae auctor, quales debent esse auditores? Utique qui vult veritates istas cognoscere oportet verum discipulum esse (Jes. 8,16; Joh. 8,31 f.; Lk. 14,33; Sap. 1,4; Hiob 28,13). Nr. 17 (O¹ f.3ᵛb–4ʳa): Cum quanta autem debeat audiri reverentia, quis dicat? (Eccli. 13,28; Eccles. 9,17; Eccli. 1,1; Basilius).

[52] Vgl. z. B. *Odo* Sent. Prol. (B f.1ʳa; Tr f.1ʳa): Ad hoc autem, quod ad eam [scil. sapientiam] possit attingi, oportet eam quaerere diligenter, humiliter et innocenter; (B f.1ʳb; Tr f.1ʳa): est enim sapientia sapida scientia. Huius autem sapor non est nisi in bene viventibus et affectum bene dispositum habentibus.

[53] Cum venisset una vidua pauper, misit duo minuta, quod est quadrans (*Richards* Text, col. 1,2 f.).

[54] Col. 1,23 f.: in gazophylacum mittere est ad originalem litteram sacri voluminis expositionem et elucidationem impendere.

[55] Col. 1,26 f.: descriptio animae theologi scolastici.

[56] Col. 1,27–30: primus status est, quo est auditor. Cuius condiciones secundum hunc statum describuntur his tribus dictionibus: una, vidua, pauper. Secundus status eius est, postquam rationabiliter audierit et fuerit imbutus his sacris litteris, quid tunc oporteat eum facere et quod sit eius officium.

[57] Col. 1,34–40: Tria sunt enim, quae impediunt accessum ad veram sapientiam, scil. sollicitudo mundana, voluptas corporea, cordis superbia. Et tria horum opposita sunt ad eandem sapientiam promotiva, scil. ipsius amoris et animae ab exterioribus ad interiora, a temporalibus ad aeterna revocatio et a multis curis scil. ad unum necessarium collectio ... Secundum est temperantia et carnis mortificatio ... Tertium est vera humilitas.

Der Fortgeschrittene hat

einmal die allgemeine Pflicht, das empfangene Wissen kostenlos an andere weiterzugeben[58];

sodann gewisse besondere Aufgaben:

1. das Gotteslob im Kult;
2. Schriftauslegung;
3. sittliche Unterweisung;
4. Erklärung schwieriger Probleme.

Allein der letzte Punkt wird im vorliegenden Werk ausgeführt[59]. Anschließend beschreibt der Verfasser das Verhalten der Theologenseele und gibt zum Abschluß eine genaue Einteilung des wissenschaftlichen Lebens: Es ist teils spekulativ und führt zur Theologie, teils aktiv und besteht in der Predigt[60].

Richardus bedient sich freilich noch kaum genauerer wissenschaftlicher Begriffe, sondern redet in der bildhaften Sprache der biblischen Zitate; aber er versucht hier doch bereits, das Subjekt der Theologie umfassend zu beschreiben.

Im Stile schulmäßiger Erörterung fragt erstmals *Hannibaldus* nach dem Theologen, genauer: danach, ob sich der Mensch (jeder Mensch) zum Hörer und zum Lehrer der Theologie eigne. Diese Fragestellung führt zur Diskussion verschiedener Problemkomplexe:

Einmal werden ganz allgemein die Vorgänge des Lehrens und Lernens

---

[58] Col. 1,51: mutare etc., hoc est totum, quod accepit, gratanter aliis refundere.

[59] Col. 2,4—11: Dividitur autem hic universus labor in quattuor partes quasi in quattuor quadrantes, scil. in iubilationem, lectionem, praedicationem, quaestionem. Primo quadrante in ecclesiastico officio deum laudamus, secundo originalem litteram sacrae scripturae vomere ingenii exponendo quasi exarando reseramus, tertio rudes et quasi informes moribus informamus, quarto nodosa enodamus, difficilia explanamus, ambigua certificamus, obscura, prout possibile est, elucidamus. De hoc ultimo quadrante solo intenditur in praesenti negotio.

[60] Col. 2,18 f.: Tertio modo potest accipi haec vidua, anima scil. religiosi contemplativi, quae relictis omnibus secuta est Christum; col. 3,10—49: Sequitur, quod est quadrans. Ich gebe die Deutung auf die vita humana scolastica in einem Schema:

vita humana scolastica ... duplex est:

	pura abstracta	— mystica theologia
speculativa	per quasdam corporeas imagines et similitudines	— symbolica theologia
activa	— in praedicatione fidei evangelicae	et sibi et aliis prodest / sibi nullo modo prodest, aliis autem prodest, sed occasionaliter tantum

17*

analysiert. Was Hannibaldus bei der Kürze seiner Darlegungen nur streifen kann, behandeln spätere Autoren in ausführlicher Diskussion der erkenntnistheoretischen Probleme, die mit dem Lehr- und Lernvorgang verbunden sind[61]. Daneben werden — wie schon an anderer Stelle — Aufgaben der Theologie im allgemeinen genannt, durch die die Tätigkeit des Theologen bestimmt ist[62].

Endlich werden die anthropologischen und religiösen Bedingungen theologischer Arbeit erörtert. So fragt Hannibaldus, ob Ungläubige und Sünder, Exkommunizierte oder junge Menschen Hörer, ob nur kirchliche Würdenträger oder nur Männer Lehrer der Theologie sein können[63]. Was Hannibaldus hier als einzelne Argumente innerhalb einer Quaestion kurz anführt und erwägt, dem widmet *Heinrich* später jeweils selbständige Untersuchungen. Er fragt danach, ob die Eignung zum Schüler und Lehrer im allgemeinen und zum Theologen im besonderen an Geschlecht, Alter, Stand (ordo), sittlich-religiöse Untadeligkeit, Bildung u. ä. gebunden ist, also nach den gesamten Voraussetzungen theologischer Existenz.

Die über eine allgemeine Bestimmung der Wirkursache der Theologie oder des Verfassers von hl. Schrift und Sentenzen hinausgehende Frage nach dem Theologen als Subjekt der Theologie führt die theologische Wissenschaftstheorie auf eine neue Stufe, auf der der Vollzug theologischer Arbeit nicht mehr in den einfachen Schemata der Anfangszeit dargestellt, sondern in seinen vielfältigen Verflechtungen mit dem Leben untersucht wird.

---

[61] *Romanus* tr. 1 q. 2 und *Aegidius* q. 12 bestimmen die Frage nach der Wirkursache der Theologie genauer als die nach ihrem Lehrer. V. a. *Aegidius* gibt in seiner Antwort eine eingehende Analyse des Lehrens. *Hannibaldus* a. 6 crp. beschreibt das Lehren als Mitteilung der Prinzipien: [deus] seminaria omnium scientiarum, id est prima principia, in lumine naturali nobis indidit, huius autem scientiae principia, id est fidei articulos, per lumen gratiae revelavit.

[62] *Hannibaldus* a. 5 crp.: duplex usus der Theologie:
1. exhortandi sunt infideles ad fidem, peccatores ad poenitentiam, iusti ad profectum;
2. omnis contradictor est convincendus.
Demnach kann jeder Mensch Hörer der Theologie sein. A. 6 crp.: Innerlich belehren kann nur Gott, äußerlich und hilfsweise auch der Mensch. Die öffentliche Ermahnung in der Predigt steht nur dem kirchlichen Würdenträger zu. Dagegen darf jeder Gebildete durch expositio scripturae, destructio erroris, fraterna correctio belehren.

[63] Eine Probe aus seinen Antworten a. 6 ad 4: doctrina publica interdicitur mulieri tam in ecclesia quam in scholis, tum ratione primae praevaricationis, ut apostolus dicit, tum propter debilitatem rationis, quae minus viget naturaliter in mulieribus quam in viris. Privata autem exhortatio ei non interdicitur. Die Frau ist wegen ihrer sittlich-religiösen wie intellektuellen Minderwertigkeit nicht zu öffentlicher Lehrtätigkeit fähig.

10. RÜCKBLICK AUF DIE HERAUSARBEITUNG DES THEOLOGIEBEGRIFFS

10.1 EINLEITUNG

Nachdem wir die Bemühungen unserer Autoren um die mit der theologischen Arbeit verbundenen einzelnen Problemkomplexe betrachtet haben, müssen wir abschließend fragen, wie weit darin das Phänomen der Theologie als ein Ganzes erfaßt und ein selbständiger Theologiebegriff herausgearbeitet wird. Die Beziehungen zwischen Theologie und Glauben werden unter verschiedenen thematischen Fragen durchdacht: Theologie beruht auf dem Glauben, dessen in Grundsätzen formulierte Inhalte ihre Prinzipien bilden; sie kann sich in zweifacher Blickrichtung um rückschauendes Glaubensverständnis und um weiterführende Schlüsse aus dem Glauben bemühen. Das Verhältnis von Theologie und Handeln wird unter dem Gesichtspunkt der Verifikation bestimmt: Nach Auffassung einer großen Gruppe von Autoren bewährt sich die Theologie im äußeren Werk. Dagegen werden die Berührungen zur Verkündigung und zur kirchlichen Lehre nicht in die theologischen Einleitungslehren einbezogen.

Wichtiger als die Klärung dieser Beziehungen ist für die Gewinnung eines selbständigen Theologiebegriffes jedoch die mit dem Namen theologia verknüpfte Aufgabe einer Abgrenzung gegenüber Gotteslehre, Metaphysik und hl. Schrift.

Die durch die Etymologie gestützte Deutung der theologia als Lehre von Gott wird auch im 13. Jh., und zwar in der Diskussion um die Sache der Theologie, wieder aufgenommen und jetzt auch auf eine sehr weit verstandene, in der hl. Schrift als Idealform verkörperte Theologie angewandt. Wo man diese Auffassung vertritt, hat man allerdings nicht mehr die Gotteslehre als einen eng begrenzten Abschnitt am Anfang der Dogmatik vor Augen. Man meint damit vielmehr eine Lehre von Gott als Kern der ganzen materialen Dogmatik, auf den alle anderen Themen bezogen sind. Diese Lösung wird freilich nur von einem Teil unserer Autoren vertreten; die meisten sehen darin offenbar eine Verengung.

Eindeutiger ist die Abgrenzung gegenüber der Metaphysik. Trotz mancher Gemeinsamkeit, v. a. der Bemühung um dieselbe Sache, sind die Unterschiede so groß, daß eine Verwechslung nicht mehr möglich ist. Unsere Autoren weisen dies z. T. in selbständigen Untersuchungen nach. In der theologischen Wissenschaftstheorie des 13. Jh. bezeichnet theologia nur noch mit differenzierenden Zusätzen (theologia philosophica, philosophorum u. ä.) die Metaphysik — offensichtlich, um diesen Sprachgebrauch als unangemessen zu kennzeichnen.

10.2 Theologie und hl. Schrift

Das Verhältnis von Theologie und hl. Schrift ist das dritte mit dem Begriff theologia und zugleich mit seinem Synonym sacra scriptura verbundene Problem. Die Abgrenzung dieser beiden Phänomene bereitet in den Anfängen der theologischen Wissenschaftstheorie die größten Schwierigkeiten und ist auch am Ende des von uns betrachteten Zeitraums noch nicht sauber und endgültig vollzogen[1]. An der Stelle, wo er sich mit dem Begriff der hl. Schrift überschneidet, ist der Theologiebegriff unscharf; seine Bestimmung bleibt in einer Weise offen und unvollständig, daß sich immer wieder Gedanken an ihn anlagern können, die den Begriff einer Wissenschaft empfindlich gefährden und neue Probleme erzeugen.

Wir werfen zunächst nochmals einen Blick auf den Sprachgebrauch unserer Autoren. Schon Denifle[2] hatte festgestellt, daß die Bezeichnungen für Theologie und hl. Schrift als Synonyme gebraucht werden können. Dieser Sachverhalt ist so auffällig, daß er in der Sekundärliteratur immer wieder hervorgehoben wird[3]. Er hat im 13. Jh. eine klare Bestimmung des Theologiebegriffs verhindert und erschwert auch heute das Verständnis der Texte. Indessen lassen sich wohl einige sichere Feststellungen treffen:

1. Trotz gelegentlicher Meidung von theologia ist dieses Wort als charakteristische Bezeichnung der Theologie seit den Anfängen der theologischen Wissenschaftstheorie vollständig in den Sprachgebrauch aufgenommen. Seine Verwendung verbürgt jedoch noch nicht mit Sicherheit, daß in jedem Falle die Theologie gemeint ist.

2. Unmißverständlich ist die Auffassung nur dort, wo von „dieser Wissenschaft" u. ä.[4], von dem Kanon der hl. Schrift[5] oder auch von den Sen-

---

[1] Vgl. die Unklarheit in *Wilhelms de la Mare* Ausführungen über den Wissenschaftscharakter der Theologie (o. S. 224 f.): Die Theologie ist wie die hl. Schrift als Gesetz bestimmt.

[2] In seinem klassischen Aufsatz Quel livre servait...?, 1894, 154.

[3] Eine selbständige Arbeit darüber gibt es nicht. Vgl. z. B. *J. Beumer*, Das katholische Schriftprinzip..., 1941, bes. 26–30; und die scharfsinnigen Beobachtungen *M.-D. Chenus*, La théologie comme science..., ³1957, 38; 42; 47 f.; 51; 58; 66.

[4] Haec scientia (doctrina) u. ä., z. B. *Fishacre* Nr. 25 (O¹ f.4ʳb41 f.): Divisio ... huius scientiae; (44 f.): haec scientia ... habet partes duas; usw.

[5] Z. B. canon scripturae (*Kilwardby* ed. Stegm. 19,21) oder bloß canon (a. a. O. 25,11; 28).

tenzen⁶ oder den Schriften neuerer Theologen⁷ die Rede ist. Eine klare Unterscheidung ist auch gesetzt, wenn man von der in der hl. Schrift oder in den Sentenzen enthaltenen Lehre, Wissenschaft oder Weisheit spricht⁸.

Aber immer wieder begegnen wir — auch bei Autoren, die sich im allgemeinen deutlich ausdrücken — der Gleichsetzung von Sentenzen oder hl. Schrift mit einer Wissenschaft (der Theologie)⁹.

Dieser Sprachgebrauch ist mit Anschauungen verknüpft, die eine wissenschaftstheoretische Reflexion auf die Theologie durch verschiedene zusätzliche Probleme — genauer: Scheinprobleme — belasten. Bei unserem Durchgang durch die einzelnen Themenkomplexe sind wir immer wieder auf Punkte gestoßen, an denen der unzureichend geklärte Theologiebegriff schwer lösbare Fragen hervorruft. So wird v. a. durch den Blick auf die hl. Schrift als Idealform der Theologie deren Wissenschaftlichkeit in Frage gestellt. Gegenstand und Methode der Wissenschaft werden als Inhalt und Stil der hl. Schrift verstanden, das Subjekt der Theologie als Verfasser der biblischen Schriften bzw. der Sentenzen gesehen.

Diese Probleme beruhen auf der Anschauung, die Theologie und hl. Schrift nicht nur in ihrem selbstverständlichen Zusammenhang, sondern in geradliniger Kontinuität sieht oder sie sogar einander gleichsetzt. Eine solche Anschauung gibt aber zugleich auch das Mittel zur Lösung der angeführten und weiterer Probleme an die Hand: Die hl. Schrift teilt der Theologie nicht nur ihre von einer Wissenschaft abweichenden Züge mit, sondern auch die in ihrer Inspiriertheit begründete Überlegenheit. Durch sie werden Eigenschaften, die man in anderem Zusammenhang als Schwächen deutet, zu Vorzügen, die von Gott nach einem wohldurchdach-

---

⁶ Am eindeutigsten bei *Bonaventura*, der in seiner ganzen theol. Einleitungslehre nur nach den Sentenzen fragt.

⁷ Z. B. libri doctorum (*Bonaventura* q. 2 ad 4); magistralia scripta (*Kilwardby* ed. Stegm. 25,4); magistrales disputationes (a. a. O. 25,9 f.).

⁸ Z. B. scientia tradita in hoc libro (*Bonaventura* q. 1 co. 4); consideratio praesentis libri (*ders.* q. 1 ad 5—6); doctrina libri sententiarum (*Wilhelm de la Mare* q. 2 crp., F¹ f.3ʳb); sapientia, secundum quod scripta est in sacra scriptura (*Fishacre* Nr. 2, O¹ f.3ʳa). Vgl. auch u. A. 21.

⁹ Vgl. z. B. *Fishacre* Nr. 10 (O¹ f.3ʳa46 f.): auctor huius scripturae vel sapientiae; Nr. 15 (O¹ f.3ʳb): haec scientia vel scriptura; *Bonaventura* q. 2 crp.: haec doctrina sive liber; usw. — Solche einfache Gleichsetzung von Buch und Wissenschaft führt dann seit *Alexander* (vgl. o. S. 139 A. 52; 162 A. 35) zur Verwechslung von hl. Schrift und Theologie. Wie viele seiner Zeitgenossen kann auch *Thomas* selbst in der Summa nicht klar zwischen beiden Phänomenen unterscheiden. Sacra doctrina kann neben der Theologie auch die hl. Schrift bezeichnen (vgl. z. B. a. 2 arg. 2; a. 4 arg. 2; a. 8 ad 2; a. 9 q.; crp.; a. 2 ad 2 sacra scriptura seu doctrina ist wohl sekundäre Zusammenfassung zweier Lesarten); auch die einzelnen Handschriften (soweit wir sie aus der einseitigen Auswahl im Apparat der Leonina kennen) folgen einem unterschiedlichen Sprachgebrauch.

ten Plan angeordnet sind, um das Heilswissen vor Profanierung zu schützen. Diese Anschauung stellt einen festen Typus des Theologieverständnisses dar, als dessen wichtigste Vertreter ich für die Zeit vor Mitte des 13. Jh. Alexander, für die spätere Zeit Thomas nenne.

Alexander setzt noch in ganz unabgesicherter Weise — z. T. einfach durch Vertauschung der Begriffe oder ihrer Bedeutungen — Theologie und hl. Schrift gleich. Die Theologie hat unmittelbar an den Eigenschaften der inspirierten Schrift teil[10]. *Thomas* faßt seine Anschauungen schärfer durch aristotelische Begriffe und Schemata. Er leitet die Eigenart der theologischen Wissenschaft nicht mehr unmittelbar aus der literarisch fixierten hl. Schrift ab, sondern stellt in seiner Theorie eine neue Größe dazwischen: das Wissen Gottes, an dem auch die Seligen teilhaben. Ihm ist die theologische Wissenschaft subalterniert wie die Musik der Arithmetik[11]. Diese Abhängigkeit wird näher als Empfang einer Offenbarung von Gott beschrieben. Thomas baut seine theologische Wissenschaftstheorie weitgehend auf den Offenbarungsbegriff auf: Die Theologie empfängt ihre Prinzipien durch Offenbarung[12]; ihre Gewißheit[13] und ihre Einheit[14] folgen daraus; ihre Notwendigkeit ist durch die Notwendigkeit einer übernatürlichen Offenbarung begründet[15].

Doch was sollen wir uns unter einem Wissen oder einer Wissenschaft Gottes vorstellen, als deren Abdruck im Menschen die Theologie geradezu definiert wird[16]? Eine solche Wissenschaft ist eigentlich jeder menschlichen Erkenntnis in diesem Leben unzugänglich. Sie ist ein Postulat, eine Hilfskonstruktion, die in sich alle positiven Merkmale einer vollgültigen Wissenschaft und dazu alle Vorzüge der hl. Schrift vereinigt. Thomas rechnet auch nicht mit der Möglichkeit unmittelbarer Offenbarung; die Wissenschaft Gottes wird nur in der hl. Schrift faßbar[17]. Damit bleibt der große Dominikaner ganz auf der Argumentationsebene Alexanders; er führt dessen Ansatz unter Gebrauch aristotelischer Elemente konsequent zu Ende, wobei er jedoch den Gesichtspunkt der Verifikation, der bei Alexander eine so große Rolle spielt, weitgehend in den Hintergrund drängt[18].

---

[10] Vgl. o. S. 134 f.; 138 f.; 162.   [11] Vgl. o. S. 147 m. A. 87.
[12] A. 2 crp.: doctrina sacra credit principia revelata [sibi: +edd.] a deo; a. 8 ad 2: principia huius doctrinae per revelationem habentur.
[13] Vgl. o. S. 215 A. 300.   [14] Vgl. o. S. 123 A. 29.
[15] Vgl. o. S. 235 A. 45.   [16] Vgl. o. S. 252 A. 26.
[17] A. 8 ad 2: Innititur enim fides nostra revelationi apostolis et prophetis factae, qui canonicos libros scripserunt, non autem revelationi, si qua fuit aliis doctoribus facta. Auch aus dem Kontext der übrigen Äußerungen geht hervor, daß die Offenbarung nur durch die hl. Schrift vermittelt ist.
[18] Das zeigt sich besonders deutlich an der Behandlung des Gewißheitsproblems (vgl. o. S. 215 m. A. 300).

10.3 Theologie, hl. Schrift und Sentenzen

Eine ganz andere Problemstellung entsteht dort, wo auch die Sentenzen des Petrus Lombardus in die Betrachtung mit einbezogen werden[19]. Hier tritt dem weiten und unbestimmten Theologiebegriff die Vorstellung einer im Sentenzenbuch verkörperten neueren Theologie gegenüber, die der eigenen theologischen Arbeit (den magistralia disputationes) wesentlich näher steht als die in der hl. Schrift aufbewahrte Theologie. Daher können wir von der Reflexion auf die Sentenzen am ehesten die Herausarbeitung eines selbständigen Theologiebegriffs erwarten.

Als erster hat wohl *Odo* in seinem Sentenzenkommentar den Gedanken einer über die hl. Schrift hinausgehenden Theologie erfaßt, obwohl er sich nicht über den Theologiebegriff äußert[20].

Albert und *Thomas* erwähnen die Verschiedenheit von hl. Schrift und Sentenzen nur kurz unter dem Gesichtspunkt der Methode[21]. Ausführliche Stellungnahmen geben die Oxforder Theologen sowie Bonaventura und die Franziskaner nach ihm ab.

Die originellste Darstellung, auf die ich schon wiederholt hingewiesen habe[22], bietet *Fishacre*. Er geht als einziger unter unseren Autoren auf den konkreten theologischen Wissenschaftsbetrieb ein.

Die Theologie ist nach der allgemeinen Ordnung im Seins- und Erkenntnisbereich in zwei große Arbeitsgebiete aufgegliedert: Im einen wird die affektive Vereinigung mit dem höchsten Gut, im anderen die Erkenntnis der höchsten Wahrheit erstrebt. Diese Ziele sind im diesseitigen Leben nur im rechten Handeln und im rechten Glauben zu erreichen. Die Theologie hat demnach die beiden Aufgaben der ethischen Unterweisung und der Untersuchung schwieriger Glaubensprobleme. Beides liegt in der hl. Schrift ununterschieden beieinander, während es im theologischen Unterrichtsbetrieb auf die Kommentierung der hl. Schrift und die Problemdiskussion in der Sentenzenvorlesung aufgeteilt ist. Fishacre legt auch die rechte Reihenfolge beider Veranstaltungen fest: Die Sentenzenvorlesung setzt die Beschäftigung mit der hl. Schrift voraus[23].

---

[19] Das ist v. a. in Sentenzenkommentaren der Fall.

[20] Q. 1: Utrum magister debuit aggredi hoc opus.

[21] Vgl. *Thomas* Sent. a. 5 crp.: Proceditur tertio ad contemplationem veritatis in quaestionibus sacrae scripturae; et ad hoc oportet modum etiam esse argumentativum, quod praecipue servatur in originalibus sanctorum et in isto libro, qui quasi ex ipsis conflatur (vgl. auch den Anfang der q. 1: Ad evidentiam huius sacrae doctrinae, quae in hoc libro traditur...); *Albert* Sent. a. 5 crp.: hoc modo argumentatio talis erit instrumentum eius, et... iste modus est scientiae istius libri, alii autem modi sunt observati in biblia.

[22] Vgl. o. S. 33 f.; 114; 117 f.; 210.

[23] Nr. 26 (O[1] f4[r]b—[v]a): Et quia, ut dicitur Sap. 1 [,4], in malevolam animam non introibit sapientia, prius est, ut affectus informetur sanctis moribus,

Fishacre betrachtet in diesen Ausführungen die Theologie nicht nach einem Ideal, sondern nach der Wissenschaftspraxis. Dieser Ansatz wirkt sich allerdings in seiner Stellungnahme zu den einzelnen Fragenkomplexen nicht weiter aus.

Ohne Parallele sind auch die Äußerungen des *Richardus Rufus*. Er setzt Theologie und hl. Schrift gleich und grenzt die Sentenzen scharf dagegen ab: Sie sind nicht theologia und auch kein Teil davon — die hl. Schrift ist ja in sich vollständig —; sondern sie hellen Dunkelheiten darin auf[24].

Ganz unklar ist der Sprachgebrauch *Kilwardbys*. Er scheint unter theologia die Theologie einschließlich der hl. Schrift und der Sentenzen zu verstehen[25]; die Sentenzen sind ein Teil (pars) der Theologie[26]. Die tatsächlich betriebene theologische Arbeit faßt Kilwardby dort ins Auge, wo er gesonderte Fragen nach den Sentenzen und allgemein nach Schriften neuerer Theologen stellt[27]. Mit Fishacre und Richardus Rufus sieht er die Aufgabe der in solchen Schriften verkörperten Theologie in der rationalen, systematisch aufgebauten Problemdiskussion[28].

Besonders klar sind dagegen die Ausführungen *Bonaventuras*[29], der in seiner theologischen Einleitungslehre durchgehend nach den Sentenzen

quam aspectus desudet in quaestionibus circa fidem difficilibus; alioquin parum aut nihil proficiet ... Quia ergo in praecedentibus de moribus instruendis audistis, ratio ordinis et consummationis exigeret, ut et secunda pars, quae est de quaestionibus circa fidem difficilibus, nunc consequenter legeretur.

[24] Zwischen Prol. und QQ. (col. 3,50—55): Quibusdam placet hic quaedam generalia de ipsa theologia dubitare, et hoc gratia huius summae Magistri. Quod non videtur mihi necessarium, cum haec summa non sit ipsa theologia nec aliqua pars eius. Est enim divina scriptura in se integra, perfecta absque hac et omni alia summa. Sed sunt tales summae elucidationes aliquae aliquorum, quae in illa obscure dicta sunt, propter nos utiles et adhibitae. Die Abgeschlossenheit der hl. Schrift betont *Richardus* nochmals (col. 5,26—33). Nach den QQ. schließt er (col. 7,4—16): ... cum non possit aliquid ei addi vel minui ... Ad praesens non curo. Non est enim praesens summa aliqua pars sacrae scripturae, ut aestimo.

[25] Vgl. etwa ed. Stegm. 7,5—7: quattuor causae huius doctrinae et omnino totius sacrae scripturae; ferner den Wechsel von sacra scriptura, haec scriptura, haec scientia, theologia 13,16; 14,4.12.14; 15,12.17.20; 16,7.23; 17,9; usw.

[26] Q. 2 a. 1 c. 2 (ed. Stegm. 29,21 f.): Cum iste liber sententiarum sit pars huius scripturae (vorher war die Rede vom modus der Theologie im weiten Sinne: haec scientia, haec scriptura, theologia). [27] Q. 1 a. 3; q. 2 a. 1 c. 2.

[28] Q. 1 a. 2 c. 4 (ed. Stegm. 25,4—8): Magistralia tamen scripta difficilia quaeque eruentia et pro posse determinantia distinguunt de illis diversos tractatus propter utilitatem ecclesiae et haereticorum confutationem, sicut fecit Magister sententiarum in praesenti libro.

[29] So klar sind allerdings nur die Ausführungen im Sentenzenkommentar, den ich in dieser Arbeit allein heranziehe. In den späteren Schriften, v. a. auch im Breviloquium, werden Theologie und hl. Schrift wieder miteinander verwechselt. Dies hebt schon *F. Sakaguchi*, Der Begriff der Weisheit ..., 1968, 123—28, hervor.

fragt und an ihnen die Eigenart der theologischen Wissenschaft untersucht. Er unterscheidet die Theologie von Glauben und hl. Schrift so, daß im Glauben der unmittelbare Anspruch der Wahrheit erfahren wird, die hl. Schrift diesem Anspruch ihre auctoritas hinzufügt und die in den Sentenzen verkörperte Theologie die aufgenommene Wahrheit durch Gründe wahrscheinlich oder einsichtig macht[30]. Bonaventura beschreibt das Verhältnis der Sentenzen zur hl. Schrift als das einer Subalternation und lehnt zugleich die von Kilwardby vertretene Auffassung ab, sie stellten einen Teil der Schrift dar[31].

Das von Bonaventura nur allgemein bezeichnete Verhältnis wird unter seinem Einfluß von Peckham, Wilhelm de la Mare und dem auf beiden fußenden Anonymus Todi 39 auf eine feste Formel gebracht. Wir haben die Darlegungen dieser Autoren zu den einzelnen Problemen bereits kennengelernt[32] und betrachten hier nur noch ihre zusammenfassenden Bestimmungen.

Peckham bringt die Ansätze der Oxforder Theologen und Bonaventuras auf den knappen Begriff: Die Theologie ist Erklärung oder Entfaltung (explicatio) des Glaubens bzw. des Inhalts der hl. Schrift[33]. Er lehnt aber ausdrücklich die Anwendung des Subalternationsbegriffes auf das Verhältnis von Sentenzen und hl. Schrift ab, und zwar mit einer Begründung, die erkennen läßt, daß Bonaventuras Verständnis dieses Begriffes bereits von dem des Thomas verdrängt ist[34].

Wilhelm de la Mare endlich bestimmt die in den Sentenzen enthaltene Theologie als Auslegung (expositio) der hl. Schrift[35].

---

[30] Q. 1 crp.; ad 5–6 (o. S. 108 A. 121); q. 2 ad 4 (o. S. 181 f. A. 121).

[31] Q. 2 ad 4: liber iste ad sacram scripturam reducitur per modum cuiusdam subalternationis, non partis principalis; similiter et libri doctorum, qui sunt ad fidei defensionem. Ein derartiges Teilverhältnis erwähnt *Bonaventura* später q. 3 arg. 3: doctrina particularis convenit cum totali in fine; sed finis totalis scripturae sacrae...; co. 2: cum theologia sit de fide et moribus, liber autem iste de his, quae spectant ad mores.

[32] *Peckham* handelt von Gegenstand (q. 1 a. 2; vgl. o. S. 113 f. A. 139 f.) und causa efficiens (q. 4 a. 2); *Wilhelm* von Gegenstand (q. 3 a. 2; o. S. 114 A. 141) und Methode (q. 4 a. 2; F^1 f.6^{v}a); vgl. auch *Anonymus Todi 39* q. 2 a. 4; q. 3 a. 1; q. 5 a. 2.

[33] Q. 1 a. 1 arg. 1 (F^2 f.2^{r}a; N f.2^{r}a): cum haec scientia non sit nisi quaedam fidei explicatio; q. 2 a. 1 c. 1 m. 1 ad 2 (F^2 f.3^{r}b; N f.3^{r}a): quaedam explicatio [explanatio: N] eorum, quae in scriptura sacra continentur.

[34] Vgl. o. S. 172 A. 81.

[35] Q. 3 a. 2 (F^1 f.5^{r}a): videtur, quod differant sicut lex et scientia sive lex et legis expositio, quia Magister nihil aliud facit nisi exponere et solvere difficiles quaestiones utriusque testamenti... De eodem ergo, de quo est sacra scriptura per modum legis, de eodem est praesens doctrina per modum scientiae sive per modum expositionis; q. 2 crp. (F^1 f.3^{r}b): quia doctrina libri sententiarum convenit cum sacra scriptura in fine, sicut expositoria ipsius.

268

10.4 Definition der Theologie

Nach *Aristoteles*[36] wird das Wesen einer Sache durch ihre Definition beschrieben. Wir könnten erwarten, daß die theologische wie die allgemeine Wissenschaftstheorie nach einer Definition ihres Gegenstandes strebt. Tatsächlich stellt aber nur *Albert* in seiner Summa die thematische Frage nach der Definition. Er kann als genus proximum die Wissenschaft voraussetzen und nennt als spezifische Differenz ihre Gegenstände: Theologie ist Wissenschaft von dem, was zur Gottesverehrung, zum Heil und zur Bildung des Glaubens hinführt[37]. Solche Definitionen wirken freilich unbefriedigend, weil sie den Wissenschaftscharakter der Theologie im Unbestimmten lassen. Treffender scheinen die Bestimmungen, die wir in den vorigen Abschnitten kennengelernt haben, auch wenn sie von ihren Verfassern nicht als Definitionen bezeichnet werden. In ihnen sind zwei verschiedenartige Auffassungen der Theologie auf eine kurze Formel gebracht:

Für *Thomas* ist die Theologie ein Abdruck des göttlichen Wissens im Menschen;

nach *Peckham* und *Wilhelm de la Mare* ist sie die Erklärung oder Auslegung des Glaubens bzw. seiner Quelle, der hl. Schrift.

---

[36] Anal. post. B 3 (90b30 f.): (transl. Iacobi) definitio quidem enim ipsius, quid est, et substantiae est; (transl. Gerardi) definitio indicat esse rei et eius intentionem; usw. Vgl. auch *Petrus Hispanus* Summ. log. 2.14 (ed. Bocheński 20): definitio est oratio quid est esse rei significans; 5.10 (ed. Bocheński 47).

[37] S. th. q. 2 crp.: theologia scientia est secundum pietatem... [de scibili] secundum quod est inclinans ad pietatem... theologia scientia est de his, quae ad salutem pertinent ... de his, ex quibus fides generatur, nutritur et roboratur in nobis quantum ad assensum primae veritatis.

11. SCHLUSSBETRACHTUNG

Am Ende einer von systematischem Interesse geleiteten historischen Untersuchung ist ein kurzer Rückblick auf den historischen Ertrag und auf die Befriedigung des systematischen Interesses angebracht.

Ich habe versucht, die Anfänge der theologischen Wissenschaftstheorie an ihrem geschichtlichen Ort zu bestimmen und die theologischen Einleitungslehren nach Form und Inhalt zu analysieren.

Eine umfassende Reflexion auf die Theologie scheint erst im Rahmen der neu gegründeten Universität, zunächst in Paris und bald darauf auch in Oxford, im 2. Viertel des 13. Jh. entstanden zu sein. Ein Schöpfer oder ein einzelner entscheidender sachlicher Anstoß zu solcher Reflexion läßt sich nicht nennen. Vielmehr scheint die wissenschaftstheoretische Besinnung in der theologischen Fakultät aus einer zunächst noch namenlosen Diskussion zu erwachsen. Sie kann auf zahlreiche Einzelfragen, auf die Formulierung und Erörterung von Teilproblemen und auf ein reich entwickeltes Material an Begriffen und Deuteschemata zurückgreifen. In ihrer Bemühung steht sie nicht allein, sondern berührt sich mit gleichgerichteten Bestrebungen der Artistenfakultät, durch die sie angeregt wird, die sie aber auch selbst wieder befruchtet. Sie steht damit in der Tradition einer auf die Antike zurückreichenden Einleitungsliteratur. Die allseitige Darstellung dieser Literaturgattung ist ein Desiderat der Forschung; sie dürfte auch dem abschließenden Verständnis der theologischen Wissenschaftstheorie des Mittelalters sehr förderlich sein[1].

Unter den Anstößen für die spezielle Reflexion des Theologen auf seine Arbeit im 13. Jh. scheinen zwei besonders wichtig: Einmal das neuartige Konkurrenzverhältnis zu den profanen Wissenschaften bzw. der Philosophie innerhalb der Universität; zum andern die Umgestaltung der theologischen Arbeit dadurch, daß seit den zwanziger Jahren neben die Auslegung der Bibel die Kommentierung der Sentenzen des Petrus Lombardus tritt. Beide Umstände bewirken eine Veränderung im Selbstbewußtsein des Theologen: Er wird sich nun seiner über die Wiederholung traditioneller Gedanken hinausgehenden, dadurch aber auch in ein Wechselverhält-

---

[1] Es wäre aufschlußreich, zu wissen, ob sich auch die medizinische und die juristischen Fakultäten um eine solche Klärung ihres Selbstverständnisses bemühten.

nis zu den übrigen Wissenschaften tretenden selbständigen Tätigkeit bewußt. Dagegen ist der (schon seit dem 12. Jh. allgemein bekannte) aristotelische Wissenschaftsbegriff kein Anlaß zu solcher Besinnung, sondern
eines der Elemente, die nun, da wissenschaftstheoretische Reflexion einsetzt, als Denkmittel aus der Tradition aufgegriffen werden.

Da ich die Darlegungen unserer Autoren in problemorientierten Längsschnitten aufgegliedert habe, blicke ich zum Schluß noch einmal auf sie
zurück, indem ich nach der Entwicklung der Problemdiskussion im ganzen, nach Gruppen- und Richtungsbildung und nach dem Anteil einzelner Autoren an der Diskussion frage.

Die *Themen* der Erörterung liegen, da sie großenteils denen der allgemeinen Einleitungsliteratur entsprechen, von Anfang an weitgehend
fest. Roland sowie Odo und Albert in ihren Sentenzenkommentaren begnügen sich noch mit einer sehr begrenzten Reihe von Fragen, aber schon
Alexander und Fishacre nennen alle wichtigen Gesichtspunkte. Spätere
Autoren erweitern und vertiefen die Problemstellungen, indem sie sie
weiter aufgliedern und einzelne Themen besonders eingehend berücksichtigen. Aber Themenwahl und Behandlungsbreite unterliegen keiner
fortschreitenden Entwicklung, sondern sind stark von den individuellen
Interessen der Autoren abhängig. So tritt z. B. die von Heinrich in den
siebziger Jahren so ausführlich erörterte Frage nach dem Subjekt der
Theologie später wieder in den Hintergrund. Zu Beginn des 14. Jh. empfindet man sie nicht mehr als Streitpunkt[2].

Bei der *Lösung* der gestellten Probleme beobachten wir ebenfalls nur
eine teilweise und begrenzte Entwicklung. In der Beantwortung gewisser
Fragen sind sich alle Autoren von vornherein einig: So werden etwa die
Einheit der Theologie oder ihre Überlegenheit über die anderen Wissenschaften allgemein bejaht. Dagegen wandelt sich das Urteil über die Wissenschaftlichkeit der Theologie und ihren Erkenntnisweg im Verlaufe der
Diskussion. Während frühe Aussagen den Wissenschaftscharakter weitgehend einschränken, besteht später größere Bereitschaft zur Anerkennung
der Wissenschaftlichkeit. Dazu trägt z. T. auch wachsende Einsicht in die
Eigenart der durch die Sentenzen verkörperten Theologie gegenüber der
hl. Schrift bei. Stärker als eine zeitliche Entwicklung macht sich aber die
Differenzierung der Lösungen in Gruppen bemerkbar. Auch daß Thomas
so nachdrücklich die Wissenschaftlichkeit der Theologie im aristotelischen
Sinne und ihren spekulativen Charakter betont, ist weniger als Fortgang
der wissenschaftstheoretischen Diskussion denn als eigentümliche Anschauung des Thomas zu werten, der damit nur sehr begrenzte Nachfolge findet. Eine echte Weiterentwicklung liegt nur in der Behandlung des Prin-

---

[2] *Hervaeus Natalis* sagt in der Einleitung seiner Defensio doctrinae D. Thomae: De efficiente [scil. causa] enim non est controversia inter doctores, et
ideo omitto (ed. Krebs 1* f.).

zipienproblems und der Gegenstandsfrage vor. Mit der Subalternationstheorie trägt Thomas eine neue Begründung der Prinzipien vor, an der in
Zukunft kaum jemand ohne Stellungnahme vorbeigehen kann. Ein Fortschreiten der Diskussion ist am deutlichsten in der Gegenstandsfrage zu fassen. Die formale Differenzierung des Gegenstandsbegriffes ist schon früh abgeschlossen, aber seine materiale Ausfüllung wandelt sich stark. Während
die frühen Franziskaner und die Oxforder Theologen noch um Einbeziehung möglichst vieler traditioneller Vorschläge bemüht sind, suchen die
Autoren der 2. Hälfte des Jahrhunderts nur noch nach der einen Sache.
Sie schlagen dabei zwei Lösungswege ein: Der eine kreist in mehreren
Gängen um den Gottesbegriff; der andere bemüht sich um eine möglichst
allgemeine Formel. An der Erörterung dieses Problems ist auch (stärker
als bei anderen Punkten) das Bewußtsein einer Weiterentwicklung spür-
bar: Die Autoren grenzen sich ausdrücklich gegen Ansichten ihrer Vorgänger und Zeitgenossen ab.

Wir sind bisher immer wieder auf gemeinsame Lösungen verschiedener
Verfasser, auf Anschauungen ganzer *Gruppen* gestoßen. Die Sekundärliteratur bemüht sich auch, diese nach Richtungen — v. a. unter den Stich-
worten des Augustinismus und Thomismus — zu ordnen[3]. Eine derartige
Gegenüberstellung ist allerdings sehr problematisch. Sie vergleicht einen
Traditionsstrom mit einer durch einen Theologen des 13. Jh. begründeten
Anschauungsrichtung. Thomismus meint eigentlich eine Auffassung, die
den aristotelischen Wissenschaftsbegriff weitgehend zu seinem Recht kommen läßt, schließt aber auch die eigentümlichen Lehren des Thomas ein.
Angemessener ist daher ein Vergleich, der einerseits Traditionsströme,
andererseits Gruppierungen innerhalb des 13. Jh. nebeneinanderstellt.

Aristotelisches und augustinisches Wissenschaftsverständnis als solche
konnten hier nicht dargestellt werden. Wir haben nur auf die wichtigsten
von unseren Autoren aufgegriffenen Momente geachtet. Dabei erwies sich
der Anteil aristotelischer Begriffe und Gedanken als grundlegend für die
gesamte Diskussion. Daneben — jedoch in weit geringerem Umfange —
werden auch Aussagen Augustins wichtig. Insoweit können wir die gesamte theologische Wissenschaftstheorie des 13. Jh. als einen auf aristotelischen Grundlagen beruhenden und durch Gedanken Augustins befruch-
teten Zweig der mittelalterlichen Einleitungsliteratur bezeichnen. Nicht
erst Thomas greift die Begriffe der Prinzipien oder der Schlußfolgerung

---

[3] So *M. R. Gagnebet*, La nature de la théologie spéculative, 1938; v. a.
aber *J. Beumer* in mehreren Artikeln: Die Theologie als intellectus fidei . . .,
1942; Die Aufgabe der Vernunft . . ., 1956, bes. 137—44; Augustinismus und
Thomismus . . ., 1957; Romanus de Roma . . ., 1958; und Arbeiten über spätere
Theologen. — Die von Beumer genannten Merkmale sind nur zum geringeren
Teil (Wissenschaftsbegriff, Subalternationstheorie) wirklich charakteristisch und
betreffen nur einen Ausschnitt aus der Fülle der diskutierten Probleme.

auf, sondern bereits die frühesten Einleitungslehren bedienen sich ihrer. Ein wesentlicher Unterschied besteht allerdings darin, daß die frühen Autoren den Erwerb der theologischen Prinzipien nicht mit der aristotelischen Vorstellung in Einklang bringen können und daher die Wissenschaftlichkeit der Theologie nur in einem weiteren Sinne festhalten. Sie spielen dabei ausdrücklich den weiten augustinischen Wissenschaftsbegriff gegen den strengen aristotelischen aus. Dies ist der einzige Punkt, an dem bewußt und eindeutig zwei Traditionen gegeneinandergestellt werden[4].

Deutlicher als die Aufnahme von Traditionsströmungen wirken sich durch Ordenszugehörigkeit begründete, schulische und literarische Abhängigkeiten auf die Gruppenbildung aus. So beeinflußt Alexander die frühen (und auch noch die späteren) Franziskaner sowie Kilwardby; Albert Ulrich und andere Dominikaner; Fishacre die Oxforder Theologen; Bonaventura die Franziskaner und auch z. T. die Dominikaner der 2. Hälfte des 13. Jh.; Thomas v. a. die Dominikaner dieser Zeit. Am einheitlichsten äußern sich die frühen Franziskaner (mit Kilwardby). Überhaupt haben die Franziskaner in dem ganzen von uns betrachteten Zeitraum[5] viel mehr gemeinsame Anschauungen als ihre dominikanischen Zeitgenossen. Diese Gemeinsamkeit franziskanischer Theologie wurde auch schon im 13. Jh. empfunden[6].

Im Hinblick auf einzelne wichtige Punkte und mit der angemessenen Vorsicht können wir zwei verschiedene Typen des frühen Theologieverständnisses bei den Franziskanern und bei Thomas (v. a. in der Summa theologiae) unterscheiden: Auf der gemeinsamen Grundlage, daß die Theologie auf Gottes Offenbarung in der hl. Schrift beruhe, beschreiben beide den theologischen Erkenntnisgang mit unterschiedlicher Akzentsetzung. Während die Franziskaner sich stark um die Verifikation theologischer Aussagen durch den Menschen bemühen und während sie auch dem rückwärts gewandten Glaubensverständnis Aufmerksamkeit schenken, legt Thomas auf diese Punkte gerade keinen Wert. Sein Theologieverständnis kreist um den Offenbarungsbegriff: Die Theologie ist Abdruck des göttlichen Wissens und hat an dessen Eigenschaften teil. Das Denken empfängt von ihm die theologischen Prinzipien, aus denen es in Schlußfolgerungen die theologische Wissenschaft aufbaut. Thomas faßt die Theologie im Gegensatz zu den Franziskanern als spekulative Wissen-

---

[4] Dagegen scheint mir der Versuch *Gagnebets*, die Unterscheidung spekulativer und praktischer Wissenschaft auf den Gegensatz Aristoteles—Augustin zurückzuführen, problematisch. Es ist doch merkwürdig, daß neben Thomas ausgerechnet der stark von Augustin beeinflußte Heinrich der Theologie spekulativen Charakter zuschreibt.

[5] Mit Ausnahme von *Walter*, der in manchem Punkt von den in seinem Orden üblichen Anschauungen abweicht (vorausgesetzt, daß unser Text tatsächlich von Walter stammt).

[6] Vgl. o. S. 98 f. A. 80; 198 A. 215.

schaft, aber in der Summa geht er gar nicht mehr auf das Problem der Verifikation ein. Er gründet seinen Theologiebegriff auf die objektive Offenbarung, ohne die Rolle des aufnehmenden Subjekts zu bedenken. Auf die hinter diesen gegensätzlichen Haltungen stehende unterschiedliche Anthropologie, die auch die verschiedene Ausprägung franziskanischer und thomistischer Gnadenlehre bestimmt, kann ich hier nur hinweisen.

Die Heranziehung handschriftlicher Quellen zeigt, wie mannigfaltig bereits die Anfänge der theologischen Wissenschaftstheorie sind. Unter den frühen Autoren ragen hervor: Roland als Verfasser der ersten (bekannten) geschlossenen Einleitungslehre; Alexander, der den Typus franziskanischen Theologieverständnisses begründet und besonders eingehend das Verifikationsproblem erörtert; Odo, der die Diskussion vertieft und um neue Momente (etwa das Prinzipienproblem) bereichert; Fishacre, der das causae-Schema einführt und in sehr origineller Weise auf die zeitgenössische Wissenschaftspraxis eingeht. Eine Zwischenstellung — mit Zusammenfassung älterer Lösungen und vielen neuen Anregungen — hat Kilwardby inne. Überhaupt zeichnen sich alle drei Oxforder Theologen durch besondere Lebendigkeit aus und geben ihren Ausführungen viel von ihrer Persönlichkeit mit. Am Anfang einer zweiten Diskussionsstufe stehen Bonaventura, der den Theologiebegriff insbesondere durch Reflexion auf die Sentenzen klärt, und Thomas, der sich vom Sentenzenkommentar zur Summa theologiae hin in eine extreme Position steigert, in der er bei engem Anschluß an den aristotelischen Wissenschaftsbegriff doch die tatsächliche theologische Arbeit nicht beachtet, sondern die Theologie als ein durch die hl. Schrift vermitteltes sicheres Offenbarungswissen behandelt.

Die folgenden Autoren knüpfen an verschiedene Ansätze an, bieten damit aber doch eine Reihe gehaltvoller Entwürfe. V. a. die Lösung Wilhelms de la Mare, der seine ganze theologische Wissenschaftstheorie unter den Begriff einer von der hl. Schrift her gedeuteten, als Gesetz aufgefaßten Theologie stellt, verdient besondere Beachtung. Im Übergang von den Anfängen zu einem fortgeschrittenen Stadium der Diskussion ragt endlich die monumentale Einleitungslehre Heinrichs von Gent hervor.

Die Einzelanalyse hat gezeigt, daß viele Geister am Bau einer theologischen Wissenschaftstheorie mitgewirkt haben, mehrere davon durch wesentliche Beiträge. Zu ihnen gehört auch Thomas von Aquin, der sich dreimal — mehr als jeder Zeitgenosse — eingehend zu unserem Thema äußert und eine besonders eindrucksvolle Lösung bietet. Keineswegs aber hat er die theologische Wissenschaftstheorie begründet oder auch nur zu einem anerkannten Höhepunkt geführt. Vielmehr stellt seine Lösung eine einseitige Ausziehung gewisser Linien dar, die von den Zeitgenossen nur sehr begrenzt gebilligt wird. Wer sich in seiner Beschäftigung mit den Anfängen theologischer Wissenschaftstheorie auf Thomas konzentriert oder gar beschränkt, wird sich ein falsches geschichtliches Bild machen und viele wertvolle Gedanken übersehen.

Eine historische Darstellung sollte die Grenzen immanenter Kritik nicht überschreiten. Es steht ihr nicht an, die systematische Bedeutung eines weit zurückliegenden Gegenstandes zu beurteilen, zu dem sie kein unmittelbares, sondern nur noch ein durch viele geschichtliche Zwischenstufen vermitteltes Verhältnis hat. Ein umfassendes Urteil setzt historische Einzelstudien über alle wesentlichen Glieder der wissenschaftstheoretischen Diskussion über die Theologie bis zur Gegenwart voraus. Aber auch aus der vorliegenden Arbeit dürfte deutlich geworden sein, wie viele noch in der neueren allgemeinen und theologischen Wissenschaftstheorie wirksame Begriffe, Problemstellungen und Lösungsmodelle (oder auch Gegenstücke dazu) im 13. Jh. geprägt und erstmals in einen geschlossenen Zusammenhang gebracht worden sind. Eine Klärung der heute anstehenden Fragen dürfte auch aus der Beschäftigung mit den Anfängen wissenschaftstheoretischer Reflexion Nutzen ziehen.

Daneben verdient ein allgemeiner Gesichtspunkt Beachtung. Die Lage der Theologie im 13. Jh. ist in gewisser Hinsicht der heutigen vergleichbar. Die Theologie muß sich heute v. a. gegenüber anderen Wissenschaften behaupten, deren Umfang (und damit auch Selbstbewußtsein) in kurzer Zeit gewaltig gewachsen ist und die sie aus ihrem Kreise verdrängen möchten. Dabei handelt es sich nicht nur um die aus ganz anderen Quellen gespeisten und dadurch schwerer mit der Theologie vergleichbaren Naturwissenschaften, sondern v. a. um die durch Wiederentdeckung bisher wenig beachteter literarischer Texte neu erstarkten Geistes- und Sozialwissenschaften. Es geht freilich nicht an, die theologische Wissenschaftstheorie des 13. Jh. an Maßstäben des heutigen Diskussionsstandes zu messen. Vielmehr muß sie mit der Wissenschaftstheorie ihrer Zeit verglichen werden. Bei einem solchen Vergleich kann sich die Theologie ohne Schwierigkeiten behaupten. Sie greift zwar Elemente aus anderen Wissenschaften auf, aber sie verarbeitet sie selbständig und übertrifft an Zahl der Fragestellungen und Ausführlichkeit wie Tiefe ihrer Erörterung die gleichzeitige nicht-theologische Wissenschaftstheorie in vieler Hinsicht.

Ich meine, daß die Theologie auch in späteren Zeiten bis hin zur Gegenwart wissenschaftstheoretische Gedanken entwickelt hat, die vor denen anderer Wissenschaften bestehen können. Die Entwicklung zur Neuzeit hat die Theologie von dem in der Diskussion des 13. Jh. so lästigen Zwange befreit, ihre absolute Überlegenheit gegenüber allen anderen Disziplinen nachweisen zu müssen und dabei immer wieder sich selbst ins Unrecht zu setzen. Sie hat es heute aber auch nicht nötig, ihre Leistungen zu verbergen und bescheiden den Winkel aufzusuchen, den ihr die Unwissenheit mancher Wissenschaftstheoretiker zuweisen möchte. Der Blick auf ihre Vergangenheit klärt sie nicht nur über den geschichtlichen

Hintergrund späterer Erörterungen auf, sondern kann ihr auch den Mut geben, ihre selbständige Stellung im erweiterten Kreise neuzeitlicher Wissenschaften zu behaupten, sich von ihnen belehren zu lassen und befruchtend
auf sie zurückzuwirken.

1. *Roland von Cremona* Summa (Partitio vor q. 1)
   [Prolog]
   q. 1: an sit unum principium rerum an plura
   q. 2: quid sit subiectum theologiae (i.T.: divinae scripturae)
   q. 3: qualiter aliae artes se habe[a]nt ad eam
   (im Text: quomodo se habe[a]t ad alias facultates)

2. *Alexander von Hales* Summa

   c. 1: utrum doctrina theologiae sit scientia
   c. 2: de distinctione doctrinae sacrae ab aliis scientiis
   c. 3: de quo sit scientia sacrae scripturae
   c. 4: de modo sacrae scripturae
       a. 1: an modus in sacra scriptura sit artificialis vel scientialis
       a. 2: an modus sacrae scripturae sit certitudinalis, scil. an is modus
           sacrae scripturae sit certior quam in aliis scientiis
       a. 3: an modus sacrae scripturae sit uniformis vel multiformis
       a. 4: de multiformitate
           1° de multiformitate, quae est in intellectibus sacrae scripturae
           2° de sensu litterali, an fundetur supra verum
           [3°] de spirituali sive mystico, qui maxime utitur similitudinibus
           rerum corporalium et passibilium

3. *Odo Rigaldi* Sent.

   [Prolog]
   q. 1: utrum magister debuit aggredi hoc opus
   q. 2 a. 1: utrum magister debuit aggredi hoc opus modo disputatorio
        a. 2: quis habitus ex hoc generatur in nobis
   q. 3: de fine huius scientiae
   [Nach Kommentar zu d. 1:]
   q.   de subiecto theologiae

4. *Albertus Magnus* Sent. (Partitio vor a. 2)

   [Prolog; divisio textus]
   a. 1: (quomodo investigat [scil. magister] subiectum theologiae)

a. 2: 1. quid sit theologiae subiectum
a. 3: 2. utrum ipsa sit scientia una vel plures
a. 4: 3. utrum sit speculativa vel practica
a. 5: 4. de modis expositionum et probationum eius

5. *Richard Fishacre* Sent. (Partitio Nr. 2 geg. Ende)

1– 2 [Prolog]
... quattuor videamus secundum quattuor genera causarum, scil.
3– 9 necessitatem vel utilitatem, quod spectat ad causam finalem;
10–17 auctorem, quod spectat ad efficientem;
18–21 subiectum, quod spectat ad causam materialem;
22–26 unitatem et divisionem, quod spectat ad causam formalem

6. *Odo Rigaldi* Quaestiones (nach Pergamo 8)

q. 1: utrum theologia sit scientia
q. 2: utrum sit distincta ab aliis scientiis
q. 3: de subiecto huius scientiae
q. 4: de unitate huius scientiae
q. 5: utrum sit speculativa an practica
q. 6: utrum modus istius scientiae sit artificialis vel non
q. 7: utrum modus sacrae scripturae sit certior modo aliarum scientiarum an minus certus
q. 8: utrum modus procedendi in hac scientia sit uniformis an multiformis
q. 9: de diversitate modi inter novum et vetus [testamentum]
q. 10: de diversitate modorum procedendi secundum diversos libros sacrae scripturae
... posset etiam hic quaeri, utrum modus procedendi per disputatoriam inquisitionem, cuiusmodi est in libro sententiarum et in scriptis doctorum, conveniat scientiae theologiae; sed de hoc alibi* [i.m.: de fine alibi*]
(* ausführlicher V²; vgl. Pergamo 9)
q. 11: de diversis modis intelligendi

7. *Wilhelm von Melitona* Quaestiones (nach Pergamo 47)

q. 1: an de deo possit esse scientia
q. 2– 5: = *Odo* QQ. q. 1–3, 6
q. 6: quid sit finis theologiae
q. 7: estne idem finis novi et veteris [testamenti]
q. 8–10: = *Odo* QQ. q. 7, 8, 11
q. 11–12: = *Alexander* c. 4 a. 4, 2°+3°
q. 13–14: = *Odo* QQ. q. 10, 9
q. 15: utrum sit theoria aut practica

8. *Anonymus V*[1] Quaestiones (nach Pergamo 338)

q. 1– 3: = *Odo* QQ. q. 1–3
q. 4:   [finis]
q. 5– 8: = *Odo* QQ. q. 6–8, 11
q. 9–10: = *Wilhelm* QQ. q. 10–11
q. 11–12: = *Odo* QQ. q. 10, 9

9. *Richardus Rufus* Sent.

[Prolog]
c. 1: de subiecto
c. 2: quomodo [haec doctrina] erit una
c. 3: auctor
c. 4: placet ... quibusdam, quod non sit haec doctrina demonstrativa
c. 5: de dignitate et perfectione huius scripturae

10. *Bonaventura* Sent.

[Prolog]
q. 1: quae sit huius libri materia vel subiectum
q. 2: de causa formali sive modo agendi
q. 3: de causa finali ... utrum opus hoc sit contemplationis gratia vel ut boni
       fiamus
q. 4: de causa efficiente

11. *Robert Kilwardby* Sent. (Einteilung nach Stegmüller)

1. [Prolog]
2. q. 1 a. 1: de causa materiali sive de subiecto sacrae scripturae
         a. 2: de hoc subiecto, quod ponitur esse de deo et creatura
               c. 1: quomodo homo in hac vita possit habere notitiam de deo et
                      omnino de non sensibilibus
               c. 2: si deus est homini cognoscibilis in hac vita, quomodo cadit
                      consideratio de deo in eadem scientia cum consideratione
                      creaturae
               c. 3: quomodo unum potest esse ex creatore et creatura
               c. 4: cum cadant in eandem scientiam, quare non facit canon
                      scripturae distinctos tractatus de illis, sed confuse et com-
                      mixtim tractat de eis, scil. de deo et de natura humana
         a. 3: sed tunc quaeritur de illis magistralibus disputationibus
               c. 1: utrum liceat inquirere aliud quam in canone continetur
               c. 2: quomodo sit ibi omnis veritas, cum multae sint in philo-
                      sophiis, quae non videntur esse ibi
         a. 4: utrum liceat de his inquirere disputando, praecipue quae spec-
                tant ad fidem

q. 2: de causa formali, quae consistit in duobus, scil. in modo tractandi et in modo docendi

primum paetebit in librorum divisione

de secundo quaeritur

    a. 1 c. 1: an sit in hac scientia modus artificialis

             c. 2: cum iste liber sententiarum sit pars huius scripturae, ad quid Magister utitur hic definitionibus, divisionibus et collectionibus?

    a. 2 an sit hic modus certitudinalis

4. q. 3: de causa efficiente

5. q. 4: de fine sive de utilitate huius scripturae

6. q. 5: quoniam autem in praecedentibus saepe suppositum est, quod haec scriptura sit scientia, quaeritur, an hoc sit verum

   q. 6: habito ergo, quod sit scientia, quaeritur, quem habitum facit

   q. 7: de comparatione huius scientiae ad alias

12. *Thomas von Aquin* Sent. (Rubrica)

[Prolog]

a. 1: de necessitate ipsius

a. 2: an sit una vel plures

a. 3 q. 1: an practica vel speculativa

      q. 2: utrum sit scientia

      q. 3: utrum sit sapientia

a. 4: de subiecto ipsius

a. 5: de modo

13. *Petrus von Tarantasia* Sent. (Rubrica)

[Prolog]

a. 1: de genere huius doctrinae, an sit sapientia

a. 2: de unitate, an sit una

a. 3: de subiecto, de quo sit

a. 4: de fine, an sit speculativa vel practica

a. 5: de necessitate, utrum post alias scientias sit necessaria

a. 6: de modo, an conveniat modus inquisitivus per rationes et argumenta

14. *Hannibaldus de Hannibaldis* Sent. (Rubrica)

[Prolog]

a. 1: utrum theologia sit scientia

a. 2: quid sit eius subiectum

a. 3: utrum sit sapientia

a. 4: de comparatione eius ad alias scientias

a. 5: quis sit idoneus auditor eius

a. 6: quis possit eius esse doctor

a. 7: quomodo doceri debeat

15. *Walter von Brügge* Sent. (nach cod. PN)

[Prolog]
tr. 1 [qq. zum Prolog Walters]
    q. 1: circa causam efficientem, scil. quis sit auctor huius operis
    q. 2: circa causam materialem, scil. quid sit huius libri, immo totius theologiae, subiectum
    q. 3: circa formalem causam, hoc est tractandi modum
        a. 1: an haec doctrina possit dici scientia
        a. 2: an sit una scientia
    q. 4: circa causam finalem
        a. 1: de fine huius scientiae, hoc est, an sit speculativa vel practica
        a. 2: an debeat dici scientia vel sapientia
tr. 2 [qq. zum Prolog des Petrus Lombardus]
    q. 1 a. 1: utrum scripturae sacrae possit licite aliquid addi
        a. 2: an liceat exponendo addere sacrae scripturae verba philosophiae
    q. 2: utrum fides possit probari
    q. 3: utrum veritas possit odiri

16. *Ulrich von Straßburg* Summa

l. 1: de laude sacrae scripturae
tr. 1: de modis deveniendi in cognitionem divinam
    c. 1:   prooemium et de causis libri
    c. 2–8: [zur Gotteserkenntnis]
tr. 2: de his, quae pertinent ad proprietatem divinae scientiae, quae theologia vocatur
    c. 1: de necessitate scientiae sacrae scripturae
    c. 2: quod theologia scientia sit et de subiecto eius et eius unitate
    c. 3: de principiis huius scientiae
    c. 4: de condicionibus theologicae scientiae, inquantum scientia est
    c. 5: quod theologia sit vera sapientia, et quod ei conveniunt sapientiae condiciones quaedam
    c. 6: de antiquitate theologiae et de residuis condicionibus sapientiae et habitus eius
    c. 7: qualiter theologia sit certa et incerta
    c. 8: de aliis condicionibus praemissis
    c. 9: de multis specialibus modis theologiae
    c. 10: de sensibus sacrae scripturae
    c. 11: de doctrina regiminis in exponendo sacram scripturam

17. *Johannes Peckham* Sent.

[Prolog]
q. 1: de causa materiali
    a. 1: quae sit materia huius libri et totius scripturae sacrae

a. 2: si aliquo modo differat materia huius scientiae a materia scripturae sacrae

q. 2: de formali

    a. 1: de modo procedendi in hoc libro sententiarum

        c. 1 m. 1: an liceat inquirere

              m. 2: an modus procedendi in scriptura sacra debeat esse demonstrativus

              m. 3: quare aenigmatica

              m. 4: quare in sensibus multiformis

              m. 5: an quaelibet pars eius habeat veritatem litteralem

        c. 2: an inquirere expedi[a]t [inquirenti expediat: N]

    a. 2: de causa formali quantum ad genus scientiae

        c. 1: utrum sit scientia an sapientia

        c. 2: utrum etiam speculativa an practica

q. 3: de finali

q. 4: de efficienti

    a. 1: de auctore scripturae sacrae

    a. 2: si deus dicendus sit [est: F²] auctor libri sententiarum sicut canonis

18. *Thomas von Aquin* Summa (Rubrica)

a. 1: de necessitate huius doctrinae

a. 2: utrum sit scientia

a. 3: utrum sit una vel plures

a. 4: utrum sit speculativa vel practica

a. 5: de comparatione eius ad alias scientias

a. 6: utrum sit sapientia

a. 7: quid sit subiectum eius

a. 8: utrum sit argumentativa

a. 9: utrum uti debeat metaphoris vel symbolicis locutionibus

a. 10: utrum scriptura sacra huius doctrinae sit secundum plures sensus exponenda

19. *Romanus von Rom* Sent.

[Prolog]

[Auslegung des Prologs des Petrus Lombardus]

tr. 1: de causis huius scientiae

    q. 1: de causa finali: utrum scientia ista sit practica vel speculativa

    q. 2: de causa efficiente ... utrum solus deus debeat dici doctor huius scientiae et aliarum, et utrum homo aliquo modo possit dici doctor

    q. 3: de causa materiali sive de subiecto huius scientiae

    q. 4: de causa formali, quae est modus agendi

tr. 2: de quibusdam consequentibus ad causas

    q. 1 a. 1: utrum theologia possit dici scientia vel magis proprie dicatur sapientia

a. 2: utrum proprie possit dici sapientia
q. 2: utrum sit necessaria
q. 3 a. 1: utrum sit una
      a. 2: utrum ista scientia sit aliis nobilior

20. *Albertus Magnus* Summa

[Prolog]
q. 1: an theologia sit scientia
q. 2: quid est theologia per rationem definitivam
q. 3: de quo sit ut subiecto
    m. 1: de subiecto
    m. 2: utrum theologia sit una vel plures, et qua unitate sit una, si una est
    m. 3: utrum sit scientia practica vel theorica
    m. 4: utrum sit universalis vel particularis scientia
q. 4: utrum ab aliis separata sit
q. 5: de modo theologiae proprio
    m. 1: si habeat modum scientiae vel artis
    m. 2: si habeat modum certiorem aliis scientiis vel non
    m. 3: si habeat modum argumentationis
    m. 4: utrum sit universalis vel particularis scientia
q. 6: ad quid est sicut ad finem

21. *Wilhelm de la Mare* Sent.

[Prolog]
q. 1: de genere huius doctrinae, scil. theologiae, utrum theologia sit scientia
q. 2: utrum sit speculativa an practica
q. 3 a. 1: de subiecto theologiae
      a. 2: quid sit subiectum in hac scientia, scil. libri sententiarum
q. 4 a. 1: de causa formali totius sacrae scripturae, hoc est de modo pro-
          cedendi
      a. 2: utrum modus procedendi in hoc libro debeat esse inquisitivus et
          ratiocinativus
q. 5: de causa finali sacrae scripturae
      a. 1: de primo fine [scil. de fine sui esse: F¹ + s.l.]
      a. 2: de fine fieri ipsius scripturae, qui est clausio eius in suis partibus
          c. 1: an haec clausio permittat aliquid addere [Rubr.]; utrum
              noceat addere dicta philosophorum
          c. 2: an expediat aliquid addere
          c. 3: quid sit illud, quod licet vel expedit addere: utrum tantum
              dicta sanctorum aut non solum haec, sed etiam dicta phi-
              losophorum
          c. 4: quae sit illa philosophia, quae plus valet ad expositionem
              scripturae sacrae [Rubr.]
q. 6: an veritas possit odiri

22. *Aegidius von Rom* Sent.
[Prolog]

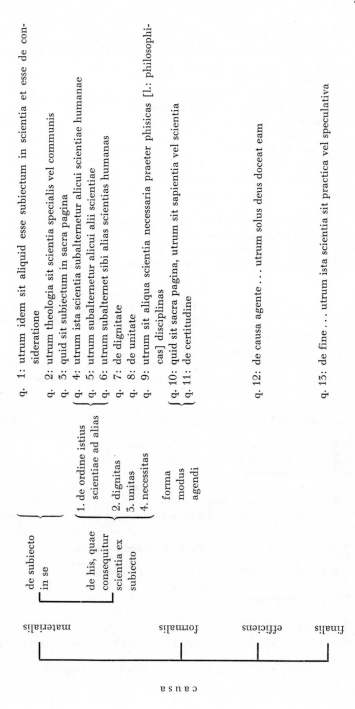

de subiecto in se

de his, quae consequitur scientia ex subiecto

1. de ordine istius scientiae ad alias
2. dignitas
3. unitas
4. necessitas

forma
modus
agendi

q. 1: utrum idem sit aliquid esse subiectum in scientia et esse de consideratione
q. 2: utrum theologia sit scientia specialis vel communis
q. 3: quid sit subiectum in sacra pagina
q. 4: utrum ista scientia subalternetur alicui scientiae humanae
q. 5: utrum subalternetur alicui alii scientiae
q. 6: utrum subalternet sibi alias scientias humanas
q. 7: de dignitate
q. 8: de unitate
q. 9: utrum sit aliqua scientia necessaria praeter phisicas [l.: philosophicas] disciplinas
q. 10: quid sit sacra pagina, utrum sit sapientia vel scientia
q. 11: de certitudine

q. 12: de causa agente … utrum solus deus doceat eam

q. 13: de fine … utrum ista scientia sit practica vel speculativa

materialis
formalis
efficiens
finalis

causa

23. *Heinrich von Gent* Summa

(Ich gebe im folgenden nur ein grobes Schema der aa. 6–20, die selbst wieder in zusammen 78 qq. aufgegliedert sind.)

a. 6– 7: de theologia in se
    a. 6: secundum se et absolute
    a. 7: in comparatione ad alias scientias

a. 8–20: de ipsa in suis causis
    a. 8:   causa finalis
    a. 9–13: causa efficiens
        a. 9: auctor
        a. 10: auctoritas
        a. 11: doctor
        a. 12: auditor
        a. 13: modus addiscendi theologiam
    a. 14–18: causa formalis
        a. 14: modus tradendi
        a. 15–18: modus exponendi
            a. 15: ex parte ipsius scientiae
            a. 16: ex parte ipsius expositionis
            a. 17: ex parte eius, cui exponenda est
            a. 18: ex parte eius, qui eam debet exponere
    a. 19–20: causa materialis
        a. 19: causa materialis
        a. 20: quomodo in theologia de deo et de divinis locutio sit habenda, et quomodo intellecta de eis sit [l.: sint] exponenda

24. *Anonymus* cod. Vat. lat. 782, f.123 f., Quaestiones (Rubrica)

q. 1: utrum sit scientia aut quis modus sit sciendi in ea
q. 2: utrum sit una scientia vel plures
q. 3: de quo subiecto est
q. 4: utrum modus sciendi in ea sit mundanus vel divinus
q. 5: quis melius habet hanc scientiam: utrum ille, qui didicit per eruditionem non habens caritatem, vel qui non est eruditus et habet caritatem

25. *Anonymus* cod. Vat. lat. 2186, Nr. 4, Quaestiones (Rubrica)

1. in quo differat traditio eius a traditione philosophica
2. de utilitatibus eius, etiam necessitate
3. quare dicatur scientia pietatis
4. de quo sit
5. de partibus eius
6. qualiter so habeant partes eius ad invicem et de modo tractandi in illis partibus
7. de divisione illius partis, quae traditur in libro sententiarum, de qua est praesens speculatio

26. *Anonymus* cod. Todi 39, Quaestiones   (Quellen)

q. 1 a. 1: Wissenschaftscharakter	*Peckham + Thomas + Wilhelm*
a. 2: Einheit	
q. 2 causa materialis = subiectum	
a. 1: deus?	*Bonaventura + Peckham*
a. 2: Christus integer?	*+ Petrus + Wilhelm*
a. 3: credibile?	
a. 4: Sentenzen	*Peckham*
q. 3 modus	
a. 1: modus der Sentenzen	*Bonaventura + Peckham*
a. 2: modus sacrae scripturae	*Peckham*
a. 3: quare aenigmatica?	*Peckham + Thomas*
a. 4: multiformis?	*Peckham*
a. 5: veritas litteralis	*Peckham*
q. 4 finis	
a. 1: speculativa an practica?	*Peckham + Petrus*
a. 2: necessitas	*Peckham + Petrus + Thomas*
q. 5 causa efficiens = auctor	
a. 1: sacrae scripturae	*Peckham*
a. 2: Sentenzen	*Peckham + Bonaventura*

ABKÜRZUNGEN

Häufiger genannte Lexika, Reihen, Zeitschriften

AFrH	Archivum Franciscanum Historicum
AHDL	Archives d'histoire doctrinale et littéraire du moyen âge
ALMA	Archivum latinitatis medii aevi
AnGreg	Analecta Gregoriana
BGPh(Th)MA	Beiträge zur Geschichte der Philosophie (und Theologie) des Mittelalters
BThom	Bibliothèque thomiste
CC	Corpus Christianorum
CSEL	Corpus scriptorum ecclesiasticorum latinorum
DThC	Dictionnaire de théologie catholique
DThom	Divus Thomas (Freiburg bzw. Piacenza)
EPhM	Études de philosophie médiévale
FrSt	Franciscan Studies
FS	Franziskanische Studien
HJ	Historisches Jahrbuch der Görresgesellschaft
MM	Miscellanea mediaevalia. Veröffentlichungen des Thomas-Instituts an der Universität Köln
MSt	Mediaeval Studies
NS	The New Scholasticism
PIEMO	Publications de l'Institut d'Études médiévales d'Ottawa
PL	Migne, Patrologia latina
RGG	Die Religion in Geschichte und Gegenwart
RSPhTh	Revue des sciences philosophiques et théologiques
RSR	Recherches de science religieuse
RThAM	Recherches de théologie ancienne et médiévale
RThom	Revue thomiste
StA	Studia Anselmiana
ThQ	(Tübinger) Theologische Quartalschrift
ZKG	Zeitschrift für Kirchengeschichte
ZkTh	Zeitschrift für katholische Theologie
ZThK	Zeitschrift für Theologie und Kirche

LITERATURVERZEICHNIS

1. Quellen

a) *Handschriftliche*

Anonymi, Quaestiones: cod. Douai, Bibl. Mun. 434.

Anonymus, Quaestiones: cod. Vat. lat. 782, f.123 f.

Johannes Peckham, Comm. in 1 Sent.:
  cod. Florenz, Bibl. Naz. Conv. soppr. G 4.854;
  cod. Neapel, Bibl. Naz. VII b 2.

Odo Rigaldi, Comm. in 1 Sent.:
  cod. Brügge, Bibl. Publ. 208;
  cod. Troyes, Bibl. Mun. 824.

–, Quaestiones: cod. Vat. lat. 4263.

Richard Fishacre, Comm. in 1 Sent.:
  cod. Oxford, Balliol Coll. 57;
  cod. Vat. Ottob. lat. 294.

Richardus Rufus, Comm. in 1 Sent.:
  cod. Oxford, Balliol Coll. 62.

Roland von Cremona, Summa l.1:
  cod. Paris, Bibl. Maz. 795;
  cod. Vat. Barb. lat. 729.

Romanus von Rom, Comm. in 1 Sent.:
  cod. Vat. Palat. lat. 331.

Walter von Brügge, Comm. in 1 Sent.:
  cod. Paris, Bibl. Nat. lat. 3085A;
  cod. Todi, Bibl. Com. 42.

Wilhelm de la Mare, Comm. in 1 Sent.:
  cod. Florenz, Bibl. Naz. Conv. soppr. F 4.729.

b) *Gedruckte*

Aegidius Romanus, Super primo sententiarum opus, Venedig 1492.

–, Quaestiones metaphysicales, Venedig 1499.

Alanus de Insulis, Regulae de sacra theologia, PL 210, 621–84.

–, Summa „Quoniam homines", ed. P. Glorieux, La somme „Quoniam homines" d'Alain de Lille, AHDL 28 (1953) 113–369.

–, De virtutibus et de vitiis..., ed. O. Lottin, Psychologie et morale..., 6 (1960) 45–92.

–, in: Alain de Lille. Textes inédits, ed. M.-Th. d'Alverny, Paris 1965 (EPhM 52).

Albertus Magnus, Comm. in libros Sent., in: Opera, ed. P. Jammy, Lyon 1651, t. 14–16.

–, Summa theologiae, in: Opera, ed. P. Jammy, Lyon 1651, t. 17–18.

–, De anima, ed. C. Stroick, Münster 1968, in: Opera omnia t. 7 p. 1.

–, Super Ethica. Tres libri priores, ed. W. Kübel, Münster 1968, in: Opera omnia t. 14 p. 1 fasc. 1.

–, Metaphysica, ed. B. Geyer, Münster 1960–64, in: Opera omnia t. 16.

Alexander von Hales, Summa theologica, Quaracchi 1924–48.

–, Glossa in quatuor libros sententiarum Petri Lombardi, Quaracchi 1951–57 (Bibl. Franc. schol. med. aevi 12–15).

Alfarabi, Über den Ursprung der Wissenschaften (De ortu scientiarum), ed. C. Baeumker, Münster 1916 (BGPhMA 19 H. 3).

– *(Al-Fārābī),* Catálogo de las ciencias, ed. A. Gonzalez Palencia, 2ª ed. Madrid 1953.

Algazel, Metaphysics, ed. J. T. Muckle, Toronto 1933.

Ambrosius, De fide, PL 16, 549–726.

Ammonius, In Porphyrii quinque voces, ed. A. Busse, Berlin 1891 (Comm. in Arist. Graeca IV, 3).

Anselm von Laon, Systematische Sentenzen, ed. F. P. Bliemetzrieder, Münster 1919 (BGPhMA 18 H. 2–3).

Aristoteles, Analytica priora et posteriora, ed. W. D. Ross, Oxford (1964).

–, Topica et Sophistici elenchi, ed. W. D. Ross, Oxford (1958).

–, Metaphysica, ed. W. Jaeger, Oxford (1960).

–, Ethica Nicomachea, ed. I. Bywater, Oxford (1957).

–, Ethica Eudemia [Eudemi Rhodii Ethica], ed. F. Susemihl, Leipzig 1884.

–, Aristoteles Latinus:

    IV 1–4: Analytica Posteriora, ed. 2/3, edd. L. Minio-Paluello et B. G. Dod, Bruges-Paris 1968.

    V 1–3: Topica, edd. L. Minio-Paluello et B. G. Dod, Bruxelles-Paris 1969.

Augustinus, De doctrina christiana, PL 34, CC Ser. lat. 32.

–, De civitate dei, PL 41, CC Ser. lat. 47–48, CSEL 40, 1–2.

–, De trinitate, PL 42, CC Ser. lat. 50–50A.

–, Contra Faustum Manichaeum, PL 42, CSEL 25,1.

–, De diversis quaestionibus LXXXIII, PL 40, 11–100.

–, Epistulae, PL 33, CSEL 34.

Averroes, Epitome in librum Metaphysicae Aristotelis..., in: Aristotelis opera cum Averrois commentariis, vol. 8, Venedig 1562 (Nachdr. 1962).

Avicenna, Opera: Avicennae perhypatetici philosophi ac medicorum facile primi opera..., Venedig 1508 (Nachdr. 1961).

Bernhard von Clairvaux, Opera. Vol. 1–2: Sermones super Cantica Canticorum, edd. J. Leclercq-C. H. Talbot-H. M. Rochais, Rom 1957–58.

Boethius, In Categorias Aristotelis, PL 64, 159–294.

–, Topicorum Aristotelis libri octo, PL 64, 909–1008.

–, De differentiis topicis, PL 64, 1173–1216.

–, De trinitate, PL 64, 1247–56.

Boethius von Dacien (Boethius de Dacia), Tractatus de aeternitate mundi, ed. Géza Sajó, Berlin ²1964 (Quellen u. Stud. z. Gesch. d. Phil. 4).

Bonaventura, Opera omnia, Quaracchi 1882–1902.

Chartularium Universitatis Parisiensis, edd. H. Denifle – E. Chatelain, Paris 1889–97.

Cicero, De inventione, ed. E. Stroebel, Leipzig 1915 (Nachdr. 1965).

–, Academici, ed. O. Plasberg, Leipzig 1922 (Nachdr. 1966).

–, De finibus bonorum et malorum, ed. T. Schiche, Leipzig 1915 (Nachdr. 1969).

Ps.-Dionysius Areopagita, Dionysiaca, t. 1 (Bruges 1937), t. 2 (Bruges o. J.).

Dominicus Gundissalinus, De divisione philosophiae, ed. L. Baur, Münster 1903 (BGPhMA 4 H. 2–3).

–, (Domingo Gundisalvo) De scientiis, ed. M. Alonso Alonso, Madrid-Granada 1954.

Gilbert Porreta, The Commentaries on Boethius by Gilbert of Poitiers, ed. N. M. Häring, Toronto 1966 (Studies and Texts 13).

–(?), Liber de sex principiis Gilberto Porretae ascriptus, ed. A. Heysse, rec. D. van den Eynde, ed. 2ª Münster (1953) (Opuscula et textus, ser. schol., fasc. 7).

Glossa ordinaria, PL 113.

Gregor d. Gr., Homiliae, PL 76, 785–1312.

Hannibaldus de Hannibaldis, Scriptum super libris magistri sententiarum . . ., unter den Werken des Thomas von Aquin, Opera omnia, vol. 30, Paris 1878.

Heinrich von Gent, Summae quaestionum ordinariarum, Paris 1520 (Nachdr. 1953 in: Franciscan Institute Publications, Text Ser. 5).

Hugo von St. Victor, Comment. in Hierarchiam Caelestem S. Dionysii Areopagitae . . . libri X, PL 175, 923–1154.

–, De sacramentis christianae fidei, PL 176, 173–618.

–, Eruditio didascalica, PL 176, 739–838.

Iohannes Scotus Eriugena, Expositiones super Hierarchiam caelestem S. Dionysii, PL 122, 125–266.

Isidor von Sevilla, Etymologiae, ed. W. M. Lindsay, Oxford 1911.

Martianus Capella, [Opera,] ed. A. Dick, ed. ster. corr. Stuttgart 1969.

Matthaeus von Aquasparta, Quaestiones disputatae de gratia, ed. V. Doucet, Quaracchi 1935 (Bibl. Franc. schol. med. aevi 11).

Munimenta academica or Documents illustrative of Academical Life and Studies at Oxford, p. 1, ed. H. Anstay, London 1868 (Rerum Brit. Med. Aevi Scriptores 50,1).

Nicolaus von Amiens, De arte seu articulis catholicae fidei libri V, unter den Werken des Alanus de Insulis, PL 210, 595–618.

Petrus Abaelard, Opera, ed. V. Cousin, Paris 1849–59.

–, Theologia „Summi boni“, ed. H. Ostlender, Münster 1939 (BGPhThMA 35 H. 2–3).

–, Introductio ad theologiam, PL 178, 979–1114.

–, Theologia christiana, PL 178, 1123–1330.

–, Historia calamitatum, ed. J. Monfrin, 2e éd. Paris 1962.

Petrus Hispanus, Summulae Logicales, ed. J. M. Bocheński, Turin 1947.

–, (Pedro Hispano) Obras filosóficas, II: Comentario al „De anima“ de Aristóteles, ed. P. Manuel Alonso, Madrid 1944 (Consejo Superior de Investigaciones Cientificas, Instituto de filosofia „Luis Vives“, Ser. A, Núm. 3).

Petrus Lombardus, Libri IV sententiarum, 2ª ed. Quaracchi 1916.

–. Commentarium in Psalmos, PL 191.

Petrus von Tarantasia, Innocentii quinti P.M.... in IV libros Sententiarum Commentaria, Toulouse 1652.

Platon, Opera, ed. J. Burnet, Oxford 1900–07 (Nachdrucke).

Richard von St. Victor, De trinitate, ed. J. Ribaillier, Paris 1958 (Textes philosophiques du moyen âge 6).

Robert Grosseteste, Epistolae, ed. H. R. Luard, 1861 (Rerum Brit. Med. Aevi Scriptores 25).

Ps.-Robert Grosseteste, Summa philosophiae, ed. L. Baur in: Die philosophischen Werke des Robert Grosseteste..., Münster 1912 (BGPhMA 9).

Robert Kilwardby, De natura Theologiae, ed. F. Stegmüller, Münster 1935 (Opuscula et textus, ser. schol., fasc. 17).

Robert von Melun, Oeuvres, t. 3: Sententiae vol. 1, ed. R. M. Martin, Louvain 1947 (Spicileg. sacr. Lovan. 21).

Roger Bacon, Opera quaedam hactenus inedita, vol. 1: Opus tertium, Opus minus, Compendium philosophiae, ed. J. S. Brewer, London 1859 (Rerum Brit. Med. Aevi Scriptores 15).

–, Opus maius, ed. J. H. Bridges, London-Edinburgh-Oxford 1900.

–, Compendium studii theologiae, ed. H. Rashdall, Aberdeen 1911 (British Society of Franc. Stud. 3).

–, Questiones altere supra libros prime philosophie Aristotelis, ed. R. Steele collab. F. M. Delorme, Oxford 1932 (Opera hactenus inedita 11).

Roland von Cremona, Summae Magistri Rolandi Cremonensis O. P. liber tercius, ed. A. Cortesi, Bergamo 1962 (Monumenta Bergomensia 7).

Siger von Brabant, Quaestiones de anima, in: F. van Steenberghen, Siger de Brabant, vol. 1, Louvain 1931, p. 1, 9–160 (Les Philosophes Belges 12).

–, Questions sur la Physique d'Aristote (Texte inédit), ed. P. Delhaye, Louvain 1941 (Les Philosophes Belges 15).

–, Questions sur la Métaphysique, Texte inédit, ed. C. A. Graiff, Louvain 1948 (Philosophes médiévaux 1).

Tertullian, Ad nationes, CC Ser. lat. 1.

Thomas von Aquin, Scriptum super libros Sententiarum, ed. P. Mandonnet-M. F. Moos, Paris 1929–33.

–, Opera omnia iussu impensaque Leonis XIII P. M...., t. 4: Pars prima Summae theologiae [q. 1–q. 49], Rom 1888.

–, Summa theologiae cura Fratrum eiusdem Ordinis, 2ᵃ/3ᵃ ed. Madrid 1958–63.

–, Expositio super librum Boethii De trinitate, ed. B. Decker, 2ᵃ ed. Leiden 1965 (Studien und Texte zur Geistesgeschichte des Mittelalters 4).

–, In XII libros metaphysicorum Aristotelis expositio, ed. R. M. Spiazzi, Turin-Rom 1950.

–, In X libros ethicorum Aristotelis ad Nicomachum expositio, ed. R. M. Spiazzi, Turin-Rom 1949.

–, In Aristotelis librum de anima commentarium, ed. A. M. Pirotta, 3ᵃ ed. Turin-Rom 1948.

–, Quaestiones disputatae, vol. 1: De veritate, ed. R. M. Spiazzi, 9ᵃ ed. Turin-Rom 1953.

–, Quaestiones quodlibetales, ed. R. M. Spiazzi, 8ᵃ ed. Turin-Rom 1949.

–, Opuscula omnia, ed. P. Mandonnet, vol. 4, Paris 1927.

Ulrich von Straßburg, (Ulrich de Strasbourg, O.P.) La „Summa de bono", Livre 1, ed. J. Daguillon, Paris 1930 (BThom 12).

Wilhelm von Auxerre (Guillermus Altissiodorensis), Summa aurea . . ., Paris 1500.

Wilhelm de la Mare, Declarationes Magistri Guilelmi de la Mare O. F. M. de variis sententiis S. Thomae Aquinatis, ed. F. Pelster, Münster (1956) (Opuscula et textus, ser. schol., fasc. 21).

Wilhelm von St. Thierry, Disputatio adversus Petrum Abaelardum, PL 180, 249–82.

Anonymi:

Landgraf, Artur: Écrits théologiques de l'école d'Abélard. Textes inédits, Louvain 1934 (Spicileg. sacr. Lovan. 14).

Sententiae divinitatis, ed. B. Geyer, Münster 1909 (BGPhMA 7 H. 2–3; verbess. Nachdr. 1967).

Sententiae Parisienses, ed. A. Landgraf, in: Écrits théologiques de l'école d'Abélard, 1934, 1–60.

Sententiae Varsavienses, ed. F. Stegmüller, DThom (Piacenza) 45 (3. Ser. 19) (1942) 316–42.

Summa sententiarum, PL 176, 41–174.

Ysagoge in theologiam, ed. A. Landgraf, in: Écrits théologiques de l'école d'Abélard, 1934, 61–285.

Der Fundort weiterer unselbständiger Quelleneditionen ist aus dem Verzeichnis der Sekundärliteratur zu ermitteln.

2. Sekundärliteratur

Abate, Giuseppe: Lettere „secretae" d'Innocenzo IV e altri documenti in una raccolta inedita del sec. XIII (Regesto), Miscellanea Francescana 55 (1955) 317–73.

Ackeren, Gerald F. van: Sacra doctrina. The subject of the first question of the Summa Theologica of St. Thomas Aquinas, Rom 1952.

Amorós, León: La teología como ciencia práctica en la escuela franciscana en los tiempos que preceden a Escoto, AHDL 9 (1934) 261–303.

[*Auriault*, C. J.: De la nature de la théologie d'après Alexandre de Halès, Revue de l'Institut catholique de Paris 7 (1902) 323–41.]

Baeumker, Clemens: Geist und Form der mittelalterlichen Philosophie (1907), in: ders., Studien und Charakteristiken zur Geschichte der Philosophie, insbesondere des Mittelalters, Münster 1927 (BGPhMA 25 H. 1–2).

Barth, Karl: Fides quaerens intellectum, [2]Darmstadt 1958.

Baudoux, Bernardus: Philosophia „Ancilla Theologiae", Antonianum 12 (1937) 293–326.

Baur, Ludwig: Dominicus Gundissalinus De divisione philosophiae, Münster 1903 (BGPhMA 4 H. 2–3).

Beumer, Johannes: Gratia supponit naturam. Zur Geschichte eines theologischen Prinzips, Gregorianum 20 (1939) 381–406; 535–52.

–: Theologische und mystische Erkenntnis. Eine Studie im Anschluß an Heinrich von Gent, Dionysius den Kartäuser und Josephus a Spiritu Sancto, Zeitschrift für Aszese und Mystik 16 (1941) 62–78.

292

–: Das katholische Schriftprinzip in der theologischen Literatur der Scholastik bis zur Reformation, Scholastik 16 (1941) 24–52.

–: Die Theologie als intellectus fidei. Dargestellt an Hand der Lehre des Wilhelm von Auxerre und Petrus von Tarantasia, Scholastik 17 (1942) 32–49.

–: Theologie als Glaubensverständnis, Würzburg (1953).

–: Thomas von Aquin zum Wesen der Theologie, Scholastik 30 (1955) 195–214.

–: Erleuchteter Glaube. Die Theorie Heinrichs von Gent und ihr Fortleben in der Spätscholastik, FS 37 (1955) 129–60.

–: Die Aufgabe der Vernunft in der Theologie des hl. Bonaventura, FS 38 (1956) 129–49.

–: Die Stellung Heinrichs von Gent zum theologischen Studium der Frau, Scholastik 32 (1957) 81–85.

–: Augustinismus und Thomismus in der theologischen Prinzipienlehre des Aegidius Romanus, Scholastik 32 (1957) 542–60.

–: Ein nicht-authentischer Text im Prolog zum Sentenzenkommentar des hl. Thomas von Aquin (q. 1 a. 3 sol. 2), Scholastik 33 (1958) 247–52.

–: Romanus de Roma O. P. und seine theologische Einleitungslehre, RThAM 25 (1958) 329–51.

–: Die vier Ursachen der Theologie. Nach dem unedierten Sentenzenkommentar des Walter von Brügge O.F.M., FS 40 (1958) 361–81.

Bignami-Odier, Jeanne: Le manuscrit Vatican Latin 2186, AHDL 12/13 (1937/38) 133–66.

Blanche, F. A.: Le vocabulaire de l'argumentation et la structure de l'article dans les ouvrages de Saint Thomas, RSPhTh 14 (1925) 167–87.

Bonnefoy, Jean Fr.: La théologie comme science et l'explication de la foi selon saint Thomas d'Aquin, Ephemerides theologicae Lovanienses 14 (1937) 421–46; 600–31; 15 (1938) 491–516.

Bougerol, J. Guy: Introduction à l'étude de Saint Bonaventure, (Tournai 1961) (Bibl. de théol., Sér. I Théol. dogm., vol. 2).

Brandariz, Francisco: La teología en relación con las demás ciencias según Enrique de Gante, Miscelánea Comillas 19 (1953) 165–204.

Callus, Daniel A.: Introduction of Aristotelian Learning to Oxford, London 1943 (separat und in: Proceedings of the British Academy 29 [1943] 229–81).

–: The Tabulae super originalia Patrum of Robert Kilwardby O. P., in: Studia mediaevalia in honorem . . . Raymundi Josephi Martin O. P., Bruges 1948, 243–70.

–: The Treatise of John Blund On the Soul, in: Autour d'Aristote. Recueil d'études . . . offert à Monseigneur A. Mansion, Louvain 1955, 471–95 (Bibl. philos. de Louvain 16).

–: The Function of the Philosopher in thirteenth-century Oxford, in: MM 3 (1964) 153–62.

Camelot, Th: Théologie monastique et théologie scolastique, RSPhTh 42 (1958) 240–53.

Chenu, M.-D.: „Authentica" et „Magistralia". Deux lieux théologiques aux XII–XIIIe siècles, DThom (Piacenza) 28 (1925) 257–85.

–: La théologie comme science au XIIIe siècle, AHDL 2 (1927) 31–71; [separat als Manuskr. gedr. 1942;] ³Paris 1957 (BThom 33) (Nachdr. 1969).

–: Auctor, Actor, Autor, ALMA 3 (1927) 81–86.

–: Collectio, collatio, RSPhTh 16 (1927) 436–46.

–: Antiqui, Moderni, RSPhTh 17 (1928) 82–94.

–: Maîtres et bacheliers de l'Université de Paris v. 1240. Description du manuscrit Paris, Bibl. Nat. lat. 15652, PIEMO 1 (1932) 11–39.

–: Un essai de méthode théologique au XIIe siècle, RSPhTh 24 (1935) 258–67.

–: Les „Philosophes" dans la philosophie chrétienne médiévale, RSPhTh 26 (1937) 27–40.

–: La théologie au douzième siècle, Paris 1957 (²1966) (EPhM 45).

–: Une théologie axiomatique au XIIe siècle. Alain de Lille († 1203), Cîteaux in de Nederlanden 9 (1958) 137–42.

Congar, Yves M.-J.: Art. Théologie, DThC 15,1 (1946) 341–502.

–: „Traditio" und „Sacra doctrina" bei Thomas von Aquin, in: Kirche und Über-lieferung, hrsg. v. J. Betz – H. Fries, Freiburg-Basel-Wien (1960), 170–210.

Conley, Kieran: A theology of wisdom. A study in St. Thomas, Dubuque, Iowa (1963).

Corbin, Michel: La fonction et les principes de la théologie selon la Somme théologique de S. Thomas d'Aquin, RSR 55 (1967) 321–66.

Cottiaux, Jean: La conception de la théologie chez Abélard, Revue d'histoire ecclésiastique 28 (1932) 247–95; 533–51; 788–828.

Creytens, R.: Pierre de Tarentaise, Professeur à Paris et prieur provencial de France, in: Beatus Innocentius PP. V . . ., Rom 1943, 73–100.

Cuervo, M.: La teología como ciencia y la sistematización teológica, según S. Alberto Magno, Ciencia tomista A. 24 = T. 46 (1932) 173–99.

Curtius, Ernst Robert: Zur Geschichte des Wortes Philosophie im Mittelalter, Romanische Forschungen 57 (1943) 290–309.

–: Europäische Literatur und lateinisches Mittelalter, ²Bern (1954).

Davy, M.: Les sermons universitaires parisiens de 1230–1231, Paris 1931 (EPhM 15).

Delhaye, Philippe: L'organisation scolaire au XIIe siècle, Traditio 5 (1947) 211–68.

Demers, G.-Ed.: Les divers sens du mot „ratio" au moyen âge. Autour d'un texte de Maître Ferrier de Catalogne (1275), PIEMO 1 (1932) 105–39.

Denifle, Heinrich: Quel livre servait de base à l'enseignement des maîtres en théologie de l'Université de Paris?, RThom 2 (1894) 149–61.

Dölger, Franz: Zur Bedeutung von ΦΙΛΟΣΟΦΟΣ und ΦΙΛΟΣΟΦΙΑ in byzanti-nischer Zeit, in: ΤΕΣΣΑΡΑΚΟΝΤΑΕΤΗΡΙΣ ΘΕΟΦΙΛΟΥ ΒΟΡΕΑ (Les qua-rante années de l'activité scientifique de Théophile Boréas) t. 1, Athen 1940, 125–36.

Domínguez-del Val, Ursicino: Carácter de la teología según la escuela augusti-niana de los siglos XIII-XX, La Ciudad de Dios 162 (1950) 229–71; 163 (1951) 233–55; 164 (1952) 513–31.

Dondaine, A.: Un catalogue de dissensions doctrinales entre les Maîtres Parisiens de la fin du XIIIe siècle, RThAM 10 (1938) 374–94.

–: Un commentaire scripturaire de Roland de Crémone: „Le livre de Job", Ar-chivum Fratrum Praedicatorum 11 (1941) 109–37.

Dondaine, H. F.: L'auteur de la Question De theologia du manuscrit Todi 39, RThAM 19 (1952) 244–70.

Doucet, Victorin: Commentaires sur les Sentences. Supplément au Répertoire de M. Frédéric Stegmüller, AFrH 47 (1954) 88–170; 400–27; separat Quaracchi 1954.

–: Quelques commentaires sur les „Sentences" de Pierre le Lombard, in: Miscellanea Lombardiana . . ., Novara (1957) 275–94.

Douie, Decima L.: The Conflict Between the Seculars and the Mendicants at the University of Paris in the Thirteenth Century, (London) 1954 (The Aquinas Society of London, Aquinas Paper No. 23).

Düring, Ingemar: Aristoteles, Heidelberg 1966.

–: Von Aristoteles bis Leibniz, in: Aristoteles in der neueren Forschung, hrsg. v. P. Moraux, Darmstadt 1968, 250–313.

Dumont, C.: La réflexion sur la méthode théologique, Nouvelle revue théologique 83 (1961) 1034–50; 84 (1962) 17–35.

Dunphy, William; *Maurer*, Armand: A promising new discovery for Sigerian studies, MSt 29 (1967) 364–69.

Dwyer, Eduard: Die Wissenschaftslehre Heinrichs v. Gent, Würzburg 1933 (Phil. Diss. München 1933).

Ebeling, Gerhard: Art. Hermeneutik, RGG³ 3 (1959) 242–62.

–: Art. Theologie I. Begriffsgeschichtlich, RGG³ 6 (1962) 754–69.

–: Art. Theologie und Philosophie I–III, RGG³ 6 (1962) 782–830.

–: Der hermeneutische Ort der Gotteslehre bei Petrus Lombardus und Thomas von Aquin, ZThK 61 (1964) 283–326; auch in: Wort und Glaube 2. Bd., Tübingen 1969, 209–56.

Eckert, Willehad Paul: Das Selbstverständnis des Thomas von Aquino als Mendikant und als Magister S. Theologiae, in: MM 3 (1964) 105–34.

Egenter, Richard: Vernunft und Glaubenswahrheit im Aufbau der theologischen Wissenschaft nach Aegidius Romanus, in: Philosophia perennis, Festgabe Josef Geyser zum 60. Geburtstag, hrsg. v. F.-J. v. Rintelen, Regensburg 1930, Bd. 1, 195–208.

Ehrle, Franz: S. Domenico, le origini del primo studio generale del suo ordine a Parigi e la somma teologica del primo maestro, Rolando da Cremona, in: Miscellanea Dominicana, Rom 1923, 85–134.

–: L'Agostinismo e l'Aristotelismo nella scolastica del secolo XIII, in: Xenia thomistica 3, Rom 1925, 517–588; auch in: F. Ehrle, Gesammelte Aufsätze zur englischen Scholastik, hrsg. v. F. Pelster, Rom 1970 (Storia e letteratura 50), 87–181.

–: I più antichi statuti della facoltà teologica dell' Università di Bologna, Bologna 1932 (Universitatis Bononiensis Monumenta 1).

Emden, A. B.: A Biographical Register of the University of Oxford to A.D. 1500, Oxford 1957–59.

Englhardt, Georg: Die Entwicklung der dogmatischen Glaubenspsychologie in der mittelalterlichen Scholastik vom Abaelardstreit (um 1140) bis zu Philipp dem Kanzler (gest. 1236), Münster 1933 (BGPhThMA 30 H. 4–6).

–: Adam de Puteorumvilla. Un maître proche d'Odon Rigaud. Sa psychologie de la foi, RThAM 8 (1936) 61–78.

Feckes, Carl: Wissen, Glauben und Glaubenswissenschaft nach Albert dem Großen, ZkTh 54 (1930) 1–39.

Filthaut, Ephrem: Roland von Cremona O.P. und die Anfänge der Scholastik im Predigerorden, Vechta 1936.

Finkenzeller, Josef: Offenbarung und Theologie nach der Lehre des Johannes Duns Skotus, Münster 1961 (BGPhThMA 38 H. 5).

Freund, Walter: Modernus und andere Zeitbegriffe des Mittelalters, Köln-Graz 1957 (Neue Münsterische Beiträge zur Geschichtsforschung 4).

Friederichs, Josef: Die Theologie als spekulative und praktische Wissenschaft nach Bonaventura und Thomas von Aquin, Theol. Diss. Bonn 1940.

Gagnebet, M. R.: La nature de la théologie spéculative, RThom 44 (1938) 1–39; 213–55; 645–74.

–: Dieu sujet de la théologie selon saint Thomas d'Aquin, in: Problemi scelti di teologia contemporanea, Rom 1954 (AnGreg 68, Ser. Fac. Theol., Sect. A, n. 11), 41–55.

Gál, Gedeon: Viae ad existentiam Dei probandam in doctrina Richardi Rufi OFM, FS 38 (1956) 177–202.

Gent, Werner: Der Begriff des Weisen. Eine historisch-kritische Untersuchung, Zeitschrift für philosophische Forschung 20 (1966) 77–117.

Geyer, Bernhard: Die patristische und scholastische Philosophie, ¹³Darmstadt 1958 (= ¹¹1927) (F. Ueberwegs Grundriß der Geschichte der Philosophie, 2. Teil).

–: Facultas theologica. Eine bedeutungsgeschichtliche Untersuchung, ZKG 75 (1964) 133–45.

Ghellinck, Joseph de: L'essor de la littérature latine au XIIᵉ siècle, Bruxelles 1946 (Museum Lessianum 5ᵉ sect. 4–5).

–: „Pagina" et „Sacra Pagina". Histoire d'un mot et transformation de l'objet primitivement désigné, in: Mélanges Auguste Pelzer, Université de Louvain, Recueil de travaux d'histoire et de philologie, 3ᵉ sér., 26ᵉ fasc., 1947, 23–59.

–: Le mouvement théologique du XIIᵉ siècle, ²Bruges 1948 (Museum Lessianum 5ᵉ sect. 10).

Gillon, L.-B.: Structure et genèse de la foi, d'après Robert Kilwardby, RThom 55 (1955) 629–36.

Gilson, Étienne: La servante de la théologie, in: É. Gilson, Études de philosophie médiévale, Straßburg 1921 (Publications de la Fac. des lettres de l'Univ. de Strasbourg, Fasc. 3), 30–50.

–: La philosophie au moyen âge, ²Paris 1947.

–: Die Philosophie des heiligen Bonaventura, ²Köln – Olten (1960) (frz.: La philosophie de saint Bonaventure, ³Paris 1953, EPhM 4b).

–: Introduction à l'étude de Saint Augustin, ³Paris 1949 (⁴1969) (EPhM 11).

Glorieux, Palémon: La littérature quodlibétique de 1260 à 1320, Le Saulchoir Kain 1925 – Paris 1935 (BThom 5+21).

–: Répertoire des maîtres en théologie de Paris au XIIIᵉ siècle, Paris 1933–34 (EPhM 17–18).

–: Les 572 Questions du manuscrit de Douai 434, RThAM 10 (1938) 123–52; 225–67.

–: Les années 1242–1247 à la Faculté de Théologie de Paris, RThAM 29 (1962) 234–49.

–: L'enseignement au moyen âge. Techniques et méthodes en usage à la Faculté de Théologie de Paris, au XIIIᵉ siècle, AHDL 43 (1968) 65–186.

Gössmann, (M.) Elisabeth: Metaphysik und Heilsgeschichte, Eine theologische Untersuchung der Summa Halensis, München 1964 (Mitteil. d. Grabmann-Inst. d. Univ. München, Sonderbd.).

–: Glaube und Gotteserkenntnis im Mittelalter, Freiburg 1971 (Handbuch der Dogmengeschichte Bd. 1 Fasz. 2b).

Gómez Caffarena, José: Cronología de la „Suma" de Enrique de Gante por relación a sus „Quodlibetos", Gregorianum 38 (1957) 116–33.

Grabmann, Martin: Die philosophische und theologische Erkenntnislehre des Kardinals Matthaeus von Aquasparta, Wien 1906 (Theologische Studien der Leo-Gesellschaft 14).

–: Die Geschichte der scholastischen Methode, Freiburg 1909–11 (Nachdr. Berlin u. Darmstadt 1957).

–: Die Philosophia pauperum und ihr Verfasser Albert von Orlamünde, Münster 1918 (BGPhMA 20 H. 2).

–: Mittelalterliches Geistesleben 1, München 1926.
Darin:
Studien über Ulrich von Straßburg, 147–221.
Die italienische Thomistenschule des XIII. und beginnenden XIV. Jahrhunderts, 332–91.
Die mittelalterlichen lateinischen Übersetzungen der Schriften des Pseudo-Dionysius Areopagita, 449–68.

–: Mittelalterliche lateinische Aristotelesübersetzungen und Aristoteleskommentare in Handschriften spanischer Bibliotheken, Sitzungsber. d. Bayer. Akad. d. Wiss., philos.-philol. u. hist. Kl., 1928, 5. Abh.

–: Note sur la somme théologique de Magister Hubertus, RThAM 1 (1929) 229–39.

–: De quaestione: „Utrum theologia sit scientia speculativa an practica" a B. Alberto Magno et S. Thoma Aquinate pertractata, in: Alberto Magno. Atti della Settimana Albertina celebrata in Roma nei giorni 9–14 Nov. 1931, Rom [1932] 107–26.

–: Mittelalterliches Geistesleben 2, München 1936.
Darin:
Die opuscula De summo bono sive de vita philosophi und De sompnis des Boetius von Dacien, 200–24.

–: Kommentare zur aristotelischen Logik aus dem 12. und 13. Jahrhundert im Ms. lat. fol. 624 der Preußischen Staatsbibliothek in Berlin . . ., Sitzungsberichte der Preuß. Akad. d. Wiss. zu Berlin, Philos.-hist. Kl., 1938, 185–210.

–: Scientific Cognition of Truth, NS 13 (1939) 1–30.

–: Die theol. Erkenntnis- und Einleitungslehre des hl. Thomas von Aquin, Freiburg i. d. Schweiz 1948 (Thomistische Studien 4).

–: Mittelalterliches Geistesleben 3, München 1956.
Darin:
Aristoteles im 12. Jahrhundert, 64–127.
Der Kommentar des sel. Jordanus von Sachsen (✝ 1237) zum Priscianus minor, 232–42.
Romanus de Roma O.P. (✝ 1273) und der Prolog seines Sentenzenkommentares, 280–305.

Guelluy, R.: La place des théologiens dans l'Église et la société médiévales, in: Miscellanea historica in honorem Alberti de Meyer, T. 1, Louvain-Bruxelles 1946 (Université de Louvain, Recueil de travaux . . ., 3ᵉ sér., 22ᵉ fasc.), 571–89.

Haring, Nicholas M.: The Commentary of Gilbert, Bishop of Poitiers, on Boethius' Contra Eutychen et Nestorium, AHDL 29 (1954) 241–357.

Hauréau, B.: Notices et extraits de quelques manuscrits latins de la Bibliothèque Nationale, Paris 1890–1893.

Heim, Karl: Das Gewißheitsproblem in der systematischen Theologie bis zu Schleiermacher, Leipzig 1911.

Heimsoeth, Heinz: Die sechs großen Themen der abendländischen Metaphysik und der Ausgang des Mittelalters, ⁴Darmstadt (1958).

Heinze, Richard: Fides, in: Vom Geist des Römertums, hrsg. v. E. Burck, ³Darmstadt 1960, 59–81.

Heinzmann, Richard: Die „Compilatio quaestionum theologiae secundum Magistrum Martinum", München 1964 (Mitteil. d. Grabmann-Inst. d. Univ. München, H. 9).

–: Die „Institutiones in sacram paginam" des Simon von Tournai, München-Paderborn-Wien 1967 (Veröffentl. d. Grabmann-Inst. . . . N.F. 1).

Henquinet, François M.: Les manuscrits et l'influence des écrits théologiques d'Eudes Rigaud O.F.M., RThAM 11 (1939) 324–50.

Hess, C. R.: Roland of Cremona's place in the current of thought, Angelicum 45 (1968) 429–77.

Heyde, Johannes-Erich: ΔΙΟ ΠΟΙΗΣΙΣ ΚΑΙ ΦΙΛΟΣΟΦΩΤΕΡΟΝ ΚΑΙ ΣΠΟΥ-ΔΑΙΟΤΕΡΟΝ ΙΣΤΟΡΙΑΣ ΕΣΤΙΝ. Aristoteles: Poetik, c. 9 (1451 b 6). Ein kritischer Beitrag zur Geschichte des Wortes φιλοσοφία, in: Worte und Werte. Bruno Markwardt zum 60. Geburtstag, hrsg. v. G. Erdmann u. A. Eichstaedt, Berlin 1961, 123–41.

–: Das Bedeutungsverhältnis von φιλοσοφία und „Philosophie", Philosophia naturalis 7 (1961) 144–55.

Hinnebusch, William A.: The early English Friar Preachers, Rom 1951 (Dissertationes historicae 14).

Hödl, Ludwig: Articulus fidei. Eine begriffsgeschichtliche Arbeit, in: Einsicht und Glaube, hrsg. v. J. Ratzinger u. H. Fries, Freiburg-Basel-Wien (1962), 358–76.

Hofmann, Johann Baptist: Lateinische Syntax und Stilistik, neubearb. v. A. Szantyr, München 1965 (Handbuch d. Altertumswissenschaft, 2. Abt., 2. Teil, 2. Bd.).

Homeyer, Helene: Zur Bedeutungsgeschichte von „sapientia", L'Antiquité classique 25 (1956) 301–18.

Horst, Ulrich: Das Wesen der „auctoritas" nach Thomas von Aquin, Münchener theologische Zeitschrift 13 (1962) 155–72.

Hufnagel, Alfons: Zur Echtheitsfrage der Summa theologiae Alberts d. Gr., ThQ 146 (1966) 8–39.

Hunt, Richard William: The Introductions to the „Artes" in the Twelfth Century, in: Studia mediaevalia in honorem . . . Raymundi Josephi Martin O.P. . . ., Bruges 1948, 85–112.

Jansen, Wilhelm: Der Kommentar des Clarenbaldus von Arras zu Boethius De Trinitate, Breslau 1926 (Breslauer Studien zur historischen Theologie 8).

Kattenbusch, Ferdinand: Die Entstehung einer christlichen Theologie. Zur Geschichte der Ausdrücke θεολογία, θεολογεῖν, θεολόγος, ZThK 11 (1930) 161–205 (sep. Nachdruck Darmstadt 1962).

Knowles, D.: Some Aspects of the Career of Archbishop Pecham, English Historical Review 47 (1942) 1–18; 178–201.

Koperska, Apollonia: Die Stellung der religiösen Orden zu den Profanwissenschaften im 12. und 13. Jahrhundert, Phil. Diss. Freiburg i. d. Schweiz 1914.

Krebs, Engelbert: Theologie und Wissenschaft nach der Lehre der Hochscholastik, Münster 1912 (BGPhMA 11 H. 3–4).

Lampe, G. W. H.: A Patristic Greek Lexicon, Oxford 1961.

Landgraf, Artur Michael: Recherches sur les écrits de Pierre le Mangeur, RThAM 3 (1931) 292–306; 341–72.

–: Einführung in die Geschichte der theologischen Literatur der Frühscholastik unter dem Gesichtspunkte der Schulenbildung, Regensburg 1948.

–: Dogmengeschichte der Frühscholastik, Regensburg 1952–56.

Lang, Albert: Die Entfaltung des apologetischen Problems in der Scholastik des Mittelalters, Freiburg-Basel-Wien (1962).

–: Die theologische Prinzipienlehre der mittelalterlichen Scholastik, Freiburg-Basel-Wien (1964).

Lang, Hugo: Die Lehre des hl. Thomas von Aquin von der Gewißheit des übernatürlichen Glaubens, Augsburg (1929).

Lausberg, Heinrich: Handbuch der literarischen Rhetorik, München 1960.

Leclercq, Jean: La théologie comme science d'après la littérature quodlibétique, RThAM 11 (1939) 351–74.

–: Le magistère du prédicateur au XIIIe siècle, AHDL 21 (1946) 105–47.

–: L'idéal du théologien au moyen âge, Revue des sciences religieuses (Strasbourg) 21 (1947) 121–48.

–: Pour l'histoire de l'expression „philosophie chrétienne", Mélanges de science religieuse 9 (1952) 221–26.

–: Études sur le vocabulaire monastique du moyen âge, Rom 1961 (StA 48).

–: Otia monastica. Études sur le vocabulaire de la contemplation au moyen âge, Rom 1963 (StA 51).

–: Wissenschaft und Gottverlangen. Zur Mönchstheologie des Mittelalters, Düsseldorf (1963) (frz.: L'amour des lettres et le désir de Dieu. Initiation aux auteurs monastiques du moyen âge, Paris 1957).

–: Aspects spirituels de la symbolique du livre au XIIe siècle, in: L'homme devant Dieu. Mélanges offerts au père Henri de Lubac, 1964, Bd. 2, 63–72.

Le Goff, Jacques: Quelle conscience l'université médiévale a-t-elle eu d'elle même?, in: MM 3 (1964) 15–29.

Lehmann, Paul: Die Vielgestalt des zwölften Jahrhunderts, in: ders., Erforschung des Mittelalters 3, Stuttgart 1960, 225–46.

Longpré, Ephrem: Gauthier de Bruges O.F.M. et l'augustinisme franciscain au XIIIe siècle, in: Miscellanea Francesco Ehrle 1, Rom 1924 (Studi e testi 37), 190–218.

–: Art. La Mare (Guillaume de), DThC 8,2 (1925) 2467–70.

–: Le Commentaire sur les Sentences du B. Gauthier de Bruges (1225–1307), in: PIEMO 2 (1932) 5–24.

299

Lottin, Odon: Psychologie et morale aux XII° et XIII° siècles, Louvain-Gembloux 1942–60.
Darin:
Les dons du Saint-Esprit du XII° siècle à l'époque de saint Thomas d'Aquin, 3,1 (1949) 329–456.
A propos des „Glossae super Sententias" attribuées à Pierre de Poitiers, 6 (1960) 119–24.
Roland de Crémone et Hugues de Saint-Cher, 6 (1960) 171–80.
Ouvrages théologiques de Saint Albert le Grand, 6 (1960) 237–97.
A propos du Commentaire des Sentences de Pierre de Tarentaise, 6 (1960) 337–52.
Lütcke, Karl-Heinrich: „Auctoritas" bei Augustin, Stuttgart-Berlin-Köln-Mainz (1968) (Tübinger Beitr. z. Altertumswissenschaft 44).
Luscombe, D. E.: The Authorship of the Ysagoge in theologiam, AHDL 43 (1968) 7–16.
–: The School of Peter Abelard, Cambridge 1969 (Cambridge Studies in medieval life and thought, 2ᵈ ser., 14).
Martin, Raymond-M.: L'objet intégral de la théologie d'après Saint Thomas et les scolastiques, RThom 20 (1912) 12–21.
–: Notes sur l'oeuvre littéraire de Pierre le Mangeur, RThAM 3 (1931) 54–66.
Ménard, Étienne: La tradition. Révélation, écriture, église selon Saint Thomas d'Aquin, Bruges-Paris 1964.
Mersch, Émile: L'objet de la théologie et le „Christus totus", RSR 26 (1936) 129–57.
Michalski, Constantin: Die vielfachen Redaktionen einiger Kommentare zu Petrus Lombardus, in: Miscellanea Francesco Ehrle 1, Rom 1924 (Studi e testi 37), 219–64.
Michaud-Quantin, Pierre: La conscience d'être membre d'une universitas, in: MM 3 (1964) 1–14.
Minio-Paluello, Lorenzo: Die aristotelische Tradition in der Geistesgeschichte, in: Aristoteles in der neueren Forschung, hrsg. v. P. Moraux, Darmstadt 1968, 314–38.
Miscellanea mediaevalia. Veröffentlichungen des Thomas-Instituts an der Universität Köln. 2: Die Metaphysik im Mittelalter, hrsg. v. P. Wilpert, Berlin 1963. 3: Beiträge zum Berufsbewußtsein des mittelalterlichen Menschen, hrsg. v. P. Wilpert, Berlin 1964.
Mitterer, Albert: Die sieben Gaben des Hl. Geistes nach der Väterlehre, ZkTh 49 (1925) 529–66.
Mohan, Gaudens E.: The Prologue to Ockham's Exposition of the Physics of Aristotle, FrSt 5 (1945/46) 235–46.
Morin, Germain: Lettre inédite d'un étudiant en théologie de l'Université de Paris vers la fin du XII° siècle, RThAM 6 (1934) 412–16.
Mourant, John A.: Aquinas and theology, FrSt 16 (1956) 202–12.
Nash, Peter W.: Giles of Rome and the subject of theology, MSt 18 (1956) 61–92.
Neumann, Siegfried: Gegenstand und Methode der theoretischen Wissenschaften nach Thomas von Aquin aufgrund der Expositio super librum Boethii De Trinitate, Münster 1965 (BGPhThMA 41 H. 2).

300

Ohly, Friedrich: Vom geistigen Sinn des Wortes im Mittelalter, Zeitschrift für deutsches Altertum 89 (1958/59) 1–23 (auch sep. Nachdr. Darmstadt 1966).

Ott, Ludwig: Martin Grabmann und die Erforschung der mittelalterlichen Philosophie, Philosophisches Jahrbuch 59 (1949) 137–49.

Paré, G.; *Brunet*, A.; *Tremblay*, P.: La Renaissance du XIIᵉ siècle. Les écoles et l'enseignement, Paris – Ottawa 1933 (= PIEMO 3).

Parent, J. M.: La notion de dogme au XIIIᵉ siècle, PIEMO 1 (1932) 141–63.

Pattin, Adriaan: Notes sur le vocabulaire philosophique médiéval, Revue de l'Université d'Ottawa 33 (1963) 193*–213*.

Pedersen, Jørgen: L'Intellectus fidei et la notion de théologie chez saint Bonaventure, Studia theologica 5 (1951, ersch. 1952) 1–36.

Pelster, Franz: Der älteste Sentenzenkommentar aus der Oxforder Franziskaner-Schule, Scholastik 1 (1926) 50–80.

–: Die Bedeutung der Sentenzenvorlesung für die theologische Spekulation des Mittelalters. Ein Zeugnis aus der ältesten Oxforder Dominikanerschule, Scholastik 2 (1927) 250–55.

–: Roger Bacons „Compendium studii theologiae" und der Sentenzenkommentar des Richardus Rufus, Scholastik 4 (1929) 410–16.

–: Das Leben und die Schriften des Oxforder Dominikanerlehrers Richard Fishacre († 1248), ZkTh 54 (1930) 518–53.

–: An Oxford Collection of Sermons of the End of the XIIIth Century (Ms. Laud. Misc. E 511, Sc. 969), The Bodleian Quarterly Record 6 (1930) 168–72.

–: Zum Problem der Summa des Alexander von Hales, Gregorianum 12 (1931) 426–46.

–: Beiträge zur Erforschung des schriftlichen Nachlasses Odo Rigaldis, Scholastik 11 (1936) 518–42.

–: Die älteste Abkürzung und Kritik vom Sentenzenkommentar des hl. Bonaventura im Werk des Richardus Rufus de Cornubia (Paris 1253–1255), Gregorianum 17 (1936) 195–223.

–: Cod. 152 der Bibliothek von S. Antonio in Padua und seine Quästionen, RThAM 9 (1937) 23–55.

–: Einige ergänzende Angaben zum Leben und zu den Schriften des Wilhelm de la Mare OFM, FS 37 (1955) 75–80.

Pergamo, Basilius: De Quaestionibus inedits Fr. Odonis Rigaldi, Fr. Gulielmi de Melitona et Codicis Vat. lat. 782 circa naturam theologiae deque earum relatione ad Summam theologicam Fr. Alexandri Halensis, AFrH 29 (1936) 3–54; 308–64.

Persson, P. E.: Sacra doctrina. En studie till förhallandet mellan ratio och revelatio i Thomas' av Aquino teologi, Lund 1957 (Studia theologica Lundensia 15) [Englische Übersetzung: Sacra doctrina. Reason and revelation in Aquinas, tr. R. Mackenzie, Philadelphia-Oxford 1970].

Pesch, Otto Hermann: Der hermeneutische Ort der Theologie bei Thomas von Aquin und Martin Luther und die Frage nach dem Verhältnis von Philosophie und Theologie, ThQ 146 (1966) 159–212.

Philippe, M.-D.: Reverentissime exponens frater Thomas, Freiburger Zeitschrift für Philosophie und Theologie 12 (1965) 240–58.

Prantl, Carl: Geschichte der Logik im Abendlande, Darmstadt 1957 (Nachdr. d. Ausg. 1855–70).

Preto, E.: Un testo inedito: la Summa theologica di Rolando da Cremona, Rivista di filosofia neo-scolastica 40 (1948) 45–72.

Quain, Edwin A.: The Medieval Accessus ad auctores, Traditio 3 (1945) 215–64.

Ratzinger, Joseph: Die Geschichtstheologie des heiligen Bonaventura, München 1959.

–: Wesen und Weisen der auctoritas im Werk des heiligen Bonaventura, in: Die Kirche und ihre Ämter und Stände. Festgabe seiner Eminenz . . . Joseph Kardinal Frings . . . dargeboten. Hrsg. v. W. Corsten, A. Frotz, P. Linden, Köln 1960, 58–72.

Rauch, Winthir: Das Buch Gottes. Eine systematische Untersuchung des Buchbegriffes bei Bonaventura, München 1961 (Münchener Theol. Studien II 20).

Rivière, Jean: „Theologia", Revue des Sciences religieuses (Strasbourg) 16 (1936) 47–57.

Rohner, Anselm: De natura theologiae iuxta S. Albertum Magnum, Angelicum 16 (1939) 3–23.

Roques, René: Note sur la notion de „Theologia" chez le Pseudo-Denys l'Aréopagite, Revue d'ascétique et de mystique 25 (1949) 200–12.

–: L'univers dionysien, (Paris 1954) (Théologie 29).

Sakaguchi, Fumi: Der Begriff der Weisheit in den Hauptwerken Bonaventuras, München-Salzburg (1968) (Epimeleia 12).

Sandkühler, Bruno: Die frühen Dantekommentare und ihr Verhältnis zur mittelalterlichen Kommentartradition, Regensburg 1966 (Phil. Diss. Freiburg i. Br.) (Münchner Romanistische Arbeiten H. 19).

Schild, Maurice E.: Abendländische Bibelvorreden bis zur Lutherbibel, Gütersloh (1970) (Quellen und Forschungen zur Reformationsgeschichte 39).

Schlütz, Karl: Isaias 11,2 (Die sieben Gaben des Hl. Geistes) in den ersten vier christlichen Jahrhunderten, Münster 1932 (Alttestamentl. Abhandlungen 11 H. 4).

Schmaus, Michael: Die psychologische Trinitätslehre des hl. Augustinus, Münster 1927 (Münsterische Beiträge zur Theologie 11).

–: Die Schrift und die Kirche nach Heinrich von Gent, in: Kirche und Überlieferung, hrsg. v. J. Betz u. H. Fries, Freiburg-Basel-Wien (1960), 211–34.

–: Der Lehrer und der Hörer der Theologie nach der Summa quaestionum des Heinrich von Gent, in: Universitas. Dienst an Wahrheit und Leben. Festschrift für Bischof Dr. Albert Stohr, hrsg. v. L. Lenhart, Mainz o. J. (Imprim. 1960), 3–16.

Schmidt, Martin Anton: Scholastik, in: Die Kirche in ihrer Geschichte, hrsg. v. K. D. Schmidt u. E. Wolf, Bd. 2, Lief. G, 65–181, 1969.

[*Schmücker,* Laurence: An analysis and original research of Kilwardby's work De ortu scientiarum, Diss. Rom, Brixen 1963.]

[*Schooyans,* Michel: Recherches sur la distinction entre philosophie et théologie chez saint Albert le Grand, Louvain 1958 (mschr. Diss.).]

–: La distinction entre philosophie et théologie d'après les commentaires aristotéliciens de Saint Albert le Grand, Revista da Universidade Católica de São Paulo 18 (1959) 255–79.]

Seeberg, Reinhold: Lehrbuch der Dogmengeschichte 3: Die Dogmenbildung des Mittelalters, ⁶Darmstadt 1959 (Nachdr. d. Ausg. ⁴Leipzig 1930).

Sharp, D. E.: The Philosophy of Richard Fishacre (d. 1248), NS 7 (1933) 281–97.

–: The De ortu scientiarum of Robert Kilwardby († 1279), NS 8 (1934) 1–30.

Simonin, H.-D.: Les écrits de Pierre de Tarentaise, in: Beatus Innocentius PP. V. . ., Rom 1943, 163–335.

Smalley, Beryl: Some Thirteenth-Century Commentaries on the Sapiential Books, Dominican Studies 2 (1949) 318–55; 3 (1950) 41–77; 236–74.

–: The Study of the Bible in the Middle Ages, (²) Oxford 1952.

Sommer-von Seckendorff, Elisabeth: Robert Kilwardby und seine philosophische Einleitung: „De Ortu Scientiarum", HJ 55 (1935) 312–24.

–: (Sommer-Seckendorff, Ellen M. F.): Studies in the Life of Robert Kilwardby O.P., Rom 1937 (Dissertationes historicae 8).

Spettmann, Hieronymus: Der Sentenzenkommentar des Franziskanerbischofs Johannes Pecham († 1292), DThom (Freiburg) 5 (1927) 327–45.

Spörl, Johannes: Das Alte und das Neue im Mittelalter. Studien zum Problem des mittelalterlichen Fortschrittsbewußtseins, HJ 50 (1930) 297–341; 498–524.

Steenberghen, Fernand van: Siger de Brabant d'après ses oeuvres inédites, Louvain 1931–42 (Les Philosophes Belges 12–13).

–: La philosophie au XIIIᵉ siècle, Louvain-Paris 1966 (Philosophes médiévaux 9).

Stegmüller, Friedrich: Neugefundene Quaestionen des Siger von Brabant, RThAM 3 (1931) 158–82.

–: Les questions du commentaire des Sentences de Robert Kilwardby, RThAM 6 (1934) 55–79; 215–28.

–: Sententiae Varsavienses. Ein neuaufgefundenes Sentenzenwerk unter dem Einfluß des Anselm von Laon und des Peter Abaelard, DTh (Piacenza) 45 (1942) 301–42.

–: Die Quellen der „Sententiae Varsavienses", DTh 46 (1943) 375–84.

–: Repertorium commentariorum in sententias Petri Lombardi, Würzburg 1947.

–: Repertorium biblicum medii aevi, Madrid 1950–61.

Stoeckle, Bernhard: „Gratia supponit naturam". Geschichte und Analyse eines theologischen Axioms unter besonderer Berücksichtigung seines patristischen Ursprunges, seiner Formulierung in der Hochscholastik und seiner zentralen Position in der Theologie des 19. Jahrhunderts, Rom 1962 (StA 49).

[*Tavard*, Georges: Expérience et théologie. Essai sur la nature de la théologie d'après le Commentaire des Sentences de saint Bonaventure. Thèse de doctorat, Lyon, 1949.]

–: La théologie d'après le Bréviloque de Saint Bonaventure, L'Année Théologique 10 (1949) 201–14.

–: St. Bonaventure's disputed Questions „De Theologia", RThAM 17 (1950) 187 –236.

–: Transiency and Permanence. The nature of theology according to St. Bonaventure, St. Bonaventure (N. Y.) 1954 (Franciscan Institute Publications B 4).

Tshibangu, Tharcisse: Théologie positive et théologie spéculative. Position traditionelle et nouvelle problématique, Louvain 1965 (Universitas Catholica Lovaniensis. Dissertationes ad grad. mag. in Fac. Theol. . . . consequendum conscriptae. Ser. 3 t. 10).

Varenne, Isidore de: Convenationes. I. Auctoritas, ALMA 34 (1964) 101–24.

Vooght, Paul de: La méthode théologique d'après Henri de Gand et Gérard de Bologne, RThAM 23 (1956) 61–87.

Weisheipl, James A.: Classification of the sciences in Medieval thought, MSt 27 (1965) 54–90.

Wilpert, Paul: Vorwort zu: Beiträge zum Berufsbewußtsein des mittelalterlichen Menschen, MM 3 (1964) VII–XII.

–: Boethius von Dacien – die Autonomie des Philosophen, in: MM 3 (1964) 135 –52.

Wulf, Maurice de: Histoire de la philosophie médiévale, ⁶Louvain-Paris t. 1–2: 1934–36.

Wyser, Paul: Theologie als Wissenschaft. Ein Beitrag zur theologischen Erkenntnislehre, Salzburg-Leipzig 1938 (Bücherei „Christliches Denken" 2).

Zimmermann, Albert: Ontologie oder Metaphysik? Die Diskussion über den Gegenstand der Metaphysik im 13. und 14. Jahrhundert, Leiden 1965 (Studien u. Texte zur Geistesgeschichte des Mittelalters 8).

PERSONENREGISTER

Vorbemerkung: Erfaßt sind nur antike und mittelalterliche Quellen. Anonyme Werke sind unter ihrem Titel, nur handschriftlich erhaltene unter „Anonymi: cod...." eingeordnet.

SACHREGISTER

Beiträge zur historischen Theologie

48

Henneke Gülzow
Cyprian und Novatian

Der Briefwechsel zwischen den Gemeinden in Rom und Karthago
zur Zeit der Verfolgung des Kaisers Decius
1974. Ca. 180 Seiten. Kt. ca. DM 35.—

47

Eric Francis Osborn
Justin Martyr

1973. XI, 228 Seiten. Kt. DM 48.—, Ln. DM 56.—

46

Karl-Heinz zur Mühlen
Nos extra nos

Luthers Theologie zwischen Mystik und Scholastik
1972. IX, 298 Seiten. Kt. DM 49.—, Ln. DM 56.—

45

Hans Dieter Betz
Der Apostel Paulus und die sokratische Tradition

Eine exegetische Untersuchung zu seiner „Apologie"
2 Korinther 10—13
1972. IV, 157 Seiten. Kt. DM 34.—

44

Manfred Hoffmann
Erkenntnis und Verwirklichung der wahren Theologie nach
Erasmus von Rotterdam

1972. XIV, 294 Seiten. Kt. DM 49.—, Ln. DM 56.—

J. C. B. Mohr (Paul Siebeck) Tübingen